LE
NOUVEAU SPIRITUALISME

PAR

E. VACHEROT

MEMBRE DE L'INSTITUT

PARIS

LIBRAIRIE HACHETTE ET Cie

79, BOULEVARD SAINT-GERMAIN, 79

1884

5

LE
NOUVEAU SPIRITUALISME

LE
NOUVEAU SPIRITUALISME

PAR

E. VACHEROT

MEMBRE DE L'INSTITUT

PARIS

LIBRAIRIE HACHETTE ET Cie

79, BOULEVARD SAINT-GERMAIN, 79

—

1884

PRÉFACE

Ultima verba fut l'adieu de Littré mourant à la science, qui ne perdit pas une heure de cette belle et laborieuse vie. Je n'en suis pas aux dernières paroles, mais j'en suis au dernier livre. Après celui-là, je pourrai dire à la métaphysique : *Nunc dimitte servum tuum*. A mon âge et avec mes mauvais yeux, on peut encore écrire quelques pages sur la politique, ou sur toute autre chose. On ne fait plus de livre. Le *nouveau spiritualisme* n'est pas une doctrine nouvelle : c'est le spiritualisme renouvelé par la science. Cette méthode ne m'est point propre. Elle est la méthode de l'école à laquelle je me fais honneur d'appartenir, la méthode de notre siècle, la méthode de tous les grands siècles philosophiques qui n'ont point séparé la science de la spéculation métaphysique. Seulement, la philosophie n'avait jamais eu, avant le nôtre, une science aussi riche ni aussi sûre à son service.

Pourquoi ce livre, s'il n'apporte pas une pensée nouvelle? Il n'est pas le premier que j'aie écrit sur la métaphysique. Sans compter l'*École d'Alexandrie*, qui est surtout un livre d'histoire, j'ai publié, pendant les loisirs que m'a faits l'empire, trois volumes où se trouvait déjà la doctrine qui fait l'objet de ce dernier ouvrage. J'ai écrit, pour diverses

Revues, nombre d'articles où j'ai eu l'occasion d'en renouveler l'expression. Mais cette doctrine était dispersée et comme perdue, soit dans des études historiques, soit dans de longs dialogues, soit dans des œuvres d'analyse et de critique. De très bons esprits ont eu peine à l'y retrouver, de manière à la saisir et à la juger dans son ensemble. J'ai voulu leur donner satisfaction, en résumant ma pensée. Si ce livre a une étendue encore considérable, c'est qu'il embrasse nombre de sujets et de questions qui intéressent la science et la philosophie contemporaines. J'ai dû remonter à la tradition métaphysique, reprise au début de ce siècle par la philosophie allemande et par la philosophie française, après l'empirisme de Hume, le sensualisme de Condillac, la critique de Kant, pour la suivre jusqu'à l'école spiritualiste de nos jours. J'ai dû tenir compte des révélations de la science positive dans l'explication des choses, afin de faire voir jusqu'à quel point ses conclusions peuvent satisfaire l'esprit philosophique, et ce qu'elles laissent à faire à la métaphysique. Si mes yeux m'eussent permis les lectures nécessaires, j'aurais élargi le cadre de cet ouvrage, de façon à faire une part plus grande à l'analyse des doctrines et à la discussion des problèmes. J'ai dû me résigner le plus souvent à résumer des idées qui eussent gagné en clarté et en rigueur démonstrative à recevoir le développement que comportait la difficulté et l'importance des questions. Le grand livre sera fait un jour, j'espère, par quelqu'un de nos jeunes philosophes qui sont au courant des plus récents progrès de l'analyse et de la science.

J'avais d'ailleurs, pour publier ce travail, une raison tout autre qu'un motif de convenance personnelle. Comment défendre la grande et immortelle cause du spiritualisme contre les doctrines matérialistes et positivistes qui cherchent à gagner l'esprit philosophique de notre temps par les enseignements de la science ? Je ne crois pas que, devant ces révélations, il soit possible de tout garder de la tradition spiritualiste. Je suis de plus en plus convaincu, par les progrès de ces doctrines, que le moment est venu de mettre la science du côté du spiritualisme, en y faisant entrer ses méthodes, ses principes et ses conclusions incontestables. La vieille théologie qui sépare Dieu du monde a fait son temps, comme la vieille psychologie qui sépare l'âme du corps, comme la vieille ontologie qui sépare l'esprit de la matière. Si la philosophie ne veut point abandonner des vérités qui lui sont chères, il faut qu'elle les dépouille des préjugés caducs, des images illusoires, des abstractions inintelligibles qui en faussent ou en obscurcissent le sens. Il faut qu'elle les mette sous l'autorité de l'expérience, et les fasse apparaître dans cette pure lumière de l'évidence qui ne permet guère le doute. La tradition spiritualiste peut et doit revivre au sein de l'esprit moderne définitivement conquis aux méthodes scientifiques, à la condition de se retremper dans les eaux vives de la science contemporaine. Ainsi l'ont compris, dans tous les temps, ses plus grands interprètes.

J'entends les docteurs du positivisme me dire : « Que nous veut cette métaphysique, avec ses problèmes insolubles ? Qui s'inquiète aujourd'hui de l'absolu, de l'être en soi, de l'essence des choses ? Qui se met en quête des causes et des principes ? » Qui ? répond la philosophie. Tous les esprits qui cherchent dans la science encore autre chose que des applications. Et comme ils n'en trouvent pas les explications suffisantes, on leur permettra de les demander à un autre genre de spéculation. Mais quelle spéculation ? Est-ce celle qui cherche l'*absolu*, le *noumène* au delà de l'expérience, dans une dialectique abstraite ? Non. La philosophie de notre temps et de notre pays n'en veut pas plus que la science. Nous ne croyons, nous autres spiritualistes, qu'à la métaphysique qui, par l'organe de ses plus illustres maîtres, a cherché l'absolu dans le cœur même de la réalité, dans ce for intérieur que la conscience éclaire de sa vive lumière. C'est là qu'elle saisit le *noumène*, qu'elle découvre l'*inconnaissable*, qu'elle atteint l'absolu. La vraie ontologie n'est qu'une révélation psychologique. Voilà la méthode, le principe, la conclusion de notre métaphysique. L'objet de ce livre est de montrer que la science positive la confirme, loin de la contredire.

Je n'irai pas jusqu'à soutenir que toute philosophie qui n'est pas claire est sans valeur. L'Allemagne est là pour protester. Je dirai seulement qu'une telle philosophie n'est pas française. J'espère qu'on ne fera pas ce reproche à la doctrine exposée dans mon livre. Le savant peut se féliciter des progrès qu'il fait chaque jour dans le domaine de la connaissance. Le philosophe, plus modeste, doit se contenter des progrès qu'il fait en clarté dans le domaine de la pensée. J'ai toujours eu sur le cœur la cruelle plaisanterie de Voltaire à l'endroit des métaphysiciens. Ce n'est pas, j'espère, de notre école qu'on pourra dire : quand deux philosophes parlent entre eux sans s'entendre, c'est de la métaphysique ; quand ils ne s'entendent pas eux-mêmes, c'est de la haute métaphysique. Le bon sens de Voltaire n'était pas profond ; mais il a toujours été terrible aux philosophes qui ont oublié leur lanterne dans la recherche ou la démonstration de la vérité. Notre spiritualisme, à nous autres libres disciples de Victor Cousin, parle un français que Voltaire lui-même n'eût pas eu trop de peine à comprendre, lui qui ne voulait rien entendre à Spinosa. Si nous ne pouvons espérer qu'il soit du goût de tous, nous nous flattons que chacun y verra clair.

Quand je dis chacun, je ne veux pas dire tout le monde. Il y a la classe très nombreuse des esprits dits positifs qui ne veulent de la science que ses résultats pratiques. La philosophie aura beau leur expliquer le plus simplement, le plus clairement possible ce qu'il faut entendre par ces redoutables mots de la langue métaphysique, l'absolu, le noumène, les principes et les causes. Pourquoi prêteraientils l'oreille à des explications qui n'ont pour eux aucun intérêt ? Que leur dire alors, sinon leur rappeler, avec Aristote, que, si la métaphysique est la plus noble des spéculations, c'est parce qu'elle en est la moins utile, c'est-à-dire la moins esclave des besoins de l'humanité ? Elle n'est faite que pour répondre à la plus haute ambition de l'esprit humain, lequel ne peut se reposer que dans une véritable et suprême explication des choses. Elle n'envie point à la science sa popularité. *Pauca, sed bona*, dit le goût classique. *Paucos, sed bonos :* tel est le public que demande la métaphysique pour ses œuvres. Il suffit à sa gloire et à son autorité. Espérons que les progrès d'une démocratie qui aspire à tout niveler n'emporteront point dans leur cours cette dernière aristocratie des sociétés humaines. Si cela devait arriver, la science aurait beau inonder la scène du monde de ses précieuses clartés, il y ferait toujours nuit, parce que la grande lumière manquerait pour en éclairer le fond. N'en déplaise au positivisme, la fin de la métaphysique serait la déchéance de l'esprit humain devenu muet devant les plus grands mystères de la science.

Cette philosophie première, comme l'appelle Aristote, a besoin d'une entière liberté pour embrasser tout son objet. Ses ailes ne se déploient que dans les grands espaces, comme celles des oiseaux de haut vol. L'attacher à un intérêt pratique quelconque, eût-il un caractère de haute moralité, c'est l'enfermer dans une prison où elle perd la vue et l'essor. En voulant en faire une auxiliaire de la morale, de la religion, de la politique ou de l'art, on en fait une esclave. Aussi n'ai-je jamais compris l'enseignement de la métaphysique dans notre Université. La science reste libre dans les écoles de l'État, parce qu'elle n'y rencontre ni obstacle, ni conflit, pas même l'autorité religieuse, si la science se tient dans sa sphère. Le miracle ne l'arrête pas ; le mystère ne la trouble point. Elle ne prétend ni expliquer l'un, ni nier ou affirmer l'autre. La philosophie qui se renferme dans le cercle des faits à observer n'y est guère moins libre. La logique, la psychologie, la morale elle-même n'ont guère plus à démêler avec la théologie ou la politique que les sciences mathématiques, physiques et naturelles. Il en est tout autrement de la métaphysique, avec ses problèmes de Dieu, de l'âme et du monde, qui font son objet propre. Elle rencontre à chaque pas les traditions religieuses et les croyances dites du sens commun. Elle n'est plus digne de la haute fonction que lui attribue Aristote, si elle ne traite ces grands problèmes avec une absolue liberté. Il lui faut pour cela le grand air de la publicité. Elle n'est pas faite pour parler entre les murs d'une école de l'État, fût-ce une école d'enseignement supérieur.

Victor Cousin semblait l'entendre ainsi, quand il donnait à ses jeunes professeurs, trop ardents pour la métaphysique, le conseil, pour ne pas dire la consigne, d'enseigner surtout à leurs élèves la philosophie de l'esprit humain avec Reid, Dugald-Stewart, Royer-Collard, Jouffroy. « Faites, leur disait-il, vos leçons sur l'attention, sur la mémoire, sur l'imagination, sur l'association des idées, sur le syllogisme, sur l'analyse et la synthèse, et vous ne nous ferez pas d'affaires avec nosseigneurs les évêques. » Il avait raison. Quand il prit en main la direction de l'enseignement philosophique, il eût dû en exclure toute métaphysique. C'était l'unique moyen de maintenir la paix entre l'Église et l'État, en laissant aux professeurs entière liberté pour la publication de leurs livres. Si Cousin eût fait cela, il n'eût point exercé sur leurs doctrines la surveillance étroite et inquiète qui lui a été justement reprochée. Avec un tempérament dominateur, il avait l'esprit assez large, assez libéral pour comprendre toutes les difficultés de la métaphysique et comment elle ne peut se mouvoir à l'aise que sous le régime de la pleine liberté. Mais du moment qu'il avait gardé la métaphysique dans l'enseignement universitaire, il eut beau l'élever, l'élargir et l'enrichir d'emprunts faits aux grandes traditions historiques, il se sentait chargé d'âmes, et ne pouvait rester indifférent aux hardiesses de ses disciples les plus dévoués. On ne comprend rien à l'intolérance du chef d'école, si l'on oublie le directeur de l'enseignement de l'État. Il faut ajouter qu'une fois tombé des abstractions germaniques dans ce qu'il lui plaisait d'appeler la philosophie du sens commun, il n'eut plus qu'une mesure étroite pour juger les plus grandes œuvres de la pensée métaphysique. Et puis son rêve n'était-il pas de faire vivre en parfaite amitié son professeur de philosophie avec l'aumônier du lycée. Cette philosophie première à laquelle un hasard bibliographique a fait donner un si beau nom n'est vraiment chez elle qu'au sein des écoles libres et dans le domaine de l'esprit public. Là, elle n'a point à compter avec les puissances de l'Église ou de l'État. Elle peut se donner libre carrière sans redouter aucune responsabilité, parce qu'elle n'est mêlée à aucun intérêt pratique, politique ou social.

Si ce livre trouve des lecteurs, amis ou adversaires y reconnaîtront l'auteur de l'*École d'Alexandrie*, de la *Métaphysique positive*, de la *Religion*, de tout ce qu'il a écrit sur la philosophie. Ils y retrouveront le même esprit, la même doctrine avec plus de suite, plus de précision et de clarté, avec les progrès que la science positive permet de faire à toute métaphysique qui n'entend pas se passer de ses enseignements. J'étais libre penseur quand le nom était plus noblement porté. Je garde ce nom dont pouvaient s'honorer les sincères amis de la liberté, alors qu'il y avait pour eux quelques risques à courir. Dans un livre sur *la Démocratie*, qui m'a valu les rigueurs du régime impérial pour y avoir discuté des principes de droit social avec moins de hardiesse qu'on ne le fait aujourd'hui dans les Académies et les Universités de notre Europe démocratique, j'ai dit : « Je ne suis ni un fils des croisés, ni un fils de Voltaire. »

J'étais en cela fidèle à l'esprit de mon siècle, qui est venu comprendre, juger, expliquer ce que le moyen âge a adoré, et ce que le xviiie siècle a brûlé. Je puis le redire encore.

Si la science ne connaît pas de miracles, la philosophie ne connaît pas de mystères. La vraie critique explique les mythes, les légendes, les symboles, sans raillerie, sans outrage à la foi religieuse de l'Humanité, avec le respect profond, au contraire, de tous les sentiments purs, de toutes les croyances bienfaisantes. Il fut un temps où notre maître, Victor Cousin, avait l'ambition de réconcilier, dans une synthèse supérieure, à la manière du génie germanique, la théologie et la philosophie, la foi et la raison, le dogme et la doctrine, le passé, le présent et l'avenir. C'est alors qu'il recommandait à la jeunesse qui se pressait autour de sa chaire de respecter, d'aimer, de comprendre ce passé vénérable et glorieux. Il parlait au nom du siècle nouveau sur les ruines qu'avait faites le siècle de la critique légère et destructive. Quand on lui demandait le respect des mystères, il répondait que ces mystères sont des vérités, et qu'aucune vérité ne doit rester étrangère à la philosophie. Il voulait élever ces vérités mystérieuses du demi-jour du symbole à la pure lumière de la pensée. Plus tard, sentant les difficultés et les périls de son entreprise, il trouva plus sage de séparer les deux sœurs immortelles, en les confinant chacune dans son domaine, de façon à leur éviter un tête-à-tête embarrassant, pour la théologie surtout, qui n'entendait pas se laisser doucement glisser dans les bras de la philosophie. Dans un pays comme l'Allemagne, où Lessing se croit encore chrétien en professant le panthéisme, où le théologien Schleiermacher invoque Spinosa dans ses prières, où Schelling et Hegel proclament l'identité de leur doctrine avec la théologie chrétienne, toute conciliation de ce genre est possible, même au prix des plus évidentes contradictions. L'esprit allemand est ainsi fait que, dans cet heureux pays, le théologien peut conserver sa foi en devenant philosophe, et le philosophe sa liberté en devenant théologien. En France, où l'on veut voir clair en toute chose, le tête-à-tête entre les deux sœurs est beaucoup plus difficile, et Cousin fit bien d'y renoncer. Seulement, il leur conseilla le silence sur toutes les choses qui pouvaient les diviser, au lieu de laisser à chacune la liberté de faire son œuvre, comme elle l'entend, à la philosophie son œuvre de science et de vérité, à la religion son œuvre de foi et de charité. Sans faire ménage ensemble, elles peuvent vivre en bonne intelligence, si l'une sait se garder du fanatisme, et l'autre de l'orgueil.

L'accord parfait de la doctrine et du dogme ne sera jamais qu'un rêve d'outre-Rhin, parce que la religion ne peut faire du mystère un pur symbole. Quelque opinion qu'on ait sur la vérité objective du mystère, on ne peut en nier la vertu psychologique. Toute croyance sincère, fût-elle une illusion, a une puissance d'action qui lui est propre. Elle a fait et fera toujours, tant qu'elle restera dans le cœur de l'homme, des miracles de charité, d'héroïsme, de sacrifice, non pas seulement chez les individus, comme la science et la philosophie peuvent en faire, mais encore chez les peuples. Voilà ce qui doit faire réfléchir le philosophe dont le prosélytisme serait tenté de gagner les foules à ses doctrines. Quand la foi en sort, sait-on bien quelle vertu y entre? Cousin ne fut pas seul à le penser. Je relis en ce moment l'admirable chapitre de Michelet sur Jeanne d'Arc, et j'en retiens ces paroles à propos de la fête de Pâques : « Que se passa-t-il dans ce pauvre cœur, lorsque la fête éclatant à grand bruit par la ville, les cinq cents cloches de Rouen jetant leurs joyeuses volées dans les airs, le monde chrétien ressuscitant avec le Sauveur, elle resta dans sa mort! Faisons les fiers, tant que nous voudrons, philosophes et raisonneurs que nous sommes aujourd'hui. Mais qui de nous, parmi les agitations du mouvement moderne, ou dans les captivités volontaires de l'étude, entend sans émotion le bruit de ces belles fêtes chrétiennes, la voix touchante des cloches et comme leur doux reproche maternel ? L'esprit reste ferme, mais l'âme est bien triste. Le croyant de l'avenir, qui n'en tient pas moins de cœur au passé, pose alors la plume et ferme le livre ; il ne peut s'empêcher de dire : « Ah ! que ne suis-je avec eux, un des leurs, et le plus simple, le moindre de ces enfants ! »

En portant le flambeau de la raison sur le mystère, le théologien philosophe peut y découvrir une vérité sous un symbole. Mais il faut qu'il sache qu'il détruit une force dans l'âme religieuse qui s'ouvre à son explication. Ici, c'est notre grand Pascal qui est le meilleur théologien. Il goûtait peu la philosophie, et ne souffrait guère la raison autre part que dans la science. Dieu, selon lui, ne se raisonne, ne se démontre ni ne s'explique. Il n'est sensible qu'au cœur [1]. Il savait par expérience que, quand paraît la lumière de la raison, la foi disparaît avec la merveilleuse vertu qui est en elle. C'est l'histoire de Psyché voulant voir l'Amour qui s'envole, dès qu'elle en approche sa lampe. La philosophie ne fera jamais une religion avec de purs symboles. Certaine religion humanitaire aura beau couvrir les murs de ses temples des images de ses grands hommes, son culte n'aura jamais que de froids adorateurs, alors même qu'une haute pensée métaphysique ferait de ces hommes d'élite les vrais enfants de Dieu. Le stoïcisme et le néoplatonisme ont peuplé l'Olympe de toutes les forces de la nature et de toutes les puissances de l'esprit. Ils en ont fait les belles et grandes divinités du paganisme. Ces divinités ont perdu tout crédit sur les croyants, du moment que la philosophie en a fait des abstractions réalisées. La foi païenne, toute d'imagination, n'a pu s'accommoder de cette froide symbolique. La foi chrétienne, toute de sentiment, s'en accommoderait moins encore, quelle que soit la portée métaphysique de ses mystères.

---

1. *Pensées*, p. 296. Éd. Havet.

Si l'Homme-Dieu n'est plus que l'homme divin, quelle sera sa puissance sur l'âme chrétienne? Quel maître de morale vaudra jamais celui dont le croyant peut dire : « Ce n'est pas un fils de Dieu, c'est Dieu lui-même qui m'instruit par sa parole, sa vie et sa mort. » La foi ne fait pas seulement les héros, les martyrs et les saints, elle est la force de bien des sages auxquels ne suffit point la raison. Socrate lui-même eût-il eu une confiance aussi ferme dans son admirable conscience, s'il n'eût pas cru y entendre une voix divine? Les stoïques ont montré ce que peut la droite raison : apprendre à vivre et à mourir. Ce fut la gloire immortelle du Portique d'avoir sauvé la dignité humaine dans ce vieux monde que le Christianisme seul pouvait régénérer. Imagine-t-on ses philosophes faisant l'éducation des barbares conquérants de l'empire romain?

Le plus grand miracle de la religion, celui que nulle science, nulle philosophie, nulle raison ne peut faire comme elle, c'est la consolation des cœurs blessés. En enseignant son Dieu aux sages, aux forts, aux vaillants de ce monde, la philosophie peut leur dire : « Contemplez, admirez, oubliez vos misères devant le sublime spectacle de l'ordre universel. » A la religion seule du Dieu fait homme appartient la vertu de consoler les faibles et les affligés, en leur montrant le Calvaire. Qui console le mieux la mère pleurant aux pieds du Crucifié l'enfant arraché de ses bras par la marâtre Nature? Est-ce la vision mystique de cet enfant emporté au ciel sur les ailes des anges, si douce qu'elle soit au cœur d'une mère? N'est-ce pas le dialogue muet et intime entre le Dieu qui a porté sa croix, et la pauvre âme qui, elle aussi, a souffert sa passion? « Seigneur, je succombe à ma douleur. » — « Je pensais à toi dans mon agonie; j'ai versé telles gouttes de sang pour toi[1]. » C'est Pascal qui parle. On ne console de telles tris-

---

1. *Pensées*, p. 399. Éd. Havet.

tesses que par l'amour. L'espérance elle-même des félicités célestes pour les chers êtres perdus n'y suffit pas. Autre dialogue entre la sœur de charité et son Dieu : « Seigneur, je porte un bien lourd fardeau de misères. » — « Ma fille, au jardin des Oliviers, j'ai porté le poids des iniquités de l'Humanité entière. » Autre dialogue encore entre la femme qui tombe et le maître qui la relève : « Seigneur, ne suis-je pas indigne de votre pitié ? » — « Que celui qui est sans péché te jette la première pierre. »

Sainte Thérèse et Pascal le sentaient bien : le seul Dieu consolateur est celui qu'on peut aimer. Toute âme religieuse qui n'a point connu le mystère de la Croix peut craindre, respecter, adorer l'Éternel, se résigner et se soumettre à ses volontés, comme Job sur son fumier, dans les épreuves qu'il lui inflige. Devant sa grandeur et sa puissance, elle ne peut se consoler. Si la raison va jusqu'à Dieu le Père, le cœur ne se repose qu'en Dieu le Fils. Voilà pourquoi la vraie théologie chrétienne n'a jamais laissé se perdre dans les abstractions de l'école cette religion sortie du cœur le plus divinement humain que l'histoire nous ait révélé, à travers les ombres de la légende. Elle a toujours compris qu'en entrant dans les explications où se complaît l'exégèse allemande, elle ne peut gagner la lumière sans perdre la flamme. Ne faire aucune part à la raison dans la foi, c'est entendre la théologie à la façon de Pascal plutôt que de saint Augustin, de Malebranche, de Fénelon et de Bossuet; c'est oublier qu'une grande métaphysique se cache dans ses mystères. Il n'en reste pas moins vrai que le Christianisme est surtout la religion du cœur, et que c'est à cela qu'il doit son incomparable vertu d'action et de résignation.

Je puis le redire sans regret ni orgueil, à la fin d'une vie consacrée à la libre recherche de la vérité. Je pense aujourd'hui tout ce que j'ai pensé, dans ma jeunesse philosophique, sur la religion, sur la philosophie, sur Dieu, sur la Providence, sur le monde, sur l'âme humaine, sur la liberté, sur la loi morale. Je n'ai trouvé dans la science, dans la psychologie, dans l'histoire que des raisons de m'affermir dans ma pensée. Je suis d'une école que les excès de tout genre ne ramèneront ni aux adorations du moyen âge, ni aux déclamations du xviiie siècle, qui ne s'est inspirée ni de l'esprit léger de Voltaire, ni de l'esprit violent de Joseph de Maistre, et qui se croit encore aujourd'hui plus de son siècle que les fanatiques de toute secte qu'on voit reprendre les vieilles guerres avec les armes de la science nouvelle. Le *Globe* fut le journal de ma jeunesse. Il défendait la liberté contre toutes les écoles et tous les partis qui la refusaient à leurs adversaires. C'est par amour de cette liberté que son noble et loyal directeur ne voulut jamais s'associer à la proscription des jésuites, à la grande colère des faux libéraux de son temps. En soutenant la même cause, je reste fidèle aux vieux maîtres qui m'ont honoré de leur amitié. Je suis assuré que si Dubois, Jouffroy, Damiron, de Rémusat vivaient encore, ils me tendraient la main. Ils plaindraient avec moi le sort de notre beau pays livré aux passions d'une démocratie bien différente de celle que nous avons rêvée.

Je n'ai jamais cru à mon originalité. J'aime à penser avec mes maîtres. J'aime aussi à penser avec mes amis. S'ils n'ont pas une plus grande place dans mon livre, c'est que je m'y suis plus appliqué à mettre en relief les méthodes que les doctrines. On s'étonnera peut-être de ne pas y trouver un nom cher à tous, et qu'on ne pourrait oublier dans une histoire de la philosophie contemporaine. Bersot a occupé une place distinguée dans notre école spiritualiste. Nous ne comptons pas de plus charmant esprit, de plus fin moraliste, d'écrivain d'un goût plus exquis. Mais son bon sens quelque peu voltairien se défiait des spéculations métaphysiques[1]. Il choisissait ses questions, et ce n'est

---

1. Ce bon sens était intraitable à l'endroit de tout ce qui lui semblait abstraction. Il n'a jamais goûté le dynamisme de Leibniz. Un

pas de ce côté qu'il cherchait les sujets où il a excellé. Il s'en tenait là-dessus à la philosophie du sens commun. Il est un autre nom qu'on ne peut oublier davantage, quand on parle du spiritualisme contemporain : c'est M. Nourrisson, l'un de nos plus savants et de nos plus féconds historiens de la philosophie. Si je ne l'ai pas compris dans ma rapide énumération de nos philosophes spiritualistes, c'est qu'il a fait surtout des œuvres d'histoire, œuvres de critique aussi, et de forte critique, où son ferme esprit sait juger et conclure, mais où il faut bien reconnaître que la doctrine ne se montre guère qu'à travers l'histoire. On se tromperait d'ailleurs, si l'on pensait que sa foi religieuse m'est une raison de le laisser à une autre école que la nôtre. Cette foi est aussi discrète qu'elle est robuste. Jamais elle ne lui sert à trancher une question de philosophie. C'est toujours à une critique rationnelle et scientifique qu'il soumet les doctrines exposées dans ses livres. M. Nourrisson est un croyant dont l'éducation philosophique a été complète, et qui n'a pas d'autres habitudes de penser, en philosophie, que celles de l'école à laquelle il tient à honneur d'appartenir. M. Beaussire est également un philosophe qui aura sa place dans une histoire de notre école, et ce n'est certes pas moi qui l'aurais oublié, si j'eusse voulu faire quelque chose qui ressemblât à ce genre de travail. Mais ce psychologue, ce moraliste, ce publiciste auquel nous devons des études si intéressantes, n'a pas fait œuvre de doctrine métaphysique proprement dite. Il n'a touché à la métaphysique que par un point de curieuse érudition où il a cru trouver dans un moine obscur du dernier siècle un précurseur de Hegel. Jusqu'à présent du moins, sa place n'est point dans un livre qui traite de ce genre de spéculations.

J'aurais eu plaisir à parler de cette jeune élite de profes-

jour que nous sortions de table après un excellent dîner, il me dit : « Je craindrais que ce dîner ne fût d'une digestion difficile, si la métaphysique ne m'avait appris que la matière n'est que force. »

seurs qui a pris pour devise, dans la direction de ses travaux, de ne point séparer la philosophie de la science, si la métaphysique eût eu quelque attrait pour elle. Mais c'est dans un ordre d'idées tout différent qu'elle travaille en ce moment avec une ardeur fort louable. Elle est entrée dans les voies nouvelles, sans trop se demander où elles conduisent. Il lui suffit qu'elle y trouve des vérités inconnues à nous autres anciens. Je reconnais qu'elle ne perd pas son temps, et qu'elle a déjà fait une assez précieuse collection de faits curieux, intéressants, sinon décisifs pour la science de l'homme. Je goûte cette indépendance, cette initiative, cette confiance dans les méthodes positives. J'aime à voir notre jeunesse philosophique secouer la poussière des vieux préjugés trop soigneusement entretenus dans l'enseignement dont notre puissant maître avait le gouvernement. J'espère que son engouement positiviste ne sera de longue durée, ni dans cette grande École normale qui fut le berceau du nouveau spiritualisme, ni dans cette savante *Revue*[1] qui fait appel à toutes les écoles vouées à la libre recherche de la vérité. Ce n'est point à moi de dire que les vieux maîtres avaient du bon. Je me permets seulement de croire que, jeunes ou vieux, nous avons mieux à faire que de brûler nos titres de noblesse. Je ne pense pas que la métaphysique soit une science morte. L'esprit de ce livre est d'en continuer la vraie tradition, en la renouvelant par la science.

1. *Revue philosophique*, dirigée par Th. Ribot.

LE NOUVEAU SPIRITUALISME

PREMIÈRE PARTIE
APERÇU HISTORIQUE

CHAPITRE PREMIER
L'ÉCOLE DE LA SPÉCULATION

Il n'entre pas dans le cadre de cet ouvrage de refaire l'histoire de la nouvelle philosophie allemande, déjà faite par M. Wilm avec tant de compétence et d'exactitude. Je ne veux y toucher que par le côté qui regarde mon sujet : l'histoire et la critique des méthodes spéculatives par lesquelles on a essayé, soit en Allemagne, soit en France, de résoudre les problèmes déclarés insolubles par la *Critique de la raison pure*. Quant à l'histoire complète de cette philosophie, je pense qu'elle ne peut être faite, pour l'usage des philosophes de notre pays, que par un esprit essentiellement français, la pensée allemande ne se dégageant nettement que par une manière de penser et d'écrire vraiment française. M. Wilm est un esprit exact, solide, judicieux, mais resté trop allemand pour nous traduire la pensée allemande d'une façon parfaitement claire. Cette œuvre a été faite avec un plein succès par deux traducteurs français d'un grand mérite, sur des parties spéciales de la philosophie germanique. La philosophie de Kant n'est devenue intelligible chez nous qu'après la traduction de Barni, un de ces esprits pour lesquels la clarté et la précision sont les premières et indispensables qualités de toute œuvre philosophique. M. Bénard, dans sa traduction de l'*Esthétique de Hegel*, nous a véritablement donné le modèle du genre. Il a dû refaire constamment la phrase de Hegel, plus obscure, plus longue, plus laborieuse, plus allemande encore que celle de Kant. En faisant entrer la pensée du philosophe le plus abstrait de l'Allemagne dans les formes de la pensée française, il est parvenu à la faire entendre. Grâce à lui, nul philosophe de notre pays ne peut parler esthétique, s'il n'a lu, compris, apprécié l'œuvre de Hegel, dans la traduction, aussi libre que fidèle, de l'interprète français. Que de livres de philosophie française ont demandé moins d'effort de pensée métaphysique que cette œuvre si difficile à faire, et si bien faite !

La philosophie du xviiie siècle avait fini en Allemagne par la *Critique de la raison pure*, en France par le *Traité des sensations*, en Angleterre par l'empirisme de Hume, tempéré par le timide rationalisme de l'école écossaise. Tel avait été le succès des livres de Condillac et de Kant dans les trois plus grands pays de la pensée philosophique, qu'on pouvait croire que c'en était fait désormais de toute spéculation métaphysique. Si la sensation est le premier et le dernier mot de toute science humaine, avec quelles facultés l'esprit humain pourra-t-il reprendre les hauts problèmes qui ont tant de fois tenté sa curiosité ? Si, d'autre part, les concepts de la raison pure ne sont que des moules dans lesquels la *matière* de la connaissance prend une *forme*, comme d'ailleurs l'expérience n'atteint que les *phénomènes*, comment pourra-t-il retrouver la voie qui conduit à la révélation de ces *noumènes* déclarés par Kant inaccessibles à la raison pure? Cela semblait impossible. Et pourtant, dès les premières années du xixe siècle, l'esprit humain s'est remis, avec une ardeur, une audace, une force nouvelles, à la recherche de ces grandes solutions que le scepticisme, le sensualisme ou l'empirisme du siècle précédent semblaient avoir définitivement éliminées du domaine de la philosophie. C'est que l'on avait compté sans l'irrésistible attrait de ces éternels problèmes pour la curiosité des intelligences, et aussi sans l'impérieux besoin qu'en éprouve la foi des âmes. J'appartiens à une école qui a repris la tradition métaphysique, de nouveau interrompue par les écoles de critique et de philosophie positive faisant autorité en ce moment dans le monde savant, et même dans le monde philosophique. Il m'a donc semblé nécessaire de rappeler cette tradition, telle qu'elle s'est produite en France et surtout en Allemagne, dans la première partie de notre siècle. C'est l'Allemagne qui a remis la première la métaphysique en honneur. C'est par elle qu'il convient de commencer cette revue sommaire des écoles de notre siècle. Comme c'est toujours la méthode qui fait la doctrine chez les maîtres de la pensée philosophique, c'est surtout aux méthodes que je veux m'attacher. La *Critique de la raison pure*, la *Doctrine de la science*, la *Dialectique transcendante*, la *Logique*, voilà ce qu'il importe de bien saisir, si l'on veut juger de la valeur des doctrines elles-mêmes, chez Fichte, chez Schelling, chez Hegel, comme chez Platon, chez Aristote, chez Descartes, chez Spinosa et chez Kant. Voilà pourquoi je laisserai l'étude complète des systèmes aux historiens de la philosophie, m'en tenant aux traits généraux de la pensée, qui est comme l'âme de la doctrine.

La thèse de Kant contre le dogmatisme est trop connue pour qu'il soit nécessaire de la reproduire. Elle peut se résumer en deux points : la distinction capitale de la *matière* et de la *forme* de nos jugements, et le système des *antinomies*. En montrant que l'expérience seule fournit sa *matière* à la pensée, que les concepts de la sensibilité, de l'entendement et de la raison ne lui donnent que sa *forme*, Kant ruine ou prétend ruiner par la base toute espèce de dogmatisme ontologique, aussi bien celui qui affirme que c'est la matière qui fait l'essence de l'être que celui qui affirme que c'est l'esprit. En opposant entre elles les affirmations de la raison sur Dieu, sur l'âme, sur le monde, il confirme sa démonstration analytique par une contradiction logique absolue. Ces antinomies viennent, dans son œuvre de critique, comme une contre-épreuve de sa redoutable analyse.

Du moment que toute connaissance a pour condition l'expérience, il n'y a pas de connaissance proprement dite des choses qui la dépassent, et les idées de ces choses ne sont que de purs concepts de la pensée. Comment sortir de là ? L'esprit français n'eût pas été fort embarrassé. Quand il eut à s'occuper de Kant, il s'en tira facilement, disons même assez légèrement. Il lui suffit de nier le caractère *subjectif* des conceptions rationnelles, qu'il attribuait à une faculté supérieure et quasi surnaturelle, et tout fut dit. On le crut du moins. Cela était trop simple pour des têtes allemandes. En refusant aux idées de la raison toute portée objective, Kant n'avait pas nié les *noumènes*, c'est-à-dire les choses en soi ; il s'était borné à en interdire la recherche à l'esprit humain. C'était le condamner au supplice de Tantale, l'esprit allemand surtout. S'il n'avait rien laissé derrière son monde tout subjectif des phénomènes, il ne manque pas en Allemagne de philosophes qui eussent dit : « L'esprit reste, c'est assez. » Mais quand on vient dire à l'esprit humain : « Ta science des choses est toute relative à ta manière de penser. Tu ne les vois qu'à travers les formes de cette pensée, et rien ne te prouve qu'elles soient réellement ce qu'elles t'apparaissent ; il faut te contenter de cette apparence, et ne pas chercher à posséder la réalité elle-même », il n'y tient plus, et se remet à rêver de plus belle. Il veut à toute force pénétrer dans ce monde mystérieux qu'on lui laisse entrevoir.

L'esprit allemand, qui est le génie de l'initiative individuelle en matière de pure spéculation, devait moins se résigner que tout autre. Dans cet heureux pays, chacun aime à penser et à parler à sa façon. On n'y connaît ni la règle du sens commun, ni la loi de la discipline. Chose singulière pour quiconque n'est pas dans le secret du génie germanique, la passion de l'indépendance s'y allie parfaitement au goût de la tradition. Il est très rare qu'on y rencontre de ces réformateurs, comme Descartes et Bacon, qui aient la prétention de créer une méthode nouvelle, ou un nouveau système. Généralement, les philosophes de l'Allemagne se rattachent à une doctrine traditionnelle, qu'ils ne semblent vouloir que rectifier ou compléter. C'est ainsi qu'on a vu Leibniz s'inspirer de Locke, de Platon, d'Aristote et de saint Augustin, et qu'on a vu Kant ne prétendre qu'à l'achèvement de la philosophie de Locke et de Hume. C'est ainsi qu'on verra Fichte présenter sa doctrine comme un complément de celle de Kant, et Hegel offrir la sienne comme l'expression plus méthodique et plus systématique de celle de Schelling. En dépit de ces modestes prétentions, la pensée allemande, essentiellement individuelle, cherche, à tout prix et sous toutes les formes, à produire son originalité propre. Tout savant, tout philosophe de ce pays pense et écrit pour se satisfaire lui-même, sans se préoccuper des idées, des préjugés, des convenances du public autrement que pour faire école à part, exagérant parfois les différences jusqu'à l'opposition pour se donner plus de relief. Si l'on a pu dire qu'en matière de spéculation philosophique la France est le pays du sens commun, je veux dire général, on peut affirmer que l'Allemagne est le pays du sens propre, tout en restant fidèle à la méthode traditionnelle, pour laquelle l'esprit français ne s'est jamais senti beaucoup de goût. En France, c'est d'abord la scolastique qui est la philosophie générale; puis c'est la philosophie de Descartes, quand elle a pris le temps de s'expliquer et de se faire comprendre; puis c'est la philosophie de Condillac, dont le succès fut inouï. Les doctrines changent souvent dans ce pays aussi ardent, aussi mobile, aussi révolutionnaire, qu'il est disciplinable et facile au joug. Mais tant qu'elles durent, elles règnent presque sans conteste sur le public qui s'occupe de ces questions. Elles donnent le ton et imposent partout la consigne. En Allemagne, au contraire, les idées ont plus de durée et moins de vogue. Il est bien rare qu'une doctrine y domine sans contestation et à l'exclusion de toutes les autres. Dans le champ de la philosophie, comme dans les domaines de la politique et de la religion, la doctrine passée conserve ses droits, et la doctrine présente n'est jamais la maîtresse absolue. Sur un tel sol, on peut être assuré que la pensée poussera toujours de nombreux et vigoureux rameaux, dont la luxuriante diversité attestera la force et la sève, sinon la rectitude et la beauté.

Une autre raison, tirée aussi de la nature de l'esprit allemand, explique pourquoi la *Critique de la raison pure* pouvait moins qu'ailleurs y arrêter l'essor de la spéculation. On a dit, et l'on peut dire encore, malgré les apparences contemporaines, que l'Allemagne est en un certain sens le pays de l'idéalisme. Non que le sentiment de l'idéal et le goût de l'absolu y soient plus vifs et plus communs que dans tel autre pays, en France par exemple, où, en toute chose, la logique prévaut sur la tradition. Mais il est certain que l'esprit allemand, ingénieux jusqu'à la subtilité, profond jusqu'à l'obscurité, essentiellement méditatif, s'est longtemps complu dans les combinaisons et les constructions spéculatives qui demandent le moins possible à l'expérience. *Construire* la nature, l'histoire, la science universelle fut sa constante préoccupation, son perpétuel effort, dans les premières années de notre siècle. Que si l'on ajoute à cette disposition naturelle les habitudes scolastiques de langage contractées dans l'enseignement des universités, dont Kant lui-même ne s'est jamais dégagé, on comprendra facilement comment l'amour des formules logiques et le goût de la dialectique ont survécu en Allemagne à la grande réforme opérée par la *Critique de la raison pure*.

Kant avait dit : « Ce pays de l'entendement pur est une île que la nature elle-même a renfermée dans des bornes immuables. C'est le pays de la vérité environné d'un vaste et orageux océan, empire de l'illusion, où, au milieu du brouillard, maint banc de glace, qui disparaît bientôt, présente l'image trompeuse d'un pays nouveau, et attire par de vaines apparences le navigateur vagabond qui cherche de nouvelles terres, et s'engage en des expéditions périlleuses auxquelles il ne peut renoncer. Mais il n'atteindra jamais le but. » La pensée allemande ne put renoncer au pays des aventures. Ou elle y continua ses voyages avec une autre boussole, c'est-à-dire avec une autre méthode, ou elle le supprima tout à fait, en le faisant rentrer, par un miracle de logique, dans le domaine de l'entendement. C'est ce dernier parti que prit héroïquement le plus paradoxal de ses philosophes. Il y eut donc une renaissance de la philosophie spéculative après Kant. Mais, en rentrant dans une voie que la critique semblait avoir fermée, la pensée nouvelle ne reprit pas les anciennes méthodes. Quelles que fussent ses sympathies pour les idées de Platon, de Plotin, de maître Eckart, de Jacob Bœhme, de Spinosa, elle resta constamment fidèle à la méthode de Kant. Quant à la manière de philosopher des philosophes français et anglais du XVIIe et du XVIIIe siècle, l'Allemagne n'eut que du dédain pour le spiritualisme des uns et du dégoût pour le sensualisme des autres. Leibniz lui-même est à peine compté parmi les maîtres de cette philosophie. C'est donc la méthode de Kant que les nouvelles écoles prennent pour guide ; c'est sa conclusion qui leur sert de point de départ. S'il est un philosophe auquel devait convenir l'idéalisme de Kant, c'est Fichte, homme de volonté plus encore que de pensée, qui, portant dans la philosophie toute l'énergie de son caractère, conçut la science comme une création plutôt que comme une spéculation. En quittant la Suisse pour revenir en Allemagne, où l'attire la philosophie de Kant, il écrit en 1790 : « Je suis peu fait pour n'être qu'un savant. Je ne veux pas seulement penser : je voudrais encore agir, et je songe moins à cultiver mon esprit qu'à fortifier mon caractère. » En se rendant à Leipzig, il écrit encore : « Cette philosophie dompte l'imagination, assure l'empire de la raison, et élève l'âme au-dessus des choses matérielles. J'y ai puisé une morale plus noble, et, au lieu de m'occuper de ce qui est hors de moi, je vais m'occuper davantage de moi-même [1]. »

A un tel homme l'idéalisme de Kant devait paraître timide et inconséquent. C'est, en effet, en ce sens que Fichte essayera de le réformer. Cette réforme portera sur deux points : 1° sur la méthode, qui lui semble manquer de simplicité et de rigueur logique; 2° sur la conclusion, qui, en refusant toute réalité objective aux concepts de la pensée, laisse subsister les *noumènes*, les choses en soi derrière les apparences phénoménales, pour l'éternel tourment de l'esprit humain. La doctrine de Fichte ayant passé par deux phases distinctes dans son complet développement, on a pu croire et l'on a cru généralement à un idéalisme absolu qui avait la prétention de créer le monde par la seule activité de la pensée. Assurément la logique de ce philosophe, mise au service d'un spiritualisme exalté, était de force à braver le sens commun, en poussant le principe à ses conséquences extrêmes. Mais il est bien difficile à l'idéaliste le plus résolu de faire le vide autour d'un *moi* solitaire, quand la multitude des autres *moi* est là pour l'avertir qu'il n'est pas seul dans le temps et dans l'espace. Il est donc bien douteux que Fichte ait exagéré l'idéalisme à ce point, lorsqu'il le produisit sous sa première forme. Ce qui est sûr, c'est qu'il n'a pas persisté dans cet idéalisme absolu, si toutefois il s'y est arrêté, dans un moment d'ivresse logique. Un historien de la philosophie allemande, Chalibœus, lui a rendu pleine justice à cet égard : « C'est une erreur de croire que Fichte ait été

---

1. *Histoire de la philosophie allemande*, par M. Wilm. Voir au chapitre de Fichte.

convaincu que le monde réel n'était qu'un fantôme qui n'existait que dans le *moi*. Il croit à la réalité du monde, mais en dehors de son système, par la foi seulement dans la loi morale. Dans la philosophie théorique, selon l'idée qu'il s'était faite de la science, il refusait de rien admettre qui ne fût rigoureusement déduit de son principe. Sans nier le monde objectif, il ne pensait pas que la connaissance que nous en avons pût s'expliquer par son action sur le *moi*. Il voulait fonder la science sur un principe unique, sur un acte primitif du *moi*. Selon lui, on ne peut absolument connaître que ce qui est en nous, sous la forme du sentiment et du savoir. Ce que les choses sont hors de nous, elles ne le sont que par la pensée qui les détermine. Fichte ne niait pas les choses extérieures comme telles ; mais il soutenait que ce que nous pouvons en savoir, quant à leur vrai mode d'existence, est au fond de nous ; que ce savoir, comme objet de la conscience, est simple pensée, et, en ce sens, une création du moi[1] ! »

Malgré la clarté relative de l'écrivain allemand, un esprit français a quelque peine à se rendre compte tout d'abord de la distinction qui fait tout le mystère de la doctrine. Si je l'ai bien saisie, voici à quoi elle se réduirait. L'idéalisme de Kant ne laissait pas que d'infirmer quelque peu la science humaine, en faisant apparaître dans le fond de l'existence ces choses en soi dont la connaissance est la seule vraie, en tant qu'absolue. L'idéalisme de Fichte, au contraire, tend à confirmer la science humaine en ramenant ces *noumènes* sous les lois de l'activité intellectuelle. Nous ne connaissons pas les choses extérieures en elles-mêmes, disait Kant ; notre savoir est donc relatif. Nous

---

1. *Historische Entwicklung*, 3ᵉ édit., p. 178.

connaissons toutes choses, répond Fichte, dans leur véritable essence ; car elles ne prennent une forme déterminée et vraiment intelligible qu'autant qu'elles se réfléchissent dans la pensée du moi. Là seulement elles ont leur vérité, leur être même. C'est ainsi que Fichte entend asseoir la science humaine sur les bases d'une critique supérieure, en la délivrant de ce fantôme des *noumènes* qui projetait son ombre sur toutes les vérités qu'elle enseigne. Tel est le progrès que sa critique se flatte d'avoir accompli sur celle de Kant : un dogmatisme supérieur et inexpugnable substitué au scepticisme de la *Critique de la raison pure*. Quant à l'existence des choses extérieures, considérées en dehors de toute pensée, Fichte s'en remet-il simplement au sens commun, ou à la foi dans la loi morale, comme Kant l'avait fait ? La solution de cette question, quelle qu'on la suppose, n'augmente ni ne diminue l'originalité de la *Doctrine de la science*.

Par quelle méthode arrive-t-on à une pareille conclusion ? Fichte n'en connaît qu'une : c'est de s'enfermer dans le moi, et de n'en plus sortir : « Mon Dieu est ma forteresse », chantaient en cœur les pères de la Réforme. La forteresse de Fichte, c'est son moi. Il s'y établit et y travaille si bien, qu'il en tire, ou du moins croit en tirer, toute sa philosophie. La doctrine de la science, c'est le nom qu'il lui donne, est la théorie, et comme la science de la science. Or, si la science elle-même ne peut se faire sans de nombreux éléments empruntés à l'expérience, la philosophie peut et doit se construire sur un principe dont il ne s'agit que de déduire toutes les conséquences. Fichte fait du moi le point de départ, le centre et le sommet de toute spéculation philosophique. Selon lui, le moi seul existe essentiellement, et les choses extérieures ne sont qu'autant qu'il les pose et les détermine par sa pensée.

Le *moi* est donc absolu. En tant qu'absolu, il est infini, et le non-moi qu'il pose n'est qu'une limite à son activité infinie. Mais cette limite est précisément ce qui lui permet de prendre conscience de lui-même. Alors le moi, tout en restant absolu et infini dans son essence idéale, devient fini, non en subissant, mais en se créant lui-même sa limite. Descartes avait dit : « Je pense, donc je suis », affirmant l'existence du moi par l'acte de la pensée. Fichte n'affirme pas seulement le moi ; il le pose, il le crée par le même acte. Il n'y a pas de moi sans conscience, et ce n'est que du moment qu'il se pose qu'il acquiert la conscience de soi. C'est pourquoi Fichte appelle ce jugement un *fait-action*. Le moi est parce qu'il se pose, et il se pose parce qu'il est, le philosophe corrigeant par cette réciprocité le paradoxe de sa première formule : le moi est parce qu'il se pose. Peut-être les deux formules eussent gagné en clarté, si Fichte s'était donné la peine de faire voir comment elles se concilient.

Dans sa savante *Histoire de la philosophie allemande* M. Wilm résume aussi clairement que possible toute cette dialectique dont il est si difficile de comprendre les déductions logiques. Le moi pose primitivement son propre être : tel est à la fois le premier acte du moi et le principe absolu de la science. Par un autre acte non moins primitif, puisqu'il est coexistant, le moi oppose au moi absolu un non-moi absolu. Mais comme ce second principe est en contradiction non seulement avec le premier, mais avec lui-même, puisqu'il pose deux choses également absolues, la contradiction ne peut être détruite que par un troisième principe, dont la formule est celle-ci : le moi et le non-moi sont posés tous deux par le moi et dans le moi comme se limitant réciproquement, de telle sorte que la réalité de l'un détruit en partie celle de l'autre. Ce troisième principe est au fond l'expression de ce fait de conscience par lequel est reconnue l'action réciproque du sujet sur l'objet et de l'objet sur le sujet. Tels sont les trois principes de la *Théorie de la science*, correspondant aux trois formes du jugement : l'affirmation, la négation et la limitation, ou la thèse, l'antithèse et la synthèse. Dans leur succession nécessaire, ces trois formes représentent le mouvement de la dialectique de Fichte. A une première proposition énoncée d'une manière absolue est opposée une seconde proposition tout aussi nécessaire, qui est en contradiction avec elle. Puis vient une synthèse conciliatrice qui résout cette contradiction dans une proposition nouvelle. Fixé momentanément par la synthèse, le mouvement dialectique reprend son cours et tend à revenir à la thèse primitive qui pose le moi comme absolu, sans jamais y réussir. C'est cette tendance infinie qui constitue la vie et la conscience du moi[1].

Est-il possible de voir dans cette prétendue dialectique autre chose que de pures affirmations? Si Fichte a eu le secret de sa pensée, il l'a si bien gardé qu'aucun de ses interprètes ne nous l'a transmis, pas même M. Wilm, le plus clair de tous, parce qu'il écrit en français. Fichte était très fier de sa dialectique, comme le fut plus tard Hegel de la sienne. Le bon sens français avait expliqué d'une manière plus simple l'opération par laquelle l'esprit s'assure l'existence du monde extérieur. Le moi ne passe point au non-moi par un de ces procès dialectiques dont abuse la pensée allemande. Il le rencontre dans le premier acte de conscience où se reconnaît le moi. La notion du non-moi et celle du moi se supposent mutuellement et forment une indissoluble synthèse. Il n'y a point là de mouvement dialectique proprement dit. Ce n'est donc pas un

---

1. *Histoire de la philosophie allemande*, t. II, p. 337 et suiv.

procès véritable qu'il faut voir dans la théorie de Fichte ; c'est une simple analyse du fait de conscience, qu'il recompose par une synthèse artificielle. Était-ce bien la peine de déployer un tel appareil logique ? Toute cette méthode est donc arbitraire. Les choses se passent plus simplement dans le mouvement naturel de la pensée. C'est la volonté du philosophe qui pose, oppose et concilie trois thèses qui n'existent que dans son imagination créatrice. Il n'y a point de procès dialectique, parce qu'il n'y a pas succession d'opérations logiques. Le moi, le non-moi, le rapport du moi au non-moi, tout est donné dans une synthèse primitive que Fichte n'a fait que décomposer après coup.

Mais poursuivons le développement de la grande pensée idéaliste. En entendant notre philosophe parler de sujet et d'objet qui s'opposent et se limitent, il semblerait qu'il a posé le moi comme passif en face du non-moi. Il n'en est rien. C'est le moi lui-même qui se pose comme déterminé par le non-moi, et celui-ci n'est qu'autant qu'il est posé dans le moi et pour le moi. Le moi est virtuellement et idéalement toute réalité, et rien n'existe réellement que par un effet de son activité absolue. Pour Fichte, penser ou juger, c'est créer, c'est réaliser. Tant qu'une chose n'est pas pensée, elle n'est pas seulement inintelligible, comme le disait Kant ; elle n'est qu'une virtualité, une possibilité, une *matière* qui n'a pas l'être, parce qu'il n'a pas la forme, comme dirait Aristote. C'est en ce sens que Fichte affirme que le moi est toute réalité, que tout tire sa réalité du moi, qu'une chose n'est réelle qu'autant qu'elle est devenue objet pour le sujet[1]. Le moi, sentant par la pensée sa réalité actuellement limitée, suppose hors de soi une cause de cette limitation, la réalise dans quel-

---

1. *Histoire de la philosophie allemande*, t. II, p. 339.

que chose qui n'est pas lui ; mais, en même temps, par la pensée il la détermine et la pose idéalement dans la conscience. Tout ce qui naît en lui de sensations, de sentiments et d'idées, découle de sa propre réalité, et la réalité prétendue extérieure n'est que l'idéal réalisé. Tout ce que l'analyse critique laisse subsister à côté du moi, c'est une simple impulsion qui est venue le solliciter. Encore cette impulsion a-t-elle sa source dans le moi, dans la nécessité où il est de s'opposer quelque chose pour se donner la conscience de soi ; car ce qu'il s'oppose n'est jamais que cette partie de sa virtualité qu'il n'a pas encore réalisée par la pensée. Ainsi s'évanouit jusqu'à l'ombre de cette réalité intelligible que Kant avait laissée aux choses en soi[1]. Voilà ce que le disciple enthousiaste a fait de la doctrine du maître.

On le voit, que Fichte croie au monde extérieur sur l'autorité du sens commun ou de la loi morale, il n'en tient aucun compte dans sa doctrine de la science. Cette doctrine est une étrange exaltation, une prodigieuse extension du moi. Elle fait de toutes choses des déterminations de ce moi, absolument comme Spinoza faisait de tous les êtres individuels autant de modifications de l'unique substance. Seulement, faire du moi individuel, fini, le centre, le principe, le foyer de la vie universelle, c'était, aux yeux du sens commun, une aberration monstrueuse auprès de laquelle le panthéisme de Spinoza n'était qu'un jeu, en fait de spéculation logique. Fichte finit par le sentir, et ce fut pour échapper à l'accusation d'athéisme qu'il imagina, dans la dernière expression de sa pensée, au-dessus du moi personnel dont le caractère propre est la conscience, un moi infini; vrai-

---

[1]. *Histoire de la philosophie allemande*, t. II, p. 339.

ment divin, principe et sujet de tous les moi individuels. Mais comment le moi fini et individuel peut-il, avant sa détermination, avoir été infini et universel ? N'est-ce pas d'ailleurs un choquant abus de langage que de réunir sous le même mot deux idées absolument contradictoires, un moi fini et personnel, un moi infini et universel, sans conscience ni personnalité ? car Fichte n'a pas suivi Kant dans sa restauration complète des croyances du sens commun par la raison pratique. S'il reconnaît l'existence du monde extérieur, s'il salue Dieu comme intelligence souveraine et volonté parfaite, c'est au seul moi humain qu'il réserve la personnalité et la conscience, en proclamant que ce moi fini et individuel ne peut réaliser l'idéal divin que par la plus grande pureté de l'une et le plus libre exercice de l'autre. Dans cette nouvelle évolution de la doctrine, qui est une double concession au sens commun et à la théologie, le moi humain a renoncé à la prétention d'être lui-même l'Absolu ; il aspire seulement à le devenir dans la mesure du possible. Dieu seul est l'Absolu véritable. Mais, par la liberté, le moi fini tend à participer à la vie divine. Belle et forte morale, plus belle par les inspirations de la conscience que par la rectitude des idées, plus forte par le stoïque caractère de l'homme que par la doctrine du philosophe. C'est dans son âme héroïque et vraiment sainte que Fichte en a trouvé les enseignements, plutôt que dans une raison peu sûre et peu maîtresse d'elle-même. C'est de celui-là qu'on peut dire, avec Vauvenargues, que les grandes pensées viennent du cœur.

L'idéalisme de Fichte, même avec la correction des derniers temps, reste un des plus audacieux défis qui aient été portés au sens commun. Et cette logique à outrance ne délivre pas même la pensée du cauchemar des noumènes que la critique de Kant avait laissés subsister. Faire de ces noumènes de pures créations du moi n'est pas une solution. Aussi Fichte ne fit pas école. Sa philosophie resta sans écho, malgré la force de pensée et la mâle éloquence de l'auteur. On n'en retrouve la trace que dans les premiers essais de Schelling, qui ne tarda point à penser et à parler tout autrement. On admira cette morale sublime, cette vie noble et pure qui commença par la pauvreté, s'accomplit dans l'exercice des plus hautes vertus privées et publiques, et finit par une mort touchante dans un hospice militaire, au lit des malades. Mais sa philosophie excita encore moins d'admiration que d'étonnement. L'homme fut plus puissant que la doctrine, et ses idées eurent moins de retentissement que ses actes dans la mémoire de ses contemporains. L'esprit philosophique avait hâte de sortir de l'impasse où l'avait engagé la *Critique de la raison pure;* mais il aimait encore mieux y rester que d'en sortir par une pareille métamorphose de la réalité extérieure. Le scepticisme de Kant ne faisait pas le vide autour du moi, comme le dogmatisme de Fichte. Celui-ci le laissait seul, dans un empire désert, tout rempli de lui-même et de son image réfléchie à l'infini. Le monde des choses en soi restait, dans la doctrine de Kant, sinon comme objet de science, du moins comme objet de foi. On pouvait encore y atteindre, sur les ailes de la poésie ou de la pensée morale. Avec l'idéalisme de Fichte, plus de monde extérieur, plus de ciel étoilé, plus de terre verdoyante, comme dit un contemporain, plus rien de cette nature qui nous fait vivre, sentir et penser; le moi partout et sous toutes les formes, le moi comme Dieu, le moi comme nature, le moi s'offrant à lui-même comme l'unique et perpétuel objet de ses contemplations. Ce ne fut pas seulement la poésie et la foi qui laissèrent le philosophe à son monologue, pour reprendre leur éternel et toujours charmant dialogue avec la nature, leur éternel et toujours sublime dialogue avec Dieu. La spéculation philosophique elle-même ne put suivre Fichte dans une voie où sa pensée avait rencontré l'absurde et l'impossible. Il demeura seul, comme Spinosa, avec cette différence que cet idéalisme absolu, qui servit de point de départ à la nouvelle philosophie, ne laissa guère de trace dans la suite de son développement, tandis que Spinosa, seul de son vivant, eut après sa mort une nombreuse postérité.

Ce fut d'abord le sens commun et le sentiment qui protestèrent, par la parole vive et brillante de Jacobi, contre les énormités de la logique de Fichte, et aussi contre les conclusions sceptiques de la critique de Kant. On reconnaît au premier mot l'homme et l'école. « Je me ris de ces philosophes qui se tourmentent à expliquer comment nous savons que quelque chose existe hors de nous. J'ouvre l'œil, j'écoute, j'étends la main, et je sens à l'instant le rapport du *toi au moi*, du *moi au non-moi*. Je vois par là même que je sens autre chose que moi ; toute chose que j'apprends à connaître ajoute au sentiment de ma propre existence. Et une vie que je viens à sentir hors de moi, semblable à la mienne, quelle puissance nouvelle elle donne à ma vie ! Enfin, Dieu reconnu par moi porte au comble ce sentiment de ce que je suis. Et Dieu lui-même, s'il était seul, serait sans conscience, sans amour, sans puissance : aimer, c'est vivre réellement. » La philosophie de Jacobi n'est pas née d'une réaction contre l'idéalisme de Kant ou de Fichte, puisque la *Critique de la raison pure* la trouve déjà toute faite. Elle fut d'abord une protestation contre le scepticisme de Hume, l'idéalisme de Berkeley, et le matérialisme des encyclopédistes. Mais elle eut tout son à-propos dans la révolution qui ouvrit les voies à la nouvelle philosophie. L'étude de l'*Éthique* de Spinosa avait déjà mis Jacobi en garde contre toute philosophie savante, contre toute spéculation logique. La *Critique de la raison pure* et la *Doctrine de la science* ne firent que le confirmer dans ses préventions et ses répugnances. Partout et toujours adversaire de l'esprit spéculatif, il en poursuit les subtilités et les paradoxes de ses sarcasmes et de ses arguments, quelque part qu'il les rencontre, chez Kant et chez Fichte, aussi bien que chez Hume, Berkeley et Spinosa. L'existence d'un Dieu vivant et personnel, la réalité des objets du sens interne et du sens externe, la valeur absolue de la vertu, la divine origine de l'âme humaine, le sentiment immédiat de la vérité : voilà ce qu'il ne cessa[1] d'affirmer avec enthousiasme, et de défendre envers et contre tous.

Par quelles armes? Il faut lire cet admirable écrivain pour s'en faire une idée. « Notre philosophie est dans une mauvaise voie. Au lieu d'expliquer les choses, elle en fait abstraction. Le grand mérite du penseur, c'est de montrer la réalité. L'explication est un moyen, mais non la dernière fin de la science. Son objet, au contraire, est ce qui ne se laisse pas expliquer. Il y a une vive lumière dans mon cœur; mais, dès que je veux la porter dans la région de l'entendement, elle s'éteint. Laquelle de ces deux clartés est vraie, de celle de l'entendement qui nous fait voir des formes déterminées, mais derrière elles un abîme, ou de celle du cœur qui nous montre le ciel et ses promesses, mais qui se refuse à la science? »

Jacobi était de ces philosophes qui n'aiment pas la science par-dessus tout, et qui estiment surtout la connaissance en raison de la vérité qu'elle contient.

---

[1] *Histoire de la philosophie allemande*, par M. Wilm, chap. Jacobi.

Il a résumé toute sa pensée dans une espèce de testament philosophique, qu'il n'a pu tracer qu'en partie, d'une main défaillante, avant sa mort, et qui fut achevé par un de ses meilleurs disciples : « Je n'ai jamais philosophé sans intention. Je voulais m'entendre avec moi-même sur la réalité de ce Dieu *inconnu* vers qui me portait un sentiment inné en moi. Je n'ai jamais songé à élever un système pour l'école; en écrivant, je n'ai fait que céder à une impulsion irrésistible..... L'âme humaine recherche l'immuable, l'éternel, l'infini. La vérité est un besoin pour elle ; mais ce n'est pas l'ombre qu'elle veut connaître, c'est la réalité qui produit l'ombre. Tous les hommes appellent d'avance vérité quelque chose à quoi ils aspirent, et qu'ils ne pourraient supposer, s'il ne leur était présent de quelque manière. Un crépuscule leur ouvre les yeux, et leur annonce un soleil qui va se lever ; le matin a commencé, le jour va naître. Je m'appuie sur un sentiment invincible et irrécusable, qui est le fondement de toute philosophie et de toute religion. Ce sentiment est l'effet d'un *sens* pour les choses immatérielles, et ce sens, je l'appelle raison. La connaissance humaine procède d'une *révélation*. La raison révèle la liberté, en révélant la Providence. Telle est la racine de l'arbre de la science. La foi en Dieu est, selon moi, en raison du sentiment de la personnalité, et Dieu me paraît plus sublime comme créateur de personnes, telles que Socrate ou Fénelon, que comme auteur du ciel étoilé et de son mécanisme nécessaire. Ma philosophie cherche qui est Dieu, et non ce qu'il est. Elle s'enquiert d'un Dieu vivant et personnel, qui seul nous intéresse. J'ai toujours pensé que la conscience que l'esprit a de lui-même et de Dieu, est le fondement de toute philosophie qui veut être autre chose que de la physique et de la logique. Il n'y a pas de voie spéculative pour s'élever à Dieu. »

On ne connaîtrait pas toute la pensée de Jacobi, si, à cette révélation naturelle qu'il appelle la *raison intuitive*, par opposition à la raison discursive et spéculative, il n'ajoutait une invocation positive à la révélation surnaturelle. Selon lui, les traditions révélées apprennent à l'homme qu'il est dans un état de déchéance, et qu'il a besoin de recouvrer une lumière qui s'est éteinte dans son entendement. A travers les ténèbres qui l'environnent, la raison, armée de la foi, entrevoit la vérité, ainsi que l'œil muni du télescope voit d'innombrables étoiles dans les nébulosités de la voie lactée. Cette foi est la lumière primitive de la raison, le principe du vrai rationalisme. Sans elle, toute science est creuse et vide. Jacobi est un philosophe chrétien[1]. Raison immédiate, perception immédiate, conscience immédiate, foi immédiate, telles sont les sources de tout savoir, métaphysique, moral, religieux. C'est ainsi qu'on arrive à toute certitude sur Dieu, sur le monde extérieur, sur les principes du bien, du beau et du vrai. Dieu nous est connu par une intuition directe en tout ce qui touche à ses attributs métaphysiques, et par le sens intime en tout ce qui regarde ses attributs moraux. La réalité du monde extérieur est impliquée dans tout acte de conscience, celle-ci n'étant possible qu'autant que nous nous distinguons de quelque chose qui n'est pas nous. Avec la conscience du moi est posée la réalité du non-moi étendu. Enfin, nous puisons le sentiment invincible de notre âme dans le contraste de l'unité indivisible et absolue de notre être avec la diversité de nos actes, de nos facultés et de nos organes. Quant à la connaissance des dogmes théologiques dont se compose la religion, elle est due à une révélation primitive et d'origine surnaturelle[2].

1. *Œuvres de Jacobi*, t. IV, p. 16 à 54.
2. *Ibid.*

C'est ainsi que Jacobi croit réfuter l'idéalisme de Fichte et de Kant, comparant les philosophes spéculatifs à des magnétiseurs qui cherchent à nous plonger dans un sommeil artificiel. « Celui à qui ses idées et les idées de ses idées font perdre de vue la réalité commence à rêver. L'homme peut former des abstractions, et leur donner une apparence d'existence en leur imposant des noms. Mais ces créations n'ont rien de commun avec celles qu'évoqua du néant la parole de l'Éternel. En nous attachant à ces fantômes, nous nous éloignons de la source de toute vérité, nous perdons Dieu, nous perdons la nature, nous nous perdons nous-mêmes. La puissance d'abstraction s'accroît avec l'exercice, et il en résulte une clarté tellement éblouissante, que les choses elles-mêmes en sont éclipsées[1]. »

Contre cette espèce de somnambulisme spéculatif, Jacobi ne se contente pas d'invoquer le sens commun, le sentiment et la foi elle-même ; il finit par en appeler à la philosophie des monades, comme à la grande conjuratrice des fantômes idéalistes. Dans un dialogue où l'interlocuteur de Jacobi, étonné de cette invocation, demande si le grand Leibniz n'a pas rêvé lui-même, notre philosophe lui répond : « L'harmonie préétablie repose sur un fondement très solide, à mon avis, et j'accorde une grande confiance aux monades, ainsi qu'aux idées innées. » Mais ceci n'est qu'un engouement passager pour des doctrines que la philosophie critique avait traitées avec quelque dédain. Le fond de la doctrine de Jacobi, si l'on peut donner ce nom à ce qui n'est guère qu'une éloquente protestation du sens commun, c'est une sorte d'empirisme élevé qui dérive toute connaissance du sentiment. Jacobi répète sans cesse que toute réalité nous est donnée par un mode quelconque

---

1. *OEuvres de Jacobi*, p. 233-235.

de perception, qu'on l'appelle sens externe, sens interne ou même raison, la réalité divine, aussi bien que la réalité interne et la réalité extérieure. Même les idées dites à priori sont tirées de l'expérience, ainsi que les idées générales. Toutes les opérations de la raison résultent de la faculté de percevoir, qui en est l'unique origine. Le langage de Jacobi ne laisse aucun doute sur ce point. « La raison est un plus haut degré de force perceptive et de conscience.... La sensibilité la plus pure et la plus riche a pour conséquence la plus pure et la plus riche raison. » En un mot, la raison n'est que la sensibilité qui perçoit, transformée en attention ou en réflexion, selon la nature de l'objet, par le principe actif qui constitue notre être propre. Seulement cette perception n'a pas qu'un seul objet, le monde extérieur ; elle a également pour objet l'âme, Dieu, l'ordre entier des vérités premières que la philosophie critique prétend être hors de la portée de notre intelligence. Jacobi est tellement préoccupé des désastreuses conséquences de la spéculation logique, relativement à la réalité objective de nos idées, qu'il fait de toute vérité matérielle, morale, métaphysique, religieuse, l'objet d'une simple perception, croyant ainsi la connaissance humaine assise sur sa base naturelle et inébranlable.

La philosophie de Jacobi est bien propre à reposer l'esprit des analyses de la *Raison pure* et des abstractions de la *Doctrine de la science*. Si le sens commun suffisait pour créer une doctrine métaphysique, nul n'avait au même degré que ce philosophe les dons nécessaires pour la faire valoir et briller dans le monde des esprits lettrés. C'était un écrivain de premier ordre, plein d'esprit, d'imagination, d'éloquence et de bon sens, tout Français par la netteté des idées, la vivacité des allures, la clarté du langage, le talent de style.

On l'a appelé, non sans raison, le Rousseau de l'Allemagne, un Rousseau moins logique, moins puissant, plus noble et plus sensé, plus instruit des choses de la philosophie. Mais sa doctrine du sentiment n'était pas plus faite que celle de Jean-Jacques pour résoudre les problèmes de métaphysique que le xviii° siècle avait légués au nôtre, après avoir détruit les solutions que l'ancien dogmatisme en avait données. Elle le pouvait encore moins que celle de Rousseau, parce que l'esprit allemand, après Kant, était moins disposé que notre esprit français à accepter les solutions du sens commun. Si la *Profession de foi du vicaire savoyard* ne répondait plus à la science nouvelle de la nature, elle n'était pas du moins inférieure, en rigueur scientifique et en profondeur philosophique, au sensualisme plus ou moins matérialiste qui régnait alors. La philosophie de Jacobi, venant après la *Critique de la raison pure* et la *Doctrine de la science*, ne pouvait arrêter le travail de la pensée spéculative, obstinée à résoudre les problèmes non résolus par la critique de Kant. Que faire de ces noumènes déclarés inaccessibles à l'esprit humain? Si la philosophie ne pouvait accepter une doctrine qui en fait de pures créations de l'activité intellectuelle, pouvait-elle davantage s'en tenir à de simples affirmations du sens commun? L'école du sens commun peut avoir son à-propos, dans un moment de fièvre spéculative, comme une douche salutaire, administrée à des logiciens à outrance, qu'elle ramène au sentiment de la réalité. Tel fut l'effet des protestations de Jacobi. Mais cette école, alors même qu'elle rend les plus grands services à la philosophie de son temps, n'est point une véritable école de philosophie. En faisant appel au sentiment, elle tranche les questions, sans même essayer de les résoudre ; elle laisse ainsi l'œuvre de la science exactement au point où elle l'a prise, après les fausses ou extravagantes solutions contre lesquelles elle est venue protester. Sa mission est d'avertir l'esprit humain, d'arrêter la philosophie dans une voie mauvaise ou sans issue, non de lui en ouvrir une nouvelle plus heureuse et plus féconde.

C'est ce qui est arrivé à l'école de Jacobi. Ses vives protestations eurent pour effet, non d'interrompre le mouvement spéculatif qui entraînait la pensée allemande, après Kant et Fichte, mais d'en changer la direction. Jacobi était encore dans toute la force de son talent et dans tout l'éclat de son succès, lorsque Schelling entreprit de réconcilier le sens commun et la philosophie par une méthode spéculative plus large et plus savante que celle des premiers maîtres. Réduire les choses en soi à des déterminations de la pensée, c'était les supprimer. L'idéalisme de Fichte ne résolvait donc le problème que par une négation aussi hardie que paradoxale. Fidèle en apparence, au début, à la doctrine de son maître, dont il conservait les formules, Schelling prit l'idéalisme absolu pour point de départ de sa nouvelle philosophie. On retrouve encore le langage de la *Doctrine de la science* dans ses premiers écrits. Mais déjà se laisse voir la vraie pensée du jeune philosophe, le principe de l'identité. « Dès qu'on s'élève jusqu'à l'absolu, dit-il dans sa neuvième lettre, tous les principes contraires, tous les systèmes opposés, le criticisme et le dogmatisme, l'idéalisme et le réalisme, le stoïcisme et l'épicuréisme, la liberté et la nécessité, la félicité et la moralité, sont conciliés et deviennent identiques. C'est pour cela que la critique devient nécessairement dogmatique, dès qu'elle considère l'absolu comme existant objectivement. En disant que Dieu voit les choses telles qu'elles sont en soi, si ces paroles ont un sens raisonnable, on dit qu'en Dieu est le réalisme le plus parfait. Mais par là même que, en s'élevant à ce point de vue, on conçoit le réalisme comme parfait, il devient idéalisme. Car un pareil réalisme n'a lieu que du moment où les objets, cessant d'être des objets, c'est-à-dire opposés au sujet, l'idée devient identique avec ce qu'elle représente, le sujet avec l'objet. Ainsi le réalisme, dans l'intelligence divine, par lequel elle voit les choses en soi, n'est autre chose que l'idéalisme le plus absolu [1]. »

Malebranche avait plus clairement dit la chose dans sa *Vision en Dieu*, en montrant comment toutes choses du monde sensible se retrouvent dans l'intelligence divine à l'état de réalité parfaite. Et la philosophie scolastique elle-même a parlé un meilleur langage, quand elle a défini Dieu, c'est-à-dire l'Être parfait, *Ens realissimum*. On peut penser que cet idéalisme *transcendantal* est encore plus nouveau par la forme que par la pensée. Schelling n'était pas, comme Kant, comme Fichte, comme la plupart des penseurs de son temps, un contempteur de la tradition. Il fut de bonne heure familier avec l'histoire de la philosophie. Il connut et admira les grandes doctrines de Platon, de Plotin, de Bruno, de Spinosa, de Leibniz sur les *idées*, sur l'*Unité suprême, ineffable* et *supraintelligible*, sur l'*identité du Créateur et de la création*, sur la *substance unique*, sur l'*harmonie préétablie*. Il y a assez d'analogie entre le principe de l'identité et ces conceptions de la philosophie antérieure, pour qu'il soit permis à un observateur superficiel de regarder la nouvelle doctrine comme une sorte de réminiscence du passé. Mais ce serait en mal connaître la véritable origine que de la rattacher directement à une autre tradition que celle de Kant. La *Critique de la raison pure* avait abouti aux antinomies, reconnues insolubles par toutes les écoles philosophiques contem-

---

1. *Philosophische Schriften*, t. I, p. 178 et suiv.

poraines, par Fichte, par Jacobi, par Schelling, aussi bien que par Kant lui-même. Or, si, d'une part, il est impossible de résoudre, par la méthode critique, de telles contradictions sur Dieu, sur l'âme humaine, sur le monde, et que, de l'autre, on persiste à croire à la portée dogmatique de la raison, il faut bien essayer de remonter à un principe supérieur, dans lequel les thèses opposées se concilient définitivement, tout en conservant leur caractère d'absolue contradiction, les unes vis-à-vis des autres. Telle dut donc être, et telle fut la constante préoccupation de Schelling, de Hegel, de Krauss, de tous les maîtres de la nouvelle philosophie qui prenait son point de départ dans la *Critique de la raison pure*.

Comment s'opéra cette évolution dans la pensée de Schelling? C'est ce qui ne peut s'expliquer qu'en suivant bien la filiation logique qui rattache la nouvelle philosophie à la doctrine de son premier maître. Fichte avait audacieusement affirmé que ces redoutables noumènes, relégués par Kant dans un monde inaccessible à la spéculation métaphysique, n'ont d'existence véritable qu'autant qu'ils deviennent les objets de la pensée humaine, c'est-à-dire qu'ils n'ont de réalité qu'autant qu'ils sont intelligibles. Tel est le côté vraiment sérieux et profond de l'idéalisme de Fichte, lequel eût dû s'en tenir à cette vérité déjà connue des grandes écoles idéalistes de l'antiquité et des temps modernes. Il fallait rétablir la réalité indépendante de ces objets de la pensée, de ces *intelligibles* dont Fichte avait fait de simples déterminations du sujet pensant. Pour cela, il n'y avait qu'une chose à faire, déjà préparée par la distinction du moi infini et du moi fini: à savoir, transporter dans le moi infini, c'est-à-dire en Dieu, tout cet ordre d'intelligibles qui, passant à l'état de déterminations divines, acquièrent ainsi toute la réalité que peut désirer le dogmatisme le plus décidé. Voilà, si je ne me trompe, la métamorphose par laquelle l'idéalisme *subjectif* de Fichte arrive à l'idéalisme *objectif* de Schelling. Cette transition se révèle clairement dans les deux formes qu'a revêtues successivement la pensée du philosophe de Munich. Dans la première phase de son développement, le principe d'identité n'est encore que le moi absolu de Fichte. Schelling reproche à Spinosa, dont l'idée, au fond, est déjà la sienne, d'avoir placé ce principe dans une substance abstraite, qui est aussi bien l'étendue que la pensée. Mais, dès le début, ce moi n'est plus le moi fini et relatif de Fichte, sorti on ne sait comment du moi absolu, et qui tend à y revenir, en s'affranchissant de ses limites. Le moi de Schelling est de prime abord la *substance* de Spinosa remplissant l'infini, l'unité réelle du sujet et de l'objet, de l'esprit et de la nature, des idées et des choses, avec cette différence, que le dynamisme de Leibniz remplace le mécanisme cartésien, dans l'explication des mouvements de l'être universel.

En vertu de ce principe d'identité, la science de l'esprit et la science de la nature sont parallèles l'une à l'autre, comme la double expression d'un même contenu. D'où il suit que les lois de la logique se confondent avec les lois de la physique et de l'histoire, et qu'on doit retrouver dans le développement de la conscience rationnelle le type de l'évolution de la réalité naturelle ou historique, et réciproquement. C'est en ce sens que l'idéalisme est un véritable réalisme, et le réalisme un véritable idéalisme, de telle sorte que la querelle du scepticisme et du dogmatisme n'a plus de fondement. Ici Schelling retrouve Spinosa et Leibniz, mais toujours en suivant la voie tracée par les maîtres de la philosophie critique.

Est-ce à dire qu'il n'y ait qu'à lire dans la pensée

pour y découvrir une philosophie toute faite de la nature ou de l'histoire, ou bien à lire dans la nature et dans l'histoire pour y trouver une logique complète de la pensée? Schelling n'entend de cette façon ni le principe de l'identité, ni le parallélisme entre l'ordre idéal et l'ordre réel, qui en est la conséquence. En ce qui concerne la nature, non seulement il pense que les sciences physiques et naturelles ne peuvent se faire qu'avec l'expérience; mais il ne laisse échapper aucune occasion d'affirmer que toute philosophie de la nature ne peut être que la philosophie de ces sciences elles-mêmes. La science positive constate les faits et découvre les lois. La philosophie ne fait que les expliquer, en les produisant dans l'ordre de la dialectique éternelle qui en fait la nécessité et la vérité logique. Même méthode en ce qui concerne l'histoire. La science des faits et de leur enchaînement naturel y est préalablement indispensable pour qu'ensuite la philosophie y vienne expliquer, c'est-à-dire *construire*, la réalité observée et ramenée à ses lois, en la replaçant dans l'ordre logique de la pensée, et en l'élevant ainsi à la hauteur de l'idéale vérité. D'autre part, Schelling est encore plus éloigné de fonder la psychologie et la logique sur la science naturelle ou historique. C'est de la conscience seule qu'il prétend les faire sortir. En sorte que le parallélisme des sciences de la nature et des sciences de l'esprit ne touche en rien à l'indépendance de leurs méthodes et à la spécialité de leurs résultats. C'est seulement sur les hauts sommets de la pensée métaphysique qu'elles se rencontrent et se confondent.

A mesure que Schelling avance dans le développement de sa pensée, il en dégage le principe de toute attache avec la doctrine de Fichte, et finit par la produire sous son vrai nom, l'Absolu. La raison humaine, qui le saisit par une intuition directe, est identique, au fond, avec l'intelligence divine. Celle-ci est vraiment créatrice ; ses idées se réalisent par là même qu'elles sont pensées par cette suprême Intelligence ; les choses en sont le reflet, la copie, l'expression phénoménale. On croirait entendre Platon. Si la pensée humaine ne crée pas les choses, comme Fichte l'avait donné à entendre, elle les construit, c'est-à-dire qu'elle reproduit, par la puissance de la logique, l'ordre dans lequel la dialectique divine les a produites. C'est ainsi qu'il y a harmonie préétablie entre nos idées et les choses, entre le monde idéal et le monde réel. Par la réflexion intellectuelle, au moyen de laquelle l'esprit devient en quelque sorte le spectateur du travail logique dont il est le théâtre et l'artisan, le philosophe se donne la conscience du mouvement de la pensée, image de la création. La création universelle, c'est-à-dire l'évolution de l'Absolu, est un acte éternel de la pensée divine, et la philosophie n'est que la reproduction de cet acte, dans la conscience réfléchie. L'idée de l'Absolu est l'*idée de toutes les idées*, comme l'a dit Platon. Voir toutes choses dans cette idée, c'est les penser ; en montrer l'ordre idéal, c'est les construire. C'est l'unique démonstration pour le philosophe. L'univers étant l'acte permanent de l'Absolu, pour expliquer une chose il suffit d'en marquer le rang dans l'exercice de l'activité divine, d'indiquer à quel moment, à quel degré elle correspond dans l'évolution universelle.

La philosophie de l'identité, comme l'indique son nom, a donc pour unique et constant objet de reconnaître, partout et sous toutes les formes diverses ou contraires, l'identité absolue des choses, quant à leur essence. L'identique Absolu est l'univers lui-même, coéternel avec son principe, qui se retrouve en chaque partie du Tout. Tout est virtuellement en tout ; tout est l'éternelle métamorphose d'un type fondamental présent partout. Les degrés de l'évolution de l'Esprit et de la Nature sont des puissances, parallèles dans les deux sphères d'activité de l'absolu. La philosophie de l'Esprit et la philosophie de la Nature, ayant pour objet, celle-ci le monde réel, et celle-là le monde idéal, expriment deux séries parallèles, se développant chacune par trois puissances. Le système entier, dont la place n'est point dans une revue où l'on ne s'attache qu'à la méthode et à la pensée générale, peut être représenté par le tableau suivant :

Dieu, le Tout absolu.

Le Tout relativement réel.	Le Tout relativement idéal.
La gravitation : A^1, la matière.	La vérité : A^1, la science.
La lumière : A^2, le mouvement.	La bonté : A^2, la religion.
La vie : A^3, l'organisme.	La beauté : A^3, l'art.
Le système de la nature.	Le système de l'histoire.
L'homme.	L'État.

La philosophie.

Ce tableau suffit pour révéler toute la pensée de Schelling. On y reconnaît tout d'abord ce panthéisme qui sonnait mal, même à des oreilles allemandes, que toutes les explications n'ont pu atténuer, et que toutes les équivoques n'ont pu cacher. Dieu est le Tout, et le Tout est Dieu. Que Schelling ait cru de bonne foi échapper à l'accusation que soulève ce terrible mot, en spiritualisant, en idéalisant le monde réel, il n'y a point à en douter. Mais panthéisme spiritualiste ou panthéisme matérialiste, c'est toujours le panthéisme, du moment que l'identité du Créateur et de la créature est affirmée. Seulement, s'il est un panthéisme que tout noble esprit puisse avouer, c'est bien celui de Schelling. On ne dira point qu'il rabaisse la pensée ou déprave la volonté humaine. Un autre principe également fondamental que l'on retrouve dans ce tableau, c'est le parallélisme des puissances matérielles et morales, dans lequel se déploie l'activité divine. La correspondance entre ces puissances est-elle aussi visible que se l'est figurée l'imagination de ce philosophe poète? C'est une autre question. Ce n'est pas le seul exemple de ces analogies plus ingénieuses que réelles dont la pensée de Schelling se montre si prodigue. Et l'art élevé à la troisième puissance, dans le tableau récapitulatif, au-dessus de la science, au-dessus de la religion, n'est-ce pas le trait de lumière qui éclaire toute cette philosophie, dans laquelle l'imagination tient une si grande place? Enfin, ce tableau qui commence par Dieu et par la philosophie, ne nous fait-il pas voir que toute la doctrine de Schelling, comme celle de Malebranche, se résume en un mot : la *Vision en Dieu?* « Il n'y a pas que le Tout, comme tel, qui soit divin ; chaque partie, chaque individu en soi l'est également. La perfection de l'Infini est exprimée dans les moindres choses comme dans les plus grandes ; chaque partie offre le type du système universel. De quoi je me vante, me demandez-vous? Je me glorifie d'avoir proclamé la divinité de l'individuel même, l'égalité possible de toute connaissance, quel qu'en soit l'objet, dans la pensée de l'Unité[1]. »

Voilà la première manière de Schelling. Il rentra dans la solitude et le silence, pour jouir de sa gloire, et sans doute aussi pour méditer de nouveau. Il en sortit plus de vingt ans après, moins par jalousie du triomphe de Hegel, comme on l'a dit, que par le désir de marquer davantage le caractère spiritualiste de sa philosophie qui avait inquiété les âmes religieuses. Il annonça une philosophie nouvelle qui devait réconcilier la spéculation idéaliste avec la religion et la mo-

---

1. *Aphorismen*, 1806.

rale pratique. Mais, les leçons qu'il fit à ce sujet à Berlin n'ayant pas vu le jour, il n'a pas été possible de savoir comment il a pu corriger sa doctrine à la satisfaction de ses adversaires, sans en changer le principe et la pensée maîtresse. Il faut donc, pour la juger, s'en tenir à la première expression de ses idées.

On comprend comment cette philosophie, si riche d'idées et surtout d'images, n'ait pu satisfaire les esprits rigoureux et méthodiques qui y cherchaient avant tout une solution scientifique du problème abandonné par Kant comme insoluble, repris et résolu témérairement par Fichte, et simplement tranché par le bon sens de Jacobi. Après le premier éblouissement causé par cette belle manière de philosopher, succédant à la pénible et obscure dialectique de la *Doctrine de la science*, l'esprit philosophique se recueillit et ne tarda point à voir les lacunes, les incohérences, les faiblesses, les équivoques d'une telle doctrine. On avait su le plus grand gré à Schelling d'avoir réconcilié la logique avec la réalité, avec cette merveilleuse Nature dont la philosophie ne peut pas plus se passer dans ses systèmes que la poésie dans ses rêves. Mais quand on essayait de saisir un corps de doctrine dans cette grande et flottante pensée, on ne pouvait y réussir. La pensée manquait de suite, de rigueur et d'enchaînement. L'expression manquait de précision, sous l'éclat qui la faisait plus admirer que comprendre. La philosophie de Schelling ne fut jamais un système. C'est à peine si elle fut une doctrine. Après le poète, il fallait le logicien. Il se rencontra dans la personne de Hegel. Selon les habitudes de la pensée allemande, ce philosophe, compagnon et même disciple de Schelling, ne débute point par annoncer une nouvelle philosophie. Il tient pour vraie la pensée du maître. Il ne veut que lui donner la forme scientifique et didactique dont elle a besoin. Le fond est juste; c'est la méthode qui fait défaut. Schelling a procédé par inspiration et par intuition. Hegel procédera par réflexion et par méthode. Il démontrera ce que son prédécesseur n'a fait que montrer. Et encore cette méthode, dont il va faire un si puissant instrument pour la démonstration de sa pensée, il ne s'en fait point honneur. Il n'entend reprendre que la méthode de Fichte, en se proposant de la perfectionner. Mais, en réalité, méthode et système, la philosophie de Hegel, sous sa forme définitive, est une doctrine vraiment nouvelle, d'une originalité et d'une puissance supérieures à toutes les doctrines nées de la critique kantienne. Elle a été exposée avec assez de développement dans le livre de la *Métaphysique et la Science* pour que l'auteur puisse se permettre d'y renvoyer le lecteur. Ici, d'ailleurs, il suffit de faire comprendre l'esprit d'une méthode dans laquelle Hegel faisait surtout consister le mérite propre de sa philosophie.

« Hegel, dit un philosophe contemporain qui n'est pas de son école, en s'initiant à la manière de penser de Schelling, s'était convaincu, d'un côté, que le principe de l'identité absolue avait été en général bien compris par ce philosophe, et que sa doctrine devait être considérée comme l'expression complète de la connaissance philosophique. Mais, d'un autre côté, il estimait que Schelling était loin d'avoir exposé cette doctrine selon la vraie méthode, et que son école s'était jusque-là contentée de saluer avec enthousiasme l'*aurore de l'esprit rajeuni*, heureuse de *jouir* de l'*idée* sans peine et sans travail. Il s'imposa en conséquence la mission, en partant du principe de l'identité absolue, de présenter les notions philosophiques sous une forme absolument identique à leur contenu[1]. »

Quelle est cette dialectique appelée à de si brillantes

---

[1]. Reinhold, *Lehrbuch der Geschichte der Philosophie*, p. 662.

et si courtes destinées? Quand on voit, dans la *Logique*, se déployer l'appareil si compliqué, si savant, si laborieux, auquel il a donné ce nom, on est tenté de croire, au premier abord, que cette étonnante construction est sortie tout d'une pièce du cerveau de ce puissant dialecticien ; tant il y a de suite et d'enchaînement dans toutes les parties du système. A mesure qu'on avance dans cette longue succession de formules trinitaires, on admire plus l'art de l'ouvrier qu'on ne comprend l'œuvre, et l'on se demande quelle peut être la valeur démonstrative de cette nouvelle logique qui, n'étant ni déductive ni inductive, semble un démenti perpétuel au principe de contradiction et à toutes les règles de la logique ordinaire. Ne serait-ce autre chose qu'une construction à priori, tout à fait analogue à celle de Fichte, dont Hegel paraît reprendre la méthode pour la compléter ? Alors, qu'y aurait-il au fond de cette dialectique si ambitieuse et si obscure, sinon un tissu d'abstractions scolastiques plus propres à fatiguer l'esprit qu'à l'éclairer. Il faut dire que cette première impression est d'autant plus naturelle que Hegel met un art extrême à nous faire partager l'illusion qu'il éprouve certainement lui-même, quand il nous annonce une logique supérieure, qui serait tout à la fois la loi de la pensée et la loi de la réalité. S'il était possible, comme l'a fait le plus spirituel et le plus violent de ses adversaires, de contester la sincérité de ce grand et profond penseur, on pourrait dire qu'il *cache son jeu*, en nous dérobant, sous les formes impérieuses d'une logique à priori, les artifices de sa dialectique.

La foi en ce système fut telle un moment, qu'on put croire que Hegel avait créé une logique vraiment nouvelle, où la science universelle, pour se constituer, n'avait plus qu'à prendre ses formules, où la philosophie de l'esprit, la philosophie de la nature, la philosophie de l'histoire, la philosophie de la religion, la philosophie du droit, la philosophie de l'art, toute espèce de philosophie devait trouver, non pas seulement les principes généraux, mais toutes les grandes lois des faits qui en font la matière. Et comment se fût-on défendu d'une pareille illusion, quand on voyait les maîtres et les disciples de cette nouvelle méthode faire entrer si facilement dans le cadre de leur dialectique le monde de la nature, aussi bien que le monde de l'esprit, ayant une formule toujours prête pour chaque loi, chaque classe, chaque type de la nature, pour chaque époque, chaque race, chaque peuple, chaque grande institution, chaque révolution mémorable de l'humanité? Devant cette forte pensée, dont le mouvement dialectique se développe de catégorie en catégorie, de triade en triade, l'esprit contemporain se sentit, sinon éclairé et convaincu, du moins vaincu et enchaîné à un système qui ne semblait laisser subsister ni lacunes ni incohérences. Quel contraste avec les élans, les saillies, les éclairs de la pensée de Schelling, sans cohésion ni enchaînement! On crut à une véritable révélation du génie spéculatif. Révélation semble bien le mot, si l'on songe que l'ancienne logique, ne pouvant procéder que par l'analyse, était condamnée à une déduction sûre, mais inféconde, concluant toujours du même au même, tandis que la nouvelle, procédant par synthèse, semblait aller de vérités en vérités nouvelles, dans sa marche ascendante et vraiment progressive. Féconde et sûre, tel paraissait être le double mérite de la logique hégélienne.

Comment cela était-il possible? Comment une œuvre de spéculation à priori pouvait-elle assurer à ses formules la nécessité logique d'une œuvre de déduction? C'est ici que se révèle à une critique attentive le vrai caractère de cette dialectique. On sait que Hegel a mis une insistance toute particulière à réfuter la théorie kantienne des jugements synthétiques à priori, et qu'il a réduit les trois classes de jugements reconnues par Kant à deux, savoir : les jugements analytiques et les jugements synthétiques, les premiers à priori et les seconds à posteriori. De là l'impossibilité de fonder la nouvelle logique sur autre chose que des jugements à posteriori, puisque l'ancienne, en sa qualité de logique déductive, ne peut reposer que sur des jugements à priori. C'est, en effet, ce qu'on retrouve au fond de la logique hégélienne, malgré ses prétentions à la spéculation pure, quand on se donne la peine de l'analyser. Hegel a beau dire que les *procès* de sa dialectique s'engendrent par un mouvement nécessaire de la pensée : cette nécessité est inexplicable dans une logique qui procède synthétiquement. Quand on procède par l'analyse, il est tout simple que le résultat de cette opération soit une vérité nécessaire, puisqu'alors on procède du même au même. Mais, du moment qu'on procède par synthèse, on va d'un terme connu à un terme nouveau, qui n'est contenu ni explicitement ni implicitement dans le premier, et dès lors le procès devient contingent. Est-ce à dire que la dialectique de Hegel soit arbitraire comme celle de Fichte, qui n'est qu'une création de la pensée ? Nullement, et c'est là le grand titre de supériorité de la *Logique* sur la *Doctrine de la science*. Le *procès* dialectique a sa vérité attestée par sa concordance avec le *procès* de la nature, avec le *procès* de l'histoire. D'où vient cette concordance ? Hegel a beau le cacher, elle vient tout simplement de ce que le *procès*, avant d'être *posé* dans la dialectique, a été *expérimenté* dans la science positive de la réalité naturelle ou historique. Voilà ce qui explique comment sa dialectique peut engendrer tous les termes de ces procès, et tous les procès eux-mêmes, les uns des autres, sans qu'il y ait entre eux un enchaînement vraiment logique.

C'est donc, au fond, l'expérience qui est la base et le point de départ de cette grande œuvre d'apparence toute spéculative. Si puissante que soit la faculté de réflexion chez notre philosophe, ce n'est point elle qui a fait sortir de la pure pensée toute cette merveilleuse logique, comme Minerve est sortie tout armée du cerveau de Jupiter. Si Hegel en eût été réduit à creuser des abstractions, il n'eût pas trouvé ces formules fécondes dans lesquelles il a fait entrer la réalité, non sans lui faire parfois violence. Cette pensée n'est féconde pour la réflexion qui s'y applique, que parce qu'elle est pleine des enseignements de l'expérience. Elle n'est pas une pure activité virtuelle. C'est une synthèse toute faite par la science positive, que Hegel commence par soumettre à l'analyse. Ce double travail, dont il ne nous parle point, est la matière et le point de départ de toute sa dialectique. En ayant l'air de ne chercher les lois des choses que dans l'essence même de la pensée, il ne fait en réalité que les convertir en formules, dans le creuset de cette pensée enrichie par l'expérience. Il n'y a donc plus lieu de s'étonner que Hegel ait pu trouver après coup dans cette expérience la confirmation de sa logique, en une certaine mesure : c'est que celle-ci en a été la copie, avant que la pensée du philosophe en ait fait l'exemplaire. Cette logique n'est au fond que la traduction en formules abstraites des réalités constatées par la science positive. A vrai dire, toute cette dialectique n'engendre rien ; elle ne fait que décomposer une synthèse primitive donnée par l'expérience. De ce riche contenu Hegel abstrait d'abord successivement tous les éléments par un travail d'analyse qu'il ne montre point au public, allant toujours, guidé par la science, du composé au simple, jusqu'à ce qu'il arrive à ne laisser flotter au fond du creuset que l'abstraction vide de l'être pur. C'est alors que, produisant sa pensée au grand jour, il reprend le dernier terme de son analyse, et, procédant en sens inverse, c'est-à-dire du simple au composé, il ajoute graduellement à cette abstraction tout ce qu'il avait retranché de l'objet concret de la connaissance expérimentale, et ne s'arrête que quand il est parvenu au terme suprême de la synthèse, à l'Absolu concret. Voilà comment la dialectique hégélienne, dans son mouvement ascendant, monte graduellement de la matière brute, qui n'est que l'abstrait pur, jusqu'au concret absolu, l'esprit parfait, en passant par tous les degrés intermédiaires, dans le monde de la réalité universelle, que résume le système des catégories.

On comprend alors pourquoi l'expérience donne raison à la logique. Au fond, c'est l'expérience qui parle par sa bouche, et qui lui dicte ses arrêts. Si la plupart de ses formules s'appliquent à la réalité, c'est qu'elles en sortent. Hegel s'en doute et parfois laisse échapper son secret. Seulement, quand l'ivresse de la logique le gagne, il semble oublier son point de départ. En apparence, c'est la logique qui le mène à la science ; en réalité, c'est la science qui le conduit à la logique. S'il entrait dans le plan de ce livre d'exposer la philosophie complète de Hegel, il serait curieux de faire voir le travail éclectique opéré par cet esprit aussi savant que puissant sur les diverses doctrines philosophiques, pour en introduire les principes dans sa logique, sous des formules abstraites qui en dissimulent plus ou moins l'origine. On verrait comment le premier terme de toute cette dialectique si compliquée, l'ÊTRE pur de toute forme, est l'être en puissance d'Aristote, le non-être de Platon ; comment le deuxième terme, le devenir, est le principe du flux perpétuel d'Héraclite; comment la première triade de l'être, du devenir et de l'existence se retrouve dans la formule aristotélique, la *puissance* et l'*acte*, avec le mouvement comme transition; comment la nécessité que Hegel définit l'identité absolue du possible et du contingent correspond au principe spinosiste de la nécessité universelle; comment l'Idée absolue, l'Idée des idées qui résume et couronne toute la Logique n'est autre chose que l'Unité absolue de Platon et de Plotin. Ce n'est pas le lecteur seulement qui découvre ces réminiscences historiques; c'est Hegel lui-même qui prend plaisir à les signaler comme confirmation de sa dialectique. Et enfin, si l'on embrasse l'ensemble de cette dialectique, il est impossible de ne pas reconnaître qu'elle a pris pour cadre le système des catégories kantiennes. On a vu la part de Fichte et de Schelling. On pourrait facilement retrouver celle de Leibniz. Il n'est peut-être pas une seule doctrine de quelque renom que Hegel n'ait recueillie pour la comprendre dans sa logique, en lui donnant une forme nouvelle. Car l'éclectisme hégélien ne ressemble en rien à ce procédé trop facile qui consiste à rapprocher des doctrines, sans les concilier, en les transformant, dans une pensée plus large et vraiment supérieure.

On eût révolté les admirateurs fanatiques de Hegel, aux jours de sa gloire, si on leur eût dit que ce génie de la dialectique était bien moins le tout-puissant créateur d'une doctrine que l'habile organisateur d'une synthèse encyclopédique. Aujourd'hui, les rares disciples qui lui restent sont trop heureux de sauver l'honneur du philosophe, en sacrifiant l'originalité du logicien. Qu'a dû respecter la critique de ce suprême effort de la pensée spéculative? Rien de ce qui faisait l'orgueil du maître et l'enthousiasme des disciples.

L'épreuve en a été faite, et il s'est trouvé que l'enchaînement de toutes les formules de la dialectique hégélienne n'avait aucune nécessité logique, et ne pouvait conserver d'autre autorité que celle que leur donnait l'expérience. Hegel croyait, ou semblait croire, à la puissance spéculative de la pensée, dans l'œuvre tant de fois et si vainement tentée des constructions à priori. Il est le plus grand et peut-être le dernier héros de ces grandes aventures de la métaphysique. Deux exemples feront voir qu'il n'y a de vrai et de fécond dans sa spéculation que ce qu'y a mis l'expérience. Deux principes dominent sa logique : 1° que le mouvement de l'être procède de l'abstrait au concret ; 2° que ce mouvement se développe toujours en trois moments : thèse, antithèse et synthèse, qui forment ce qu'il appelle le *procès dialectique*. Le premier de ces principes n'est ni une nouveauté philosophique ni une révélation logique. Aristote l'avait déjà constaté, en répétant que, dans les œuvres de la nature, c'est le meilleur qui sort du pire, tout en reconnaissant que le parfait est le vrai principe de toute perfection. D'autre part, l'encyclopédie des sciences n'est qu'une démonstration de cette vérité par le tableau de l'évolution universelle. Là n'est donc point l'originalité de la philosophie hégélienne, si puissant qu'ait été l'effort du philosophe pour en faire sortir tout un système. Quant au second principe de cette philosophie, à cette formule de la triade qui est comme le fil conducteur du lecteur engagé dans le labyrinthe de la dialectique, il n'est pas non plus tout à fait nouveau. On le retrouve dans l'histoire des grandes religions et des grandes philosophies, chez les anciens, comme chez les modernes. On le retrouve également dans les enseignements de la science pure, dans l'histoire de l'humanité, aussi bien que dans l'histoire de la nature. Seulement, on ne voit pas qu'il s'y produise avec cette nécessité, cette fixité, cette universalité que la formule hégélienne impose aux phénomènes naturels et historiques. C'est à peine une loi contingente qui souffre de grandes et nombreuses exceptions. La philosophie de l'histoire n'en a pas trouvé toujours l'application commode, et plus d'un historien y a renoncé pour ne pas s'exposer à l'accusation d'avoir faussé l'histoire. La philosophie de la nature, malgré toute la science et toute l'imagination d'un Oken et d'un Carus, a rencontré dans cette voie bien des difficultés et des lacunes.

Quelle est donc la réelle valeur de la logique hégélienne? Elle consiste dans une explication plus complète, plus suivie, plus systématique des choses de la nature et de l'histoire que toutes celles que la philosophie avait tentées jusque-là. Si Hegel n'a pas plus réussi que ses devanciers à construire à priori cette réalité que l'expérience seule nous fait connaître, il a trouvé dans sa puissante analyse de la pensée plus de formules que tout autre philosophe pour expliquer les grandes lois de la science. Il a plus fortement pensé cette réalité historique ou naturelle, que la science fait seulement connaître. Il en a mieux mis en relief le caractère intelligible et vraiment rationnel. Des deux tâches que la métaphysique a poursuivies jusqu'ici, s'il a perdu sa peine à entreprendre l'une, il a le grand honneur d'avoir mieux rempli l'autre qu'aucun philosophe de notre temps. Les esprits légers ou tranchants qui lui ont jeté la pierre n'eussent pas dû l'oublier. On l'a trop glorifié en le saluant comme l'Aristote des temps modernes. Il n'est pourtant pas sans ressembler par quelques côtés à l'incomparable philosophe de l'antiquité. Comme lui, il a embrassé l'ensemble des sciences humaines. Comme lui, il les a toutes éclairées de la haute lumière métaphysique. Comme lui, il a trouvé des formules précises, bien que plus obscures, pour exprimer les vraies causes et les vraies raisons des choses. Comme lui, il a cherché constamment dans la réalité le côté rationnel, ce qui lui a permis d'appliquer sa logique, comme Aristote sa métaphysique, à toutes les branches du savoir humain. Il l'a fait avec plus de connaissances scientifiques qu'Aristote, mais avec moins de sagesse, dans une langue moins précise et moins belle. Hegel n'a-t-il pas encore ce trait commun avec Aristote que, chez les deux philosophes, la partie supérieure de la doctrine est ce qui est resté le plus obscur pour les contemporains?

La postérité sera-t-elle aussi favorable à Hegel qu'elle l'a été au maître du *Lycée*? Il est permis d'en douter. Pour passer à la postérité et y rester un objet perpétuel d'étude et d'admiration pour les esprits d'élite, il ne faut pas seulement une forte et profonde pensée; il faut encore un beau langage. La langue métaphysique d'Aristote est belle dans sa sévérité. Voilà pourquoi elle a passé, avec celle de Platon, qui a plus de grâce et d'éclat, dans la langue philosophique qu'ont parlée les grands génies de tous les temps. Encore maintenant la philosophie ne croit pas pouvoir mieux dire les choses qui font son éternel objet qu'en se servant des termes de *sujet*, de *matière* et de *forme*, de *puissance* et d'*acte*, de cause *motrice* et de cause *finale*. Comment l'affreux jargon de la logique hégélienne pourra-t-il passer dans la philosophie future, avec les idées qu'elle traduit d'une façon si barbare? Quelle formule que celle-ci: l'*être en soi*, l'*être de soi*, l'*être pour soi*; ou cette autre: l'*être*, le *devenir* et l'*existence* ; ou cette autre encore: l'*essence*, le *phénomène* et la *réalité*? Et pourtant, quand on a la clef de cette étrange terminologie, on ne trouve aucun de ces mots vide de sens. Y a-t-il, dans toute la philosophie moderne, un principe plus fécond que celui que Hegel a formulé ainsi, en l'appliquant à toutes les sciences de la réalité historique ou naturelle : *tout ce qui est vraiment réel est rationnel.* N'est-ce pas l'axiome qui fait de toute science une philosophie ? N'est-ce pas de l'application persévérante de ce principe que sont sorties toutes les belles théories de la science contemporaine sur la nature, sur la religion, sur l'art, sur l'histoire, sur le droit ? La critique contemporaine a jugé l'œuvre de ce puissant esprit. En condamnant sa logique, elle a conservé, en dépit des brutales saillies de Schopenhauer, le respect de sa grande pensée. Elle n'a point oublié que, dans notre siècle, il est le père de la philosophie de l'évolution. Pour cela, elle le distinguera de tous les grands idéalistes, comme Platon, Plotin, Malebranche et Schelling, qui ont créé ou continué l'antique tradition théologique. Au-dessous d'Aristote, à bien des égards, il est de la même famille. Il aura sa place parmi les dieux de la métaphysique qui n'ont jamais dédaigné le commerce des choses d'ici-bas.

Hegel semble être venu tout exprès pour faire l'expérience définitive de la méthode spéculative en Allemagne. Nul philosophe n'a mieux montré ce que peut, ou plutôt ce que ne peut pas faire le génie de la spéculation sans la science. Après lui, il se rencontre encore, en dehors de son école, des philosophes qui continuent la tradition de la philosophie spéculative. Krauss est un penseur judicieux et mesuré qui ne s'est point laissé emporter aux excès de la logique hégélienne. Herbart est un esprit ingénieux et subtil qui a abusé des mathématiques, comme Hegel avait abusé de la dialectique. Les boutades pessimistes de Schopenhauer ont eu plus de succès dans la société des humoristes de son espèce que dans le monde des esprits bien faits. Hartmann est déjà d'un autre temps. Il a trop de science et de bon sens pour en rester à une doctrine qui est un insolent défi au sens commun et une bravade à la providence. On le retrouvera plus tard, j'espère, dans la nouvelle école spiritualiste qui a renoué la tradition de la métaphysique. Comme ces hommes distingués par l'esprit, la science ou le talent n'ont rien ajouté aux grandes doctrines dont j'ai passé la revue rapide, je crois pouvoir clore à Hegel l'histoire de la philosophie spéculative.

Voilà donc où en est la pensée allemande, après le grand effort tenté pour résoudre ce problème des noumènes légué à la philosophie du XIXe siècle par le maître de la critique. Ces puissantes écoles ont vécu, et, comme elles n'ont point eu d'héritiers, il est permis de croire qu'elles ont emporté dans la tombe les méthodes à priori qui faisaient le caractère original de leurs doctrines. Tout autre, en effet, est l'esprit de la philosophie nouvelle, si l'on peut donner ce nom aux recherches et aux études qui attestent que l'activité scientifique n'a point cessé avec le mouvement de la pensée spéculative. Aujourd'hui l'Allemagne ne spécule guère; elle observe, expérimente, analyse et compare, curieuse surtout de science positive et de forte érudition. En fait de philosophie, quand elle va jusque-là, son sens critique la ramène à la méthode de Kant, quand son sens positif ne la rabaisse pas à un matérialisme plus savant sans doute, mais aussi plus vulgaire que celui qui eut tant de vogue chez nous au XVIIIe siècle. Il n'est plus question ni d'idéalisme, ni de spiritualisme, ni même de panthéisme dans ce pays qui semblait être la terre classique de ce genre de spéculation, mais où l'excès semble avoir discrédité l'usage pour longtemps. La physique a remplacé la métaphysique; la physiologie a succédé à la théologie. Et, comme ni l'une ni l'autre de ces sciences n'a d'ailes pour atteindre jusqu'à ce monde supérieur dont la philosophie critique avait interdit l'accès à l'esprit humain, il s'ensuit que le problème est encore à résoudre. La voie de la spéculation fermée, il reste à voir si aucune voie de l'expérience ne peut conduire la philosophie à cette solution. Kant et son école l'affirment. L'Allemagne philosophique paraît le croire de plus en plus, et ne s'occupe plus guère de métaphysique que comme d'un sujet de pure érudition. Il serait curieux qu'en dépit du positivisme et du matérialisme qui semblent l'avoir conquise, la pensée française retrouvât ses ailes pour s'envoler de nouveau vers ces hautes régions désertées par la pensée allemande. Il serait surtout intéressant de voir comment la science positive peut l'aider à y monter. Ce serait une première revanche sur l'ennemi héréditaire, comme disent nos voisins d'outre-Rhin.

CHAPITRE II

L'ÉCOLE DE LA RAISON

La nouvelle philosophie allemande et la nouvelle philosophie française, dans leur première période, diffèrent essentiellement par l'objet, la méthode et le fond des doctrines, sauf quelques emprunts faits à la première par la seconde, qui ne purent d'ailleurs se naturaliser sur le sol de l'esprit français. Tandis que la philosophie allemande songe surtout à retrouver par une méthode toute spéculative ce monde des choses en soi que la *Critique de la raison pure* avait relégué au delà de la portée des facultés humaines, et croit avoir atteint son objet par un panthéisme idéaliste, la philosophie française s'applique particulièrement à renouer par la méthode psychologique la tradition spiritualiste interrompue par le triomphe bruyant de l'école de la sensation. C'est la pensée constante de Laromiguière, de Maine de Biran, de Royer-Collard, de Cousin, de Jouffroy, de tous les organes éminents de la pensée nouvelle.

Mais des trois objets que l'ancienne métaphysique avait cru atteindre, l'âme, Dieu et le monde, et dont la nouvelle philosophie, en Allemagne, avait prétendu rendre la possession définitive à l'esprit humain par ses hardies méthodes de construction logique, l'âme et Dieu sont les seuls que poursuit la philosophie fran=

çaise, abandonnant à la science pure ce monde de la nature que les philosophes allemands avaient toujours eu à cœur de faire rentrer dans les formules de leur dialectique. Dans ses *Leçons de philosophie*, Laromiguière ne fait autre chose que corriger le *Traité des sensations* dans le sens d'un spiritualisme qui ne dépasse guère le sage empirisme de Locke. Avec un sens tout autrement profond des choses de l'âme, Maine de Biran ruine par la base la doctrine sensualiste, et ouvre la voie à une psychologie nouvelle, pleine de révélations intimes sur le monde de la conscience, mais qui n'a rien à nous apprendre sur le monde de la nature. Ce philosophe, qui regarde sans cesse en dedans, ne s'occupe point du dehors. Il ne pense à Dieu que dans les derniers temps de sa carrière philosophique, comme à l'idéal de la nature humaine, à l'esprit infini dont le type lui est donné tout entier par la conscience dans l'esprit fini qu'elle lui révèle. Il n'affirme d'ailleurs la spiritualité de l'âme que sur le témoignage de ce sens intime qui lui fait atteindre l'être, la substance, la vraie nature métaphysique du moi dans le sentiment de ses actes et de ses facultés. Jouffroy reprend la même thèse, sur laquelle Maine de Biran avait jeté les fortes clartés d'une intuition plus pénétrante que méthodique, soumet les faits reconnus à une analyse régulière, les décrit et les raconte dans un langage dont la limpidité les rend accessibles à tous; mais il reste, comme le maître de la nouvelle école spiritualiste, dans les limites de la pure psychologie. Royer-Collard n'a guère fait qu'un commentaire des doctrines de l'école écossaise : commentaire, il est vrai, fort supérieur au texte en vigueur de pensée, en précision et en beauté de langage, où l'empirisme de Locke, le sensualisme de Condillac, l'idéalisme de Descartes, de Malebranche et de Berkeley, le scepticisme de Hume sont réfutés avec une force de dialectique, avec une autorité de parole qui laisse les maîtres loin du disciple. De tous ces philosophes qui ont excellé dans l'analyse et dans la critique, Cousin est le seul qui ait essayé de réunir les éléments d'une doctrine générale reliant l'homme à Dieu.

L'objet philosophique se trouvant ainsi restreint, la méthode ne pouvait plus être la même, abstraction faite du génie différent des deux peuples. La philosophie française, n'embrassant plus l'ensemble des choses, n'avait que faire de la méthode spéculative, si chère à la pensée allemande. La méthode psychologique lui était commandée par la nature de son objet, aussi bien que par le génie propre de l'esprit français. L'homme, en effet, est un objet d'observation, non de spéculation. Quant à Dieu, la philosophie française avait trop peur des écarts théologiques de la pensée allemande pour en faire autre chose que l'objet d'une simple induction psychologique. Aussi ne trouve-t-on rien, dans les œuvres de cette école, qui ressemble à un système d'explication universelle. La philosophie n'y est plus la science générale des choses, telle qu'elle avait été comprise et cultivée jusqu'au XVIIIe siècle exclusivement par toutes les grandes écoles philosophiques. C'est la science de l'homme intérieur, ou, si l'on veut, l'ensemble des sciences morales qui ont leur racine dans la psychologie. Tout au plus y ajoute-t-on quelques notions plus psychologiques que métaphysiques sur l'âme humaine et sur Dieu.

La philosophie allemande était trop peu connue à cette époque en France pour qu'on s'y préoccupât de la critique de Kant, et que les grands problèmes soulevés par cette critique vinssent à l'ordre du jour. Seul Victor Cousin parut comprendre un instant que la philosophie est la haute synthèse des sciences humaines. C'est le moment où il revenait de cette Allemagne dont la nouvelle philosophie l'avait quelque peu fait rêver. Son ivresse métaphysique dura aussi peu que son engouement pour les doctrines allemandes. Quand la révolution de Juillet l'eut mis à la tête de l'enseignement universitaire, il n'eut plus qu'une pensée, la direction des études philosophiques dans l'Université, dans l'Académie, et partout où une sorte d'autorité officielle venait se joindre au prestige de son merveilleux talent d'écrivain et de professeur. Dans le cadre d'études qu'il se traça et qu'il imposa à toute son école, fascinée ou docile, il donna tout à la psychologie, à la morale et à l'histoire, oubliant tout à fait cette philosophie de la nature qui tient une si grande place dans les spéculations de Schelling, de Hegel, de Krause et de Herbart.

Il y eut un point pourtant où cette philosophie garda un certain caractère métaphysique : c'est la question de la raison *impersonnelle*. Là-dessus, Cousin se retrouva le disciple de Platon, de Malebranche, de Fénelon, de Schelling. Ce fut pour répondre à la *Critique de la raison pure* qu'il chercha et crut trouver dans l'analyse psychologique les titres de cette faculté privilégiée à la foi métaphysique de l'esprit humain. Kant ne s'était pas borné à une théorie de la raison proprement dite. Sa critique embrasse l'esprit tout entier, sensibilité, entendement et raison. Ces trois facultés n'ayant pour fonction, selon lui, que de convertir, la première nos sensations en perceptions, la deuxième nos perceptions en notions, la troisième nos notions en idées, toute la vertu de l'intelligence se borne à donner la forme à la connaissance, tandis que l'expérience lui en fournit la matière. Dès lors la portée ontologique de nos facultés cognitives, de la raison aussi bien que de l'entendement et de la sensibilité, se trouve réduite à néant. Kant se propose simplement d'expliquer comment l'esprit humain, sa constitution étant donnée, connaît les choses. Quant à l'existence des choses en soi, il a, quoi qu'on en ait dit, trop de bon sens pour la nier ; mais il déclare impossible toute entreprise ayant pour objet de démontrer la conformité ou la non-conformité de ces choses à la connaissance que nous en avons.

On a vu, dans le chapitre précédent, par quels efforts de construction logique la nouvelle philosophie allemande avait essayé de résoudre ce problème. La nouvelle philosophie française en cherche la solution par une méthode plus facile et plus conforme à ses propres traditions. Kant avait cru trouver dans le caractère *subjectif* de la sensibilité, de l'entendement, de la raison, de toute faculté intellectuelle, la cause radicale de l'incapacité *objective* de l'esprit humain. Cousin, se flattant de pousser plus loin l'analyse que Kant, pense avoir découvert un mode d'intuition qui relève la connaissance humaine de cette incapacité prétendue radicale. Mais ici il faut l'entendre lui-même, dans l'expression naïve et triomphante de sa découverte psychologique : « Ce grand homme, après avoir si bien vu toutes les lois qui président à la pensée, frappé du caractère de nécessité de ces lois, c'est-à-dire de l'impossibilité où nous sommes de ne pas les reconnaître et les suivre, crut voir précisément dans ce caractère un lien de dépendance et de relativité à l'égard du moi dont il était loin d'avoir approfondi le caractère propre et distinctif. Or, une fois les lois de la raison abaissées à n'être plus que des lois relatives à la condition humaine, toute leur portée est circonscrite à la sphère de notre nature personnelle, et leurs conséquences les plus étendues, toujours marquées d'un caractère indélébile de subjectivité, n'engendrent que des croyances irrésistibles, si l'on veut, mais non des vérités indépendantes. Tout l'effort de mes leçons de 1818, après l'inventaire régulier des lois de la raison, fut de leur ôter le caractère de subjectivité que celui de nécessité leur impose en apparence, de les rétablir dans leur indépendance et de sauver la philosophie de l'écueil où elle était venue échouer, au moment même de toucher au port. Plus que jamais fidèle à la méthode psychologique, au lieu de sortir de l'observation, je m'y enfonçai davantage, et c'est par l'observation que, dans l'intimité de la conscience et à un degré que Kant n'a pas pénétré, sous la relativité et la subjectivité apparente des principes nécessaires, j'atteignis et démêlai le fait instantané, mais réel de l'aperception spontanée de la vérité, aperception qui, ne se réfléchissant point immédiatement elle-même, passe inaperçue dans les profondeurs de la conscience, mais y est la base véritable de ce qui, plus tard, sous une forme logique et entre les mains de la réflexion, devient une conception nécessaire. Toute subjectivité, avec toute réflexivité, expire dans la spontanéité de l'aperception. Mais l'aperception spontanée est si pure, qu'elle nous échappe; c'est la lumière réfléchie qui nous frappe, mais souvent en offusquant de son éclat infidèle la pureté de la lumière primitive. La raison devient bien subjective par son rapport au moi volontaire et libre, siège et type de toute subjectivité; mais en elle-même elle est impersonnelle [1]. »

La raison impersonnelle, tel est le dernier mot de la théorie de la raison. Mais quelle est donc l'origine de cette grande révélatrice de la vérité absolue ? Cousin va nous l'apprendre. « Le genre humain croit à la raison et ne peut pas ne pas y croire, à cette raison qui apparaît dans la conscience en rapport mo-

---

1. Préface des *Fragments philosophiques*, 2ᵉ édit., p. 22.

mentané avec le moi, reflet pur encore, quoique affaibli, de cette lumière primitive qui découle du sein même de la substance éternelle, laquelle est tout ensemble substance, cause, intelligence. Sans l'apparition de la raison dans la conscience, nulle connaissance, ni psychologique, ni encore moins ontologique. La raison est en quelque sorte le pont jeté entre la psychologie et l'ontologie, entre la conscience et l'être ; elle pose à la fois sur l'une et l'autre ; elle descend de Dieu et s'incline vers l'homme ; elle apparaît à la conscience comme un hôte qui lui apporte des nouvelles d'un monde inconnu, dont elle lui donne à la fois et l'idée et le besoin. Si la raison était personnelle, elle serait de nulle valeur et sans autorité hors du sujet et du moi individuel. Si elle restait à l'état de substance non manifestée, elle serait comme si elle n'était pas pour le moi, qui ne se connaîtrait pas lui-même. Il faut donc que la substance intelligente se manifeste ; et cette manifestation est l'apparition de la raison dans la conscience. La raison est donc à la lettre une révélation nécessaire et universelle, qui n'a manqué à aucun homme, et *a éclairé tout homme à sa venue en ce monde*. La raison est le médiateur nécessaire entre Dieu et l'homme, ce λόγος de Pythagore et de Platon, ce Verbe fait chair qui sert d'interprète à Dieu et de précepteur à l'homme, homme et Dieu tout ensemble [1]. »

Voilà comment le chef de l'école éclectique prétend rentrer par l'analyse psychologique dans la voie de cette tradition métaphysique dont Platon fut le père, et que la théologie du xviie siècle avait renouvelée avec tant d'éclat par des maîtres qui s'appelaient Malebranche, Fénelon et Bossuet. Ici Victor Cousin se retrouve avec ses pairs, dont il sait si bien parler la

---

1. Préface des *Fragments philosophiques*, p. 42.

langue. Parvenu à cette hauteur, il oublie ou néglige toute autre philosophie, celle de Kant, de Schelling et de Hegel, aussi bien que celle de Descartes et de Reid. C'est qu'en effet on sent qu'il est dans son élément, et que le grand siècle est celui qui convient à la nature de son esprit et de son talent.

Avec sa théorie de la raison impersonnelle, Cousin ne renoue pas seulement la chaîne interrompue de la tradition platonicienne ; il fait encore rentrer la philosophie dans le giron du sens commun. Qu'est-ce, en effet, que l'aperception primitive, distincte de la connaissance réfléchie, sinon le sens commun opposé à la science? En faisant reposer toute la réalité objective de nos idées sur cette intuition spontanée, Cousin met la science et la philosophie, filles de la réflexion, sous l'autorité du sens commun, seul *criterium* désormais de la vérité scientifique ou philosophique. Il l'a dit en termes trop forts et trop éloquents pour qu'il n'y ait pas plaisir à le citer encore. « Nul homme n'est étranger à aucune des trois grandes idées qui constituent la science : à savoir la personnalité ou la liberté de l'homme, l'impersonnalité de la nature, et la providence de Dieu. Tout homme comprend ces trois idées immédiatement, parce qu'il les a trouvées d'abord et qu'il les retrouve constamment en lui-même. Les exceptions, par leur petit nombre, par les absurdités qu'elles entraînent, par les troubles qu'elles engendrent, ne servent qu'à faire ressortir davantage l'universalité de la foi de l'espèce humaine, le trésor de bon sens déposé dans la conscience, et la paix et le bonheur qu'il y a pour une âme humaine à ne point se séparer des croyances de ses semblables. Laissez là les exceptions qui paraissent de loin en loin dans quelques époques critiques de l'histoire, et vous verrez que toujours et partout les masses, qui *seules existent*, vivent dans la même foi, dont les formes seules varient. Mais les masses n'ont pas le secret de leurs croyances. La vérité n'est pas la science; la vérité est pour tous, la science pour quelques-uns. Toute vérité est dans le genre humain; mais le genre humain n'est pas philosophe [1]. »

Enfin, la théorie de la raison impersonnelle avait encore un mérite auquel l'éclectisme de Cousin était loin d'être indifférent : c'était de réconcilier la philosophie avec la religion. Sous les symboles dont l'enveloppe l'imagination, la religion n'est-elle pas, en effet, ce fond de croyances primitives auxquelles on donne le nom de sens commun ? D'où viendrait à la religion et au sens commun leur commune popularité, si elles n'avaient pas la même origine? Si l'on veut écarter les voiles qui recouvrent toutes les grandes vérités religieuses, on reconnaîtra aisément que le fond est identique, sous la diversité des formes symboliques. Entre une révélation de la raison spontanée et une révélation de la raison divine, quelle est la différence, après ce qui vient d'être dit sur la haute origine de cette raison impersonnelle qui est la nôtre? Donc la religion et la philosophie puisent à la même source, avec cette seule différence que l'une soumet l'inspiration primitive à la réflexion, tandis que l'autre y mêle l'imagination. On comprend alors comment notre philosophe a pu parler sincèrement des deux sœurs immortelles dont la lutte a rempli jusqu'ici le monde de trouble, et l'âme humaine d'angoisse, mais qui doivent vivre en paix désormais, sous la charte de l'éclectisme. Car, selon la théorie, elles ne sont pas seulement toutes deux filles de l'esprit humain; elles ont la raison même pour mère commune. Quand donc on les oppose l'une à

---

1. Préface des *Fragments philosophiques* p. 44.

l'autre, on n'oppose pas la raison à la foi ; on oppose la raison réfléchie à la raison spontanée, c'est-à-dire la raison à la raison.

La théorie de la raison impersonnelle avait quelque chose de trop poétique et de trop mystique pour ne pas éveiller les doutes, provoquer les objections, commander les réserves, même au sein de l'école éclectique. Pour une philosophie chrétienne, comme celle de saint Augustin, de Malebranche, de Fénelon, le mystère (c'est bien le mot) de la raison impersonnelle n'avait rien de contradictoire, parce qu'il trouvait dans la doctrine du *Verbe* tout à la fois son principe et son explication. L'intime communication du λόγος humain et du λόγος divin fait comprendre jusqu'à quel point le premier est impersonnel, sans même aller, comme Malebranche et les mystiques chrétiens, jusqu'à identifier la raison humaine avec la raison divine. Mais que la philosophie de notre temps pût maintenir une pareille doctrine ou quelque chose d'analogue, au nom de l'analyse psychologique, après Descartes, Locke, Reid et Kant, c'était là une prétention qui devait sembler hardie, même aux partisans de la raison entendue comme une faculté originale et riche en idées irréductibles à l'expérience. Ni Jouffroy, ni Darimon, ni Garnier, ni Saisset, ni Rémusat, ni la plupart des disciples encore vivants n'ont suivi le maître dans son mystique essor.

M. Francisque Bouillier est peut-être le seul qui ait poussé la fidélité à la doctrine de la raison impersonnelle jusqu'à maintenir le principe dans sa rigueur littérale. Seulement, comme il comprend la difficulté d'une pareille métamorphose, ce n'est pas en vertu d'une analyse psychologique, à l'exemple de Cousin, qu'il soutient ce principe ; c'est au nom de la tradition métaphysique, qu'il renouvelle par une démonstration dont la hardiesse plairait plus à Fénelon, à Malebranche et à Schelling qu'à Bossuet. « La raison est Dieu lui-même en nous, Dieu avec qui nous sommes en nécessaire participation. La connaissance de l'absolu, de l'infini, c'est la connaissance qu'a de lui-même Dieu, l'être infini avec qui nous participons ; c'est la conscience qu'il a de son être infini, de sa causalité absolue, de son immensité, de son éternité, de son immutabilité. En présence de cette définition de la nature de la raison, s'évanouit l'argument fondamental du scepticisme tiré du rapport nécessaire de l'objet qui est connu avec le sujet qui connaît. En effet, pour arriver à la raison, pour tomber sous la conscience, la vérité n'a plus de milieu à traverser, de réfraction à subir [1]. » Et plus loin : « Ainsi la connaissance de la vérité absolue résulte de la participation de l'homme avec Dieu ; hors de Dieu, il n'y a rien d'absolu. Si la raison n'était pas Dieu présent en nous, principe de notre être, la vérité absolue ne serait qu'une chimère... Elle est le fondement ferme et inébranlable que donne à la certitude la vraie théorie de la raison impersonnelle [2]. »

Voilà la grande doctrine de la raison impersonnelle, révélant à l'esprit humain le monde des vérités inaccessibles à l'expérience. Ce n'est pas seulement Platon qui a imaginé cette explication ; c'est Aristote lui-même, le philosophe de l'expérience, qui l'a cherchée dans l'origine toute divine de la pensée (θύραθεν). Pas plus que Platon, il n'avait pu comprendre qu'une aussi merveilleuse faculté n'eût pas quelque chose de surnaturel. La philosophie contemporaine a relégué cette mystique tradition parmi les métaphores poétiques que l'ancienne métaphysique prenait au sérieux. Ce qui est certain, c'est que l'analyse psychologique de Victor Cousin n'a point réussi

1. *Théorie de la raison*, p. 264.
2. *Ibid.*, p. 265 et 266.

à la faire passer dans la science moderne. Comment, en effet, affirmer l'impersonnalité de l'intelligence humaine dans un mode quelconque de son activité? On peut soutenir que la vérité elle-même, objet de la raison, est impersonnelle. On peut le soutenir victorieusement, même contre la critique de Kant, et l'on ne fait en cela rien qui ne soit tout à fait conforme au sens commun. Mais affirmer la personnalité de la raison, c'est-à-dire d'une faculté du moi, par cela seul qu'elle n'est point une faculté volontaire, et sur cette distinction plus ou moins exacte d'une raison intuitive et d'une raison réfléchie, n'est-ce point abuser d'une équivoque? « On a beau dire : la raison est impersonnelle. Elle est impersonnelle, en effet, parce que son objet n'est pas moi et ne dépend pas de moi. A la rigueur, on en pourrait dire autant de la perception extérieure. Suis-je maître de voir ou de ne pas voir, ou de voir autrement, quand un objet est présent, et que mes yeux sont ouverts ?... La vérité n'est pas ma vérité. Mais elle est une manière d'entendre la vérité; car un objet, être, principe ou phénomène, n'est conçu qu'à la condition d'être avec moi dans un certain rapport[1]. »

La théorie de la raison impersonnelle n'étant pas même acceptée par la grande majorité des disciples, que restait-il de la doctrine du maître? La vertu et l'autorité d'une faculté supérieure de l'esprit qui met directement la pensée humaine en rapport avec tout un ordre de vérités qui font l'objet propre de la haute philosophie. Le problème général de la réalité objective de nos idées n'était pas résolu. Mais la raison n'en conservait pas moins le privilège, entre autres facultés, de nous révéler la vérité métaphysique. Sur ce point, toute l'école est restée

---

1. Jules Simon, *Histoire de l'école d'Alexandrie*, t. I, préf., p. 32.

fidèle à la pensée de son chef. C'est par les intuitions pures et immédiates de cette faculté que, selon elle, l'esprit saisit l'ordre entier des vérités absolues et nécessaires. Victor Cousin a mis tout son talent d'analyse et de critique au service de cette thèse, dans sa longue polémique contre la doctrine de l'*Essai sur l'entendement humain*, de Locke. Résumons-en les conclusions. Toutes nos idées se ramènent à deux classes, les idées contingentes et relatives d'une part, de l'autre les idées nécessaires et absolues. Tels sont, par exemple, les caractères distincts et opposés des idées de corps et d'espace, des idées de succession et de durée, des idées de mode et de substance, des idées de fini et d'infini. Tout corps est perçu comme existant, mais comme pouvant ne pas exister, fût-il le monde lui-même, tandis que l'espace est conçu comme ne pouvant point ne pas exister. Toute succession est perçue de même comme existante, mais comme pouvant ne point exister, tandis que le temps est conçu comme ne pouvant pas ne point exister. On peut en dire autant de toute vérité contingente et de toute vérité nécessaire.

La classe des idées qui répond à la première catégorie comprend toutes les connaissances et toutes les sciences expérimentales. La classe des idées qui répond à la seconde catégorie comprend toutes les connaissances et toutes les sciences déductives. Cette seconde classe elle-même se divise en deux autres : 1° les idées nécessaires, fruit spontané d'une intuition immédiate, telles que les axiomes, les définitions, et en général les idées simples qui servent de principes à toute démonstration ; 2° les idées nécessaires, œuvre plus ou moins laborieuse de raisonnement, qui forment toutes les propositions dérivées des idées simples, et dont l'ensemble fait la science entière.

Ces diverses classes d'idées une fois reconnues avec leurs caractères respectifs, le problème de l'origine des idées peut être abordé. L'expérience rend compte de toutes les idées contingentes, quel qu'en soit l'objet, extérieur ou intérieur, physique ou moral. Tout ce qui est contingent, relatif, fini, tout ce qui existe comme fait est de son ressort. Pour les réalités de l'ordre matériel, c'est l'expérience sensible ; pour les réalités de l'ordre spirituel, c'est l'expérience intime. Mais il en est tout autrement de la classe des idées nécessaires. Quel qu'en soit l'objet et le mode d'acquisition, il n'est pas une seule de ces idées qui se prête à une explication empirique. Si l'expérience peut toujours atteindre ce qui est, ce qui existe en tel lieu, en tel temps, elle n'atteint d'aucune manière, ni par intuition ni par induction, ce qui doit être, ce qui existe indépendamment des temps et des lieux. Si c'est elle qui perçoit toute *réalité*, il ne lui appartient pas de concevoir la moindre *vérité*, dans le sens propre du mot. Si ce n'est ni l'expérience ni l'induction qui engendre la classe des idées nécessaires, ne serait-ce pas le raisonnement ? Cela est incontestable pour l'ordre entier des vérités nécessaires déduites. Mais ces idées supposent elles-mêmes des idées simples, antérieures à la démonstration et irréductibles à l'expérience. D'où et comment peuvent-elles venir, sinon d'une source distincte de l'expérience, et par une autre opération que le raisonnement ? Peu importe le nom qu'on donne à cette faculté nouvelle et supérieure, *raison*, *intelligence*, *conception*, pourvu qu'on en reconnaisse la vertu propre et originale de concevoir le nécessaire, l'absolu, l'universel, l'infini, l'intelligible, l'idéal, le vrai.

Expérience et raison, voilà donc la double origine de nos idées, correspondante à deux classes de jugements, dont les caractères essentiellement distincts se refusent invinciblement à une origine unique. Ni Locke, ni Condillac, ni aucun philosophe de l'école empirique ne peut nier l'existence des jugements nécessaires, pas plus des jugements primitifs et intuitifs que des jugements dérivés et déductifs. Comment est-il possible, avec des données identiques, d'aboutir à une conclusion si différente sur le fond du problème ? C'est ce que Cousin explique fort bien en faisant voir une équivoque sous le mot origine. Locke et toute l'école empirique s'attachent uniquement à montrer comment l'expérience est la condition de la formation de toutes nos idées, de nos idées nécessaires comme de nos idées contingentes ; c'est là le côté vrai de l'empirisme. Mais de cette donnée exacte ils concluent que toutes nos idées ont pour origine l'expérience ; c'est le côté faux par lequel l'empirisme donne prise aux critiques de l'idéalisme. On se ferait une idée bien peu juste du développement des diverses facultés de l'esprit, si l'on s'imaginait qu'elles s'exercent isolément, chacune suffisant à la formation complète des idées qui lui sont propres. Il n'en est rien. L'expérience et la raison entrent en exercice simultanément, de manière à produire des jugements complexes, où les éléments empiriques se trouvent confondus avec les éléments rationnels. Ainsi l'esprit ne perçoit pas le corps sans concevoir l'espace ; il ne perçoit pas la succession sans concevoir le temps ; il ne perçoit pas le mode sans concevoir la substance ; il ne perçoit pas le fini sans concevoir l'infini. En général, il ne perçoit pas le contingent sans concevoir le nécessaire. Les deux idées corrélatives comme les deux vérités qui leur répondent, sont inséparables : de telle façon qu'elles sont réciproquement la condition l'une de l'autre. Ainsi l'idée d'espace a pour condition chronologique l'idée de corps, en ce sens que nous n'aurions pas la première sans la seconde, tandis que l'idée de corps a pour condition logique l'idée d'espace, en cet autre sens que le corps ne pourrait exister sans l'espace, lequel est conçu comme existant indépendamment de tel corps et de tous les corps possibles. Même remarque pour les idées de succession et de durée, de mode et de substance, de fini et d'infini, et en général pour la classe entière des vérités contingentes, et pour la classe entière des vérités nécessaires. Tout jugement abstrait suppose un jugement concret comme antécédent chronologique ; tout jugement concret suppose un jugement abstrait correspondant comme antécédent logique. Si je n'avais jugé d'abord que deux arbres plus deux arbres font quatre arbres, je ne pourrais porter cet autre jugement que deux et deux font quatre : ce qui n'empêche pas que le premier jugement n'ait sa raison dans le second. Si je n'avais jugé d'abord que telle bonne action est à faire, je ne jugerais pas que toute bonne action est à faire ; et pourtant c'est le second jugement qui fait la vérité du premier.

Nul n'a expliqué cette distinction avec plus de clarté et de force que Cousin ; et c'est grâce à lui qu'elle est devenue une sorte de lieu commun dans les écoles de l'Université. Je n'en citerai plus que la conclusion. « A prendre les idées dans l'ordre où elles se produisent dans l'intelligence, à ne rechercher que leur histoire et leur apparition successive, il n'est point vrai que l'idée d'espace soit l'antécédent de l'idée de corps. Otez toute sensation, ôtez la vue et le toucher, vous n'avez plus aucune idée de corps, ni par conséquent aucune idée d'espace. L'espace est le lieu des corps. Qui n'a pas l'idée d'un corps, n'aura jamais l'idée de l'espace qui le renferme. Logiquement, si vous n'avez point l'idée d'espace, vous ne pouvez avoir l'idée d'un corps ; mais la réciproque est vraie chronologiquement. L'idée d'espace n'arrive qu'avec l'idée de corps ; et, comme vous n'avez point l'idée de corps, sans qu'aussitôt vous n'ayez l'idée d'espace, il s'ensuit que ces deux idées sont contemporaines. Mais c'est par l'idée de corps que vous allez à l'idée d'espace. Sans doute, aussitôt que l'idée de corps est donnée, à l'instant l'idée d'espace arrive; mais, enfin, si cette condition n'était accomplie, l'idée d'espace n'entrerait jamais dans l'entendement. A le bien prendre, tout le monde a raison, et tout le monde a tort d'une certaine façon. Logiquement, l'idéalisme et Kant ont raison de soutenir que l'idée pure de l'espace est la condition de l'idée de corps; et chronologiquement, l'empirisme et Locke ont raison à leur tour de prétendre que l'expérience, à savoir ici la sensation, est la condition de l'idée d'espace et du développement de la raison [1]. »

En résumé, l'expérience et l'induction pour la classe des jugements contingents ; la raison et le raisonnement pour les jugements nécessaires : telle est la théorie de l'auteur sur l'origine des idées. En expliquant comment le concret est partout la condition chronologique de l'abstrait, et comment l'abstrait en est la condition logique, Cousin renie formellement la vieille doctrine des *idées innées*, en même temps que la non moins ancienne doctrine de la *table rase*. Il n'en affirme qu'avec plus de force et de conviction l'existence d'une faculté supérieure, qui ouvre à la pensée le monde des vérités nécessaires, en même temps que l'expérience et l'induction lui ouvrent le monde des vérités contingentes. Sur ce point, la théorie de la raison a conservé son

---

[1]. *Cours de l'histoire de la philosophie*, t. II, p. 158.

empire dans l'école. On y croit encore qu'il est impossible d'expliquer toute une classe d'idées autrement que par l'intervention d'une sorte de faculté révélatrice, distincte, mais non indépendante de l'expérience. On y croit également que cette révélation a un caractère de nécessité logique qui lui communique une autorité souveraine, devant laquelle toute critique doit s'incliner.

Selon elle, la raison ne nous donne pas seulement l'infini, le parfait, l'absolu, l'universel ; elle nous le donne sous le sceau de la nécessité. Nous n'avons pas besoin d'une induction ou d'une démonstration quelconque pour atteindre les trois grands objets de la métaphysique, Dieu, l'âme, le monde infini dans le temps et dans l'espace. Nous les saisissons par une intuition immédiate qui porte avec elle l'évidence. Si l'école éclectique conserve encore les démonstrations de la philosophie ancienne et moderne quant à ces objets, c'est plutôt par respect pour la tradition que par une véritable confiance en la solidité et la rigueur de ses arguments. Ni les preuves tirées du principe de causalité, ni les preuves tirées du principe de finalité, ni les preuves tirées de certains principes abstraits, ne lui paraissent valoir l'affirmation nécessaire et universelle des objets propres et directs de la raison. Elle veut qu'on croie, sur la foi d'une simple conception, à l'infini, au parfait, à Dieu, à la substance du moi, sous la variété de ses modes, à toute espèce de substance, sous la diversité de ses individus, comme on a l'habitude de croire aux objets du monde sensible sur la foi d'une simple perception. « Quand nous rattachons notre existence fragile, dit Émile Saisset, à cette source infinie d'être, de pensée et de vie que nous adorons sous le nom de Dieu, ce n'est point là un raisonnement fondé sur des conceptions abstraites ; c'est une véritable intuition où l'être des êtres est saisi et affirmé, non comme possible, mais comme réel et présent [1]. »

Je ne résiste pas au plaisir de citer encore une des pages les plus éloquentes du maître : « Le fait est que primitivement la raison, dès qu'elle conçoit l'imperfection de mon être, conçoit un être parfait. Voilà le fait primitif, merveilleux, si l'on veut, mais incontestable. Plus tard la réflexion et le raisonnement s'en emparent, et le produisent dans l'école sous un appareil de formules générales qui ont leur légitimité, tant que ce fait leur sert de fondement et qui, dès qu'on l'ôte, s'écroulent avec lui. Ce n'est point cette formule générale : l'imparfait suppose le parfait, le fini suppose l'infini, le contingent suppose le nécessaire, qui, logiquement appliquée au moi imparfait, fini, contingent, donne l'être nécessaire, infini, parfait ; c'est la conception naturelle de l'être parfait, principe de mon être imparfait, que la raison donne d'abord spontanément, et qui, plus tard, abstraite et généralisée, engendre des formules que la raison accepte, parce qu'elle s'y reconnaît et y retrouve son action primitive et légitime. Ces formules sont excellentes et vraies ; elles servent de principes au raisonnement et à la logique ; mais leur racine est ailleurs, dans l'énergie naturelle de la raison. La logique règne dans l'école, *illa se jactet in aula;* mais la raison appartient à l'humanité tout entière : elle est la lumière de tout homme à son entrée dans ce monde ; elle est le trésor des pauvres d'esprit comme des plus riches intelligences. Le dernier des hommes, dans le sentiment de la misère inhérente à sa nature bornée, conçoit obscurément et vaguement l'être tout parfait, et ne peut le concevoir sans se sentir soulagé et relevé, sans éprouver le besoin et le désir de retrouver et de posséder encore, ne fût-

---

1. Ad. Franck, *Dictionnaire des sciences philosophiques*, t. V, p. 505.

ce que pendant le moment le plus fugitif, la puissance et la douceur de cette contemplation, conception, notion, idée, sentiment; car qu'importent ici les mots, puisqu'il n'y a pas de mots pour l'âme? La pauvre femme dont Fénelon enviait la prière, ne prononçait pas de savantes paroles ; elle pleurait en silence, abîmée dans la pensée de l'être parfait et infini, témoin invisible et consolateur secret de ses misères. Nous ressemblons tous à cette pauvre femme. Concevoir l'être parfait du sein de notre imperfection, c'est déjà un perfectionnement, un pressentiment sublime, un éclair dans notre nuit, une source vive dans notre désert, un coin du ciel dans la prison de la vie [1]. » Quel langage ! Quelle manière de défendre la logique cartésienne ! Seulement imaginons l'effet que produirait une telle réfutation sur l'esprit du père de la critique moderne.

Tout en portant le plus grand effort de sa critique sur l'empirisme de Locke et de Hume, l'école éclectique n'a pas laissé sans réfutation l'idéalisme négatif de Kant. Le maître a consacré un livre entier à l'exposition et à la discussion du scepticisme kantien. Sans entrer dans tous les détails de la doctrine, il en a embrassé l'ensemble, résumé les principes, discuté et réfuté les conclusions. De tous ses disciples, Émile Saisset est celui qui a le mieux étudié la doctrine et en a fait la critique la plus serrée et la plus précise. « Avoir affaire à Kant, c'est avoir affaire au scepticisme en personne... Kant arrive à son but par deux voies diverses et convergentes. Il s'enferme d'abord dans le sujet, c'est-à-dire dans l'analyse de l'esprit humain. Ramenant toutes les lois qui gouvernent la pensée à un

---

[1]. *Cours de l'histoire de la philosophie moderne*, édition 1846, t. V, p. 220.

certain nombre de concepts élémentaires rigoureusement définis et régulièrement classés, il s'efforce de prouver que ces concepts n'ont qu'une valeur subjective et relative, incapables qu'ils sont de nous rien apprendre sur l'essence des choses, et utiles seulement à coordonner les phénomènes de l'expérience, ou, en d'autres termes, à imprimer à nos connaissances le caractère de l'unité. Cette œuvre achevée, Kant appelle la dialectique au secours de l'analyse ; il parcourt successivement les trois grands objets des spéculations métaphysiques, l'âme, l'univers et Dieu, et entreprend d'établir qu'il n'y a pas une seule assertion dogmatique sur l'existence de l'âme, sur l'origine et les éléments de l'Univers, sur l'existence de Dieu, qui ne puisse être convaincue de s'appuyer sur un paralogisme, de couvrir une antinomie, ou de réaliser arbitrairement une abstraction [1]. »

L'école éclectique a cherché où pouvait être le défaut de la cuirasse, dans cette redoutable armure du scepticisme kantien. Était-ce dans l'analyse profonde de la sensibilité, de l'entendement et de la raison ? Était-ce dans le système savant des antinomies ? Était-ce à la fois dans ces deux procédés de la méthode critique ? Il est juste de reconnaître que l'école a mis le doigt sur les points faibles de la doctrine. Dans tout le cours de son analyse et de sa discussion, Kant obéit à une double préoccupation : en finir à la fois avec l'empirisme et avec le dogmatisme ; réfuter en même temps Descartes, Leibniz, Locke et Hume. Ne voir dans son œuvre que la guerre au dogmatisme, c'est n'en voir que la moitié. L'autre ne lui tenait pas moins à cœur. A la théorie empirique de la table rase, il oppose le riche et puissant appareil des principes de l'intelligence, sans remarquer que tous

1. Ad. Franck, *Dictionnaire des sciences philosophiques*, t. V, p. 497.

ces concepts abstraits qui en constituent, selon lui, le mécanisme, supposent eux-mêmes l'expérience. Il parle des formes pures de la sensibilité, comme si l'intelligence contenait rien de semblable aux concepts du temps et de l'espace avant la révélation de l'expérience. Il parle des formes de l'entendement, comme si les concepts de cause, de substance, de loi, de type, d'unité, de réalité, de contingence, de nécessité étaient indépendants de l'expérience. En cela, il est évident qu'il exagère la part de l'intelligence dans l'œuvre complexe de la connaissance. Que la fonction de l'intelligence soit essentiellement active, contrairement à la doctrine de l'école empirique qui la réduit à une capacité vide et passive, c'est ce que l'analyse de Kant a démontré avec une force et une profondeur incomparables. Jamais l'innéité et l'activité créatrice de l'intelligence, affirmées par l'école cartésienne, expliquées par Leibniz, n'avaient été mises en relief par l'analyse comme l'a fait Kant. Mais, dans cette subtile et pénétrante investigation des principes à priori de l'intelligence, il oublie que ces principes ne sont que de simples facultés, stériles par elles-mêmes, et qui ont besoin d'être fécondées par l'expérience, pour donner ces concepts de la sensibilité, de l'entendement et de la raison, dont Kant fait trop généreusement la dot de l'intelligence. Celle-ci *synthétise* tous les éléments de l'expérience ; elle en fait des images de la sensibilité, des notions de l'entendement, des idées de la raison : Kant est irréfutable sur ce point. Mais elle n'opère pas cette métamorphose en vertu de concepts déterminés, tels que ceux qui composent sa théorie de la sensibilité et sa théorie de l'entendement ; car aucun de ces concepts, en y regardant de près, n'est réellement pur de toute donnée empirique. Elle l'opère en vertu de sa faculté synthétique seulement, laquelle n'a pas d'autre fonction que de tout ramener à l'unité. L'intelligence est un livre en blanc, qui a la propriété secrète de transformer les impressions du dehors.

Kant a donc exagéré, en cela, la thèse de l'idéalisme; il a ainsi prêté le flanc à la critique de l'école éclectique. Lorsque celle-ci réclame contre la réduction de l'espace et du temps à de simples formes de la sensibilité, elle a pour elle, non seulement l'autorité du sens commun, mais, ce qui vaut encore mieux, l'autorité de la science elle-même, qui suppose invinciblement une base extérieure à ses constructions géométriques. Est-ce à dire que le géomètre fasse de l'espace quelque chose de substantiel, à l'exemple de certains métaphysiciens? Nullement. Mais, tout en convenant que les figures sur lesquelles portent ses définitions et ses démonstrations ont un caractère abstrait et idéal, irréductible à l'expérience, il n'admettra jamais que l'étoffe dont il fait la matière de ses abstractions soit un simple tissu de la pensée, comme s'il s'agissait des concepts dont se compose la logique pure. Sans croire que la représentation de l'espace ait pour objet une substance véritable, il en reconnaît l'extériorité au même titre que le physicien reconnaît l'extériorité des corps. Alors même que l'espace ne pourrait être conçu que comme un simple rapport de forces coexistantes, selon la définition de Leibniz, ne faudrait-il pas toujours attribuer une réalité objective à l'ordre que ce rapport constitue, et dont les figures géométriques ne sont que les diverses déterminations? Sans cela, comment expliquer la constante coïncidence des *formes* de l'imagination représentative et de l'ordre de succession ou de juxtaposition des phénomènes représentés? En posant à priori ses concepts de la sensibilité, indépendamment de toute expérience, Kant abuse de l'abstraction, et commence un système d'analyse qui le conduira à une critique absolument et universellement négative. L'école éclectique a raison contre lui sur ce point.

Même méthode dans l'analyse de l'entendement. Ces concepts purs, dont Kant compose et complique sa table des catégories, sont sans doute irréductibles à l'expérience. Mais en sont-ils absolument indépendants ? L'entendement ne porte dans son sein aucun de ces concepts qu'il énumère sous les termes d'unité, de pluralité et de totalité, de cause et d'effet, de substance et d'accident, de nécessité et de contingence, d'affirmation et de négation. Les poser à priori, comme il fait, dans l'entendement vide de tout élément empirique, c'est prendre le contre-pied de l'empirisme, qui n'y voit que de simples abstraits de l'expérience généralisée. En procédant ainsi, Kant se prépare, il est vrai, des armes invincibles contre le dogmatisme. Car comment supposer des objets réels correspondants à ces concepts purs de toute réalité empirique ? Comment sortir de cette abstraction transcendantale où Kant va enfermer la métaphysique, par son habile analyse ? Mais ici l'artifice est manifeste ; et pour contester les conclusions de la critique kantienne, il suffira de montrer le vice radical de cette analyse. Il suffira de rétablir le lien supprimé tout d'abord par Kant, qui rattache les concepts de l'entendement à l'expérience, tantôt à l'expérience intime, comme les concepts de causalité, de finalité, d'unité et d'identité, tantôt à l'expérience externe, comme les concepts de substance et d'accident, de nécessité et de contingence. C'est ce qu'a fait l'école éclectique avec succès, d'accord en cela non seulement avec le sens commun, mais aussi avec la science positive, qui n'a jamais suivi la *Critique de la raison pure* dans les excès de son formalisme. Kant abuse de l'abstraction tout autant que les métaphysiciens, ses adversaires; mais il en abuse autrement. Tandis que ceux-ci créent à plaisir des *entités* dans le domaine des choses, lui crée des *entités* dans le domaine de la pensée. Ne peut-on pas, en effet, appeler de ce nom les *formes* pures de l'imagination et de l'entendement dont il remplit à priori le champ de l'intelligence, avant toute semence empirique?

La réfutation de la *Critique de la raison pure*, eût-elle été plus complète que ne l'a essayé l'école éclectique, ne suffisait point à la démonstration de sa thèse. Elle semblait rendre à l'esprit humain cette connaissance des vérités dites ontologiques, si chères à cette école. Restait toujours à savoir comment la pensée pouvait arriver à l'absolu. La théorie de la révélation rationnelle a compté et compte encore, en France et ailleurs, des adversaires plus dangereux peut-être, parce qu'ils sont plus populaires. C'est au nom de l'analyse et de la logique que l'on conteste cette espèce de révélation. L'école l'a senti, et est allée au-devant de la critique, en lui faisant sa part, dans une certaine mesure. La liste des vérités nécessaires est tellement étendue, elle comprend tant d'objets, différant de nature et d'importance, depuis le plus simple rapport mathématique jusqu'à l'existence de Dieu, qu'il devient bien difficile de rattacher toutes ces vérités à une même faculté, même en se fondant sur le caractère de nécessité logique qui leur est commun à toutes. Il y a donc lieu de faire d'abord une distinction entre les vérités premières qui servent de principes à toutes les sciences, et qu'on nomme axiomes et définitions, et les vérités qui en dérivent plus ou moins directement. La raison alors ne serait plus que la faculté des vérités premières, ou des principes, comme disait l'ancienne métaphysique. C'est la fonction que lui attribuent aujourd'hui la plupart des philosophes qui continuent à regarder la raison comme une faculté *sui generis*. Mais cette distinction elle-même, quand on y regarde de près, ne suffit pas à leur thèse. Que sont, au fond, ces principes des sciences exactes, axiomes ou définitions, sinon des jugements analytiques, dont le caractère propre est l'identité? Et alors, qu'y a-t-il d'étonnant à ce que ces jugements soient nécessaires et d'une nécessité évidente? On ne voit donc pas ici en quoi consiste la vertu propre et la fonction spéciale de la raison, puisqu'il ne s'agit que de décomposer le sujet d'une proposition, de manière à en tirer l'attribut. La pensée n'avance point dans ce travail; elle ne va pas d'une vérité à une autre; elle procède du même au même. Il faut donc retrancher aussi du domaine de la raison les vérités premières, dites axiomes et définitions.

Mais alors que lui restera-t-il? Ici les opinions ont varié dans l'école. Reprenant le travail de réduction essayé par le maître sur la liste des idées rationnelles dressée par Kant, et qui avait abouti aux deux seules idées de la substance et de cause, l'école de la raison ramène ces idées tantôt à l'idée du parfait, tantôt à l'idée de l'infini, tantôt à la conception de l'absolu. comme font un certain nombre de disciples, qui se rapprochent en cela de la philosophie allemande. « L'idée de Dieu, dit M. Simon, est innée en nous; elle est la seule idée innée que nous possédions; elle est l'objet immédiat, l'objet unique de notre raison... Toutes les idées absolues, par lesquelles nous gouvernons les données de l'expérience, dépendent et dérivent de celle-là. Mais quelle idée nous faisons-nous de Dieu? L'idée d'un être parfait. » C'est la définition que l'auteur donne de Dieu, dans son livre de la *Religion naturelle*, définition qui, du reste, est celle de Descartes, de saint Anselme, de saint Augustin, et enfin de Platon. C'était aussi celle de M. Bouillier, qui entend le mot infini exactement de la même manière. Seulement, dans sa théorie de la raison impersonnelle, il essaye, par une longue et savante analyse, de démontrer que l'ordre entier des idées dites rationnelles est réductible à cette idée, qui serait alors la seule vraiment première. « Je passe successivement en revue toutes les idées de la raison, les idées d'infini, de cause, d'espace, de temps, d'ordre, de bien, de bonté. Je recherche quel est leur objet, et j'arrive à ce résultat que toutes les idées tendent à une seule et même idée, à savoir l'idée de l'infini, et n'ont qu'un seul et même objet, à savoir l'Être infini[1] ! »

Voilà une théorie simple et commode : la raison nous révélant directement Dieu et toutes les vérités divines. Jacobi avait déjà dit à peu près la même chose, dans sa philosophie du sens commun. A ce compte-là, les conceptions dites métaphysiques devraient avoir l'incontestable certitude des notions mathématiques et logiques, puisqu'elles seraient marquées du même sceau de la nécessité. Et pourtant, on a toujours discuté et l'on discutera encore les premières, tandis que les autres n'ont jamais été mises en question. N'y aurait-il pas encore ici une illusion qu'il appartient à l'analyse de dissiper?

Après la critique de Kant, il n'est plus permis d'expliquer un seul acte intellectuel, même le plus simple et le plus infime, par la seule sensation. Il n'en reste pas moins vrai que la catégorie entière des jugements contingents ne peut être qu'une induction ou une généralisation des données de l'expérience. Ainsi que l'a dit Kant, ce sont des jugements synthétiques, où l'expérience ajoute l'attribut au sujet. Un corps a telle forme, telle couleur, tel poids. Une loi a tel caractère de généralité, selon qu'elle s'applique à telle ou telle

---

1. Préface, p. 51.

classe d'êtres ou de phénomènes. C'est l'expérience seule qui nous donne tout à la fois le sujet et l'attribut dans cette classe de jugements. Jamais aucune école n'a réclamé pour la raison ces produits de l'esprit humain.

Reste la classe des jugements nécessaires. Kant en a distingué de deux sortes : les jugements analytiques et les jugements synthétiques à priori. Les jugements analytiques sont ceux où l'attribut est logiquement impliqué dans le sujet, et réciproquement. Ainsi le tout est plus grand que la partie; tout effet suppose une cause; tout moyen suppose une fin; tout mode implique une substance; la ligne droite est le plus court chemin d'un point à un autre; le cercle est une figure où, sur tous les points de la circonférence, les rayons sont à égale distance du centre; le juste est obligatoire. Dans tous ces exemples, on voit que l'esprit procède invariablement du même au même, quand il passe du sujet à l'attribut. Qui dit partie, dit tout. Qui dit effet, dit cause. Qui dit moyen, dit fin. Qui dit cercle, dit égalité des rayons. Qui dit juste, dit obligatoire. Ce sont des jugements qui reposent tous sur le principe d'identité, qu'ils s'appellent axiomes ou définitions. Seulement, parmi les jugements fondés sur ce principe, il y a encore une distinction à faire. Ou l'identité est *formelle*, c'est-à-dire d'une évidence immédiate, ou elle est seulement *réelle*, c'est-à-dire d'une évidence déductive. Toutes les sciences exactes, comme les mathématiques et la logique, se composent d'une série plus ou moins longue de propositions déduites de principes qui figurent en tête de ces sciences, sous le nom de définitions et d'axiomes, les premiers étant les seuls vrais principes contenant toutes les propositions qu'en tire le raisonnement, les seconds n'étant que les lois mêmes qui régissent toute démonstration. C'est en ce sens que le principe de contradiction a toujours été considéré comme la loi de toute logique déductive. Lorsque Kant a reconnu des jugements synthétiques à priori, ou sa distinction n'a pas de sens, ou elle se rapporte à la distinction qui vient d'être faite entre l'identité formelle et l'identité réelle de nos jugements analytiques.

Jusqu'ici nulle difficulté entre les écoles qui débattent la question de l'origine des idées. Tous nos jugements analytiques relèvent de la pure logique, comme tous nos jugements synthétiques appartiennent à l'expérience. Où commence et continue le débat, c'est sur cette catégorie de jugements synthétiques, dits métaphysiques, attribués par les uns à la raison pure, par les autres à l'expérience pure, par quelques-uns à la raison aidée de l'expérience. Les partisans de la raison pure, c'est-à-dire des *idées innées*, ne comptent plus dans la philosophie contemporaine. Les partisans de l'expérience pure, c'est-à-dire de la sensation qui se transforme en toutes les fonctions de l'esprit, ne comptent guère davantage. Il est un point encore en litige : c'est la question de savoir si ces jugements métaphysiques sont absolument irréductibles à l'expérience ou à la logique, de façon à autoriser la psychologie à faire de la raison une faculté *sui generis*, dont la fonction propre serait de produire les jugements synthétiques dont parlent encore certaines écoles de métaphysique. L'école rationaliste l'affirme. Elle a fait de la raison la faculté révélatrice des idées de substance, de cause, de fin, d'infini, d'absolu, d'universel. C'est sur ce terrain choisi par elle qu'il convient de la suivre.

Un esprit d'une grande force, un maître dans l'analyse, M. Taine, a consacré la plus importante partie de son livre sur *les philosophes français* à une savante et lumineuse critique de ces prétendues idées métaphysiques, dues, selon l'école de la raison, à une faculté d'ordre supérieur [1]. Il croit pouvoir sans peine les ramener toutes à l'expérience aidée de l'abstraction. Déjà un pareil travail d'analyse avait été fait par la plupart des logiciens sur les jugements mathématiques et logiques, où l'école avait cru voir d'abord une véritable intuition rationnelle, en raison de leur caractère de nécessité. Elle a fini par reconnaître que l'abstraction suffit pour expliquer la formation de nos jugements nécessaires dans ces deux ordres de vérités, tout en maintenant la distinction fort juste de l'abstraction immédiate pour ces jugements et de l'abstraction comparative pour nos jugements contingents. Il n'a point été répondu aux explications et aux conclusions de M. Taine. Mais l'école semble persister à faire une exception pour les jugements dits métaphysiques, qu'elle continue à regarder comme des intuitions rationnelles, inexplicables par une simple opération logique. Faut-il admettre, avec M. Taine, que l'abstraction suffit encore à expliquer cette classe de jugements? Il est difficile de s'y refuser, quand on les soumet à l'épreuve de l'analyse. C'est ce que j'ai déjà essayé de faire dans un livre dont le principal objet était l'analyse et la critique de nos facultés de connaître [2]. Je résume cette explication en quelques mots.

Quels sont les objets propres de la raison, selon l'école rationnelle? L'immuable, l'universel, l'idéal, l'infini, l'absolu. Voilà ce que nulle expérience ne peut constater, ce que nulle induction ne peut atteindre, ce que nulle abstraction ne permet de concevoir. C'est la raison seule, nous dit-on, qui conçoit l'immuable, l'être proprement dit. S'il en est ainsi, comment cette concep-

1. Chap. sur Victor Cousin.
2. *Métaphysique et Science*, 2ᵉ édit., t. II, p. 52, etc.

tion qu'on nous donne pour nécessaire et pour évidente a-t-elle pu être sujette à tant de contestations? En voici, selon moi, la raison. Oui, la conception de l'immuable, de l'être, a les caractères d'évidence et de nécessité, mais comment? En tant que vérité purement logique. Tout être concret est soumis à la loi du perpétuel devenir. La perception dont il est l'objet ne se convertit en conception évidente et nécessaire qu'en passant à l'état d'abstraction. Vous pouvez supprimer par la pensée toutes les propriétés contingentes de l'être concret; il reste encore la notion indestructible de l'être. Nous voilà donc en possession de l'immuable. Mais à quel prix? Au prix de tout ce qui en fait la réalité. Il n'est pas besoin d'une faculté supérieure pour expliquer une conception qui se réduit à une abstraction logique. Il en est de même de la conception de l'universel. Tout être concret est individuel. C'est cette individualité même qui le détermine et en fait une réalité. Par l'abstraction on le généralise et on lui donne ainsi le caractère de l'universalité, comme, par la même opération, on lui avait donné le caractère de l'immutabilité. Mais qu'a-t-on fait autre chose que de convertir une réalité en abstraction, dans une autre catégorie de l'existence? Voilà donc encore une conception pour laquelle il n'est nul besoin de recourir à une faculté révélatrice. Mais quel usage peut faire la métaphysique de ces deux abstractions, l'immuable et l'universel? L'histoire de la philosophie nous le montre : c'est avec elles que l'éléatisme, que l'idéalisme de tous les temps a nié le mouvement, la vie, l'individualité, tous les attributs de la réalité, et réduit le monde à l'immobilité du néant.

Il n'en est pas autrement de l'idéal. Comment l'esprit passe-t-il de la représentation d'une figure de géométrie irrégulière à la conception d'une figure régulière?

Par une simple abstraction qui convertit l'intuition représentative en une notion de l'entendement. Il n'est pas nécessaire de supposer l'intervention d'une faculté *sui generis*. Ce qui est vrai de l'ordre des vérités géométriques l'est également de l'ordre des vérités logiques, aussi bien que de l'ordre des vérités esthétiques. C'est ainsi que l'esprit s'élève du monde des réalités à ce monde des idées qui a été si longtemps considéré comme une véritable révélation de l'intelligence pure ou de la raison. Toute beauté réelle a ses taches, comme toute figure géométrique réelle a ses irrégularités. De même, toute vertu réelle, fût-elle d'un sage ou d'un saint, a ses imperfections. Quand Platon et son école nous disent que c'est la contemplation de la parfaite correction, de la parfaite beauté, de la parfaite vertu qui nous fait voir ces taches, ces irrégularités, ces imperfections, ils sont dupes d'une illusion. En rien, l'esprit humain n'a la vision de l'idéal, et jamais il n'est vrai de dire que cet idéal est l'étoile qui fait pâlir la réalité. Si l'esprit juge que toute réalité a ses imperfections, ce n'est point par une vision de la *raison*, c'est par une notion de l'entendement, résultat d'une simple abstraction. Aucun type de perfection ne se peut *voir*, en aucune catégorie de la pensée. Une notion toute négative, en ce sens qu'elle n'est pas susceptible d'une véritable représentation, nous sert à juger les choses de la réalité. Aucune faculté ne nous fait *voir* l'idéal dans la forme, dans l'harmonie, dans la vertu, dans la justice, dans toutes les catégories de la réalité. L'imagination seule aidée de l'abstraction peut nous en donner une représentation plus ou moins exacte, supérieure à la perception sensible de la réalité. Voilà comment l'abstraction suffit à expliquer la conception de l'idéal.

L'idée de l'infini s'explique-t-elle d'une autre façon?

Toute succession de moments est finie. Pourquoi concevons-nous nécessairement la durée comme infinie ? Encore parce que nous en avons fait une abstraction. Toute étendue est limitée. Pourquoi concevons-nous avec la même nécessité l'étendue sans limites ? Toujours parce que nous en avons fait une abstraction. Il est impossible à notre pensée de s'arrêter dans la catégorie de la quantité, qu'il s'agisse de nombre, de durée ou d'étendue. L'abstrait implique l'infini tout aussi nécessairement que le concret implique le fini.

Il n'est pas plus possible de s'arrêter dans la catégorie de l'existence que dans les catégories de la quantité ou de la qualité, à moins d'y rencontrer le néant, c'est-à-dire une négation que l'esprit se refuse à comprendre. Ici, une objection se présente. L'infini dans la catégorie de l'être ne semble pas avoir le même caractère d'évidence et de nécessité que l'infini dans la catégorie du temps, de l'espace et du nombre. On n'a jamais discuté l'infinité du nombre, du temps et de l'espace, tandis que l'infinité du monde est encore aujourd'hui sujette à contestation. C'est qu'on a l'habitude de confondre deux affirmations différentes : l'être est infini ; il existe un être infini. Quand on dit que l'être, non pas tel être, mais l'être, en tant qu'être, est infini, on énonce une proposition dont le contraire implique une impossibilité logique. L'idée du néant n'a pu entrer dans la pensée philosophique que par la représentation du plein ou du vide. Ces deux conceptions se font comprendre l'une par l'autre, au moyen d'une antithèse qui fait illusion. Substituez à la notion mécanique de la matière la notion dynamique de la force, et non seulement l'infinité de l'être se comprend, mais encore elle s'impose à la pensée comme une nécessité logique. Donc il n'y a pas d'exception à faire quant à l'origine de l'idée de l'infini, considéré dans la catégorie de l'existence, aussi bien que dans la catégorie de la quantité. Cette conception nous est donnée encore par l'opération logique qu'on nomme l'abstraction.

Reste l'idée de l'absolu, la conception rationnelle par excellence, selon l'école de la raison pure. Comment l'esprit conçoit-il l'absolu? Toute existence concrète est jugée relative, c'est-à-dire subordonnée à telle ou telle condition de temps, de lieu, d'action. Comment la pensée arrive-t-elle à la concevoir comme absolue, sinon en la dépouillant de toutes les propriétés qui ne permettent pas de la comprendre autrement que relative? Alors, en effet, les conditions disparaissent; mais avec elles disparaît la réalité. La conception de l'être pur n'est plus qu'une abstraction. C'est la perpétuelle illusion des écoles idéalistes qui, en faisant le vide par l'abstraction logique, dans la notion de l'être concret, n'ont embrassé qu'une ombre en croyant saisir l'absolu. Qu'est-ce que l'être un et immuable de Parménide, l'idée suprême de Platon, l'unité inintelligible et ineffable de Plotin? De pures abstractions. Ainsi que l'a expliqué M. Ravaisson, dans son beau livre de la *métaphysique* d'Aristote, en croyant s'élever, sur les ailes de la dialectique, au sommet de l'être, l'idéalisme va se perdre dans l'abîme du non-être, qu'il a toujours eu l'ambition de supprimer.

C'est donc l'abstraction qui est toujours en jeu dans l'exercice de la prétendue faculté révélatrice qu'on nomme raison. C'est elle qui fait du mobile l'immuable, du devenir l'être, du contingent le nécessaire, du réel l'idéal, du fini l'infini, du relatif l'absolu, dans toutes les catégories de la pensée. C'est donc la logique seule qui engendre ces conceptions que l'école idéaliste a toujours attribuées à une révélation rationnelle. Dans ce travail de l'esprit, la pensée ne passe point d'un ordre d'idées à un autre ; elle procède invariablement du même au même. Tous ces jugements dits métaphysiques sont des jugements nécessaires, lesquels ne sont que des jugements analytiques. C'est l'analyse seule qui en fait des idées *à priori*. Nulle synthèse ne peut donner autre chose que des vérités *à posteriori*.

Est-ce à dire que toute conception de l'absolu, de l'infini, de l'universel ne répond point à un objet réel de la pensée ? Je suis loin de le croire, puisque l'objet de ce livre est de reprendre la tradition métaphysique. Oui, il existe quelque chose de nécessaire, d'absolu, d'infini, d'éternel, d'universel dans ce monde des existences contingentes, relatives, finies, passagères, particulières. Mais comment la philosophie peut-elle le découvrir ? Si la solution du problème eût pu s'obtenir par un acte de pure intuition, produit avec toute l'autorité de l'évidence, elle n'eût point été sujette à tant de doutes, de contestations et de contradictions. Cette sorte de révélation rationnelle que l'école éclectique a empruntée à la tradition platonicienne, renouvelée par Fénelon, par Malebranche, par Jacobi, par Schelling, n'a pas tenu devant l'analyse et la critique de la science contemporaine. La théodicée n'est pas chose si facile et aussi sûre que l'a cru cette école. Quelle idée faut-il se faire de cet Être suprême que toutes les grandes philosophies, comme toutes les grandes religions, saluent du nom de Dieu ? Comment est-il esprit, créateur de la matière ? Comment gouverne-t-il, comment administre-t-il ce monde qu'il a créé, ou plutôt qu'il crée sans cesse ? Ce n'est point par une simple intuition qu'il est possible de le savoir. L'ordre des vérités métaphysiques est d'une révélation plus lente, plus scientifique et plus profonde.

En résumé, que reste-t-il de cette théorie de la raison impersonnelle ? Rien autre chose que ce qu'en a dit la critique par l'organe de ses représentants les plus autorisés. En rapportant tous les actes de l'esprit à la sensibilité, à l'entendement, à la raison, Kant avait fait de cette dernière la faculté qui a pour fonction propre de coordonner les jugements de l'entendement, comme l'entendement a pour fonction propre de coordonner les intuitions de la sensibilité. La raison est donc la faculté des idées, tandis que l'entendement est la faculté des jugements, et la sensibilité la faculté des perceptions. Mais qu'est-ce que l'idée, selon Kant? La simple loi de l'esprit qui ramène à l'unité tout le système de nos connaissances. Quand nous pensons l'absolu, l'infini, l'idéal abstrait, nous ne pensons point un objet réel, un *noumène*. Nous ne faisons que ramener toutes choses à la catégorie de l'unité. J'estime donc, avec Kant et l'école critique, que la raison n'a pas la vertu de nous révéler l'absolu réel et vivant. J'en reviens à la définition modeste, dont le langage ordinaire est l'expression. C'est l'opinion d'un critique aussi philosophe que savant, qui, par excès de modestie, n'a pas trouvé sa place dans le monde philosophique. Pour Cournot, la raison est simplement la faculté de juger. C'est elle qui saisit le rapport logique, la loi, l'ordre même des phénomènes. Et puisqu'on ne peut considérer cet ordre comme une simple création de la pensée sans renverser la base même de toutes les sciences, Cournot en fait le principe régulateur de la raison. Kant l'avait déjà dit, mais sans affirmer la vérité objective de cette conception de l'ordre, qui est pour le philosophe français la vérité scientifique par excellence. « En employant le mot *raison*, nous entendons désigner principalement la faculté de saisir la raison des choses, ou l'ordre suivant lequel les faits, le lois, les rapports, objets de notre connaissance, s'enchaînent et procèdent les uns des autres... Notre définition sera d'autant mieux justifiée, que la faculté ainsi définie domine et contrôle toutes les autres ; qu'elle est effectivement le principe de la prééminence intellectuelle de l'homme, et ce qui le fait qualifier d'être raisonnable, par opposition à l'animal, à l'enfant, à l'idiot, qui ont aussi des connaissances, et qui les combinent jusqu'à un certain point[1]. » On voit qu'après avoir fait tant de bruit, dans les premières années de ce siècle, par le magnifique organe qui l'a plutôt célébrée que démontrée, la théorie de la raison en est revenue à la modeste définition du bon sens. La nouvelle école spiritualiste a autre chose à faire que de la relever de son discrédit.

1. *Essai sur les fondements de nos connaissances*, l. I, ch. II, § 18.

CHAPITRE III

L'ÉCOLE DE LA TRADITION

L'école éclectique a effacé toutes les autres par le nombre des philosophes qui en ont été les organes dans l'enseignement et dans la littérature, par l'éclat et la variété des œuvres sorties de leurs mains, par l'étendue et l'exactitude de leur érudition, surtout par la merveilleuse éloquence et l'incomparable activité de son chef. Elle n'est pourtant pas celle qui a laissé le plus de spéculations métaphysiques, dans le sens propre du mot. C'est une école essentiellement, peut-être pourrait-on dire purement psychologique et historique. Le beau livre d'Émile Saisset sur la théodicée est plus remarquable par la critique que par la doctrine[1]. Les idées originales et les vues fécondes n'y abondent point. Autre est la méthode d'une école dont le vrai nom me semble devoir être l'école traditionnelle, parce qu'elle s'est plus attachée à faire revivre d'anciennes doctrines qu'à en présenter de nouvelles, plus conformes aux aspirations de la pensée moderne.

C'est vers la fin d'une carrière aussi glorieuse qu'agitée que Lamennais a tiré de ses cartons et publié un

---

1. *Essai de philosophie religieuse.*

livre qui embrasse à peu près, dans une forte synthèse logique, tous les grands problèmes de la philosophie, Dieu, la nature, l'homme, la société, l'art. L'*Esquisse d'une philosophie* fut l'œuvre des méditations de toute sa vie. C'est parce qu'il y pensait toujours, la remaniant sans cesse, qu'il ne s'est décidé à la produire au jour qu'au moment où sa pensée s'est enfin fixée sur les points principaux et sur leur enchaînement systématique. C'est le livre d'une de ces fortes intelligences dont la pensée change et se développe toujours dans le sens du progrès, tout en conservant la base d'une première tradition. Catholique ultramontain au début, il a beau devenir philosophe révolutionnaire, au point de scandaliser l'Église dont il avait été le grand docteur contemporain, il reste chrétien et théologien pour le fond de la doctrine. On en jugera par l'objet et la méthode de son ouvrage. Il n'a pas de la philosophie une idée moins haute que Platon, Malebranche, Spinosa, Schelling et Hegel. « L'objet propre (de cette science) est Dieu, la création et ses lois. Une bonne philosophie doit donc présenter un système de conceptions dans lequel les phénomènes, liés entre eux, viennent, pour ainsi dire, se classer d'eux-mêmes, comme ils se classent sous nos yeux dans l'univers. Elle doit reproduire en quelque sorte, le monde intellectuel, type du monde des sens, qui n'en est qu'une obscure image [1]. »

On me permettra d'emprunter de nombreuses et larges citations à un livre peu connu, malgré la popularité de l'auteur, dont l'éloquence, bien plus que la métaphysique, a fait la gloire. Qui dit système dit unité, non pas une unité purement logique et verbale, mais une unité vivante qui relie les idées dans leur réalité effective, indépendamment des formes du langage. Mais

---

1. *Esquisse d'une philosophie* t. I, l. I., ch. II, p. 21.

comment arriver à cette unité? « Deux voies se présentent pour parvenir à une théorie que légitime ce caractère essentiel de la vérité : l'analyse, qui, des éléments simples, distingués et séparés, s'élève au tout qu'ils composent et à ses lois; la synthèse, qui déduit d'une cause universelle les effets particuliers. Il est évident que la première voie ne saurait conduire à la solution du problème que se propose la philosophie; car cette solution, pour être admissible, supposerait un dénombrement complet des éléments simples, ou une science dont il est impossible à nul homme d'approcher jamais. La synthèse purement rationnelle n'est pas moins impuissante, parce qu'elle manque de base, et part nécessairement d'une hypothèse gratuite... A moins qu'on ne remonte jusqu'à l'infini, l'absolu, le nécessaire, l'on n'affirme point, l'on suppose. Or, le nécessaire, l'absolu, l'infini, sans lequel nulle preuve ne saurait être prouvée, on y croit, voilà tout; et ainsi la démonstration a sa racine dans la croyance pure. Il faut donc, pour arriver à une philosophie solide, appuyer la synthèse sur la foi, dont la tradition perpétuelle et universelle est l'expression. » Cette tradition n'est autre que ce *sens commun*, criterium de toute vérité, dont l'orthodoxie théologique s'est très fort accommodée tant qu'elle ne fut qu'une machine de guerre contre la libre pensée, mais dont elle s'effraya dès qu'elle vit quel terrible usage voulait en faire son docteur, dans sa querelle avec le Saint-Siège.

En vertu de la méthode synthétique ainsi expliquée, Lamennais remonte tout d'abord, à l'exemple de Spinosa, à l'idée la plus abstraite de l'entendement. « Nous attachons au mot *substance*, pris en un sens général et absolu, la même notion qu'au mot *être*, pris aussi en un sens général et absolu : de sorte que l'être infini et la substance infinie, présentant une seule et même idée identique, sont pour nous ce quelque chose de primitif et de radical que l'on conçoit comme le fond nécessaire de tout ce qui existe et peut exister antérieurement à toute spéculation quelconque, soit infinie en Dieu (cette substance), soit finie dans les créatures. Séparée d'ailleurs de l'idée de substance, l'idée d'être n'est plus qu'une abstraction, une forme logique qui ne correspond à aucune réalité effective et vivante ; et d'un autre côté, la substance absolue et infinie *étant* nécessairement et ne pouvant point ne pas être, il est de fait impossible de séparer de son idée l'idée d'être infini et absolu, avec laquelle elle se confond et ne forme qu'une idée unique. Elle est ce qui est de soi et par soi, ou mieux encore et plus simplement *ce qui est*, et nous n'en avons point d'autre notion[1]. »

Jusqu'ici on croirait entendre Spinosa lui-même. En avançant dans le développement de la pensée de l'auteur, on le croit davantage. « Toute idée, quelle qu'elle soit, renfermant celle de l'être, ou plutôt n'en étant qu'une modification, il s'ensuit que l'idée de l'Être, antérieure à toutes les autres, est aussi la plus générale à laquelle il soit possible de s'élever. » Cela est clair comme l'évidence. Mais citons encore, pour juger à quel point notre philosophe est dupe d'une abstraction : « Au delà il n'est rien. Parvenu à ce terme, l'entendement s'arrête ; il a trouvé son propre principe, et le principe de tout ce qui est. Il ne se connaît, il ne se conçoit que par cette unité première, source inépuisable des réalités. Qui n'aurait pas l'idée de l'Être, n'aurait l'idée d'aucune existence... L'Être est, par sa nature, souverainement intelligible, et lui seul même est intelligible ; il est le terme et le moyen de toute vision intellectuelle : le terme, puisqu'on ne voit que ce qui

---

1. *Esquisse d'une philosophie* t. I, 1, 1. ch. v, p. 40.

est ; le moyen, puisqu'il est lumière et l'unique lumière. Et cependant cet être est indiscernable, incompréhensible ; et c'est le caractère de la substance. Une, de l'unité la plus absolue, elle n'offre, en tant que pure substance, rien de déterminé, rien de distinct, quoiqu'elle contienne en soi, dans sa mystérieuse essence, ce pour quoi la distinction peut et doit se manifester, ce quelque chose de substantiel qui montre, spécifie, détermine en elle des existences distinctes [1]. » Ne voilà-t-il pas Platon spéculant sur l'*idée* des *idées*, Spinoza sur l'abstraction de la *substance*, Malebranche expliquant toute connaissance par la *vision* en Dieu ? Sans vouloir m'arrêter à la critique de cette méthode spéculative, réfutée et ruinée par les Aristotes de tous les temps, il m'est impossible de ne pas faire remarquer combien les mots de substance et d'être en soi sont féconds en illusions logiques et en confusions métaphysiques. Si la substance n'est aucun être déterminé, selon la définition de l'auteur, comment peut-on concevoir qu'elle soit, en tant qu'être réel, un principe de détermination, de distinction, de spécification ? Si le mot de substance s'entend de l'être en *acte*, et non simplement de l'être en *puissance*, il n'y a plus de place pour l'individualité des êtres particuliers dans le sein de l'Être universel. Hegel a dit le mot vrai, après Aristote : Il n'y a d'être réel que dans le *devenir*. L'Être en soi n'est tout en puissance que parce qu'il n'est rien en acte. La substance ainsi entendue est une notion féconde, parce qu'au lieu de n'exprimer qu'une abstraction logique, elle exprime une loi de la nature passant de la *virtualité* à la *réalité* dans ses perpétuelles transformations. Ici l'auteur n'est-il pas plus près de Spinoza que d'Aristote ?

L'idée de la substance ou de l'être est le sommet de

1. *Esquisse d'une philosophie*, t. I, l. I, ch. v, p. 42, 43.

la métaphysique. Comment fera l'auteur pour en descendre ? L'Être en soi, l'Être par excellence, l'Être, en un mot, c'est Dieu. « Il est celui qui est : voilà son nom, et ce nom, répété de monde en monde, circule comme la vie dans l'univers. Toute langue le prononce, tout bruit le murmure. Tout ce qu'on dit de l'être doit être dit de Dieu. Dieu est donc un, infini, incompréhensible [1]. » Incompréhensible, en effet, dirons-nous, si l'on fait de ce Dieu un être réel ; tout ce qu'il y a de plus clair, si l'on en fait une abstraction logique, parce qu'il est tout ce qu'il y a de plus simple. Quant à son unité, à son infinité, à son universalité, voilà encore des caractères que l'être en soi doit à l'abstraction. L'auteur le sent si bien qu'il se hâte d'ajouter : « La notion de Dieu n'est pas uniquement la simple notion générale de l'Être. Dieu est l'être infini, considéré soit dans ses rapports avec les êtres finis, soit dans ce que sa propre essence renferme de nécessaire et de distinct. »

Comment l'essence divine, dont l'être est le fond, peut-elle comporter des propriétés distinctives ? C'est ce que notre philosophe ne cherche point à s'expliquer. Ce Dieu, dont il a fait l'Être infini, absolu, immuable, un et indivisible dans sa substance, il va nous le montrer avec de tout autres attributs. On ne comprendrait rien à la philosophie de Lamennais, si l'on se la figurait, d'après certaines apparences, comme une œuvre d'imperturbable logique, à la façon de l'Éthique de Spinosa. Il est éclectique par tradition, bien qu'il ait professé son horreur pour l'éclectisme contemporain. On sait que la tradition théologique se partage en deux courants, qui viennent se réunir dans la formule générale du dogme chrétien. Après avoir spéculé

---

1. *Ibidem.*

sur l'être et la substance avec une logique qui rappelle l'audace d'un Spinosa, l'auteur, avec saint Augustin, saint Grégoire de Nysse et toute l'école spiritualiste, rentre dans sa conscience pour y regarder l'homme lui-même. « Nous avons en nous une image de ce qui, à cet égard, existe en Dieu. Considéré dans sa substance, notre être, quoique fini, est un aussi, simple, incompréhensible; et néanmoins il ne laisse pas de se révéler, sous des notions distinctes, par diverses propriétés qui lui sont inhérentes, et qui n'en altèrent point l'unité essentielle, laquelle demeure toujours ce que l'esprit conçoit de primitif en lui... De même Dieu, cet Être un, cette substance une, est doué de propriétés nécessaires comme elle. Il est Puissance, Intelligence, Amour. »

Une fois engagé dans cette nouvelle voie, l'auteur ne s'y arrête plus, et avec la logique persévérante qui est le caractère de son esprit, il va jusqu'à la Trinité du symbole chrétien : « Chacune de ces propriétés, quoique essentiellement distinctes l'une de l'autre, est l'Être tout entier, la substance tout entière, sans quoi la substance ne serait pas une, l'Être ne serait pas un. Il y a donc, en Dieu, unité d'être et distinction dans cette unité. De l'idée de l'Être unie à celle de distinction individuelle dérive l'idée de personne : car une personne, c'est ce qui forme une unité intelligente, déterminée par quelque chose d'essentiel et de permanent... La Puissance, l'Intelligence, l'Amour, sont trois Personnes distinctes dans l'unité de l'Être ou de la substance divine. De là il suit que chaque Personne en Dieu peut et doit être considérée sous plusieurs rapports : comme l'Être divin tout entier, et alors tout ce qui se dit de Dieu doit être dit de chaque Personne; dans ce qui constitue son essence, en tant que Personne, ou dans sa propriété distincte, et alors ce qu'on dit de l'une ne peut être dit de l'autre[1]. »

Ici la tradition chrétienne est suivie à la lettre. L'auteur s'en explique d'ailleurs plutôt avec la liberté d'un philosophe qu'avec la foi d'un théologien : « Telle est, en quelque sorte, la philosophie de Dieu. On ne saurait le concevoir sous une notion différente ; et bien qu'il demeure éternellement incompréhensible en soi, ce qu'on vient de dire est néanmoins renfermé si clairement dans l'idée qu'on a de lui, qu'il faut ou l'admettre ou nier Dieu, et avec lui tout être. Résultat du travail de l'humanité pendant de longs siècles, cette conception du souverain Être, de la cause première et infinie, s'est généralisée, sous la forme de foi religieuse, dans le christianisme, dont elle constitue la base dogmatique. Une autre la remplacera-t-elle un jour? Nous ne le croyons pas. Il ne se fait point de pareils changements dans cet ordre de la pensée, et la logique est invariable. Seulement, la lumière va croissant. On discerne mieux ce qu'on voyait d'une manière plus obscure. L'intuition plus vive dégage la vérité de son voile symbolique [2]. » Lamennais a fait comme la théologie chrétienne. Pour la rendre plus complète, il a réuni dans sa notion de Dieu les enseignements contradictoires de la logique et de la psychologie. Une contradiction, si grave qu'elle soit, n'est jamais mortelle à la religion, qui peut toujours se retrancher dans le mystère. La philosophie n'a point cette ressource : quand une doctrine philosophique en est convaincue, elle est mortellement atteinte. Tant que la libre pensée n'aura pas résolu la contradiction qui est restée au fond de la formule trinitaire, cette formule ne pourra compter parmi ces grands dogmes métaphysiques qui

---

1. *Esquisse d'une philosophie*, t. I, l. I, ch. XVI, p. 87, 88.
2. *Ibid.*, ch. XVI, p. 89, 90.

peuvent être considérés comme les croyances éternelles et universelles de l'esprit humain.

La lutte entre la tradition théologique et l'esprit philosophique qui a marqué le début de l'*Esquisse d'une philosophie*, continue, en s'accentuant davantage, dans la suite du livre, particulièrement dans le problème de la création. Dieu crée véritablement, dans la pensée de l'auteur, puisqu'il ne tire pas sa créature d'une matière préexistante, ainsi que l'entendaient les anciens. Mais il ne la tire pas non plus du néant, comme le veut une certaine école théologique en ce sens qu'il produirait une substance nouvelle, qui n'avait aucune sorte d'existence antérieure. Ici, Platon, Origène, saint Augustin, Malebranche, toute l'école platonicienne vient en aide à notre philosophe par la théorie des idées : « Il est clair que, si les êtres particuliers n'étaient pas primitivement spécifiés dans la pensée divine, s'ils n'avaient pas, en Dieu, sous ce rapport, une existence distincte, déterminée par leur idée propre, toute création serait impossible. Créer, c'est produire ou réaliser au dehors ce qui auparavant n'avait d'existence que dans l'entendement divin. Et puisque, en créant, Dieu donne l'être, cet être qu'il donne, il le tire de soi, puisqu'il ne peut évidemment exister aucune portion d'être qui n'ait pas sa source dans l'Être infini. Aucun être particulier, ni la collection de tous les êtres, ne sont néanmoins engendrés de lui, parce qu'engendrer, ce n'est pas seulement tirer de soi, mais tirer de soi quelque chose d'une nature égale. L'acte par lequel le père tire de lui-même son fils, diffère donc essentiellement de celui par lequel Dieu réalise au dehors les êtres finis dont les types existaient de toute éternité dans le Verbe. Nous trouvons en nous une image de ces deux opérations. L'homme aussi engendre ou produit des êtres de même nature que lui, et réalise au dehors ses pensées, c'est-à-dire

crée autant que le peut un être fini ou créé lui-même.
Une statue, un tableau, une maison, une montre, ne
sont que des créations de ce genre [1]. »

Oui, sans doute, l'homme fait deux choses très différentes quand il engendre et quand il crée. Mais quel sens peut avoir chacun de ces mots, du moment qu'ils s'appliquent à un monde où il n'y a ni matière ni nature ? Dire avec Lamennais et l'école théologique que Dieu crée en réalisant par sa puissance les idées conçues par son intelligence et voulues par son amour, c'est laisser le mystère de la création dans toute son obscurité. La puissance créatrice ne suffit pas à l'homme pour faire de l'idée une réalité. Comment suffit-elle à Dieu ? C'est ce que l'auteur n'explique pas. Dire également que le Père engendre son Verbe, parce que celui-ci est supposé de même nature, c'est encore abuser des mots. Dans toute génération qui nous est connue par l'expérience, l'être engendré est autre que l'être générateur, tandis qu'en bonne théologie le Fils ne fait qu'un avec le Père, malgré la subtile distinction des Personnes. De même, dans toute création dont l'expérience nous offre le type, il n'est pas de forme nouvelle sans matière préexistante à l'œuvre de l'artiste ou de l'ouvrier. Quand donc la théologie et la métaphysique s'évertuent à faire accepter à notre raison les mystères de la génération et de la création divine, en les assimilant aux types révélés par l'expérience, elles l'abusent et s'abusent elles-mêmes par des analogies de mots qui ne répondent à aucune réalité. Il vaut mieux lui dire que ce sont des mystères avec lesquels la philosophie et la science n'ont rien à voir. Quel supplice ce doit être pour le théologien philosophe ou le philosophe théologien que de s'épuiser en de pa-

1. *Esquisse d'une philosophie*, t. I, l. I, ch. I., p. 105, 106.

reilles explications! On peut en juger par la fatigue que ce travail ingrat cause à tout esprit qui aime les questions simples et les solutions nettes.

La création est-elle contingente ou nécessaire? Ici encore le philosophe se débat contre le théologien, et l'auteur croit tout sauver par une distinction. La création est infinie et nécessaire sous une de ses faces, finie et contingente sous l'autre. Elle est nécessaire et infinie dans les idées éternelles qui la représentent; elle est contingente dans l'acte qui réalise ces idées. Dieu est souverainement libre dans cette œuvre de création [1].
— Toujours la même obscurité résultant de deux principes inconciliables. Si la création divine a son image dans la création humaine, il s'ensuit qu'elle est une chose purement et simplement contingente, en vertu de la liberté même de l'acte créateur, bien que le type de l'être créé fasse éternellement et nécessairement partie de l'entendement divin. Si elle n'a pas son image dans le monde de l'expérience, comment pouvons-nous en parler autrement que comme d'un mystère qui échappe à notre raison? Il en est de l'œuvre de la création comme de tous les actes volontaires de l'Être divin. Quand on sort de l'expérience psychologique, qui seule nous révèle la notion claire et nette de la liberté, on quitte le pays de la lumière et de la science pour entrer dans le mystérieux sanctuaire de la foi. Combien de temps et de peine ont perdu la théologie et la métaphysique à expliquer l'accord de la nécessité et de la liberté en Dieu, de façon que sa volonté n'ait rien de la contingence et de l'imperfection de la volonté humaine? Ce qui a été dit de plus clair sur cette question, c'est qu'en mesurant les progrès de la liberté du sage aux progrès de sa volonté, on

---

1. *Esquisse d'une philosophie* l. II., chap. II, p. 119.

arrive à se faire quelque idée de la liberté de l'être parfait. C'est à la psychologie que nous devons cette lumière. Encore faut-il convenir que nous comprenons mal comment la liberté se change en son contraire dans le sein de l'absolu, et que le mot nécessité est impropre à exprimer la liberté parfaite.

C'est encore ce qui arrive à l'auteur à propos de la définition de la matière. Avec saint Augustin, Malebranche, Spinoza, Fénelon et les Pères alexandrins, il définit la matière le principe qui limite l'être : « Tout ce qui peut être, ayant son type, son modèle éternel en Dieu, toute créature n'est qu'un de ces types actuellement réalisés hors de Dieu, sous la condition nécessaire d'une limite effective, sans laquelle il ne serait jamais un être véritable, mais une simple idée subsistante seulement dans l'entendement divin. Et puisque la limitation qui individualise hors de Dieu le modèle immuable, éternel, existant en Dieu, n'a pas moins de réalité que l'être même auquel elle est inhérente essentiellement, la matière, au moyen de laquelle s'opère cette limitation, est réelle aussi et substantielle. Mais, en même temps, son unique fonction étant de limiter, tout ce que les êtres ont de positif et d'intelligible, étranger à leur élément matériel, appartient à ce qu'il y a de spirituel en eux. Car la matière n'est concevable que sous une notion négative ; elle termine l'objet de la vision ; invisible elle-même, elle ne laisse pas d'aider la connaissance. Par cela même qu'elle est invisible, elle manifeste ce qui peut être vu, comme l'ombre manifeste la forme ou les contours du corps lumineux, comme la ligne insaisissable qui dessine les rivages bornés par la mer, manifeste, en la terminant, leur configuration... [1]. Il n'existe point de pure matière ;

---

1. *Ibid.*, l. II, ch. v, p. 126, 128.

l'idée même est contradictoire. L'existence d'une chose qui limite implique celle d'une chose limitée. » Encore une de ces explications métaphysiques d'une apparente clarté qui ne tiennent pas devant la véritable lumière de la vérité. Celle-ci peut séduire l'imagination. La matière étant à l'être proprement dit ce que l'ombre est à la lumière, la pensée se retrouve et se complaît au premier abord dans une pareille représentation des choses. Mais n'est-ce pas le cas de répéter que comparaison n'est pas raison, quand il s'agit, non pas de nous représenter, mais de nous expliquer la réalité? Si notre philosophe n'avait pas sur le monde intelligible l'illusion de l'école idéaliste qui remonte à Platon, il comprendrait que de l'idée à la réalité il y a un abîme que toutes les métaphores ne sauraient combler. Jamais la philosophie et la science de notre temps n'accepteront une définition aussi négative de la matière.

Quoi qu'il en soit, voilà la création divine expliquée, non sans peine. Dieu n'entre pas tout entier dans son œuvre. Il garde ses attributs métaphysiques dans les profondeurs de son essence; mais il ne peut créer sans que les Personnes qui sont en lui n'entrent en jeu. Puissance, intelligence et amour, il met tout cela dans sa création. « Donner l'être, ce n'est pas donner la substance seule; c'est encore donner ce qui est inhérent à la substance, ce qui n'en saurait être totalement séparé, la puissance ou la force, l'intelligence, l'amour. Ainsi, dans tout ce qui est, il y a, quoique sous des formes diverses, et à des états divers, quelque chose du Père, du Fils et de l'Esprit. Seulement, le moi qui en a conscience n'existe pas dans tous les êtres ; mais Dieu est partout, dans l'homme qui le connaît et l'adore, dans le grain de sable qu'il foule aux pieds, et rien ne serait, s'il n'était pas une participation de son être, O Dieu! oui, tout est de vous, et n'est pas de vous uniquement, comme l'effet, le produit de votre opération toute-puissante, mais comme un écoulement de votre être indivisible et immuable[1] ! » Ne croirait-on pas entendre un Père de l'Église alexandrin, ou un philosophe chrétien du xvii° siècle ?

Lorsque l'auteur descend des sommets de la métaphysique et de la théologie aux réalités de la physique et de la psychologie, il n'oublie jamais les principes qu'il vient d'établir. L'*Esquisse d'une philosophie*, avec ses trois volumes (et elle devait en avoir cinq), est un système fortement conçu et organisé. Si ce n'est pas tout à fait un enchaînement de propositions *more geometrico*, à la façon de Spinosa, c'est un ensemble de pensées qui toutes se tiennent par le rapport logique des principes aux applications. C'est Dieu, avec sa Trinité de Personnes, qui explique tout, la nature, l'homme, la société, l'art. L'esthétique, la politique, la morale, la psychologie, la physiologie, l'histoire naturelle, l'astronomie, reçoivent leur plus haute lumière de la théologie et de la métaphysique.

Voilà ce qui fait de l'*Esquisse d'une philosophie* une œuvre à part dans l'histoire de la philosophie spéculative. Si le fond des idées n'a rien qui ne lui vienne de la tradition théologique, la forte synthèse logique de ces idées lui appartient. En cela, elle est originale ; car nul livre de notre temps n'offre ce caractère. Elle fait moins penser à l'*Éthique* de Spinosa qu'à la Somme de ces grands scolastiques dont saint Thomas est le type. Est-il nécessaire d'ajouter qu'il n'en a pas la sécheresse, bien qu'il semble en avoir parfois retenu la subtilité ? Si la critique a été trop sévère envers cette philosophie en n'y voyant qu'une science de mots, elle serait injuste en faisant le même reproche à l'illustre auteur de

---

1. *Ibid.*, l. II, 145.

l'*Essai sur l'indifférence*. Ce n'est pas avec des mots qu'il a fait son système, mais avec des idées abstraites, empruntées aux vieilles écoles idéalistes. Du reste, il n'est point assez étranger aux sciences modernes pour n'en pas connaître les grandes révélations. Il s'efforce même, sans trop y réussir, de faire rentrer certaines vérités scientifiques dans le cadre de sa logique et de sa métaphysique traditionnelle.

Sa philosophie de la nature, sans être aussi savante et aussi originale que celle de Schelling et de Hegel, n'en est pas moins un essai d'explication rationnelle des phénomènes de la nature par les formules de la métaphysique. Lui aussi a sa triade, qu'il poursuit, sous toutes ses formes, dans tous les mouvements de la vie universelle. Dans la constitution des êtres inorganiques, c'est la force, la forme et l'attraction. Dans le jeu des forces générales de la nature, c'est le calorique, la lumière, l'électromagnétisme. Dans la constitution des êtres organisés, c'est la spontanéité, l'individualité, la vie. Dans la vie morale, c'est la sensibilité, la raison, la volonté. Dire que les choses de la nature et de l'esprit s'adaptent toujours bien à ses formules, et que de cette application jaillisse une véritable lumière, serait donner une idée trop avantageuse de cette partie du livre. La vérité est qu'il ne sort pas d'explications bien instructives de toutes ces spéculations, et que l'art de l'ouvrier est plus admirable que l'œuvre elle-même, considérée dans sa portée philosophique. Toute cette philosophie de la nature, fort peu rajeunie par les emprunts faits aux sciences positives, sent trop la vieille tradition. Citons, pour en finir, quelques belles paroles, inspirées par une vue générale de l'Univers : « L'univers est nécessairement esprit et matière. Il est la réalisation des idées divines par la distinction devenue limite. Supposez l'absence de la force, sa substance devient une pure abstraction. Supposez l'absence de la forme et de l'ordre, que devient l'être sans son principe constitutif ? Supposez l'absence d'un principe d'union, l'univers se dissipe et fuit dans le néant. Sortie de Dieu, la création aspire, en quelque sorte, à retourner vers lui, parce qu'en lui est son terme, ainsi que son origine. Elle se dilate au sein de son immensité par un progrès sans fin, qui n'est qu'un don inépuisable de lui-même. Il l'attire à lui en s'épandant en elle. Il la pénètre, il la féconde, il se prodigue à elle pour accomplir incessamment une union toujours intime qui ne sera jamais consommée [1]. Voilà un langage où se reconnaît la grande tradition des Pères alexandrins, mais qui explique le médiocre succès d'un livre qui a tant coûté de méditations à son auteur. Cette manière de penser et de dire n'est plus de notre temps, moins parce qu'il en choque l'esprit positif que parce qu'il n'en satisfait point l'esprit scientifique. Platon, Plotin, saint Augustin, Origène, Fénelon, Bossuet, Malebranche ont mieux parlé encore de ces choses que l'éloquent écrivain de l'*Essai sur l'indifférence*. Leur voix se perdrait aujourd'hui avec la sienne dans le tumulte des intelligences à la recherche de nouvelles solutions de l'éternel problème. Pouvait-on mieux dire en ce sens que l'évêque de Meaux ? « L'image de la Trinité reluit magnifiquement dans la créature raisonnable, dans l'homme. Semblable au Père, elle a l'être ; semblable au Fils, elle a l'intelligence ; semblable au Saint-Esprit, elle a l'amour. Elle a dans son être, dans son intelligence, dans son amour, une même félicité et une même vie. Vous ne sauriez lui en rien ôter sans lui ôter tout. »

Il n'y a pas de plus parfait contraste entre deux

---

1. *Ibid.* l. III, p. 148, 149, 150.

esprits qu'entre Lamennais et Pierre Leroux. Celui-ci est le philosophe des aspirations ardentes et des improvisations libres, un peu à la manière de Diderot, qui lui est d'ailleurs fort supérieur. Il n'a jamais su ou voulu concevoir une doctrine dans son ensemble, en coordonner les parties, en composer le tout. Il laissait courir sa pensée comme sa plume, pensant, écrivant à l'aventure, sans jamais savoir où s'arrêterait l'une ou l'autre, dans ses exubérantes digressions. Ses livres de quatre ou cinq cents pages n'étaient d'abord que des articles qui s'étendaient sous l'inspiration d'un esprit incapable de se contenir et de se posséder. Il était prêt à discourir, à disserter sur tout, parce que, comme Diderot, il avait de tout une connaissance suffisante pour en parler pertinemment. Mais il était bien rare qu'il aboutît, sur quoi que ce soit, à une conclusion nette et précise. On pourrait lui appliquer le mot de Cousin sur un écrivain bien connu : « Il est de ceux dont Dieu a dit : Tu ne te dégageras jamais. » C'est de lui également que Voltaire eût pu dire, encore plus que de Diderot : « C'est un four où tout bout et rien ne cuit. » Et avec tout cela, il eut, en son temps, plus de renommée que Lamennais, comme philosophe. C'est que sa pensée, malgré son origine toute traditionnelle, est plus moderne et plus vivante dans la confusion de ses idées que celle de Lamennais dans la savante ordonnance de ses raisonnements. Pierre Leroux n'a pas fait de livre à proprement parler, bien qu'il ait beaucoup écrit. S'il n'a pas laissé de système, il a laissé une formule. Voilà pourquoi il a fait école, quand l'auteur de l'*Esquisse d'une philosophie* n'a pas laissé un seul disciple dans la science sur laquelle il avait médité.

Aucun ouvrage de cet écrivain fécond ne pourrait être cité où l'on retrouvât quelque chose qui ressemble à un exposé complet de ses idées. Si sa pensée géné-

rale est partout, si elle remplit et inspire toutes ses œuvres, elle n'a été exposée dans son ensemble ou résumée nulle part, ni dans l'*Encyclopédie nouvelle*, où il n'a fait qu'annoncer ses articles Dieu et Trinité, vainement attendus, ni dans la *Réfutation de l'éclectisme*, où il se perd dans la critique personnelle et passionnée, ni dans le livre *de l'Humanité*, qui a pour objet une explication aussi ingénieuse que libre de la vieille doctrine de l'immortalité et de la vie future. On ne peut qu'incidemment retrouver cette pensée dans des écrits où, à propos d'un sujet quelconque, il se laisse aller volontiers à reprendre une doctrine qui n'y rentre pas nécessairement. C'est l'écrivain des digressions et des parenthèses. Le livre *de l'Humanité* contient certaines pages où l'auteur semble s'inspirer des principes de la métaphysique spinosiste. « Socrate, dit : *ce qui est et ce qu'on ne voit pas, voilà le ciel.* Embrassons cette définition, car elle est vraie. Oui, le ciel est ce qui est, ce qui est réellement, ce qui, étant d'une façon absolue, étant par soi-même, a été, est, et sera. Le ciel est l'infini être. Ce n'est pas l'infini créé, sous ses deux aspects d'espace infini et de temps éternel, c'est-à-dire d'immensité et d'éternité. Non, le ciel est ce qui se manifeste par cet infini créé, l'infini véritable qui est sous cet infini créé ; le ciel est Dieu lui-même. Et le ciel *ne se voit pas*, Dieu ne se voit pas. Il est l'infini, donc il n'est contenu en aucun lieu. Il est l'éternel, donc il n'est contenu en aucun temps. Mais, pour n'être contenu en aucun lieu et en aucun temps, il n'en est pas moins en tout lieu et en tout temps, en tout point de l'espace et de la durée ; et il est l'infini et l'éternel dans chaque point de l'espace et de la durée. On met Dieu bien loin de la terre, bien loin de nous. Mais Dieu pourtant est partout, Dieu est en nous à tous les moments de notre existence [1]. »

---

1. *De l'Humanité*, l. V, p. 231, 232.

En place du mot ciel, terme emprunté à la langue de la théologie mystique, mettez le mot populaire Dieu, ou le mot plus métaphysique l'Être, l'Infini, la Substance, vous avez une conception qui rappelle celle de Spinosa, surtout si vous y ajoutez le passage suivant : « Il y a donc deux ciels : un ciel absolu, permanent, embrassant le monde entier, et chaque créature en particulier, et dans le sein duquel vit le monde et chaque créature ; et un ciel relatif, non permanent, mais progressif, qui est la manifestation du premier dans le temps et dans l'espace... Le premier *est*, il est toujours, il est partout. Et toujours et partout les créatures communiquent avec lui, car c'est lui qui les contient, qui les soutient, qui les fait vivre. Nous puisons notre raison en lui, notre amour en lui, la force et la lumière de nos sens en lui... Quant à l'autre ciel, c'est la vie du monde et des créatures, c'est la vie puisée en Dieu, c'est la vie manifestée ; c'est le temps, c'est l'espace ; c'est le fini, manifestation de l'infini ; le présent, manifestation de l'éternel... Notre foi est que le premier ciel, le souverain ciel, ou Dieu, l'invisible, l'éternel, l'infini, se manifeste de plus en plus dans les créations qui se succèdent, et qu'ajoutant création à création, dans le but d'élever de plus en plus à lui les créatures, il s'ensuit que des créatures de plus en plus parfaites sortent de son sein, à mesure que la vie succède à la vie. C'est ainsi que, sur notre globe, l'humanité a succédé à l'animalité. L'homme, a dit Gœthe, est un premier entretien de la nature et de Dieu [1]. »

Il ne faut point que quelques expressions, sentant le spinosisme, nous fassent prendre le change sur la véritable pensée de Pierre Leroux. S'il a du goût pour cette philosophie, c'est seulement en la regardant par

---

1. *Ibid.*, p. 233, 234.

le côté où elle se rapproche de la théologie de saint Jean et des Pères alexandrins. Au fond, il appartient à cette grande école métaphysique qui, par l'organe de ses théologiens, comme de ses philosophes, maintient avec fermeté l'existence, l'activité propre, l'autonomie des individus, de manière à éviter la double erreur du panthéisme et de l'empirisme. C'est ce qui lui fait repousser, malgré sa grande admiration, la doctrine de Spinosa, et préférer, sauf la forme mystérieuse, la théologie qui fait du Saint-Esprit la troisième Personne de la nature divine. La raison en est simple, puisque cette troisième Personne est l'Amour, le principe auquel notre philosophe accorde la plus large part dans l'explication du mystère de la vie et de l'existence. Spinosa, très fort sur l'Être universel, et même sur l'intelligence, au sens de Pierre Leroux, a oublié le Saint-Esprit, c'est-à-dire le principe même de la création. « Théologiquement, Spinosa met en oubli ce qui est dans les attributions personnelles du Saint-Esprit ; et les conséquences de cet oubli sont énormes. La plus énorme, si je ne me trompe, est que, si le Saint-Esprit n'existe pas, la création n'existe pas. Tant que l'intelligence, dans son entente métaphysique de Dieu, n'a point fait apparaître la troisième hypostase, la procession des créatures hors de Dieu ne peut être conçue. Ce n'est que par la vertu de ce troisième terme que Dieu est agissant, et est par conséquent créateur... Ne pouvant avoir un but extérieur à lui, n'en ayant point en lui, Dieu demeurerait donc éternellement dans la contemplation solitaire de sa pensée, sans manifester par aucun acte son infinie puissance de produire. »

La formule de sa doctrine est donc toute théologique. C'est la célèbre Triade, qu'on retrouve dans tous les grands livres de théologie métaphysique. Ce qui fait l'originalité de cet aventureux philosophe, c'est qu'il a constamment poursuivi la pensée de l'adapter à la science moderne. « La révolution opérée dans la théologie par l'introduction du dogme de la Trinité n'était point un écart de la marche ordinaire de l'esprit humain dans le perfectionnement de ses idées. Quoique produite en apparence par une explosion improvisée, elle s'était pendant longtemps préparée en silence dans le sein du genre humain, avant que de venir à terme et de paraître [1]. » Il va jusqu'à la comparer à la loi de Newton. L'auteur ne force-t-il pas l'analogie entre deux révélations d'un caractère si différent, en rapprochant le principe métaphysique de la *Trinité* de la loi physique de l'*attraction*, et en faisant observer que ce dernier principe, de même que l'autre, n'est, en définitive, qu'un véritable *à priori*, par lequel Newton, bien que d'ailleurs admirablement préparé par les découvertes antérieures, s'est élevé d'un bond à une explication générale, prouvant bien que tout se passait comme si le principe était vrai, mais n'en démontrant effectivement la vérité par aucun argument positif [2]. Il a montré, par ce rapprochement plus ingénieux que vrai, combien l'imagination tient plus de place que la critique dans son érudition toujours aventureuse.

Mais il faut l'entendre : « Le principe de la Trinité en théologie, comme en astronomie celui de l'attraction, se justifie donc analytiquement par sa simplicité et sa convenance, et il n'y a pas plus de raison de s'inscrire contre l'un que contre l'autre, puisqu'ils possèdent tous deux, chacun dans sa sphère, même pour la critique la plus stricte, un caractère pareil de majesté. Il y a quelque chose de plus ; car le dogme de la Trinité, n'étant point extérieur à l'homme, mais s'y

---

1. *Encyclopédie nouvelle*, art. Spinosa, p. 271.
2. *Ibid.*, p. suivantes.

rapportant au contraire et y influant, peut être également jugé d'une manière indirecte par les effets qu'il a produits dans le monde. Or, c'est à lui, et très spécialement à ce qu'il a manifesté de la troisième *Personne*, qu'est dû l'immense progrès qu'ont accompli, dans le christianisme, la moralité, la sentimentalité, la piété. Cette charité qui est venue mettre son ardeur dans les consciences, et faire distinguer par les hommes, avec tant de netteté, les liens secrets par lesquels ils sont unis et qui jusqu'alors n'avaient été que vaguement sentis ; cet amour avec lequel les fidèles ont commencé à chérir Dieu, à le prier, à implorer les dons de sa grâce, soutien et reconfort des âmes, osant provoquer avec confiance son amour infini par l'hommage du leur ; cette délicatesse toute nouvelle qui s'est peu à peu fait voir dans les cœurs, tous ces développements de la nature humaine, qui la font si différente de ce qu'elle était dans les temps anciens, sont dans la correspondance immédiate du Saint-Esprit; tellement que, si l'on voulait faire plus attention aux perfectionnements intérieurs des âmes qu'aux idées théoriques qui ont occupé les intelligences, on devrait dire que le christianisme a été la religion du Saint-Esprit plutôt encore que celle du Verbe. *Deus charitas est*, a pu dire, avec saint Jean, toute la chrétienté. »

Cet aperçu de la doctrine de Pierre Leroux suffit à montrer combien cet esprit est peu sûr et enclin à tout exagérer, dans son engouement passionné pour les thèses qui paraissent nouvelles à sa naïve curiosité. Il se trompe doublement dans son appréciation de la Trinité, dont il fait cette triomphante Triade, qui lui sert à juger et expliquer toutes les grandes doctrines de la philosophie ancienne et moderne. Il commet une hérésie théologique en élevant le Saint-Esprit au-dessus du Verbe. Jamais dans la théologie orthodoxe la troisième Personne n'a pris le pas sur la seconde. C'est plutôt le contraire qui est la vérité. Saint Jean n'a point prévalu contre saint Paul, qui est resté le grand docteur, le principal fondateur du dogme chrétien. Ici Pierre Leroux apparaît comme un nouveau docteur de ce nouveau christianisme que la foi hérétique de certains chrétiens appelle depuis longtemps de ses vœux, de cette religion de l'amour qu'ils mettent sous l'autorité du disciple bien-aimé du Christ, et que notre théophilantrope ne cesse d'annoncer. Il commet également une erreur historique, en attribuant à la vertu d'une formule les merveilleux effets dus à cette révolution morale qui s'appelle le Christianisme. Avant que la métaphysique des Pères alexandrins vînt fonder sur la grande théologie du symbole de Nicée la sublime morale de l'Évangile, la révolution était déjà faite dans la conscience des premiers fidèles. L'âme chrétienne était sortie de cet ardent foyer d'amour, de charité, de piété, de dévouement exalté jusqu'au martyre, de sentiments nouveaux que n'avait point éprouvés l'âme religieuse de l'humanité payenne. Cette métaphysique était faite, non pas seulement, comme on l'a dit, pour les beaux esprits des écoles grecques qui se sentaient attirés vers la nouvelle religion, mais encore pour l'esprit humain lui-même, dont le Christianisme ne pouvait espérer faire la conquête sans lui apporter une doctrine complète qui fût une réponse à tous les problèmes que sa légitime curiosité pouvait soulever. C'est la pensée chrétienne que la Trinité alexandrine a formée ; ce n'est pas l'âme chrétienne. Avant que la lumière ne parût dans ces graves conciles qui achevèrent le dogme, la flamme avait jailli, dès le berceau du Christianisme, de ces brûlants foyers de la propagande évangélique allumés par la parole, la vie et la mort du maître, qui furent les premières *églises* chrétiennes. L'érudition de

Pierre Leroux est ici en défaut, comme presque partout, parce qu'elle manque de critique, et que sa pensée n'a presque jamais la mesure qui fait la vérité.

Tout autre est le penseur et l'écrivain qui s'est appelé Jean Reynaud. Celui-là n'est pas non plus un philosophe original. C'est encore un Alexandrin égaré, comme Lamennais, comme Pierre Leroux, comme tous les philosophes de l'école de la tradition, dans les vieilles doctrines métaphysiques et théologiques de l'antiquité platonicienne et chrétienne. Mais sa pensée n'est jamais vague, et son expression la met en pleine lumière. Son style a autant de précision et de clarté que de mouvement et d'éclat. C'est ce qui fait l'intérêt puissant de ses livres. On y voit encore plutôt l'œuvre d'un théologien et d'un moraliste que d'un philosophe. Il n'a pas, comme Pierre Leroux, le goût de l'érudition et de l'histoire. Il n'a pas, comme Lamennais, cet amour de la logique qui se satisfait par l'organisation d'un système complet. Il a, bien plus que l'un et l'autre, la passion des grandes idées qu'il recueille de la tradition, qu'il reprend et qu'il développe dans un langage d'une rare beauté. L'esprit est puissant, on le voit à la force de sa pensée. Mais c'est surtout le cœur qui est ardent. Préoccupé de deux ou trois grosses questions qui constituent ce que Jouffroy appelait le problème de la destinée humaine, à savoir, la nature de Dieu, l'origine du mal, l'immortalité de l'âme et la vie future, il n'estime et ne goûte la science, la philosophie, la théologie qu'autant qu'elles le conduisent à la solution du problème. C'est un spiritualiste fervent, profondément religieux, mais à la façon des docteurs alexandrins, qui comme Origène, son théologien de prédilection, ne craignent pas d'éclaircir et d'élargir le dogme par la raison et la science.

La doctrine métaphysique de Jean Reynaud n'a rien,

quant au fond des idées, qui la distingue essentiellement de celle de Lamennais et de Pierre Leroux, avec lesquels il n'avait guère de commun que les sympathies politiques et les traditions théologiques. Cette doctrine se résume à peu près tout entière, comme celle de Pierre Leroux, dans le dogme de la Trinité, entendu à la manière des Pères alexandrins. « Il me paraît plus exact, dit-il dans un dialogue entre le philosophe et le théologien, de considérer la production de l'Univers comme une opération métaphysique de la divinité que d'y voir, comme l'a fait le moyen âge, un évènement historique. C'est un mystère qui prend naissance en Dieu, immédiatement à la suite de celui du développement des Personnes, et dont la date se perd également dans une profondeur insondable. L'être infini existe : voilà le principe primordial. Il a connaissance de lui-même : voilà le second principe s'engendrant du premier et éternel comme lui, bien que métaphysiquement postérieur. Il aime à être et à se connaître : voilà le troisième principe procédant consubstantiellement des deux autres et constituant leur relation réciproque. C'est ici que votre scholastique s'arrête ; et, laissant la Trinité avec elle-même dans sa majesté solitaire, elle retient arbitrairement sous l'enveloppe, durant une suite de temps possibles, la création présente dans la pensée de Dieu et déjà prête à prendre l'essor. Mais si de toute éternité Dieu a eu la puissance de produire l'Univers, si de toute éternité sa sagesse en a formulé l'harmonie, si de toute éternité sa bonté l'a aimé, n'est-il pas évident que de tout temps possible l'Univers a dû exister et comparaître en réalité devant lui ? La création n'est autre chose que le produit instantané de la puissance, de la sagesse et de la bonté divine, se reconnaissant l'une l'autre, et tendant de concert à communiquer leur béatitude commune. Elle est la conséquence immédiate de la production du créateur, c'est-à-dire de l'achèvement de l'évolution des *Personnes* dans le sein de 'Être absolu, et l'on ne saurait imaginer aucun intervalle entre la fin de cette ineffable évolution et le commencement de la procession des entités individuelles hors du néant. Il y a là un point que, du milieu de ses ténèbres, la théologie de l'Inde a bien mieux entrevu que celle du moyen âge, lorsqu'elle a placé, sans intermédiaire, le développement des puissances cosmiques à la suite du développement des puissances divines secrètement contenues dans l'Éternel endormi [1]. » Voilà comment le philosophe interprète le théologien. Il rend le mystère de la création plus intelligible, en ce sens qu'il la rapproche davantage de l'évolution cosmique, telle que l'entend la science moderne. Seulement, le mystère subsiste encore par le maintien de la tradition théologique. Il reste toujours à expliquer comment l'acte de la création est tout à la fois éternel, nécessaire et libre.

Où ce mystère semble devenir tout à fait inintelligible, c'est dans la distinction du monde et de Dieu, quant aux attributs de l'éternité et de l'immensité. « Je crains encore moins de faire naître du Créateur un infini qui, par son infinité même, s'identifierait avec lui. Je sais qu'il y a des infinis de divers ordres, et que, si l'Univers est simplement infini, il n'y a aucun rapport de nature entre l'Univers et Celui qui seul est infiniment infini. Or, non seulement l'Univers se sépare de Dieu en raison de son origine, mais il s'en sépare plus ouvertement encore en raison de son infinité, essentiellement différente de son auteur. Il vit du temps et non de l'éternité. Telle est, en effet, la distinction de ces deux infinités. Ce qui constitue l'éter-

---

1. *Ciel et Terre*, p. 220, 221.

nité, ce n'est pas seulement d'être sans commencement, à côté du temps qui a nécessairement commencé, c'est d'être en permanence, tandis que le temps, par sa définition même, est perpétuellement succession et mouvement. Dieu ne change pas, et l'Univers change sans cesse ; car l'Univers, fût-il lui-même doué de fixité, ne prendrait pas moins d'instant en instant plus d'ancienneté, au lieu que Dieu, d'instant en instant, n'acquiert rien, ne perd rien et conserve indéfectiblement sa constance. Dieu possède le temps, puisque c'est lui qui le fait par l'existence qu'il donne à ce qui varie ; mais il vit en dehors du temps et ne l'admet à aucun titre à un règlement de sa personne. Il n'y a en lui ni passé ni avenir, et sa vie est toute présente à la fois sur chacun de ces points que la nôtre n'atteint que progressivement, et qu'il ne connaîtrait même pas, s'ils ne formaient la loi qu'il a donnée aux créatures. Accorder au temps l'infinité, ce n'est donc pas lui accorder une ombre d'éternité... Comme le dit excellemment Boèce, l'éternité est l'interminable possession de la vie tout à la fois et dans sa perfection. Voilà un caractère qui ne saurait appartenir qu'à Dieu, et qui le met nettement en dehors de toute durée, même de la durée infinie [1]. »

Même distinction de l'infinité cosmique et de l'ubiquité divine. « Craindriez-vous que cette immensité dans laquelle s'échappe à mes yeux l'Univers, je ne coure le risque de la voir s'échapper dans la substance de Dieu ? Pas davantage : entre Dieu et l'Univers il reste toujours un abîme. Comme l'infinité du temps n'a rien de commun avec l'éternité, l'infinité de l'étendue n'a rien de commun non plus avec l'ubiquité. La matière a beau être sans fin, la partie de la matière qui est ici n'est point là, tandis que Dieu, qui est sans parties, est

---

1. *Ciel et Terre*, p. 223.

tout ensemble ici et là. De même qu'il vit simultanément dans tous les temps, il vit simultanément sur tous les points. L'étendue lui appartient selon le mode d'ubiquité, comme la durée, selon le mode d'éternité. Tout entier partout, comme il est tout entier dans chaque instant, il n'est cependant contenu dans aucun lieu, car c'est lui, au contraire, qui les contient tous, tout en résidant substantiellement en chacun. C'est par là que l'indivisible immensité qui le caractérise se distingue de l'immensité de son œuvre. Il en est de sa présence dans l'Univers comme de la présence de l'âme dans le corps, dont saint Augustin dit si justement : « L'âme est tout entière dans le corps, et tout entière dans chacune des parties du corps [1]. » Mystère précieux, car il nous donne, en nous-mêmes, comme une ombre de l'ubiquité de Dieu, qui, complétant l'image que notre vie nous offre de la sienne, nous laisse clairement sentir de quelle manière le créateur se différencie absolument de l'étendue, fût-elle sans fin. »

Deux infinités, deux éternités, deux immensités voilà le triple mystère que la tradition idéaliste propose aux méditations de la raison moderne. Elle croit tout éclaircir, tout expliquer, tout concilier par ses distinctions. Elle oppose l'infinité relative à l'infinité absolue, le temps à l'éternité, l'étendue à l'immensité. Elle distingue une durée successive et une durée sans succession, une étendue extensive et une étendue sans extension, une perfection graduelle et une perfection sans degrés. La raison humaine de tous les temps s'est mise à la torture pour comprendre le mystère. Elle n'y est jamais parvenue, et il lui a fallu convenir que ces problèmes sont au-dessus de ses forces. C'est ce qu'a toujours voulu la théologie orthodoxe, qui a bien d'au-

---

1. *De Trinitate*, p. 6.

tres mystères à lui opposer. Lamennais, Pierre Leroux, Jean Reynaud, et tous les philosophes de notre temps qui ont essayé de mettre la tradition d'accord avec la science et la raison de notre temps, n'y ont pas réussi, parce que la solution du problème est impossible.

On est heureux de voir Jean Reynaud abandonner cette métaphysique inintelligible pour une philosophie plus conforme aux idées de son temps. Écoutons-le sur la destinée de l'homme, voué, pour son glorieux perfectionnement, à une immortelle et incessante activité : « C'est par cette activité que la ressemblance de la créature et du créateur parvient à son suprême complément ; c'est par elle que la créature, entrant en association avec le créateur, parvient à développer la perfection en elle et autour d'elle, et que la création, poursuivant son but, remonte incessamment vers celui dont la bonté l'a suscitée et l'appelle. De plus, c'est par cette activité seulement que l'âme est en mesure de s'apaiser elle-même, en donnant satisfaction aux élans que lui inspire à chaque instant l'amour de Dieu, l'amour du prochain, l'amour d'elle-même ; et ce n'est, non plus, que par elle que s'accomplit la destination bienfaisante imposée dès l'origine à la totalité de l'univers. Supprimez, en effet, ce divin principe d'activité qui lie toutes les créatures l'une à l'autre pour les attacher à Dieu toutes ensemble, et les amener ainsi de concert à ces conditions supérieures d'existence auxquelles tout l'univers aspire, aussitôt tout se rompt, tout se dissout, et il n'y a plus que confusion : la vie est éteinte, le monde est amorti, et Dieu lui-même, privé de ce mouvement extérieur auquel il préside, se replie en lui, et rentre, comme Brahma, dans l'extase de la contemplation solitaire. C'est où en est venu, dans sa lassitude profonde, votre triste moyen âge avec son dogme glacial de la consommation suprême. A lui, la responsabilité de cette interprétation aveugle du mythe antique de la transformation de la terre. A l'entendre, l'heure une fois sonnée et le jugement prononcé, tout, dans l'univers, doit prendre une position éternellement fixe et inaltérable. Plus de temps, plus de changement, plus jamais rien de nouveau ; plus d'actions charitables de la créature à l'égard de la créature ; plus de réflexions salutaires ni d'emportements efficaces vers Dieu : les élus seront installés pour toujours, chacun à sa place, dans le paradis ; les réprouvés, chacun à la sienne, dans l'enfer. L'époque sera passée où les bons pouvaient se délecter en aidant leurs frères à sortir du mal, et en sentant la création céder à leurs instances, et gagner chaque jour, grâce à eux, une nouvelle douceur et une nouvelle beauté ; où ceux qui ont eu le malheur de s'égarer, pouvaient, après leur égarement, revenir à la lumière et reprendre, en compagnie des fidèles, le droit chemin ; où ceux qui éprouvaient la sainte émulation d'atteindre au même rang que les êtres plus parfaits qu'ils apercevaient au-dessus d'eux et de savourer avec eux les délices d'un voisinage de Dieu plus intime, étaient maîtres de s'élever selon leurs désirs et de se rapprocher continuellement de leur divin modèle. Il n'y a plus, dans la terrible suite de ces siècles, de siècles de progrès à espérer ni pour soi, ni pour les autres, ni dans le ciel, ni dans l'enfer, ni nulle part, et la loi de l'immobilité est désormais la loi unique de l'univers. Voici, sur les gradins de ce ciel étrange, les élus assis en ordre, l'un près de l'autre, tous au rang que leur ont assigné les travaux de leur court pèlerinage de la terre, absorbés, sans que rien les doive jamais distraire, dans la rigidité de leur contemplation, et revêtus pour toujours des corps terrestres dans lesquels ils ont été saisis par la mort, comme du sceau fatal de leur immortalité éternelle. Que font là ces fantômes ? Sont-ce bien des vivants, ou ne sont-ce pas des morts? Ah! Christ, que ce paradis m'épouvante, et que j'aime encore mieux ma vie avec ses misères, ses tribulations et ses peines, que cette immortalité avec sa paix béate[1]. »

Au siècle où nous vivons, si la foi aux réalités de l'autre vie est encore vive dans le monde qui croit avec son cœur ou son imagination, elle devient de plus en plus rare et faible dans le monde des intelligences qui ajoutent à une froide raison une certaine culture scientifique et philosophique. Ce monde là pourtant, si sceptique qu'il paraisse devant de pareilles révélations, peut-il ne pas se sentir ému en entendant ces paroles? Jean Reynaud est du très petit nombre des spiritualistes dont la foi sur ce point est aussi précise qu'elle est profonde. Nul livre de notre temps n'est autant que *Ciel et Terre* pénétré d'un tel sentiment de la réalité transcendante. Ce n'est plus la discrète réserve d'un philosophe s'en tenant au dogme d'une vie future, dont il se garde de définir les conditions ou de définir l'état. Ce n'est plus la rêverie vague d'un poète qui donne carrière à son imagination. C'est la foi d'un théologien tout plein de l'esprit moderne, et du sentiment de cette vie morale qui fait de l'action le principe et la mesure de la perfection. Ceux qui n'ont pas seulement lu le livre, mais qui ont connu l'homme, peuvent attester que son âme, encore plus que son livre, exhalait le divin parfum de cette foi. S'il y a un philosophe contemporain qui ait fait passer sa doctrine dans ses actes, c'est Jean Reynaud. Il a cru à la vie future, et à telle vie future, au point d'accepter pour les siens et pour lui la mort, non point avec la résignation d'un sage qui sait que l'homme est mortel, mais avec la radieuse espérance d'un croyant qui voit s'ouvrir, dans

---

1. *De Trinitate*, pages 255, 256.

les vastes cieux, la perspective des plus hautes et des plus belles destinées. Écoutons encore cette prière : « Mon Dieu ! s'écrient ces âmes suppliantes, combien la vie que vous venez d'arrêter a été peu fructueuse ! Les perfections que nous avons acquises ne sont que le commencement des perfections dont nous sentions capable l'immortelle essence qui est en nous, et nous avons confiance que nous serions meilleurs si vous nous aviez fait vivre davantage. Ce que nous avons accompli pour l'avancement de nos frères et pour l'amélioration de l'état général de la société terrestre n'est presque rien en comparaison de ce que nous voyons encore à tenter ; et les maux que nous laissons derrière nous, touchent tellement notre cœur, que la plus douce récompense que nous puissions souhaiter serait le bonheur d'être admis par votre providence à les guérir encore. Accordez-nous donc de reprendre, dans le nouvel asile où vous nous transportez, la suite de nos travaux interrompus dans celui-ci : faites que nous ne cessions pas d'être ce que nous étions. » Y a-t-il un philosophe, ou un théologien de notre temps, parmi les plus illustres, dont la foi religieuse ait trouvé de tels accents ?

J'en reste à Jean Reynaud, laissant le lecteur sous l'impression de ces magnifiques paroles. Ce n'est pas que cette école ne compte pas d'autres représentants fort autorisés qui feraient bonne figure dans une histoire de la philosophie française du xixe siècle : Buchez qui fut un chef d'école, Bordas-Dumoulin un métaphysicien de premier ordre, un théologien libéral dans son orthodoxie, son disciple Huet, un brillant écrivain. Mais ce n'est pas une histoire que j'ai voulu faire ; c'est une simple et rapide revue des méthodes philosophiques appliquées à la solution des problèmes déclarés insolubles par le père de la philosophie critique.

Pour ne pas donner à cette introduction les proportions d'un livre, j'ai dû m'en tenir, pour chaque école, aux représentants les plus connus. Si j'ai borné ma revue à l'Allemagne et à la France, ce n'est pas que les écoles dont j'ai seulement exposé les principes n'aient compté ailleurs, surtout en Italie, des organes dignes d'attention. Mais il est reconnu que c'est en Allemagne et en France que les plus grands efforts ont été faits, dans la première partie de ce siècle, pour résoudre les grands problèmes métaphysiques. L'école de la spéculation logique, l'école de la raison, l'école de la tradition n'ont pas de plus puissants organes que les philosophes qui s'appellent Schelling, Hegel, Cousin, Lamennais Jean Reynaud. Fort diverses d'ailleurs dans leur manière de philosopher, ces trois écoles ont ceci de commun, qu'elles ont cru à la vertu de la méthode à priori, logique chez la première, rationnelle chez la seconde, traditionnelle chez la troisième. Aucune de ces écoles n'a réussi à conquérir le monde philosophique où elle s'était fait une place plus ou moins large, ni même à garder les positions acquises. La conclusion à en tirer, c'est que la vraie solution du problème métaphysique ne se trouve ni dans la spéculation logique, ni dans l'intuition rationnelle, ni dans la tradition théologique, ni dans aucune autre voie que l'expérience. La philosophie en est donc maintenant à l'alternative ou de renoncer à la métaphysique, ce qui serait un suicide, ou de chercher dans l'expérience et dans la science positive la solution des questions que la légitime curiosité de l'esprit humain ne cessera de poser.

CHAPITRE IV

L'ÉCOLE DE LA CONSCIENCE.

Pendant que le positivisme et le matérialisme font grand bruit dans le monde de la science et de la libre pensée, une nouvelle école de métaphysique se forme et se développe dans le cercle modeste et silencieux des penseurs sévères que l'histoire de la philosophie a rassurés sur l'avenir de ce genre de spéculation. Les maîtres de cette école ont presque tous appartenu, à divers titres, à l'école d'érudition et de critique éclectique dont Victor Cousin fut le père et resta le chef jusqu'à la fin de sa vie. Dans les derniers jours de sa longue domination, il avait dû voir, peut-être avec plus d'inquiétude que de sympathie, les plus distingués de ses disciples entrer de plus en plus dans les études et les traditions de leur choix, usant de cette liberté que donne à des esprits indépendants l'habitude des questions philosophiques. Avec le maître illustre qui les avait d'abord inspirés et dirigés, ils pensaient que la vérité n'est point dans les écoles exclusives. Mais plus ils réfléchissaient, mieux ils comprenaient que l'éclectisme n'est pas une méthode féconde, et que mêler, combiner, même avec art et discernement, des doctrines diverses, ce n'est point les concilier, ni surtout les renouveler. D'autre part, ils finirent par sentir que le maître avait fait de l'école spiritualiste, à laquelle ils s'honoraient d'appartenir, une petite église dont il surveillait le *credo* avec une jalouse autorité. Après sa mort, l'indépendance de ses élèves, mise tout à fait à l'aise, se fit jour dans des œuvres d'une heureuse initiative. Si donc l'éclectisme fut le berceau de la nouvelle école métaphysique, si l'enfant en a sucé le lait, s'il a grandi sous la tutelle de son puissant maître, il est devenu homme, grâce à la forte nourriture du régime historique ; il pense et parle aujourd'hui librement.

Ce qui distingue le plus cette école de l'ancienne, morte avec son chef, c'est moins la différence des doctrines que l'indépendance des maîtres et des disciples vis-à-vis les uns des autres. S'ils sont tous spiritualistes, dans le sens le plus large du mot, ils ne font point du spiritualisme une cause, on pourrait dire un parti, comme l'a fait Cousin, qu'il faille défendre à tout prix, et avec tous les alliés qui peuvent se rencontrer contre les adversaires qu'il trouve dans le camp de la science et de la philosophie. Ils ne font pas tous entendre la même voix dans le concert philosophique. Chacun y a sa note qui n'a rien de discordant, puisque la pensée spiritualiste donne le ton général. Expliquer la nature par l'esprit, ce qui est le contraire du matérialisme ; l'expliquer sans avoir recours à d'autres révélations qu'à celles de l'expérience : voilà la méthode et la conclusion sur lesquelles tous les maîtres de cette école sont d'accord. La plupart de ces maîtres ont fait connaître leur pensée par la critique des diverses doctrines dont ils ont fait l'objet de leurs fortes études. MM. Jules Simon, Janet, Franck, Bénard, Lévêque, Bouillier, Caro l'ont exposée, défendue et résumée dans des livres fort estimés, qui sont entre les mains de nos jeunes philosophes. Si j'avais à faire une histoire de la philosophe contemporaine, tous ces noms devraient y occuper une place considérable. Quiconque est au courant des études philosophiques attache le plus grand prix aux savantes analyses, aux lumineuses discussions de M. Janet, aux beaux livres de M. Jules Simon sur l'histoire et la morale, à l'infatigable activité, à la grande érudition de M. Franck, à l'immense et dur labeur de M. Barthélemy Saint-Hilaire, aux excellentes traductions et aux fortes études d'histoire esthétique de M. Bénard, aux œuvres de fine et délicate analyse qui ont fait à M. Lévêque une spécialité dans la science du beau, aux études de psychologie où M. Bouiller discute avec tant de netteté, de vigueur et de verve les doctrines des nouvelles écoles, à la critique si juste, si impartiale, toujours si élégante et si courtoise de M. Caro, dans la revue qu'il fait chaque jour des écrivains et des penseurs en renom. J'aurais eu grand plaisir à montrer quels disciples le maître a laissés à la philosophie spiritualiste. Mais aucun de ces maîtres, dont les œuvres sont devenues classiques, n'a exposé dans son ensemble et dans l'enchaînement de ses parties la doctrine métaphysique qui est certainement arrêtée dans son esprit. Deux philosophes spiritualistes font exception, MM. Ravaisson et Lachelier. Plus sobres que tous les autres de communications au public, ils ont le mérite spécial d'une doctrine fortement conçue, qui, dans toutes ses parties, se relie à une pensée générale.

M. Ravaisson est un penseur qui n'a jamais tenu à penser tout seul. Il a toujours eu des maîtres; mais son esprit pénétrant et profond a de bonne heure choisi les meilleurs. C'est Aristote, c'est Leibniz, c'est peut-être Schelling à un certain moment, bien qu'on ne le reconnaisse guère à la précision des formules de son disciple. S'il a été le secrétaire de Victor Cousin, il n'a jamais cherché ses inspirations ni dans ses livres ni dans ses leçons. Le maître lui en a voulu, dit-on, d'avoir fait bande à part. J'en doute. S'il lui trouva une jeunesse peu docile, c'est que M. Ravaisson n'avait guère besoin de discipline, se possédant fort bien lui-même. Il a une originalité qui lui est propre. Il entend, il explique, il transforme les doctrines du passé de façon à leur donner le relief de la nouveauté. On l'a trouvé obscur, parce qu'il formule plutôt qu'il ne développe sa pensée. Il est certain qu'il n'est clair que pour les forts, qui tiennent la précision pour la vraie clarté. Tel est Aristote, le plus étudié, le plus suivi de ses maîtres. C'est ce qui a rendu sa philosophie peu populaire, même dans le public qui sait comprendre et juger. On lui a reproché de trop parler la langue d'Aristote. Il est possible qu'il ait mérité ce reproche dans cette célèbre thèse *de l'Habitude*, où il a rencontré la fine et spirituelle critique de Jouffroy. Dans son *Essai sur la métaphysique* d'Aristote, qui est son grand livre, il a dû parler la langue du maître, dont il exposait et interprétait la doctrine. Partout ailleurs, il parle la belle langue philosophique des plus illustres maîtres de la science.

La vraie difficulté que rencontre la critique quand elle s'occupe de cet éminent esprit, n'est pas l'obscurité; c'est la dispersion de ses idées dans toutes les directions et dans toutes les parties de son œuvre. On lui a reproché bien à tort d'avoir déserté la métaphysique pour l'esthétique, après les deux premiers volumes d'une histoire dont nous attendons la fin. Il faut convenir que ses digressions ne lui ont pas fait perdre un instant l'objet de sa pensée. Il a fait et continue de faire de la métaphysique partout, dans ses notices, dans ses articles d'art et d'érudition, jusque dans ses allocutions au modeste auditoire de nos lycées, quand il n'en fait plus dans les livres. Ce n'en est pas moins un véritable embarras pour l'historien ou le critique qui veut exposer ou juger sa doctrine. On ne peut que la deviner dans son *Essai sur la métaphysique*, puisqu'il ne nous a pas encore donné sa conclusion. On ne peut en juger qu'imparfaitement, en recueillant çà et là les fragments épars de son très remarquable Rapport sur la philosophie en France au XIXe siècle [1]. Mais enfin on peut s'en faire une idée suffisante pour en apprécier la valeur et la portée. Je ne connais pas de livre publié depuis quarante ans qui en apprenne davantage sur l'objet, la méthode et la véritable explication métaphysique des choses.

La pensée de M. Ravaisson semblait déjà ressortir de son extrême sévérité pour l'idéalisme platonicien, et de son goût très prononcé pour la méthode et la doctrine du philosophe dont il exposait les idées. Mais jusque-là il n'avait point cherché ou trouvé l'occasion de faire une profession de foi spiritualiste, sous une forme qui lui fût propre et dans le langage de la science moderne. La conclusion qui termine son Rapport ne laisse plus de doute sur le fond et sur la forme de sa pensée [2]. C'est le spiritualisme le plus absolu, le plus savant, le plus profond et en même temps le plus large qui ait été exposé, depuis l'origine de la philosophie spiritualiste en France. M. Ravaisson s'explique avec une parfaite précision sur l'objet, la méthode et le principe de la haute spéculation de l'esprit qui a reçu le nom de Métaphysique. Avec les premiers maîtres de la pensée antique et moderne, il pense que l'objet de cette spéculation est le parfait, le complet, l'absolu, c'est-à-dire ce qui n'a son principe et sa cause qu'en soi-même, ce qui, par conséquent, explique tout, sans avoir besoin d'explication [3].

1. C'est ce qu'a fait un jeune professeur de philosophie, M. Séailles, dans deux brillants articles de la *Revue philosophique* de M. Ribot.
2. RAVAISSON, *Rapport sur la philosophie en France au* XIXe *siècle*, chap. XXXVI.
3. *Ibid.*, p. 239.

Mais comment atteindre l'absolu? Trois écoles s'y efforcent, depuis les commencements de la philosophie, chacune par une méthode qui lui est propre. Le matérialisme y emploie la méthode naturelle; l'idéalisme, la méthode dialectique; le spiritualisme, la méthode psychologique. La première méthode, selon M. Ravaisson, est essentiellement *élémentaire* : elle n'est pas radicalement fausse, mais seulement inférieure et incomplète. Bonne pour l'analyse et les réalités, à l'explication desquelles l'analyse suffit, elle est impuissante pour la synthèse et pour les réalités que l'analyse ne suffit point à faire comprendre. Un tout résolu en ses éléments, ceux-ci en d'autres, et ainsi de suite, jusqu'à ce qu'on parvienne à des éléments indécomposables : il peut sembler qu'on a expliqué ce tout, qu'on en a complètement rendu raison. Une pareille méthode n'aboutit qu'à l'atomisme, c'est-à-dire à la substance élémentaire absolue. Cet absolu ne suffit point à la pensée; car, si ce n'est pas tout à fait le néant, c'est tout au moins le *minimum* de l'être [1]. C'est donc dans la synthèse qu'il faut chercher l'absolu. Mais quelle synthèse?

Il en est une qui se borne à concevoir le principe de composition duquel la matière tient sa forme, sous la notion générale d'une unité à laquelle se coordonne la diversité matérielle, et qu'on ne peut définir que par le retranchement des circonstances particulières et différentielles, comme on distingue des espèces leur genre, ainsi que semblent l'avoir fait Platon et Malebranche, dans leur théorie des idées. L'idéal ainsi conçu n'est que la conception graduelle d'une forme de l'existence de plus en plus simple, à mesure qu'on s'élève dans l'échelle des abstractions, et qui aboutit à l'être pur, lequel, au lieu d'être la perfection de l'exis-

1. *Ibid.*, p. 241.

tence, n'en est guère que le néant[1]. C'est ce que
M. Ravaisson résume très bien en deux phrases. « Le
matérialisme, en s'imaginant arriver, par voie de simplification analytique, de l'accidentel à l'essentiel, ne
fait que tout réduire aux conditions les plus générales
et les plus élémentaires de l'existence physique, qui
sont le minimum de la réalité. L'idéalisme, en voulant
arriver, par la généralisation qui élimine comme acci-
dentels les caractères spécifiques et différentiels, à ce
qu'il y a de plus élevé dans l'ordre intelligible et à
l'idéal de la perfection, ne fait que tout réduire, par
une marche contraire à celle qu'il a cru suivre, aux
conditions logiques les plus élémentaires, qui sont le
minimum de la perfection[2]. »

A la place de la synthèse dialectique, dont l'impuissance a été constatée par les expériences faites de tout
temps, M. Ravaisson propose, avec l'autorité d'Aristote
et de Leibniz, la synthèse psychologique comme
la seule méthode métaphysique propre à l'intuition
du véritable absolu. Rien de plus simple que cette
méthode. Cet absolu, qui ne réside réellement ni dans
l'élément physique, ni dans l'abstraction logique, où
peut-il se trouver sinon dans le parfait? Et qui nous
donne le type déterminé de la perfection, sinon la
conscience de notre nature intime, c'est-à-dire de notre
pensée, ce qu'il y a de plus excellent dans notre nature, ce qui est, comme tel, le principe et la raison de
tout le reste, dans l'organisme si complexe de la vie
humaine? Mais, si c'est la perfection de notre pensée qui est la cause de tout ce qui se passe en nous,
cette perfection relative a elle-même sa cause dans la
perfection absolue. « En résumé, c'est par une opéra-

1. *Ibid.*, p. 241-242.
2. *Ibid.*, p. 243.

tion synthétique que, à l'aspect d'un fait, nous ne le rapportons pas simplement à un fait qui le précède, nous ne le résolvons pas simplement en un fait plus général et plus simple; ce sont là les deux degrés de la détermination de ce qu'on appelle la cause physique; mais nous le rapportons à une véritable cause, c'est-à-dire à l'action d'une perfection supérieure. Mais à cette opération synthétique, qui est spécialement, par opposition à l'analyse, la méthode philosophique, il y a un principe nécessaire. Ce principe est la méthode proprement dite de la haute philosophie, de la métaphysique : c'est la conscience immédiate, dans la réflexion sur nous-mêmes, et par nous-mêmes sur l'absolu auquel nous participons, de la cause ou raison dernière. Toute perspective est relative à un point, un seul point. Vue de partout ailleurs, elle n'offre que disproportions et discordances; vue de ce point, elle devient juste dans toutes ses parties, et présente un ensemble harmonique. On peut dire que la perspective universelle, qui est le monde ou l'universelle harmonie, a pour point de vue, pour unique point de vue, l'infini ou l'absolu. L'absolu de la parfaite personnalité, qui est la sagesse et l'amour infinis, est le centre perspectif d'où se comprend le système que forme notre personnalité imparfaite, et par suite celui que forme toute autre existence. Dieu sert à entendre l'âme, et l'âme la nature [1]. »

« Dieu sert à entendre l'âme, et l'âme la nature : ces mots pourraient faire croire à une méthode transcendante, même mystique, si on n'y ajoutait les explications qu'en donne l'auteur. Rien de plus simple, en réalité, que cette méthode, dont le nom est bien connu dans l'école spiritualiste : c'est la psychologie mise au

---

1. *Ibid.*, p. 245, 246.

service d'une spéculation métaphysique qui embrasse Dieu et l'Univers entier. Cette constitution intime de notre être, qu'une conscience directe nous fait connaître, l'analogie nous la fait retrouver ailleurs, puis partout. C'est d'après ce type unique que nous concevons tout ce qu'on nomme êtres organisés ; des choses qui ont en elles-mêmes, quelle que soit la complexité, et plus manifeste par le contraste de cette complexité même, le principe et la fin de leurs mouvements, ou, pour mieux dire, une cause qui en est le principe, par cela seul qu'elle en est la fin ; des choses qui, comme Dieu, comme l'âme, quoique à un moindre degré, sont les causes d'elles-mêmes ; des choses enfin qui sont plus ou moins l'analogue des personnes [1]. »

Cette analogie est tout le secret du spiritualisme de M. Ravaisson. C'est le fil conducteur qui le guide, dans tout le cours de ses spéculations métaphysiques. La personnalité dont la nature humaine est le type, et qui n'a sa réalité absolue qu'en Dieu, a pour caractère propre l'activité spontanée et intentionnelle. Or cette activité que supprime partout le matérialisme, la science positive, selon M. Ravaisson, est en train de la rétablir partout, c'est-à-dire non seulement dans l'homme, mais aussi dans la nature organique, et dans la nature inorganique elle-même. Pour l'homme, la chose est évidente, puisqu'il est un être libre. Pour la nature organique, la chose commence à devenir manifeste, au dire même des savants qui ne pratiquent d'autre méthode que l'expérience. Auguste Comte reconnaît qu'expliquer entièrement les faits par leur condition élémentaire, c'est expliquer le supérieur par l'inférieur, tandis que c'est au contraire

1. *Ibid.*, p. 246.

dans l'ordre supérieur qu'il faut toujours chercher l'explication finale des faits de l'ordre inférieur[1]. Littré avoue « que les organes ne naissent pas autrement que par ou pour une accommodation de la nature organisée à ses fins [2]. » Claude Bernard voit dans l'organisme l'effet d'un type défini, préexistant, auquel l'organisme se conforme, comme un ouvrage d'art s'exécute d'après une pensée déterminée à l'avance, et il appelle ce type, en conséquence, « une idée organique qui passe par tradition de génération en génération [3]. » Il n'est pas jusqu'à M. Vulpian lui-même et toute l'école physiologique contemporaine qui, dans la pensée de M. Ravaisson, ne travaillent, sans s'en douter, pour le spiritualisme, dans leurs expériences sur le cerveau, puisque de ces expériences il résulte, non seulement qu'une faible partie du cerveau suffit à la rigueur à toutes ses fonctions, mais encore qu'à tout le cerveau peuvent suppléer, pour les fonctions supérieures qui lui appartiennent en propre, les parties du système nerveux qui, dans l'état normal et habituel, ne servent qu'aux fonctions immédiatement inférieures. N'est-ce pas dire que ce n'est point l'organe qui cause la fonction, comme le matérialisme le soutient, mais que c'est la fonction, l'action qui, sous certaines conditions physiques, s'assujettit et s'approprie l'organe[4]?

Les principes purement mécaniques du matérialisme n'expliquent pas même les phénomènes du règne inorganique. Les mouvements intestins, imperceptibles, par lesquels se produit ce qu'on oserait appeler l'organisation des corps bruts, c'est-à-dire la cristallisation,

1. *Ibid.*, p. 78.
2. *Ibid.*, p. 89.
3. *Ibid.*, p. 125.
4. *Ibid.*, p. 184.

n'ont point encore été réduits et semblent difficilement réductibles aux calculs et aux raisonnements de la mécanique, malgré tous les efforts tentés pour aboutir à ce résultat [1]. Enfin, quand on arrive au mouvement mécanique lui-même, c'est-à-dire au mouvement simple qu'on appelle l'impulsion, et à la communication de mouvements qui en résulte, ce phénomène se trouvera, si on le considère de près, renfermer encore en lui-même ce qu'on voudrait qu'il servît à remplacer partout, la spontanéité [2]. Dans la communication du mouvement par le choc, Leibniz n'a-t-il pas montré un fait de ressort ou d'élasticité, lequel ne s'explique qu'autant qu'on imagine que le mouvement intestin dont les parties étaient animées se transforme seulement en un mouvement de transport de l'ensemble et réciproquement, par une action et une réaction mutuelles. Donc le phénomène mécanique, loin de rendre compte du mouvement initial, le suppose. Il y a plus : l'idée seule du mouvement implique quelque autre chose que ce qu'il offre de matériel et de simple [3]. Si Descartes a défini le mouvement par les seules relations successives des corps dans l'étendue, Leibniz a montré qu'on ne saurait assigner en quoi un corps en mouvement diffère, dans chacun des lieux qu'il occupe, de ce qu'il est au repos, si l'on n'ajoute qu'en chaque lieu qu'il occupe, il tend à passer en un autre. Tout mouvement, au fond, est donc tendance, et cette tendance ou effort est ce qu'il y a de réel dans le mouvement, tout le reste n'étant que rapports. En sorte que les corps ne reçoivent des autres corps que des limites ou des déterminations de leur tendance. La tendance même leur est innée avec

1. *Ibid.*, p. 248.
2. *Ibid.*, p. 248.
3. *Ibid.*, p. 248, 249.

sa primitive direction, et pour en trouver l'origine, il faut remonter jusqu'à la puissance qui les créa[1].

La conclusion que M. Ravaisson tire de ces diverses considérations n'est pas nouvelle. Aristote le premier en avait fait le principe même de sa métaphysique. C'est la pensée qui est le moteur universel : « *toute la Nature est suspendue au Bien.* » Leibniz a dit, après Aristote : « Les principes du mécanisme, dont les lois du mouvement sont les suites, ne sauraient être tirés de ce qui est purement passif, géométrique ou matériel, ni prouvés par les seuls axiomes de la mathématique. Pour justifier les règles dynamiques, il faut recourir à la métaphysique réelle, et aux principes de convenance qui affectent les âmes et qui n'ont pas moins d'exactitude que ceux des géomètres [2]. » C'est encore Leibniz qui a dit : « il y a de la géométrie partout et de la morale partout [3] » : ce qui signifie que tout a sa raison, et que cette raison est la vraie nécessité de l'ordre universel. « La fatalité, en ce monde, ajoute M. Ravaisson, du moins quant au cours régulier des choses, et l'accident mis à part, n'est donc que l'apparence ; la spontanéité, la liberté est le vrai. Loin que tout se fasse par un mécanisme brut ou un pur hasard, tout se fait par le développement d'une tendance à la perfection, au bien, à la beauté, qui est, dans les choses, comme un ressort intérieur, par lequel les pousse comme un poids qui pèse en elles et les fait se mouvoir à l'infini. Au lieu de subir un destin aveugle, tout obéit et obéit de bon gré à une toute divine Providence [4]. »

C'est là la véritable explication des choses, l'expli-

1. *Ibid.*, p. 250.
2. *Ibid.*, p. 250.
3. *Ibid.*, p. 252.
4. *Ibid.*, p. 254.

cation proprement métaphysique, celle qui répond au *pourquoi*, tandis que l'explication des savants et des positivistes ne répond qu'au *comment*, celle, en un mot, qui donne la *cause*, l'autre ne pouvant donner que la *condition*. De ce point de vue, qui est pour lui le vrai principe philosophique, M. Ravaisson n'entend pas faire le point de vue exclusif de toute science. Les phénomènes naturels se produisent dans le temps et dans l'espace, sous les lois de la quantité, dans des rapports définis à certains autres phénomènes. Déterminer ces conditions est l'affaire de l'expérience, sous la conduite du raisonnement. Les diverses sciences, dans le détail des faits dont elles s'occupent, dans la détermination successive de ce qu'on appelle les causes physiques avec leurs particularités quantitatives ou mathématiques, n'ont pas à suivre d'autres méthodes ; et la science supérieure de l'intelligence, juge en dernier ressort de toutes les démarches des sciences inférieures, n'a pourtant ici aucune intervention directe à exercer [1].

Est-ce à dire que la métaphysique, méthode supérieure d'explication, ne soit jamais une méthode d'invention ? M. Ravaisson ne le pense pas. « Il est vrai que le sensible ne s'entend que par l'intelligible, que la nature ne s'explique que par l'âme. Dans la science des êtres organisés, depuis Hippocrate et Aristote jusqu'à Harvey, Grimaud, Bichat et Claude Bernard, rien de considérable n'a été trouvé qu'à l'aide de la supposition plus ou moins expresse d'une fin déterminante pour les fonctions, d'un concert harmonique des moyens. Dans la physique, les lois les plus importantes sont sorties de l'usage de ces hypothèses plus ou moins avouées, que tout se fait, autant que pos-

---

1. *Ibid.*, p. 255.

sible, par les voies les plus courtes, par les moyens les plus simples ; qu'il se dépense le moins possible de force et se produit toujours le maximum d'effet : toutes variantes d'une règle générale de sagesse. Dans la cosmologie générale ou élémentaire, depuis Copernic et Kepler surtout, nulle grande découverte qu'on ne voie suggérée par quelque application d'une croyance expresse ou tacite à l'universelle harmonie. Lors donc qu'une science physique exclusive croit pouvoir bannir absolument ou remplacer toute métaphysique, on peut dire, à la lettre, qu'elle ne sait ce qu'elle fait. Newton disait : « Physique, garde-toi de la métaphysique ! » C'était dire, remarque quelque part Hegel, « Physique, préserve-toi de la pensée ! » Mais qui peut, et quelle science notamment, se passer de toute pensée ? Point de savant, point d'inventeur surtout qui ne se serve à chaque instant, fût-ce à son insu, de ce principe, que tout, au fond, est intelligible, donc conforme à l'intelligence. Dans ce monde matériel des phénomènes, où l'expérience ne trouve, sous le nom de causes physiques, que de simples conditions, elle ne saurait s'orienter et elle n'avance qu'éclairée par l'idée de la vraie cause, de la cause à la fois efficace et finale, qui n'est autre que l'immatériel esprit [1]. »

Et d'où vient cette lumière nouvelle qui nous fait voir les choses sous un aspect si différent du point de vue matérialiste ? Toujours de l'expérience, mais d'une expérience intime, dans laquelle la pure spéculation à priori n'est pour rien. On ne se lasse point de citer d'aussi fortes paroles : « Du point intérieur et central de la réflexion sur soi, l'âme ne se voit donc pas seulement, et aussi, comme en son fond, l'infini d'où elle émane ; elle se voit, elle se reconnaît, plus ou moins

---

1. *Ibid.*, p. 256, 257.

différente d'elle-même, de degré en degré, jusqu'à ces extrêmes limites où, dans la dispersion de la matière, toute unité semble s'évanouir, et toute activité disparaître sous l'enchaînement des phénomènes. De ce point de vue, puisque l'on trouve dans l'âme tout ce qui se développe dans la nature, on comprend cette sentence d'Aristote, selon laquelle l'âme est le lieu de toutes les formes. Puisque les objets nous apparaissent alors comme représentant par des formes dans l'espace les phases que l'âme parcourt dans la succession de ses états, on comprend cette sentence de Leibniz, que le corps est un esprit momentané. Et puisqu'enfin l'âme elle-même, dans le progrès de sa vie, déroule d'une manière successive ce que contient, comme en un présent indivis, l'esprit pur, on comprend cette autre sentence des mêmes penseurs, résumant en une brève formule tout l'esprit de la haute doctrine platonicienne, que ce qui se développe dans la variété du fini, c'est ce que l'infini concentre dans l'unité. La nature, pourrait-on dire, est comme une réfraction ou dispersion de l'esprit [1]. »

Contre un spiritualisme ainsi fondé, on ne voit pas quelles objections pourrait soulever la critique. S'il prend son point de départ dans la psychologie, il trouve sa confirmation dans la science positive. Laissant à celle-ci le problème du *comment* des choses, il se réserve le problème du *pourquoi*. Au lieu de la condition élémentaire que poursuit toujours et partout la science proprement dite avec autant de succès que de profit, il s'attache à la véritable cause, c'est-à-dire à la cause finale, à la fin vers laquelle tendent toutes choses, soumises, selon leur nature et leur rang, à la loi de l'attraction physique, à la loi de l'instinct, à la loi de la volonté et de l'amour.

1. *Ibid.*, p. 255.

A proprement parler, il n'y a plus en présence deux doctrines essentiellement et perpétuellement contradictoires, mais seulement deux méthodes différentes, ayant chacune leur but et leur objet, la méthode scientifique et la méthode métaphysique. Chacune a sa manière d'expliquer les choses. S'agit-il de chercher comment un être existe, se meut, vit, sent, pense? C'est dans l'analyse de sa substance élémentaire qu'est la solution du problème. C'est là précisément qu'excelle la science positive. S'agit-il de savoir pourquoi le même être existe, se meut, vit, sent, pense? C'est dans la recherche de sa raison finale, objet propre de la métaphysique, qu'est la solution du problème. Or, à ce dernier point de vue, qui est le seul vrai quant à l'explication définitive des choses, l'être universel apparaît comme une infinie variété de forces tendant toutes vers une fin qui est la véritable cause de leur activité. Les forces dites mécaniques possèdent cette tendance et cette direction, comme les forces chimiques, comme les forces vitales, comme les forces morales elles-mêmes. Quelle est cette fin? Le Parfait, le Bien. Donc c'est le meilleur qui explique le pire; c'est le supérieur qui explique l'inférieur; c'est la pensée qui explique la matière. C'est là l'ordre vrai, tandis que l'ordre inverse imaginé par le matérialisme est l'ordre faux. Dans un pareil spiritualisme, rien d'exclusif ni de chimérique, rien que la science la plus positive ne puisse accepter. Ainsi comprise, la philosophie des causes finales, dont la tradition remonte à Socrate et finit à l'école spiritualiste contemporaine, ayant pour ses plus profonds interprètes Aristote et Leibniz, paraît assurée de résister à l'épreuve de la critique et du temps.

Mais M. Ravaisson ne s'en tient pas là. S'il est tout pénétré de la science moderne, il semble avoir contracté, dans le commerce des doctrines philosophiques, et particulièrement de la doctrine d'Aristote, l'habitude de certaines idées et de certaines formules que la science positive et même la philosophie de notre temps accepteront difficilement, malgré l'autorité des noms qui les accréditent et le rare talent du métaphysicien qui essaye de les remettre en honneur. S'inspirant avant tout de la pensée d'Aristote, M. Ravaisson ne se borne point à reconnaître que tout, dans la nature, tend vers le Bien; il réalise, à l'exemple de son incomparable maître, l'objet suprême de cette tendance universelle : il en fait l'être parfait, c'est-à-dire le type absolu de la pensée, de la volonté, de l'amour, Dieu en un mot. Pour parvenir à cette conclusion de haute métaphysique, M. Ravaisson, suivant toujours Aristote, part de ce principe qui est pour lui un axiome indiscutable : que le meilleur ne saurait venir du pire, ainsi que l'avait dit Aristote, ou que l'imparfait ne peut procéder que du parfait, comme Descartes essaya de le démontrer.

L'être parfait, c'est-à-dire la pensée parfaite, la pensée en acte et non en simple puissance, la *pensée de la pensée*, selon la formule d'Aristote, voilà le véritable absolu de la métaphysique d'après la méthode psychologique propre au spiritualisme de M. Ravaisson. « Ne nous figurons pas la cause première comme quelque chose qui existerait d'abord et qui, en outre, penserait, comme une substance telle que l'imagine Spinosa, ayant la pensée pour attribut, et d'autres attributs peut-être, sans que le fond de son être fût pensée, et qui serait, selon le mot d'Aristote, comme une pierre pensante. Au contraire, il faut admettre que la première et absolue existence dont toute autre ne nous offre qu'une limitation, que la seule parfaite substance est la pensée ; qu'être et penser, comme le disait déjà l'antique Parménide, sont rigoureusement parlant, une même chose. D'où il suit que, par la conscience que la cause première a d'elle-même, il ne faut pas entendre que l'être infini, en se contemplant, considère par sa pensée quelque chose de différent de cette pensée même, mais que la pensée parfaite, absolue, selon la formule qui couronne la métaphysique péripatéticienne, est la pensée d'une pensée [1]. »

M. Ravaisson est un esprit trop libre et trop sincère pour se faire illusion sur le caractère d'étrange abstraction qui surprend et arrête tant de bons esprits devant une pareille formule. « Une telle conception nous passe, il est vrai ; nous ne comprenons l'intelligence que sous des conditions de distinction, d'opposition du sujet et de l'objet, de la pensée et de l'existence. Cela n'empêche pas qu'on ne puisse, qu'on ne doive admettre que, dans l'infini et l'absolu, de telles conditions s'évanouissent [2]. » Voilà le grand mystère de cette espèce de méthode infinitésimale appliquée aux réalités de la conscience humaine, qui consiste à poursuivre la perfection relative jusqu'à un absolu dans lequel elle perd toutes les conditions qui lui sont propres, où la pensée est trop simple pour être consciente, où la volonté est trop sûre d'elle-même pour être libre, dans le sens intelligible du mot, où enfin la Pensée, la Volonté, l'Amour ont trop de perfection, pour avoir un autre objet qu'eux-mêmes.

Ce mystère en engendre bien d'autres. Une fois posé le principe que, dans l'infini et l'absolu, tout change de condition et de caractère, la voie est ouverte aux abstractions les plus inintelligibles. Comment comprendre, par exemple, que l'être parfait, immuable dans

1. *Ibid.*, p. 259.
2. *Ibid.*, p. 259.

sa perfection, puisse jamais en sortir pour créer le monde ? Comment M. Ravaisson s'y prendra-t-il pour concilier l'activité purement interne de la nature divine avec l'opération extérieure de la création : problème qui a fait le tourment de Malebranche, de Leibniz, de Lamennais, de tous les philosophes ou théologiens qui ont voulu éviter l'écueil du panthéisme ? Voici tout ce que M. Ravaisson peut imaginer pour dissiper les ombres d'un pareil mystère : « Dieu a tout fait de rien, du néant, de ce néant relatif qui est le possible : c'est que ce néant, il en a été d'abord l'auteur, comme il l'était de l'être ; de ce qu'il a annulé en quelque sorte et anéanti de la plénitude de son être *(se ipsum exinanivit)*, il a tiré, par une sorte de réveil et de résurrection, tout ce qui existe [1]. » Dieu auteur du néant, la création expliquée par une sorte d'anéantissement suivi d'un réveil et d'une résurrection, voilà, que M. Ravaisson nous permette le mot, de ces subtilités par trop alexandrines, qui doivent rendre l'école spiritualiste indulgente pour toutes les énormités du panthéisme. Plus clair du moins pour l'imagination, sinon pour l'intelligence, le grand Leibniz avait résolu le mystère de la création dans une métaphore, en faisant de l'acte créateur un éclair de la lumière divine, *fulguratio*.

Que fait donc ici M. Ravaisson, l'éminent penseur moderne, sinon replonger la pensée contemporaine dans les obscurités de la théologie orientale ? C'est ce qu'il avoue, du reste, en véritable alexandrin. « Ce fut dans presque tout l'Orient, et depuis un temps immémorial, un symbole ordinaire de la Divinité que cet être mystérieux, ailé, couleur de feu, qui se consumait, s'anéantissait lui-même pour renaître de ses

---

1. *Ibid.*, p. 262, 263.

cendres... Suivant la tradition indienne, suivant celle aussi qu'enveloppaient les mystères de la religion grecque, la Divinité s'était sacrifiée elle-même, afin que de ses membres se formassent les créatures... Selon la théosophie juive, faisant mieux au monde sa part, sans compromettre celle de Dieu, Dieu remplissait tout ; il a volontairement, se concentrant en lui-même, laissé un vide, où d'une sorte de résidu de son être tous les autres êtres sont sortis... Selon les platoniciens des derniers temps, qui combinèrent avec les conceptions de la philosophie grecque celles de la théologie asiatique, le monde a pour origine un abaissement, ou, suivant un terme familier aussi à la dogmatique chrétienne, une condescendance de la Divinité... Selon le dogme chrétien, Dieu est descendu par son Fils, et descendu ainsi sans descendre, dans la mort, pour que la vie en naquît, et une vie toute divine. » M. Ravaisson termine ces rapprochements par une réflexion qui ne sera peut-être pas du goût des savants qu'il veut gagner à la doctrine du spiritualisme : « Ces pensées sont celles encore, si nous ne nous trompons, vers lesquelles gravitent nos systèmes modernes, sans en excepter ceux qui semblent, qui veulent s'en écarter le plus [1]. »

Dans cette philosophie spiritualiste, il y a deux parties distinctes, bien que se confondant dans une même pensée : la métaphysique générale et la théodicée. Sur celle-ci, qui est le couronnement de l'édifice, j'aurais des réserves à faire, que j'ajourne pour le moment. Quant à celle-là, je ne puis qu'approuver et admirer. Cette forte doctrine me paraît justifier pleinement le dessein de l'auteur : réconcilier la métaphysique avec la science. Sans rentrer dans les voies désormais abandon-

1. *Ibid.*, p. 263, 264.

nées de la spéculation logique, il arrive par l'expérience intime à la solution des plus hauts problèmes que la philosophie ait à résoudre. Après avoir retrouvé la vraie cause des choses, le vrai principe de leur explication, il l'applique à toutes les parties de la science universelle, à la physique, à la psychologie, à la morale, à l'histoire, à l'art, à l'art surtout, auquel il a réservé ses plus belles méditations. Cette métaphysique laisse la science aussi libre dans son domaine que la philosophie dans le sien. Ces deux puissances de l'esprit humain, n'ayant point la même œuvre à faire, ne se font pas concurrence. Pourquoi la philosophie s'inquièterait-elle des théories de la science? Pourquoi la science prendrait-elle ombrage des doctrines de la philosophie? Puisque l'une ne fait qu'expliquer ce que l'autre observe, comment peuvent-elles se contredire? Et si parfois les doctrines de la philosophie mettent la science sur la voie de telle ou telle découverte, en quoi la science aurait-elle lieu de s'en plaindre? La métaphysique de la nouvelle école n'ayant pas la prétention d'enfermer la science dans un système de formules construit à priori, la science n'a rien à craindre de ses spéculations, en tout ce qui concerne la vérité des choses, dans le monde de la nature aussi bien que dans le monde de l'histoire. Elle n'a point à rétablir les droits de l'observation et de l'expérience contre les prétentions d'une logique ambitieuse.

Si M. Ravaisson n'est pas l'unique restaurateur de la tradition spiritualiste, il n'est que juste de reconnaître qu'il s'est fait une place à part dans la grande école qui porte ce nom, non pas seulement par l'originalité de son esprit, mais encore par l'influence qu'il a particulièrement exercée sur un certain nombre de jeunes hommes voués pour la plupart à la carrière de l'enseignement. Plus qu'aucun des maîtres éminents qui se partagent l'honneur d'enseigner le spiritualisme, il a fait école. Il a fait école, non pas comme notre maître à tous, Victor Cousin, par l'autorité de sa direction et l'activité de son initiative, mais par la seule action de sa doctrine sur des esprits aussi libres que sincères. Si cette doctrine a peu rayonné jusqu'ici dans le monde philosophique, elle s'est réfléchie et concentrée dans une élite de jeunes professeurs. Elle s'est infiltrée peu à peu dans le corps enseignant, surtout dans les conférences de l'École normale et dans les chaires du haut enseignement. Trop métaphysique pour les classes de nos lycées, trop abstraite et trop forte pour le nombreux public qui assiste en curieux et en désœuvré aux cours de nos professeurs de Faculté, elle a été recueillie, comme une doctrine d'initiés, par une élite de jeunes maîtres, qui l'ont plutôt répandue dans leurs livres que dans leur enseignement.

M. Jules Lachelier, le plus éminent disciple de M. Ravaisson, est le maître de ces professeurs. Pour avoir laissé de tels souvenirs, au sein de l'école où il a longtemps enseigné, il faut qu'il soit réellement un esprit de premier ordre. Tous ses auditeurs, quelque direction qu'ils aient suivie, n'en parlent jamais sans respect et sans admiration. Malheureusement, si M. Ravaisson, n'est pas prodigue de communications philosophiques, M. Lachelier en est absolument avare. Un penseur de cette force a certainement une doctrine; mais où la recueillir? Dans une remarquable thèse sur l'induction? Mais, quelque intérêt qu'elle présente, on y découvre plutôt la pensée mère de sa doctrine que cette doctrine elle-même. On peut mieux en saisir l'ensemble dans la remarquable exposition d'un de ses auditeurs, faite sur cette thèse et sur les cahiers de leçons rédigées par ses meilleurs élèves. Mais il nous faudrait entendre le maître lui-même. M. Lachelier se décidera-t-il à nous donner le livre que l'Université n'est pas seule à attendre? C'est alors seulement qu'il sera possible de le bien connaître et de le bien juger.

L'exposé qui en a paru dans la *Revue philosophique* permet de saisir les traits principaux de sa philosophie [1]. Si c'est au fond la doctrine du maître, il semble que ce n'en soit pas tout à fait la méthode. Le spiritualisme de M. Ravaisson, tout pénétré de l'esprit d'Aristote et de Leibniz, ne s'est-il pas quelque peu changé, sous la hardie interprétation de M. Lachelier, en un idéalisme qui rappelle, au moins dans la forme, celui de Kant et surtout de Fichte? Quelques citations mettront le lecteur à même d'en juger. C'est par l'esprit que le maître explique la Nature. C'est par l'esprit que le disciple la crée. Pour le premier, l'esprit est le principe de toute réalité; c'est l'absolu, dans toute la rigueur du mot. Pour le second, la pensée est tout être, l'être unique. Tout ce qui lui semble extérieur n'est qu'une projection d'elle-même. La Nature n'est que la pensée qui rayonne, tandis que l'esprit n'est que la pensée qui se concentre. La pensée dans son unité, la pensée dans sa diversité, c'est tout ce qui existe. C'est par la dialectique que procède M. Lachelier, plutôt que par la simple intuition psychologique, comme fait M. Ravaisson. Or la dialectique ne nous laisse d'autre réalité que la pensée. « La plus élevée de nos connaissances n'est ni une sensation, ni une intuition intellectuelle, mais une réflexion par laquelle la pensée saisit immédiatement sa nature et le rapport qu'elle soutient avec les phénomènes. C'est de ce rapport que nous pouvons déduire les lois qu'elle leur impose et qui ne sont autre chose que les principes [2]. » Et ailleurs : « Si les

---

1. Voir les deux beaux articles de M. Séailles, janvier et mars 1883.
2. LACHELIER, *Du fondement de l'induction*, p. 44.

conditions de l'existence des choses sont les conditions mêmes de la possibilité de la pensée, nous pouvons determiner ces conditions absolument à priori, puisqu'elles résultent de la nature même de notre esprit; et nous ne pouvons pas douter d'autre part qu'elles s'appliquent aux objets de l'expérience, puisque en dehors de ces conditions il n'y a pour nous ni expériences ni objets[1]. » Les prétendues qualités premières ne nous révèlent, pas plus que les qualités secondes, une réalité distincte de l'esprit. « L'étendue n'est pas autre chose que le rapport des phénomènes sensibles avec la forme de l'espace. La résistance, c'est la sensation de quelque chose qui est en dehors de notre corps, d'une tendance au mouvement opposée à la nôtre; mais ce corps et le nôtre ne sont que des perceptions de notre esprit. Dire que notre corps est distinct des autres corps matériels, c'est dire que nous nous représentons nécessairement les corps dans l'espace, les uns en dehors des autres; mais tous ces corps ensemble résident dans notre pensée[2]. » Et enfin cette phrase que n'eût certes pas désavouée, ni l'idéalisme de Fichte, ni celui de Schelling, ni celui de Hegel : « Toutes choses sont des pensées, et la pensée, en les pensant, ne sort pas d'elle-même. Nous pouvons rêver une réduction des sciences physiques aux sciences mathématiques, une science de la nature à priori, supérieure à la personnalité, indépendante de l'espace et du temps, une science divine, qui soit la présence réelle de l'esprit à toutes choses à la fois[3]. »

Si la logique de M. Lachelier paraît se rapprocher plus de la philosophie allemande que de cette philosophie spiritualiste dont M. Ravaisson est un des plus profonds interprètes, sa métaphysique ne se distingue

---

1. *Du fondement de l'induction*, p. 24.
2. *Logique*, liv. XXII.
3. *Psychologie*, leçon XXIII.

pas sensiblement de celle-ci. Lui aussi reconnaît, avec la science contemporaine, la loi mécanique du déterminisme qui régit tout, la nature, l'homme et l'humanité. Lui aussi reconnaît, avec tous les grands métaphysiciens, la loi supérieure de finalité qui gouverne tout, en définitive, la nature, l'homme et l'humanité, comme une providence qui se sert de la fatalité pour arriver au bien, cause suprême et véritable Dieu de ce monde. Tout est soumis aux lois de la mécanique, et le monde n'est qu'un immense déploiement de forces. Mais les mouvements par lesquels ces forces se manifestent ne sont, pour ainsi dire, que la matière des choses, et leur direction est telle, que leur ensemble produit un ordre merveilleux. Pour que tous les systèmes partiels s'accordent en un système total, « il faut l'accord réciproque de toutes les parties de la nature, et cet accord ne peut résulter que de leur dépendance respective à l'égard du tout ; il faut donc que, dans la nature, l'idée du tout ait précédé et déterminé l'existence des parties ; il faut en un mot que le monde soit soumis à la loi des causes finales. » Avec le mécanisme, il n'y a jamais d'explication définitive. En vertu même de la loi des causes efficientes, le phénomène auquel on arrive n'a pas moins besoin d'être expliqué par un phénomène antécédent que celui dont on part. Si donc toute explication doit partir d'un principe qui s'explique par lui-même, il est évident que la véritable explication des phénomènes ne peut être cherchée dans cette série infinie de causes qu'on mettrait une éternité à traverser, sans atteindre au but. « L'ordre des causes finales est affranchi de la contradiction qui pèse en quelque sorte sur celui des causes efficientes ; car, bien que les diverses fins de la nature puissent jouer l'une à l'égard de l'autre le rôle des moyens, et que la Nature tout entière soit peut-être suspendue à une fin qui la surpasse, chacune de ces fins n'a pas moins en elle-même une valeur absolue, et pourrait, sans absurdité, servir de terme au progrès de la pensée [1]. » Seul le bien est vraiment intelligible, parce que seul le bien se suffit à lui-même. Le réel, c'est l'intelligible. Le bien est donc la seule vraie réalité, sous les apparences auxquelles se laissent prendre la sensation et l'imagination, et c'est en lui qu'il faut chercher toute explication définitive. « La science proprement dite ne porte que sur les conditions matérielles de l'existence véritable, qui est elle-même finalité et harmonie; et puisque toute harmonie est un degré, si faible que ce soit, de beauté, ne craignons pas de dire qu'une vérité qui ne serait pas belle ne serait qu'un jeu logique de notre esprit, et que la seule vérité solide et digne de ce nom, c'est la beauté. »

C'est là toute la métaphysique et toute l'esthétique de l'école nouvelle dont MM. Ravaisson et Lachelier sont les plus hardis représentants. Presque tous les philosophes qui ont survécu à l'éclectisme ont expliqué ou développé cette métaphysique et cette esthétique, chacun à sa manière, suivant la direction de son esprit, avec plus ou moins de liberté, d'initiative, de finesse d'analyse, de puissance de synthèse. Il est inutile de citer des noms et des livres. On diffère plus ou moins sur tels ou tels points de doctrine; on discute et on se sépare sur l'immanence ou la transcendance de la cause finale; on met l'absolu, Dieu, dans le monde ou hors du monde; on explique l'action divine par la création ou par l'évolution : mais on reste d'accord sur le principe même de toute métaphysique, sur l'idée de finalité, qui seule explique le pourquoi des choses, dont la science se borne à expliquer le comment.

1. *Du fondement de l'induction*, p. 93.

Le spiritualisme a en France beaucoup d'autres représentants que les maîtres dont j'ai parlé. Seulement, certains organes de la doctrine spiritualiste n'appartiennent pas tout à fait à l'école philosophique qui porte ce nom; ils sont d'une autre école, qui a toujours, dans ce siècle, défendu la cause du spiritualisme, en la confondant plus ou moins avec celle du christianisme lui-même. Je n'en connais pas de plus digne représentants que l'abbé de Broglie et le pasteur de Pressensé, tous deux libéraux et philosophes, autant qu'on peut l'être dans le domaine de la libre pensée, quand on garde une foi inébranlable. M. l'abbé de Broglie est aussi instruit qu'un savant, aussi familier avec la critique philosophique qu'un philosophe [1]. Il est au courant de toutes les sciences; il connaît à fond toutes les doctrines. Il croit fermement que ni la vraie science ni la vraie philosophie ne peuvent contredire la vraie religion, et que, réciproquement, celle-ci ne peut contredire celles-là. Il voit le fort et le faible de tous les systèmes. Il en discute à merveille les méthodes et les conclusions, rendant justice à tous, sans s'attacher à autre chose qu'à la vérité révélée, qui lui est par-dessus tout chère, supérieure à toute raison, à toute philosophie, à toute science. Ce n'est pas qu'il fasse de la philosophie la servante de la théologie, comme au moyen âge. Non, il veut que chacune de ces puissances intellectuelles reste dans son domaine, en bonne amitié avec ses voisines, avec lesquelles d'ailleurs elle ne peut avoir de sérieux différents. Nul n'est plus convaincu que cet esprit plein de sagesse et de mesure, que la mauvaise théologie et la mauvaise philosophie sont seules en guerre. Plût au ciel que tous les théologiens en fussent là! Ce n'est pas seulement les philosophes qui en vivraient plus tran-

---

1. *Le Positivisme*, 2 forts volumes.

quilles ; ce serait aussi, chose plus importante, la paix de l'Église avec la société moderne.

Y a-t-il dans le monde croyant un théologien plus libéral que M. de Pressensé ? Il vient de publier un livre où tous les problèmes de la philosophie et de la science contemporaine sont posés, discutés, résolus avec une compétence réelle. Il est impossible d'aller plus loin dans la voie de l'entente entre la science et la foi. A vrai dire, ce n'est pas un théologien qui parle, c'est un philosophe. Il faut ajouter que c'est un philosophe chrétien, bien que nulle part il ne fasse profession de foi religieuse ; c'est par-dessus tout un philosophe spiritualiste. Si j'avais une critique à lui adresser, dans une simple mention qui n'en comporte pas, je dirais que son spiritualisme n'est pas assez libre, assez nouveau. Ce n'est pas une thèse pour lui, c'est une cause, comme il le fut pour l'école éclectique, qui ne mit pas toujours à la défendre le même esprit de tolérance et le même goût pour les progrès de la science contemporaine. C'est toujours le vieux spiritualisme qui lui est cher, non dans toutes ses chimères, mais encore dans beaucoup de ses prétentions inconciliables avec les enseignements incontestés de cette science. Il n'entre pas assez dans la voie de transformation qui peut seule le rajeunir. Il serait fort injuste de lui en faire un reproche, quand on voit encore tant de spiritualistes, qui ne sont pas théologiens, montrer moins de modération dans la critique des doctrines de leurs adversaires. Nous aurions vraiment mauvaise grâce, nous autres philosophes qui n'avons point une foi à garder, de demander à des spiritualistes comme l'abbé de Broglie et le pasteur de Pressensé, de prendre les allures de la libre pensée.

Il est deux esprits de premier ordre auxquels cette observation ne s'applique guère. Quel que soit le jugement que l'on porte sur la manière de philosopher de M. Fouillée, on ne pourra trouver qu'il a son parti pris d'avance sur toutes les questions qu'agite sa critique, aussi libre que subtile. Si l'on jugeait de sa doctrine par les belles œuvres historiques qui ont signalé ses brillants débuts dans la carrière philosophique, on n'hésiterait point à le compter parmi les organes les plus distingués de la tradition spiritualiste, même de la tradition platonicienne. Mais, depuis qu'il semble s'être fait une méthode de penser pour lui tout seul, et qu'il a plutôt dissous que recomposé les doctrines philosophiques dans le creuset de son originale analyse, il devient fort difficile de le classer. Est-il resté réellement spiritualiste, après les concessions inattendues faites à la philosophie positiviste? Il est certain que nul esprit n'a moins de goût pour la doctrine qui tend à expliquer partout l'esprit par la matière. Pour que l'école à laquelle il a certainement appartenu sache jusqu'à quel point il lui est resté fidèle, il lui faut attendre un livre où il nous donnera sa synthèse. Jusque-là on ne pourra qu'admirer, sans le suivre, ce merveilleux talent de renouveler toutes les questions qu'il traite par d'ingénieuses distinctions qui ne suffisent point à fixer la pensée de ses lecteurs.

Si M. Guyau a moins de subtilité et de fécondité dans la critique, il montre plus de fermeté et de solidité dans la doctrine. Il a supérieurement exposé des idées qui ne sont pas les siennes. Il est dogmatique, à en juger par d'autres œuvres où respire un spiritualisme aussi profond qu'élevé. Mais, lui aussi, sera difficile à classer tant qu'il n'aura pas exposé ou résumé sa pensée dans une œuvre d'ensemble. En ce moment, c'est encore plutôt un historien sagace, un critique supérieur, un moraliste éloquent, qu'un métaphysicien.

J'en dirai autant de M. Magy, si connu de l'Académie

des sciences morales et politiques par ses intéressantes lectures. Ses *Mémoires* sur l'espace, sur la science et la nature, sur le dynamisme, sur la raison, sont des œuvres de forte pensée et de vigoureuse logique. Pour avoir sa place parmi les maîtres les plus distingués de l'école spiritualiste contemporaine, il ne lui manque que d'avoir publié un livre de doctrine générale.

Enfin, il ne serait pas juste d'oublier, dans cette énumération, toute une élite de jeunes philosophes, dont quelques-uns ont déjà publié des études précieuses pour la nouvelle école spiritualiste. Seulement, il faut attendre de chacun d'eux quelque œuvre d'ensemble pour juger jusqu'à quel point ils se rattachent à cette école.

Le nouveau spiritualisme ne restera pas, il faut l'espérer, dans le petit coin universitaire qui fut son berceau. Où pourra-t-il faire des conquêtes? Ce ne sera pas dans ce monde d'esprits dont l'école positiviste est l'oracle. En quoi peuvent l'intéresser les querelles entre spiritualistes et matérialistes? « Vous voulez, dira-t-il aux uns, expliquer l'esprit par la matière? Vous voulez, dira-t-il aux autres, expliquer la matière par l'esprit? Que me font vos discussions, à moi à qui suffit la science pure et simple, sans explication d'aucune espèce? » Et sur ce, il renverra matérialistes et spiritualistes dos à dos. Ce ne sera guère plus dans le monde matérialiste, où tout ce qui n'affecte pas nos cinq sens est regardé comme simple scolastique. On y tient pour certaines les grosses vérités de la sensation. On ne veut pas entendre parler d'autre chose. On ne peut comprendre que les explications qui sautent aux yeux. Ce n'est pas seulement la spéculation logique qui est suspecte dans ce monde-là, c'est aussi l'expérience intérieure. « Qui a jamais vu, disait Broussais, les oreilles de la conscience? » Tout au plus quelques savants, curieux d'explications, mais qui ne voient dans la métaphysique qu'une vaine spéculation, finiront-ils par prêter l'oreille à une doctrine qui leur fait leur part légitime.

Il est un monde où la nouvelle école spiritualiste pourra faire des conquêtes : c'est celui des esprits vraiment philosophiques qui veulent qu'on leur explique la réalité, sans la perdre dans les subtilités ou les chimères de l'idéalisme. Celui-là ne sera jamais le plus vaste ; mais il est le seul dont la conquête doit tenter une école comme celle qui a en ce moment le dépôt des hautes traditions. Quand un tel monde se trouve gagné à la cause spiritualiste, la philosophie n'a point à se préoccuper des couches inférieures où ne descend pas la pensée. Car, on ne saurait trop le redire, chercher les causes et les raisons des choses, cela seulement est penser. Même sous le régime de la démocratie, la philosophie ne courra jamais les rues. Mais, en dehors des académies et des salons, il se rencontre une élite d'intelligences assez nombreuse pour lui faire un public.

Seulement, même dans ce monde-là, la philosophie spiritualiste fera bien de ne point abuser des formules abstraites et des traditions mystiques. *Il ne faut pas mettre le vin nouveau dans les vieux vases*, dit quelque part l'Évangile ; il ne faut pas enfermer l'immortelle pensée du spiritualisme dans les obscurs symboles des anciens jours. Que M. Ravaisson ne nous dise donc point, avec Schelling, que tout est pensée, amour et volonté dans l'Univers, parce que tout y est mouvement vers l'ordre, l'harmonie, la perfection. Que M. Lachelier ne nous répète point, en phrases un peu sybillines, que la pensée crée tout, le sujet et l'objet, parce qu'il n'y a de réel pour l'esprit que ce qui est pensé. Ce langage peut être entendu des forts ; il ne rendra jamais la philosophie populaire, je ne dis pas pour la foule, mais même pour ce monde où elle peut avoir accès. La doctrine de l'esprit, j'entends la philosophie qui explique la matière par l'esprit, le monde par la pensée, peut être mise à la portée de toutes les intelligences curieuses d'explications vraiment philosophiques. Si belle que soit la vieille langue des mystères, il faut la laisser dans les sanctuaires de la théologie. Nul ne la connaît mieux que M. Ravaisson et M. Lachelier, qui savent si bien traduire leurs idées en symboles. Mais qu'ils n'oublient point que la philosophie ne s'adresse plus à des initiés. Leur métaphysique n'est étrangère à aucune science. Elle ne laisse échapper aucune occasion d'y renouveler et d'y rajeunir sa pensée. Il ne suffit pas qu'elle soit jeune en réalité; il ne faut pas lui donner un air trop antique, si vénérable qu'il soit. Je suis de ceux qui croient à l'avenir du spiritualisme. L'effacement qu'il subit en ce moment n'est qu'une éclipse passagère. L'astre reparaîtra dans une plus pure et plus éclatante lumière, entouré de l'auréole de la science nouvelle. Il le faut pour l'honneur de l'esprit humain, qui ne peut consentir à quitter définitivement les sommets où l'ont élevé les plus grands maîtres de la pensée.

DEUXIÈME PARTIE

DISCUSSION THÉORIQUE.

CHAPITRE PREMIER

L'ÉCOLE POSITIVISTE

Il est une philosophie qui parle haut et qui fait autorité en ce moment : c'est le positivisme. Il est en faveur dans le monde savant. Il est à la mode dans le monde qui ne l'est pas, mais qui veut avoir l'air de l'être. Il n'a point inventé une méthode, comme il s'en vante. Il n'a fait que reprendre celle de Bacon, dont il répète les sages préceptes en moins beau langage. Comment a-t-il eu un si grand succès ? Je ne vois qu'une manière de l'expliquer : c'est que le positivisme est l'école des esprits qu'on nomme positifs. Comme cette classe est fort nombreuse, on comprend qu'elle ait donné par son adhésion une grande importance, sinon une légitime autorité, à la philosophie d'Auguste Comte. Mais qu'est-ce que l'esprit positif ? Le mot a des sens différents, selon la nature des objets auxquels il s'applique. Dans les choses de pure science, c'est l'esprit qui s'en tient à la réalité, sans chercher à l'expliquer. Il va bien des faits jusqu'aux lois, mais la recherche des causes lui paraît un signe certain d'incapacité intellectuelle. Il juge que le monde des idées et des principes n'appartient qu'aux esprits chimériques, sinon malades. Quelle philosophie pouvait mieux convenir à cet esprit-là que celle d'Auguste Comte? Avec quelle confiance n'a-t-il pas dû adopter tous ses *dogmes*? Je dis le mot à dessein, parce que le positivisme est devenu une sorte de religion dont les initiés ne souffrent plus la contradiction, religion commode d'ailleurs et qui a pour *Credo* tout ce que le gros bon sens peut admettre sur la foi de nos cinq sens. Nul ne l'a mieux défini que Jouffroy. On serait injuste cependant pour cette école, si l'on oubliait qu'elle compte des esprits élevés qui, sans croire à la métaphysique, n'en ont nullement l'horreur. On sait qu'elle comprend plusieurs théologiens anglais, allemands et même français (ces derniers plus rares, parce que notre esprit logique ne s'en accommode guère), qui conservent la théologie dans le domaine de la foi. Il est même des philosophes qui lui font sa part dans le domaine du sentiment ou de l'imagination. Littré n'est pas de ceux-là, parce que son esprit essentiellement scientifique ne va pas au delà du respect pour un genre de spéculation qui n'a jamais occupé sa pensée. Mais il est trop instruit en toutes choses pour ne pas reconnaître le rôle de la théologie et de la métaphysique dans l'histoire de la civilisation. Et, d'un autre côté, il est trop sage pour nier d'un façon absolue l'existence de tout ce que l'esprit humain doit se résigner à ignorer. Il a une belle phrase sur ce sujet: « Ce qui est au delà du savoir positif est inaccessible à l'esprit humain; mais inaccessible ne veut pas dire non existant. C'est un océan qui vient battre notre rive, et pour lequel nous n'avons ni barque ni voile, mais dont la claire vision est aussi salutaire que formidable [1]. » Il n'en

---

1. *Préface d'un disciple.*

reste pas moins vrai que, pour toute l'école, il n'y a aucune question ouverte, en dehors du domaine de la science positive.

L'école positiviste ne veut de la métaphysique ni comme science ni comme philosophie. Elle en conteste tout à la fois l'objet, la méthode et la valeur historique. Quel est l'objet de la métaphysique ? L'absolu, l'essence des choses. « Au début de ses recherches dans toutes les sciences, l'esprit humain est surtout animé par l'ambition de pénétrer l'essence des choses et d'arriver à la notion dernière qui les explique universellement. Là, dans le domaine de la spéculation, il se trouve à l'aise, il poursuit sans fin ses propres créations, il renouvelle incessamment les combinaisons des données qu'il se fournit à lui-même; et, trompé par les fausses apparences d'un horizon qu'il croit sans bornes, il abandonne le contingent, le fini, le relatif, comme on dit dans le langage de l'école, c'est-à-dire la réalité des choses, telle qu'elle se présente [1]. » Or l'absolu est inaccessible à l'esprit humain, non seulement en philosophie, mais en toute science. On aura beau grandir la portée des télescopes, on n'atteindra jamais les bornes de l'Univers, si l'Univers a des bornes. On ne fait qu'étendre le champ de la connaissance; on ne l'embrasse point dans toute son étendue. Les notions absolues ne sont susceptibles ni de démonstration ni de vérification. Voilà pour l'objet de la métaphysique [2].

Sa méthode ne peut être ni l'expérience ni la démonstration, par la raison très simple que ni l'expérience ni la démonstration n'atteignent l'absolu. Que peut-elle être alors, sinon une méthode toute spécula-

---

1. LITTRÉ, *Conservation, révolution, positivisme*, p. 37.
2. *Ibidem.*

tive qui opère dans le vide, bien moins féconde que l'imagination qui travaille sur des images pour en former des compositions poétiques, ou sur des données incomplètes, mais positives, pour arriver à des hypothèses ? Comment la métaphysique essaye-t-elle de pénétrer jusqu'à cette essence des choses qui est l'objet de son infatigable recherche ? Par une prétendue intuition à priori qui n'est qu'une pure abstraction logique. Elle fait des résultats abstraits de l'analyse des entités verbales, principes, forces, substances, facultés, selon le sujet de son étude, qu'elle réalise à part des phénomènes et de leurs rapports [1]. C'est là ce qu'elle appelle connaître l'absolu. La scolastique, si justement décriée, n'a pas fait autre chose que pratiquer cette méthode à outrance. On arrive ainsi à laisser là les choses pour les mots. L'expérience ne joue aucun rôle dans cet ordre de spéculations, où ce que les métaphysiciens de tous les temps ont appelé la dialectique se donne pleine carrière. Dialectique décevante, puisqu'elle ne part ni de faits constatés ni de principes reconnus.

Quant à la valeur historique de la métaphysique, on peut en juger par le spectacle que nous offre la succession de ses systèmes. Rien n'y passe à l'état de vérité incontestable ; rien ne persiste dans ces systèmes qui se succèdent, excepté la tentative sans cesse renouvelée d'aborder des problèmes insolubles. C'est une expérience qui, en se prolongeant depuis l'origine de la métaphysique jusqu'à ses dernières œuvres, est devenue décisive. Ce labeur ingrat a duré deux mille ans ; pendant vingt siècles, l'esprit humain a roulé sans relâche et sans repos son rocher de Sisyphe, toujours le laissant tomber de ses mains

---

1. *Conservation, révolution, positivisme*, p. 46-47.

fatiguées, toujours le reprenant et le remontant avec une ardeur et des forces nouvelles. En fait, ces systèmes, en se succédant, se remplacent continuellement les uns les autres ; ils n'ont point encore à cette heure de principe établi, sur lequel tout débat soit clos. A chaque époque métaphysique, on fait table rase ; on reprend les questions fondamentales avec d'autres conceptions également abstraites ; et tout le travail ancien est perdu, si ce n'est comme exercice ou comme éducation de certaines facultés de l'esprit. « L'histoire du monde, comme dit Schiller, est le jugement du monde, et des variations perpétuées incessamment pendant plus de vingt siècles sont le jugement de la métaphysique [1]. » Tout autre est le tableau que l'histoire nous présente de la science. Là, fait observer Littré, le progrès est continu ; ce qui est acquis une fois l'est pour toujours, et le moindre coup d'œil jeté sur les diverses parties de la connaissance humaine qui ont reçu le nom de science, suffit pour montrer que l'état présent est supérieur au passé. Du moment que ces sciences ont trouvé un fondement solide, elles ont bâti avec confiance, et élevé un édifice auquel chaque époque ajoute un étage. Rien de plus saisissant que ce contraste entre l'œuvre de la science proprement dite et celle de la métaphysique. Tandis que celle-ci s'agite sur place, l'autre monte par degrés vers les hauteurs de l'infiniment grand, et descend également par degrés dans les profondeurs de l'infiniment petit,

Voilà, certes, des considérations spécieuses, et bien faites pour convaincre un public peu familier avec les études philosophiques. A y regarder de près, on trouve qu'aucune ne répond au fond des choses. L'école posi-

---

1. *Conservation, révolution, positivisme*, p. 44.

tiviste se trompe sur l'objet, sur la méthode, sur la valeur historique de la métaphysique. Elle se trompe sur l'objet. Oui, sans doute, la métaphysique a pour objet l'absolu. Mais cet absolu n'est pas celui que lui prête le positivisme. Il est très vrai que les plus puissants télescopes n'atteindront jamais l'infiniment grand, pas plus que les plus puissants microscopes ne saisiront l'infiniment petit. Mais ce n'est point là l'absolu que la métaphysique prend pour objet. L'absolu, tel qu'elle l'entend, est un objet de pensée, non de représentation. On le verra bien, quand il s'agira de la vraie méthode métaphysique. Il me suffira de rappeler ici que la connaissance humaine, que le positivisme s'efforce de borner à la réalité observable, a trois degrés : l'analyse, c'est-à-dire l'observation des faits ; la synthèse, c'est-à-dire leur généralisation, d'après l'étude comparée de ces faits ; enfin, l'explication des phénomènes et de leurs lois. C'est cette explication qui est la métaphysique à proprement parler, tandis que l'analyse est la science pure, et la synthèse la philosophie, telle que la comprend l'école positiviste. Entre cette philosophie et notre métaphysique, il existe une différence capitale. Toutes deux ont ceci de commun qu'elles expliquent les choses. La philosophie scientifique en explique le comment ; la métaphysique en explique le pourquoi. La première remonte aux conditions, et descend aux éléments des phénomènes ; la seconde s'élève aux causes, aux principes, aux raisons qui en font l'explication définitive. C'est là ce que la métaphysique entend par l'absolu, par l'essence même des choses. C'est le véritable *noumène*, dont Kant interdit la recherche à l'esprit humain. De tout temps, l'esprit humain a demandé cette explication aux philosophes. Il la leur demandera toujours, quoi que fasse le positivisme pour l'endormir dans un empirisme renouvelé de Bacon, de Locke et de Hume.

L'école positiviste ne se trompe pas moins sur la méthode de la métaphysique. Il semble vraiment que, de toutes les époques de l'histoire philosophique, elle n'ait connu que la scolastique. C'est bien celle-là qui a fait de la métaphysique avec des entités verbales. Mais on verra bientôt que cette stérile méthode n'a été celle d'aucune des grandes époques de la philosophie. Si l'on interroge ses vrais représentants, on reconnaîtra que la méthode métaphysique a fait tout autre chose que de réaliser des abstractions. Elle a pu parfois s'égarer dans les régions d'une dialectique transcendante; comme l'ont fait Platon, Malebranche, Schelling, Hegel. Mais toutes les fois qu'elle a cherché la lumière à sa source, elle a trouvé le véritable absolu, principe de toute explication satisfaisante pour la pensée. On croit avoir jugé la métaphysique en disant qu'elle n'est point une science. On estime lui avoir enlevé toute autorité et toute valeur en affirmant qu'aucune de ses explications n'est susceptible de vérification. Il ne s'agit que de s'entendre. La métaphysique est le degré supérieur de la connaissance. Elle n'a jamais été ni ne sera jamais un genre de spéculation pratique comme les sciences proprement dites. Elle explique, elle fait comprendre, elle fait penser, toutes choses qui ne sont, si l'on veut, que le luxe de l'intelligence. Il est possible que la classe des esprits où le positivisme compte surtout ses adhérents, n'en sente pas le besoin. La métaphysique n'en convient pas moins à cette aristocratie intellectuelle qui se reconnaît partout à la haute culture de l'esprit philosophique. Elle changera d'époque en époque, avec la science elle-même, avec la philosophie scientifique, dont les enseignements positifs fécondent ses conceptions. Elle ne manquera jamais à l'humanité.

Cela explique pourquoi, contrairement à la loi des trois états, l'esprit métaphysique et l'esprit scientifique peuvent coexister dans une même intelligence. La nature humaine est ainsi faite que les facultés, les tendances et les instincts les plus divers coexistent dans sa riche et complexe unité. L'âme, l'esprit, le cœur y demandent satisfaction à des principes de direction très différents, parfois contradictoires. Souvent, quand la théologie ne parle plus à l'esprit, elle parle encore au sentiment ou à l'imagination. Quand la métaphysique ne satisfait plus la raison, elle occupe encore la pensée toujours en quête de l'idéal, de l'infini, de l'absolu. Les positivistes les plus intelligents ne nient ni ces diversités, ni ces contradictions. Seulement, ils soutiennent que leur thèse est d'une vérité incontestable, en ce sens que la théologie et la métaphysique ne peuvent coexister avec la science positive dans un même esprit, et qu'il est nécessaire que les deux premières en sortent quand la troisième y est entrée. Eh bien, là encore leur loi est contredite par l'analyse psychologique. Les besoins de l'esprit sont autrement larges, autrement divers qu'ils ne l'imaginent pour le succès de leur thèse. Les trois états peuvent tenir et tiennent souvent en réalité dans une seule et même intelligence. On ne fait pas un pas, même à cette heure, sans rencontrer des savants qui se piquent de métaphysique et même de théologie, et des théologiens qui n'ont nulle répugnance pour la métaphysique et pour la science. Et tout cela peut s'expliquer, sans supposer l'incohérence ou la contradiction. Tout dépend des méthodes qu'on y emploie pour faire l'accord.

L'école positiviste se trompe encore plus complètement sur la valeur historique de la métaphysique, qu'elle dit procéder invariablement à priori. Ouvrons les annales de la philosophie, et voyons si, en effet, la spéculation logique est pour tout dans ces synthèses, et si l'expérience n'y a pas quelque part. Sans remonter jusqu'à ce qu'on a nommé la philosophie orientale, trop mêlée aux dogmes théologiques et aux imaginations poétiques pour qu'on puisse en dégager l'élément scientifique, que se proposent les deux grandes écoles qui se partagent la direction des esprits dans la première époque de la philosophie grecque? Que poursuit l'école ionienne dans ses recherches plus ou moins expérimentales sur les éléments des choses, sinon l'élément simple qui sert de principe à la composition des êtres? Que cherche l'école italique dans ses spéculations mathématiques, sinon la loi qui régit les rapports des éléments ou des corps entre eux, soit qu'il s'agisse des grands corps célestes, soit qu'il s'agisse des plus petits êtres de la nature? L'école de Leucippe et de Démocrite, l'école d'Héraclite, l'école d'Anaxagore ne se proposent point un autre objet que l'explication des choses par des principes élémentaires, l'une avec sa doctrine des *homéoméries*, l'autre avec sa formule du *flux perpétuel* produit par l'agent le plus actif de la nature, le feu, la troisième avec sa théorie des atomes. Et sur quoi tous ces philosophes, physiciens ou géomètres, essayent-ils de fonder leur doctrine générale? Sur des observations physiques ou sur des raisonnements mathématiques. Que, dans ce début de la spéculation philosophique, on procède par des inductions hasardées, par des analogies grossières, par des hypothèses arbitraires, il le faut bien reconnaître. Mais la science, si l'on peut donner ce nom à un ensemble de notions aussi vagues et aussi incomplètes, est au fond de tous ces essais plus ou moins heureux. Observation incomplète, expérience fort insuffisante, induction non justifiée, démonstration inexacte, tant qu'on voudra; mais rien ne ressemble moins à une spéculation à priori. C'est une suite de synthèses hâtives fondées sur une connaissance superficielle de la réalité. Quand Thalès explique par l'élément humide la naissance et le développement de toutes choses ; quand Pythagore ramène à des lois numériques l'ordre et la proportion des parties qui entrent dans la constitution des êtres; quand Leucippe et Démocrite rendent compte de la formation des corps par la combinaison d'éléments indivisibles, identiques de nature, sinon de forme; quand Héraclite réduit tous les phénomènes naturels à des dilatations ou à des condensations d'un principe élémentaire ; quand Empédocle tente de tout ramener, sous les formules impropres de l'*amitié* et de la *discorde*, tous les mouvements de la vie universelle à la lutte des deux forces attractive et répulsive; quand enfin Anaxagore, pour expliquer les diversités de forme et de nature qui distinguent les êtres, imagine des parties similaires microscopiques dans lesquelles ces différences se retrouvent déjà ; que font-ils autre chose que de généraliser des observations et des expériences faites sans ordre et sans précision ? Il n'est pas jusqu'à l'école d'Élée, celle qui a le plus abusé des abstractions logiques, qu'on ne puisse faire entrer dans cet ordre d'idées. Le chef de cette école, Xénophane n'a-t-il pas trouvé, s'il faut en croire Aristote, dans la contemplation du ciel, le principe, si fortement développé par Parménide, de l'être universel, un, immuable, immobile, à travers les apparences illusoires du mouvement et de la diversité ?

Cette première philosophie a pu être prise en dédain par les grands dialecticiens ou les grands moralistes de l'époque suivante; elle n'en a pas moins le mérite d'avoir fait appel à l'expérience et cherché dans la science elle-même l'explication des choses de la nature. Si elle n'y a pas réussi, cela tient, non à la spéculation dite métaphysique, mais à l'état de la science. Chercher le commencement des choses a toujours été et est encore plus que jamais la devise de la philosophie naturelle, et nulle école, nulle époque philosophique ne peut avoir l'idée de résoudre le problème autrement que par l'observation plus ou moins complète de la réalité. Nos savants modernes n'ont pas une autre méthode, quand ils veulent expliquer les phénomènes physiques. Seulement, ils ont une tout autre science à leur service. Socrate avait donc tort contre Anaxagore, quand il lui reprochait de chercher les causes physiques. Il n'y a ni science ni philosophie de la nature vraiment solide et positive sans cette recherche.

Socrate fit descendre la philosophie du ciel sur la terre, comme dit Cicéron, en ce sens qu'il la détourna des spéculations qui avaient pour objet l'explication mécanique, physique ou mathématique des phénomènes célestes, pour l'appliquer exclusivement à l'étude des phénomènes dont l'âme humaine est le théâtre. Ce n'est pas à dire que Socrate ait voulu réduire la philosophie à la psychologie et à la morale, en lui interdissant toute explication quelconque de l'ordre universel. A ses yeux, la philosophie est toujours la science des sciences, la science qui embrasse et explique tout. Seulement, après les tentatives inutiles ou ridicules, selon lui, d'explication mécanique, physique ou mathématique, qui ont été faites, elle doit désormais chercher le pourquoi et non le comment des choses, s'enquérir en tout et partout des fins, des raisons qui président à l'organisation du Cosmos, et non des causes matérielles, ou moyens mis en jeu pour la formation et le développement de ses parties. La science de la fin ou du bien, en toutes choses, telle est la philosophie de Socrate; la science de la fin universelle ou du Bien absolu, telle est sa théologie. Voilà en quel sens il est vrai de dire que Socrate fut un vrai métaphysicien, embrassant l'ensemble des choses dans une pensée générale, et non simplement un psychologue ou un moraliste enfermé dans l'étude de l'homme. Mais il est manifeste que, lui aussi, a cherché dans l'expérience et l'observation la solution des problèmes philosophiques. Où a-t-il pris les principes d'explication qui lui sont propres et qui constituent le caractère original de la réforme socratique, sinon dans l'étude de l'âme humaine? Il n'a pas plus conçu à priori les causes rationnelles ou finales des choses que ses prédécesseurs n'ont imaginé à priori les principes élémentaires ou les lois mathématiques qui leur ont servi à expliquer le Cosmos, soit dans son ensemble, soit dans ses parties. Hypothèse d'un côté, induction de l'autre; expérience extérieure ici, là expérience intime, voilà toute la différence de la méthode, différence grave assurément et qui suffit à faire de l'entreprise socratique une grande révolution, mais qui rentre dans la loi générale et absolue de la pensée philosophique, nécessairement impuissante à trouver autre part que dans l'expérience, l'induction et l'hypothèse les principes de ses explications et les éléments de ses systèmes. Au lieu de contempler le ciel et la Nature tout d'abord, comme ses prédécesseurs, Socrate a regardé en lui-même. Il a vu l'ordre, le beau, le bien, la raison, la providence dans ce petit monde de la conscience, et alors, tout ému et transporté de cette révélation merveilleuse, il a conçu le monde de la Nature à l'image du monde de l'esprit : il a vu le ciel à travers les clartés de la conscience. Et comme la grande et belle âme de Socrate ne pouvait offrir à sa contemplation qu'un spectacle harmonieux, il n'a eu qu'à étendre au Cosmos l'optimisme qu'avait fait naître dans sa pensée l'expérience intime de la vie humaine. Où est ici la spéculation à priori?

Que la réforme socratique ait été heureuse et féconde à beaucoup d'égards ; qu'elle ait ouvert la voie aux études et aux écoles de philosophie morale, bien autrement nécessaires alors au progrès de la civilisation que les essais de philosophie naturelle qui ont marqué la période antésocratique ; qu'en répandant les idées morales dans le monde gréco-romain, elle ait préparé l'avènement de cette grande révolution sociale qui s'est appelée le christianisme : il n'y a aucun doute à cela. Toujours est-il qu'elle a fait sortir la philosophie des voies de la science positive. Si l'on prend le mot philosophie dans son vrai sens de science générale, de synthèse systématique des sciences spéciales, Socrate, et même son grand disciple Platon, sont encore plus des dialecticiens, des théologiens et des moralistes que des savants et des philosophes. Socrate ne se soucie nullement du *comment* des choses, le seul problème vraiment scientifique pour nos savants et beaucoup de nos philosophes modernes. Il ne s'inquiète que du *pourquoi*, problème que la science expérimentale se refuse à aborder. Platon, qui montre moins de dédain pour les explications numériques et géométriques touchant à l'origine des choses, les subordonne partout aux principes de sa philosophie morale, aux raisons et aux causes finales. Il est évident que, dans sa doctrine, la dialectique prend une place telle, à côté de la morale et de la théologie, que la philosophie de la nature n'y figure guère que comme une spéculation plus vraisemblable que vraie, plus voisine de l'*opinion* que de la science, et qui ne contient de vérité que celle qu'elle emprunte à la connaissance de l'homme et de Dieu. Comment le monde s'est-il fait? C'est ce que l'on ne peut savoir d'une manière certaine, selon Platon. Ce que le philosophe sait bien, c'est pourquoi il s'est fait. Son auteur a tout fait pour le mieux, parce qu'il est bon, parce qu'il a travaillé les yeux fixés sur l'idée suprême du Bien et sur les idées qui en dérivent. Voilà, au fond, le principe de toute la philosophie naturelle de Socrate et de Platon.

La dialectique platonicienne a un caractère d'abstraction tout particulier, qui tient à ce qu'elle n'a pas seulement distingué, comme la dialectique socratique, l'*idée* de la *réalité*, pour en faire l'objet de la définition. Cette distinction faite, Platon s'attache à l'idée, comme à l'être véritable, hôte divin de ce monde intelligible dont la contemplation le rend presque indifférent au monde réel. La science, la vertu, l'activité n'ont de prix qu'autant qu'elles tendent à élever l'homme vers ce monde, sa vraie patrie. Si la cité l'intéresse encore, c'est qu'il est né grec, et à la condition qu'elle soit une image aussi fidèle que possible de la cité de Dieu. La dialectique pure est la méthode dominante de la philosophie de Platon, comme l'abstraction est sa faculté maîtresse. Or, que pouvait donner la dialectique pure? La théorie des idées, mais nulle science positive et précise, nulle explication, nulle définition de la réalité. Disserter sur l'idée, sur l'essence pure des choses, sans entrer dans l'analyse de leurs propriétés, tel est le procédé constant de la méthode de Platon. L'idéal, le parfait, le divin est l'objet propre et unique de ses spéculations. Aussi l'admiration de l'antiquité ne s'est-elle pas méprise quand elle l'a appelé le théologien, réservant à son successeur les titres, inférieurs à son sens, de savant et de philosophe. L'école de Platon est, en effet, une grande école de théologie et de morale, plutôt qu'une école de science et de philosophie proprement dite. L'amour de l'idéal porté jusqu'au dédain de la réalité, le goût de la contemplation dégénérant en indifférence pour l'action, en un mot l'idéalisme dans la théorie, le mysticisme dans la pratique, voilà l'esprit de cette sublime spéculation qui a légué la doctrine de l'idéal à la morale, à l'esthétique, à la théologie, sans ajouter grand'chose à la science proprement dite, c'est-à-dire à la connaissance de la réalité. Le positivisme n'a donc pas tort de lui reprocher ses abstractions, sans avoir le droit de la dédaigner, puisque Platon a fait le *Timée*, ce livre où il a mis la science de son temps au service de sa théologie.

Le positivisme n'a plus beau jeu contre Aristote. Ce n'est pas qu'Aristote ne soit aussi un dialecticien, un moraliste, un métaphysicien de premier ordre, supérieur peut-être en toutes choses aux maîtres de l'école socratique. Mais il est tout cela par la science, et par une science précise. C'est là ce qui fait son incomparable originalité. C'est le savant, le philosophe par excellence de toute l'antiquité. C'est son école surtout qui est une école de science et de philosophie *positive*, s'il est permis d'appliquer un mot si moderne à une antique doctrine. Rien de moins *spéculatif* que sa philosophie, si l'on entend par ce mot toute conception à priori, même en y comprenant cette philosophie première à laquelle un incident bibliographique a fait donner le nom de *métaphysique*. Toute la doctrine d'Aristote repose sur une formule qui n'est que l'expression la plus abstraite et la plus haute de l'expérience. *Puissance* et *acte*, ces deux mots, qui résument toute sa pensée et expliquent toutes choses, répondent aux deux pôles de la vie universelle. Au plus bas degré de cette immense échelle, l'être obscur et indécis, encore enfermé dans le germe de la puissance, la matérialité infime et grossière; au plus élevé, l'être éclatant, la suprême spiritualité, épanouie dans la forme la plus parfaite de l'acte pur, l'intelligence en action, la pensée. L'esprit et la matière sont donc les deux termes extrêmes d'une vaste évolution dont la vie universelle est le théâtre. La science d'Aristote parcourt graduellement toute la série des intermédiaires qui la composent, depuis la nature inorganique jusqu'à l'homme. Là, elle s'arrête devant une science plus haute, devant la philosophie première, qui, par une sublime abstraction, dégage la pensée parfaite de la pensée imparfaite, en fait l'acte pur, l'Être parfait, moteur, organisateur, par attraction, de tous les êtres de la nature, qui lui doivent leur forme, leur essence, leur être véritable, sinon leur existence. Car c'est encore aujourd'hui, entre les interprètes d'Aristote, une question de savoir si le Dieu d'Aristote, le Bien, la cause finale, la cause motrice par excellence, n'est pas créateur, dans le sens absolu du mot, de toute cette nature qui lui doit tout ce qui la fait *être* réellement. Or, qu'est-ce que cette théologie, sinon le couronnement d'une psychologie et d'une physique fondées sur l'expérience et l'analyse de la réalité? Où est l'a priori? Où est la pure spéculation dans ce vaste système, dont la base est aussi solide que le sommet en est élevé? Si la nature y est expliquée par l'âme, et l'âme par Dieu, qui a conduit à ce principe suprême d'explication, sinon la physique d'abord, et ensuite la psychologie?

Cela nous fait comprendre pourquoi la doctrine d'Aristote est restée debout sur les ruines de tant de spéculations antiques et modernes, comme un de ces monuments dont les fortes et profondes assises bravent l'action du temps et les coups de la tempête. C'est qu'elle repose en effet sur une base inébranlable. Elle contient des erreurs, trop visibles aujourd'hui, qui proviennent d'une science physique ou psychologique incomplète; elle a certaines formules subtiles qui ont vieilli et qu'il ne servirait à rien de rajeunir, dans l'état actuel de la science et de la philosophie. Mais elle contient, dans sa partie purement scientifique et esthétique d'abord, et aussi dans sa partie philosophique, des vérités qui ont survécu à la double épreuve du temps et de la critique. Bien différent de certaines doctrines dont les abords ont quelque chose de plus séduisant et de plus lumineux, le péripatétisme n'a d'attrait, mais celui-là est puissant, que pour les esprits qui cherchent au fond des formules les vérités de fait qu'elles contiennent, sous un langage quelque peu scolastique. Aussi n'y-a-t-il rien d'étonnant à ce que la critique toute moderne de nos philosophes, comme de nos savants, ait reconnu la solidité et la fécondité de ses vues en bien des choses. Cuvier, de Blainville, Geoffroy Saint-Hilaire en ont célébré l'histoire naturelle. M. Ravaisson, après Leibniz, en a relevé la métaphysique des dédains de l'idéalisme, des préventions de l'école cartésienne, et des préjugés de l'école de Locke, en montrant, avec une précision supérieure, combien est forte la trame de ce merveilleux tissu, fait avec des réalités et non de pures abstractions. L'école positiviste eût certainement tout au moins fait exception pour Aristote dans ses anathèmes contre la métaphysique, si elle eût mieux connu l'histoire.

Après Aristote, la philosophie sort des grandes synthèses où l'avait engagée le génie d'un Platon ou d'un Aristote, pour rentrer, avec les écoles épicurienne et stoïcienne, dans la voie plus étroitement socratique des doctrines morales et pratiques. Néanmoins la *physique* de ces écoles est encore une philosophie générale d'un caractère moins savant et moins élevé. Or le nom même de cette philosophie prouve que ni l'une ni l'autre n'ont songé à chercher les principes des choses autre part que dans les données expérimentales et scientifiques. Presque tous leurs traités philosophiques ont pour titre *la Nature*, περὶ φυσέως. On sait que le beau poème de Lucrèce fut composé à l'imitation d'un poème grec analogue. Encore une exception qu'aurait dû faire le positivisme. La physique stoïcienne, avec son principe tout différent de la raison et de l'âme universelle, n'est, pas plus que la physique épicurienne, une spéculation à priori. Si ce n'est plus entièrement de l'expérience physique que le stoïcisme tire sa conception générale du Cosmos, c'est encore dans l'expérience psychologique qu'il en puise les éléments qui la complètent. C'est donc encore l'expérience qui lui révèle cette synthèse un peu confuse de propriétés naturelles et d'attributs moraux réunis sous le nom d'un même principe, l'âme humaine et l'Ame universelle. Ce qui est certain, c'est que toute la philosophie dogmatique de cette époque, sauf les écoles platoniciennes, prend pour point de départ de ses spéculations plus ou moins exactes l'expérience et la science positive du temps. Qu'elle en abuse plus souvent qu'elle n'en use, cela ne saurait guère être contesté ; mais des indications risquées et des hypothèses hardies n'en révèlent pas moins l'origine expérimentale de ce genre de spéculations.

Il faut quitter la Grèce et entrer en Orient pour trouver la philosophie dans une voie toute différente. Avec l'école d'Alexandrie, en effet, elle rentre dans l'idéalisme platonicien, dont elle exagère encore la subtilité par les tendances ultra-mystiques qui sont propres à toutes les écoles orientales. Plotin, Porphyre, Jamblique, Proclus sont des théologiens plutôt que des philosophes. Chez eux, on sent que la pensée a perdu terre et rompu les liens qui la rattachaient à la science proprement dite. C'est dans les abstractions idéalistes que cette école cherche, à l'exemple de Platon, les principes de la réalité universelle. Et comme cette méthode lui paraît insuffisante pour atteindre au plus haut sommet des choses, à la dialectique elle ajoute l'extase, autre procédé transcendant, encore plus éloigné que la dialectique de l'expérience et de la science. Le néoplatonisme donnerait raison, sauf réserve de quelques-unes de ses parties, à la critique positiviste de la philosophie ancienne, si nous n'étions ici en Orient, et si cette doctrine était la meilleure partie de la philosophie grecque. Mais il ne faut point oublier que le génie grec a deux faces : dans son développement spéculatif : l'une dont la subtile dialectique de Platon est l'expression trop marquée; l'autre dont l'analyse toute scientifique d'Aristote est le type le plus parfait. Quel que soit le rôle de la dialectique, dans cette philosophie, il suffit d'en connaître un peu l'histoire pour se convaincre que la part de l'expérience et de la science positive y fut encore la plus considérable. Quant à l'élément mystique que l'école d'Alexandrie y a introduit, l'origine étrangère en est trop visible pour qu'il soit possible d'en faire un des caractères même exceptionnels de la philosophie grecque.

La philosophie du moyen âge, si l'on peut donner ce nom à ce prodigieux travail de logique et de théologie scolastique, manquait des conditions les plus essentielles à une véritable philosophie. La philosophie étant exactement avec la science positive dans le rapport de la synthèse à l'analyse, la spéculation philosophique ne pouvait être ni solide ni féconde dans un âge de l'esprit humain où les sciences physiques, psychologiques et historiques étaient à naître, où la pensée n'avait guère d'autre aliment que des formules logiques, métaphysiques et théologiques, léguées par l'antiquité. La source où la philosophie doit puiser, si elle ne veut pas tourner dans un cercle d'abstractions, c'est la science de la vie et de la réalité. C'est dans les enseignements de la nature, de la conscience et de l'histoire, qu'elle trouve ses meilleures inspirations et ses plus grandes vues. A proprement parler, le moyen âge n'eut ni science ni philosophie originale. Il n'eut que la tradition de l'antiquité, dont il discuta et développa les formules avec plus de subtilité que de véritable fécondité. La méthode scolastique ne pouvait guère aboutir qu'à une science de mots. Tout ce grand effort n'eut pour effet que de réduire à des définitions et à des distinctions verbales des problèmes dont la philosophie grecque, malgré son goût excessif des subtilités logiques, avait cherché la solution dans l'expérience et l'analyse. Tout ce que la scolastique a produit de meilleur, sous le rebutant appareil de ses divisions, de ses définitions et de ses argumentations verbales, c'est la philosophie de saint Anselme, qui n'est guère qu'une réminiscence platonicienne, et celle de saint Thomas, qui ne va jamais au delà d'un commentaire intelligent et souvent profond de la doctrine d'Aristote pénétrée de l'esprit chrétien.

Viennent enfin les modernes. Avec une nouvelle science paraît une nouvelle philosophie. La philosophie naturelle de Descartes est d'un géomètre et d'un physicien de cette époque, philosophie plus simple et plus logique qu'exacte, comme sa science dont elle n'est qu'une synthèse. Après avoir été fort maltraitée, au xviiie siècle, par l'école de Bacon et de Newton, la physique de Descartes vient d'être singulièrement relevée par l'autorité de la science contemporaine. Voici que cette physique reléguée, au nom de la méthode expérimentale, parmi les vieilleries de l'ancienne physique, reprend le premier rang dans les annales de la physique nouvelle. Il est maintenant établi qu'elle a devancé cette belle et féconde philosophie de l'unité des forces de la nature, qui tend à ramener à la théorie du mouvement mécanique toutes les forces que la physique moderne avait considérées comme étant de nature différente, telles que la lumière, l'électricité, le magnétisme, etc. C'est là le principe de la philosophie naturelle de Descartes, qui, séparant absolument le monde des esprits du monde des corps, confond dans un même mécanisme le règne végétal et même le règne animal, l'homme excepté. La science actuelle lui donne raison en ce qui concerne le règne inorganique, où elle réduit toute action physique et chimique aux lois du mouvement. Il se trouve que cette méthode cartésienne, qui consiste surtout à rendre toute vérité claire à la pensée, en la simplifiant, reste la vraie méthode scientifique, qui ne voit plus dans le monde de la matière que des mouvements soumis aux principes de la mécanique.

Il n'en reste pas moins vrai que, si la philosophie naturelle de Descartes triomphe dans l'explication des phénomènes de la matière inorganique, elle a échoué complètement dans l'explication des phénomènes de la matière organique. Cette philosophie aboutit à un mécanisme absolu, qui supprime l'activité et la sensibilité des êtres vivants. Or ce mécanisme a pour principe une fausse définition de la substance, laquelle dérive elle-même de la confusion des propriétés géométriques de l'espace et des propriétés physiques de la matière. Avec l'étendue et le mouvement, disait Descartes, je fais le monde, le monde des corps s'entend. La physique nouvelle n'en demande pas tant pour faire le monde de corps bruts. Le mouvement lui suffit. Elle ne craint pas d'affirmer que toute matière pure est force, et que l'étendue n'est qu'une propriété de l'espace, contrairement à la doctrine de Descartes, de Malebranche, de Spinosa et de tous les philosophes du XVIIe et du XVIIIe siècle, qui s'accordent à faire de l'étendue la propriété fondamentale de la matière, la substance elle-même, dont les autres propriétés, y compris le mouvement, ne sont que des modes.

C'est encore l'expérience qui est venue rectifier la notion de la matière. Comment Leibniz a-t-il renouvelé la philosophie de son temps, sinon en substituant la notion de force à celle d'étendue, dans la définition de la substance matérielle? Or ce principe fécond est le fruit, non de la spéculation pure, mais de l'expérience. Quelle expérience? Certains historiens de la philosophie, qui n'y ont vu qu'une induction psychologique, n'ont pas réfléchi à l'influence irrésistible de la nouvelle physique sur la pensée philosophique. Quand cette physique, dont Newton fut le grand promoteur, ne parla plus que de forces attractives ou répulsives, il devint impossible à la philosophie de maintenir la définition de la matière par les propriétés purement géométriques de l'étendue et de la figure. Ici la physique contemporaine se sépare de Descartes, pour se rattacher à Leibniz et à Newton. Si donc le dynamisme a fini par prévaloir sur le mécanisme cartésien dans la philosophie de la nature, c'est grâce aux dernières révélations de la physique expérimentale. L'expérience psychologique n'est certes pas étrangère au dynamisme de Leibniz. Son système en porte évidemment la trace. Mais aussi là est l'erreur ; car la notion de force ne peut servir de fondement à la philosophie de la nature qu'autant qu'elle est dégagée de tout attribut psychologique. Autrement, c'est la confusion de règnes qui doivent rester à jamais distincts ; c'est l'âme et l'esprit mis partout à la place de la simple force mécanique, physique, chimique, physiologique. Le dynamisme n'est devenu le vrai principe de la philosophie naturelle que le jour où il s'est dépouillé de ces fictions psychologiques pour n'être plus que l'expression exacte de l'expérience et de l'analyse scientifique.

Le XVIIIe siècle étant le siècle de l'analyse, on n'y trouve guère de ces synthèses qui embrassent l'explication universelle des choses. L'activité de l'esprit philosophique s'y déploie dans la création et le développement des sciences particulières, comme la physique, la chimie, l'histoire naturelle, l'anatomie, la physiologie, l'idéologie et la grammaire. Les esprits généralisateurs de cette époque, comme Buffon, Bonnet, Diderot, ont plutôt laissé des vues générales sur telle ou telle partie de la science universelle qu'une véritable synthèse cosmique. Pour ne parler ni de d'Holbach, ni de Maillet, ni de Robinet, qui ne sont pas sortis des données de la science positive dans leurs essais de philosophie naturelle, Diderot est peut-être le seul philosophe français de ce siècle dont les idées aient une certaine portée métaphysique. Voltaire, si fervent disciple de Newton, n'avait pas une autre idée de la matière que la vieille notion cartésienne de l'étendue. Son bon sens ne pouvait se familiariser avec le dynamisme de Leibniz. Il lui suffisait de ne pouvoir comprendre l'horloge sans l'horloger pour croire à un Dieu créateur. C'était toute sa métaphysique, que notre école positiviste trouverait encore fort téméraire. Celle de Rousseau, dans la *Profession de foi du vicaire savoyard*, ne va point au delà de la nécessité d'un moteur pour la matière inerte. « Pour moi, je suis tellement persuadé que l'état naturel de la matière est d'être en repos, et qu'elle n'a en elle-même aucune force pour agir, qu'en voyant un corps en mouvement, je juge aussitôt que c'est un corps animé, ou que le mouvement lui a été communiqué. »

Diderot était trop de son temps pour se faire honneur de spéculations métaphysiques. Mais il était, en philosophie naturelle, de l'école de Leibniz, et il prenait un très vif intérêt aux découvertes de la nouvelle chimie sur la constitution des corps. Il fut peut-être le seul philosophe du xviiie siècle qui ait compris la vraie notion de la matière. C'est à Rousseau surtout qu'il semblait répondre, quand il disait : « Je ne sais en quel sens les philosophes ont supposé que la matière est indifférente au mouvement et au repos. Ce qu'il y a de bien certain, c'est que tous les corps gravitent les uns sur les autres ; c'est que toutes les particules des corps gravitent les unes sur les autres ; c'est que, dans cet Univers, tout est en translation, ou *in nisu*, ou en translation et *in nisu* à la fois. Cette supposition des philosophes ressemble peut-être à celle des géomètres, qui admettent des points sans aucune dimension, des lignes sans largeur ni profondeur, des surfaces sans épaisseur. Pour vous représenter le mouvement, disent-ils, outre la matière existante, il vous faut imaginer une force qui agit sur elle. Ce n'est pas cela ; la molécule, douée d'une qualité propre à sa nature, par elle-même est une force active [1]. » La science contemporaine a donné raison à Diderot contre Rousseau. Mais elle est allée plus loin : elle n'a pas seulement montré que la matière est active ; elle a établi, par la théorie des véritables propriétés de la matière, que tout phénomène matériel est mouvement et action, et que toute substance n'est que force. Le dynamisme de Diderot n'allait que jusqu'à la coexistence nécessaire de la force et de la matière, laissant subsister un dualisme qui n'est qu'un produit adultère de la science et de l'imagination, ainsi que je le ferai voir.

Par le puissant effort de la *Nouvelle philosophie* en Allemagne, le XIXe siècle renoue la tradition philosophique interrompue par la science, toute d'analyse et de critique, du siècle précédent. Les beaux jours de la spéculation reviennent avec Schelling, avec Hegel, avec Krause, avec Herbart, avec d'autres philosophes de toutes les écoles. Or il ne faut pas pénétrer bien avant dans ces synthèses hardies pour voir que, si la

---

1. *Principes philosophiques de la matière et du mouvement.*

forme en est abstraite et même par trop scolastique, le fond en est emprunté aux sciences positives. C'est sans doute la spéculation dans toute sa puissance, et aussi dans tous ses excès ; mais c'est la spéculation appuyée sur l'expérience. Les titres mêmes de ces œuvres synthétiques le montrent clairement. Philosophie de la nature, philosophie de l'histoire, philosophie de l'art, philosophie des religions, philosophie du droit, toutes ces dénominations indiquent que la spéculation philosophique a pour matière les faits observés et les lois constatées par la science positive. Et, en effet, toutes les vues générales qui entrent dans ce genre de spéculations, sont suggérées par des observations, des expériences et des théories scientifiques : en sorte que cette philosophie est véritablement une synthèse, dont la science est l'analyse correspondante.

Il est vrai que les philosophes allemands, dont le nom restera illustre dans les annales de la pensée humaine, n'ont pas borné leur ambition philosophique à une synthèse des grandes lois cosmiques que la science a découvertes. Ils ont voulu, en outre, en montrer le caractère rationnel, en les ramenant à des idées qui les expliquent. Ce fut une entreprise téméraire, qu'ils ont cru pouvoir mener à bonne fin, en se fondant sur le principe de l'identité universelle, et sur le parallélisme des lois de la logique et des lois de la réalité. Là était cette spéculation à priori que toute école moderne doit bannir définitivement du domaine de la philosophie. L'erreur de ces grands esprits ne fut pas de chercher les raisons et les causes des phénomènes et des lois que constate la science positive. Jamais l'esprit humain ne renoncera à expliquer la réalité. Ce qu'il ne fera plus, instruit par les leçons de l'expérience, c'est d'essayer de construire à priori cette réalité par les procédés de la pure logique.

Il faut le reconnaître, parce que l'histoire de la philosophie en est une évidente démonstration : on a fait de riches synthèses avec de maigres provisions de faits et à grand renfort de logique. Plus la science était pauvre, plus la philosophie a été confiante dans son dogmatisme. Si le positivisme de nos jours eût mieux connu cette histoire, il eût pu en tirer de sages et salutaires leçons sur la vanité de la spéculation à priori. Mais il eût montré moins de dédain pour ces systèmes, dont quelques-uns ont laissé des traces durables dans les annales de la pensée. Des métaphysiciens comme Platon, Aristote, Plotin, Descartes, Spinosa, Leibniz, Schelling, Hegel n'ont pas vainement occupé le monde philosophique de leurs spéculations. Ils ont légué à la tradition philosophique des idées qui ont pu être reprises ensuite avec une science moins incomplète. Ces grands esprits ont entrevu ou vu la vérité. Leurs explications de la réalité peuvent être vagues, et même fausses dans le détail; elles sont le plus souvent vraies en principe, et dans l'ensemble des choses. Le positivisme a oublié que l'esprit humain est dominé par l'impérieux besoin de comprendre, d'expliquer, de *penser* la réalité, que l'observation constate, décrit, classe et généralise. Pour prendre au sérieux les synthèses ambitieuses des philosophes, il n'a pas attendu que toutes les conditions imposées par l'expérience fussent remplies. Le seront-elles jamais, la science positive se faisant tous les jours et n'étant jamais faite? Non, sans doute; ce qui n'empêchera pas la philosophie de recommencer toujours son *Cosmos*, avec la science du temps, sauf à remanier ou retoucher sans cesse son œuvre de synthèse. L'histoire des vicissitudes de la métaphysique peut être une matière de plaisanterie pour ceux qui ne la connaissent que par ouï-dire. Elle intéresse profondément une critique sérieuse qui s'applique à y démêler le vrai et le faux, ce qui est fécond et ce qui est stérile, ce qui passe et ce qui reste. Quand donc la sagesse positiviste vient nous dire que toute la métaphysique n'est qu'abstractions vides ou puérils jeux de logique, elle montre, non seulement qu'elle est un peu courte, mais encore qu'elle n'est pas suffisamment renseignée pour porter des jugements aussi tranchants et aussi absolus. En l'entendant parler de cette façon des systèmes philosophiques de l'antiquité et des temps modernes, on est tenté de croire qu'elle n'a jamais connu que l'histoire de la scolastique. S'il est inutile de la renvoyer à l'école, puisque son siège est fait, il est permis d'en appeler à l'érudition, à la critique et à l'intelligence de l'esprit contemporain.

L'esprit philosophique en est là, incertain de sa direction, hésitant entre la spéculation qui veut s'élever aux causes, et l'expérience qui s'en tient aux faits et aux lois. Il n'entend pas reprendre la tradition de ces grandes aventures qui ont marqué l'âge héroïque de la pensée. Mais il aura toujours le goût de la haute philosophie. S'il ne veut plus se perdre dans les nuages, il aspirera toujours à monter au sommet des choses, là où l'immense Univers apparaît à ses yeux éblouis dans toute sa grandeur et sa beauté. Seulement, au lieu d'ailes pour s'élever, il se contentera de l'échelle que lui prêtera la science. C'est par degrés, et sans jamais perdre terre, qu'il montera jusqu'au point où tout est lumière, où tout s'explique et se comprend, où la pensée atteint le pourquoi des choses, sur les pas de la science qui lui en a révélé le comment. Ce que ne fera jamais l'esprit humain, c'est de se laisser enfermer dans cette espèce de cage sans air, où l'on prétend lui faire expier les hardiesses, parfois sublimes, toujours intéressantes, de sa pensée. La pénitence du régime positiviste lui serait trop dure. On peut dire même qu'elle serait contre nature. A cet oiseau de haut vol il faudra toujours les grands espaces et les vastes horizons. C'est d'un guide qu'il a besoin, non d'un geôlier. Le positivisme est une philosophie de myopes. Les vues courtes ont sans doute leurs avantages, et les longues vues leurs inconvénients. Mais si les premières sont faites pour la science, œuvre d'analyse, les secondes conviennent à la philosophie, œuvre de synthèse. La nature a fait l'esprit humain complet, malgré ses faiblesses et ses imperfections. Il répugnera toujours d'autant plus à une discipline qui enchaînerait la liberté de ses mouvements qu'un instinct impérieux le pousse à l'exercice de toutes ses facultés.

La critique aura beau convaincre le positivisme d'erreur psychologique et d'erreur historique, ce n'est pas cette double réfutation qui arrêtera ses conquêtes dans le monde des intelligences. Devant un sceptique qui niait le mouvement, je ne sais plus quel philosophe se mit à marcher. C'est le seul argument qui fermera la bouche au positivisme. Parce que la métaphysique n'a pas réussi jusqu'à présent à asseoir son empire sur l'esprit humain par des œuvres durables, il en a naturellement conclu qu'elle ne pouvait y réussir, et que cela tenait au vice même de sa méthode, radicalement impuissante à saisir son objet, d'ailleurs inaccessible à toute espèce de méthode. C'est par des œuvres seulement que la métaphysique pourra répondre victorieusement aux conclusions de cette école. On lui a montré ce qu'avait produit le génie même de la métaphysique dans tous les siècles. On a pu réfuter ses affirmations par une histoire impartiale et sérieuse des doctrines et des systèmes auxquels le nom de cette spéculation est resté attaché. Cela ne suffit point : il faut un nouvel effort, non de critique, mais de création, pour faire voir clairement qu'elle n'est point cette vaine et ténébreuse spéculation si cruellement tournée en ridicule par le bon sens superficiel de Voltaire. Il faut que la nouvelle métaphysique parle le langage de la science moderne, ne posant que des problèmes solubles, n'en cherchant la solution que dans les méthodes scientifiques elles-mêmes. Même après cette transformation, elle ne pourra se flatter de ramener certains esprits rebelles à la métaphysique. Mais elle conquerra peu à peu les intelligences non prévenues, qui ne ferment pas obstinément les yeux à la lumière. Alors le jour sera venu où le positivisme, toujours myope et intraitable, devra quitter le monde philosophique pour rentrer dans sa petite église.

CHAPITRE II

LA MÉTHODE SCIENTIFIQUE

Ni l'école de la spéculation, ni l'école de la raison, ni l'école de la tradition n'ont réussi à relever la métaphysique du discrédit où l'ont fait tomber la contradiction et la critique de ses doctrines. Il ne reste plus que l'école de l'expérience pour opérer cette restauration. La nouvelle philosophie spiritualiste a commencé l'œuvre, en entrant dans les voies de l'expérience intime et de la science positive. La vraie méthode est trouvée. Je voudrais la faire bien connaître, avant de l'appliquer à tous les problèmes posés, et non encore résolus à la satisfaction de l'esprit moderne qui en espère toujours la solution, en dépit des négations de l'école positiviste et de l'école critique. Je ramène ces problèmes à trois, comme l'a fait Kant : la matière, l'âme humaine et Dieu, qui peuvent faire sourire cette classe des esprits dits positifs, si nombreuse et si arrogante aujourd'hui, mais qui occupent les vrais penseurs et intéressent le public vraiment philosophique de tous les temps. Mais, avant d'exposer ce que j'appelle la méthode métaphysique, je ne crois pas inutile de rappeler d'abord la méthode scientifique proprement dite, et les conclusions auxquelles elle aboutit.

La science moderne n'entend pas se borner à observer et à décrire le monde tel qu'il est. Elle aussi explique les choses à sa façon. Elle a ses questions d'origine, de principe et de cause ; elle a sa philosophie universelle par laquelle elle espère remplacer toute métaphysique. Elle a sa manière de comprendre et de définir l'infini, l'absolu, de résoudre ce problème des *noumènes* que Kant avait interdit à la raison humaine. Elle a sa prétention de mettre hors de doute la réalité objective de nos perceptions. Il n'est pas jusqu'à l'absolu, le simple, l'inconditionnel qu'elle ne poursuive par ses méthodes d'observation et d'analyse. Elle a sur toutes les questions de haute philosophie ses hypothèses et ses systèmes. Tant il est vrai que lui interdire l'explication des choses, comme veut le faire l'école positiviste, c'est condamner l'esprit humain à un régime contre nature ! Commençons donc par voir la science à l'œuvre, avec ses admirables méthodes, afin de pouvoir juger jusqu'à quel point elle peut réussir dans son entreprise. Il est un problème qui domine tous les autres, et qui, selon la solution qu'il reçoit, ouvre et ferme la voie à toute recherche philosophique : c'est le problème logique de la vérité. Nos idées n'ont-elles qu'une valeur subjective ? Peut-on leur attribuer une portée objective ? En supposant cette dernière question résolue, quelle est la part à faire à l'élément subjectif et à l'élément objectif, dans le fait de la connaissance ?

L'histoire de la critique qui a pour sujet la vérité de nos jugements, depuis Pyrrhon jusqu'à Kant, peut se résumer en deux thèses principales : 1° La contradiction constante et universelle des opinions humaines ne permet de rien affirmer sur quoi que ce soit ; 2° Alors même que l'on arriverait à s'entendre sur tous les points en discussion, comment serait-il possible d'affirmer que l'esprit humain voit les choses telles qu'elles sont. La première thèse est celle de Pyrrhon et de la plupart des sceptiques anciens et modernes ; la seconde est celle de

Kant. La philosophie a essayé de réfuter le pyrrhonisme de bien des façons. Elle a expliqué, non sans succès, comment et pourquoi la diversité et la contradiction de nos jugements sur les mêmes matières n'implique pas l'impossibilité absolue de s'entendre. Elle a cherché et trouvé des *critères* que tout esprit bien fait peut accepter, par exemple l'évidence, telle que l'a définie Descartes. Elle n'a point fermé la bouche au pyrrhonisme. Qui a eu ce mérite et cette gloire ? La science positive, qui seule a su mettre hors de question tout l'ordre de connaissances auquel elle répond. Sans avoir d'autre prétention que d'établir solidement les vérités qui lui sont propres, la science se trouve avoir résolu mieux qu'aucune philosophie le problème de la certitude, en formulant et en appliquant un critère contre lequel aucune objection ne peut prévaloir. Les sciences de raisonnement avaient le leur depuis Aristote : c'est le principe de contradiction, que les sceptiques de tous les temps ont d'autant moins songé à contester qu'ils s'en sont servis eux-mêmes pour combattre le dogmatisme. Le critère des sciences d'observation est la vérification. C'est ce qui fait l'absolue certitude des connaissances expérimentales. On a pu contester même l'évidence, qui peut être une apparence trompeuse dans certains cas de la connaissance humaine. On ne peut contester la vérification par l'expérience, qui ne laisse place à aucune illusion. Si l'on peut discuter une opinion, une hypothèse, une théorie, on ne discute pas un fait. C'est donc à l'école de la science que l'esprit humain a appris ce qui peut ou ne peut pas faire l'objet du doute. C'est elle qui a fait au scepticisme sa part, en l'excluant absolument du domaine des connaissances qui lui appartiennent.

Il est un autre service plus important encore rendu à la philosophie de l'esprit humain : c'est la solution expérimentale du difficile problème de la perception extérieure. Les philosophes ont longuement disserté sur la distinction logique de l'image et de l'idée. C'est la science seule qui a montré en quoi consiste cette distinction, et comment l'une est l'élément objectif de la connaissance, tandis que l'autre n'en est que l'élément subjectif. Tout ce que nous voyons, touchons et sentons, nous nous le représentons dans le temps ou dans l'espace. C'est précisément ce caractère représentatif de la perception qui a fourni à la critique ses plus fortes objections contre la vérité objective que lui prête tout d'abord le sens commun. La philosophie a cru résoudre la difficulté en distinguant la perception de la sensation, celle-ci purement subjective, celle-là essentiellement objective. La *subjectivité* de la sensation n'a jamais fait question pour aucune école. L'*objectivité* de la perception a été généralement reconnue, sans examen préalable. La critique s'est emparée d'une affirmation sans preuve, et n'a pas eu de peine à démontrer par une analyse rigoureuse que la perception n'échappe point à l'objection élevée de tout temps contre les écoles qui ont voulu faire de la sensation proprement dite le fondement de toute connaissance réelle. Il a fallu, pour en finir avec cette difficulté, que la science établît, par l'autorité de l'expérience, la vraie distinction de l'élément subjectif et de l'élément objectif dans l'acte de la perception.

Oui, toute perception est primitivement une image, c'est-à-dire une représentation dans le temps ou dans l'espace. Mais elle devient ensuite une idée. Comment ? Par une transformation que la science seule peut opérer. C'est elle qui convertit ces perceptions en notions vraies, c'est-à-dire répondant à des objets réels qui existent en dehors de notre esprit, et quelle que soit la représentation qu'il s'en fasse. Prenez une à une toutes les vérités dites scientifiques, les propriétés des corps constatées par l'expérience, les lois chimiques ou physiques qui règlent l'action de ces propriétés, les types qui président à l'organisation de la matière brute ou de la matière vivante, vous reconnaîtrez que toutes ces vérités, telles que la science les enseigne, sont indépendantes de la façon dont notre esprit se représente les choses extérieures auxquelles elles se rapportent. Que notre représentation de ces choses soit toute relative à nos organes et à nos facultés de perception, qu'avec d'autres organes et d'autres facultés cette représentation pût être différente, cela peut se soutenir. Mais qu'importe pour le fond de la connaissance humaine? Est-il possible de supposer que les rapports, les lois, les types des phénomènes changent avec la façon de les percevoir et de les imaginer? Y aurait-il une autre astronomie, une autre mécanique, une autre physique, une autre chimie, une autre histoire naturelle, une autre géométrie, avec d'autres organes et d'autres facultés de perception et d'imagination? Qui s'aviserait aujourd'hui de le soutenir devant les merveilleuses révélations de l'expérience et du calcul?

C'est la science positive qui, par l'organe de critiques éminents comme Cournot, a détruit [le scepticisme superficiel fondé sur le caractère représentatif de nos perceptions, en opposant l'idée à l'image, la vraie notion à la représentation illusoire des choses extérieures. Elle a fait apparaître ainsi la réalité naturelle, telle que la constitue l'ensemble des forces et des lois chimiques et physiques de la matière. Quelle que soit, par exemple, l'impression de la lumière sur notre organe visuel, du son sur notre organe auditif, les lois de l'optique et de l'acoustique restent invariables et absolues. C'est ce qui explique comment on peut faire comprendre à des aveugles et à des sourds les rapports et les lois que l'imperfection ou la privation des organes ne leur permet pas de se représenter. Tant il est vrai de dire que la sensation des choses n'en est pas la science, et que si la première est la condition de la seconde, elle n'en est nullement le principe. Les lois de la pesanteur ne sont pas moins indépendantes des sensations qui nous avertissent de leur action. De même, en histoire naturelle, nul savant n'admettra que les classifications fondées sur les rapports immuables d'organisation des individus ne soient que de simples points de vue de l'esprit, pouvant changer avec une autre constitution intellectuelle. Ce n'est point à dire que les progrès de la science n'amènent des modifications perpétuelles dans ces systèmes de classification. Mais quel est le naturaliste qui en soit à confondre les classifications naturelles, véritable et fidèle image de la réalité, avec les classifications artificielles, uniquement inventées pour les besoins de notre mémoire. Une classification vraiment scientifique peut n'être pas complète, c'est-à-dire ne pas embrasser tous les caractères existants entre les êtres observés, décrits et classés; mais ces caractères eux-mêmes, une fois constatés par l'expérience et reconnus par l'induction pour des lois de la constitution des êtres, sont considérés par tous les savants comme des vérités indépendantes des changements que les progrès de la science introduisent dans la théorie générale des classifications.

Concluons. Que les sciences physiques aient un objet en dehors de l'imagination vulgaire et de la notion scientifique, le sens commun ne permet pas d'en douter un seul instant; mais il n'en est pas moins vrai que nos représentations sensibles sont un mélange d'illusion et de réalité. Tant que l'analyse et la critique n'ont pas nettement distingué et séparé l'élément objectif de l'élément subjectif, le scepticisme est en mesure d'élever des doutes sur la réalité des *perceptions*, qu'il affecte de confondre avec nos *imaginations* proprement dites. Les perceptions sensibles ont-elles une réalité objective ? La critique philosophique avait dit oui, d'accord avec le sens commun ; mais le doute subsistait encore, tant que la nature des deux éléments n'avait pas été rigoureusement déterminée. C'est la science positive qui a obtenu ce résultat par la féconde et lumineuse distinction de l'*image* et de l'*idée*, ainsi que par la perpétuelle application de cette distinction à toutes les branches de connaissances qui forment son domaine. L'idée ou notion a un objet réel dans la nature, tandis que l'image n'en a pas. Après tant de merveilleuses révélations, on n'est plus tenté de douter de la réalité objective de nos perceptions. Ici, ce n'est plus le sens commun ni la philosophie qui protestent, le premier par une répugnance invincible à l'absurde, la seconde par une analyse abstraite et subtile des principes de l'intelligence ; c'est la science elle-même qui vérifie et confirme cette protestation par l'autorité de ses observations et de ses expériences, de ses classifications et de ses théories, toutes choses qui ont leur fondement solide dans la réalité extérieure.

Voilà donc un problème logique, d'importance capitale, résolu par la science toute seule. Il en est un autre, qu'elle résout encore à sa manière. Elle est trop modeste pour aborder le problème transcendant de l'absolu, tel que l'a posé Kant dans la *Critique de la raison pure*. Mais, elle aussi pourtant, a son problème de la réalité relative et de la réalité absolue, que l'ancienne philosophie n'avait pu résoudre, faute de données scientifiques. Elle l'a résolu de façon à fermer la bouche au scepticisme pyrrhonien, qui tirait avantage des contradictions des perceptions sensibles. Par l'organe d'un savant, qui est en même temps un philosophe éminent, elle a expliqué sa solution de la manière la plus claire et la plus certaine. L'illusion est la perception viciée ou dénaturée par suite de conditions inhérentes au sujet percevant, à ce point qu'elle ne donne qu'une idée fausse du sujet perçu ; ainsi, l'image du bâton brisé dans l'eau, de la tour qui paraît ronde à distance, et toutes les apparences visibles qui causent les erreurs de la vue rectifiées par le tact. La réalité relative est la perception ayant toute la réalité extérieure que nous lui attribuons, mais une réalité qui n'est telle que par rapport à certains phénomènes de la réalité totale. Enfin, la réalité absolue est la vérité conforme au système entier des choses représentées, et non plus seulement à tel ou tel phénomène isolé de ce système : vérité que la raison scientifique comprend et poursuit, alors même qu'elle la sent lui échapper avec le système dont elle fait partie [1].

Par exemple, lorsque, du pont du navire où je suis embarqué, mes yeux voient fuir les arbres et les maisons du rivage, c'est une illusion des sens d'autant plus facile à reconnaître, que nous sommes parfaitement assurés de l'immobilité du rivage. Mais le mouvement du passager qui se promène près de moi sur le pont a toute la réalité que lui attribue le témoignage de mes sens. Seulement, ce mouvement, qui est réel par rapport à l'immobilité des autres passagers, pourrait lui-même n'être qu'un repos, s'il se produit en sens contraire du navire, et avec une égale vitesse. Donc alors la réalité absolue du mouvement ne pourrait être reconnue qu'autant qu'elle serait considérée par rapport à la surface terrestre elle-même, abstraction faite du fleuve, du navire et des passagers. Et ce mouvement lui-même, absolu quant au système terrestre, devient

---

1. COURNOT, *Essai sur les fondements de nos connaissances*, liv. I, chap. I, § 8.

relatif, du moment qu'il est considéré par rapport au système solaire. Mais tel mouvement jugé comme absolu, dans le système solaire, pourrait encore n'être que relatif, s'il était vu par rapport à un système stellaire dont le précédent ferait partie. Et ainsi de suite, en sorte que le caractère relatif ou absolu d'un mouvement ne pourrait être définitivement fixé qu'autant que la science embrasserait le système céleste tout entier[1].

Autre exemple dans le même ordre de phénomènes, cité par Cournot. La courbe enchevêtrée qu'une planète, vue de la terre, semble décrire sur la sphère céleste où l'on prend les étoiles pour point de repère, est une apparence où la vérité objective se trouve faussée par des conditions subjectives inhérentes à la station de l'observateur. Au contraire, l'orbite elliptique décrite par un satellite autour de sa planète est un phénomène qui a sa réalité relative au système de la planète principale et de ses satellites. La trajectoire du satellite est un phénomène d'une réalité moins relative, parce qu'elle est une courbe plus composée, résultant d'une combinaison du mouvement elliptique de la planète autour du soleil. La trajectoire du même satellite apparaît comme un phénomène d'une réalité plus absolue encore, du moment qu'il est relié au mouvement encore peu connu du système solaire, dans le groupe d'étoiles dont il fait partie. Et ainsi de suite, sans qu'il soit donné d'atteindre à la réalité vraiment absolue des mouvements célestes dans l'espace infini[2].

Si l'on passe de la mécanique à l'optique, même distinction et même conclusion. Dans la première impression que produit sur notre imagination la vue d'un arc-en-ciel, nous prenons tout d'abord ce phénomène

---

1. COURNOT, *Essai sur les fondements de nos connaissances*, liv. I, chap. I, § 8.
2. *Ibid.*, § 8.

pour un objet matériel, teint de couleurs propres, et occupant dans le ciel une place déterminée. Or l'arc-en-ciel n'a aucun degré de consistance objective ; il n'existe en tel lieu de l'espace que relativement à tel observateur placé dans un lieu déterminé : de sorte que, l'observateur se déplaçant, l'arc se déplace aussi, ou même s'évanouit tout à fait. Et pourtant ce n'est point une pure illusion ; car on conçoit parfaitement que les rayons lumineux font leur trajet indépendamment de la vision de l'observateur. Cette vision est la condition de la perception, et non la production du phénomène[1]. Voilà donc une perception dans laquelle se confondent l'apparence et la réalité. Maintenant, qu'un physicien remarque que la lumière, vue par transmission à travers une mince feuille d'or, est effectivement colorée en pourpre ; que de l'or métallique, obtenu en poudre impalpable dans un précipité chimique, est aussi de couleur pourpre ; qu'enfin, par suite de ces observations, il conclue, contre l'opinion commune, que le pourpre est vraiment la couleur de l'or, il aura fait un pas de plus dans l'investigation de la réalité que contient le phénomène ; il aura franchi un terme de plus dans cette série dont le dernier terme, accessible ou inaccessible pour nous, serait la réalité absolue. A ce degré de réalité, l'esprit du physicien n'est point tenté de s'arrêter ; il cherchera à pénétrer dans la raison intrinsèque des phénomènes soumis à son observation, et s'il parvient à les expliquer par le jeu de certaines forces mécaniques combinées avec certains rapports de configuration, il croira avoir saisi la réalité absolue, sous l'apparence phénoménale. Mais, quand toute l'optique pourrait être ainsi ramenée à un

---

1. Cournot, *Essai sur les fondements de nos connaissances*, liv. I, chap. i, § 9.

problème de mécanique, quel savant pourrait assurer que la science a ainsi atteint les dernières limites, dans cette réduction graduelle de la nature sensible à une nature purement intelligible, où il n'y ait plus que des mouvements rectilignes, circulaires, ondulatoires, régis par les lois des nombres[1]. Voilà comment la méthode scientifique poursuit indéfiniment l'absolu, sans jamais l'atteindre. Je montrerai plus loin comment cette solution n'est pas le dernier mot de la pensée philosophique.

La science antique ne connaissait que peu de faits, et encore moins de lois de ce monde auquel elle avait donné un si beau nom. Elle n'en avait qu'une vue incomplète et superficielle, qui pouvait suffire à son admiration. Elle n'en savait pas assez pour en comprendre l'ordre merveilleux. Elle n'avait de la nécessité, de la constance, de l'universalité de ses lois qu'un vague sentiment qu'elle exprimait par un mot mystérieux : l'inexorable Destin. Elle ne se doutait pas à quel point l'Univers mérite son nom, et comment l'action des lois qui produisent un tel ordre est vraiment providentiel. C'est la science moderne qui nous a révélé et nous révèle chaque jour, par ses progrès, la beauté, la grandeur, la fécondité, la puissance de cette Nature, sur laquelle la science antique ne pouvait guère que rêver ou spéculer. Que sont ses descriptions, ses analyses, ses explications, à côté de celles que contiennent nos livres les plus élémentaires ? C'est qu'alors l'Humanité était jeune, et que les instruments manquaient à son génie déjà si puissant. Il n'est pas de science qui nous donne une plus haute idée de la portée des méthodes scientifiques que la mécanique céleste et l'astronomie.

---

[1]. COURNOT, *Essai sur les fondements de nos connaissances*, liv. I, chap. I, § 10.

Celle-ci a dépassé, dans ses découvertes, tout ce que les poètes et les métaphysiciens avaient rêvé ou conçu sur le ciel. Quelle pauvre idée du ciel de la théologie et de la philosophie ancienne, à côté de cette sublime représentation de l'infini, de l'infini dans le nombre, dans le temps et dans l'espace! Quelle étonnante révélation que la genèse de toutes ces nébuleuses d'où sont sortis les innombrables systèmes solaires qui parsèment l'immensité du ciel étoilé! Comment l'esprit humain a-t-il pu atteindre ce qu'il ne peut saisir par l'observation directe? Comment a-t-il pu suivre les mouvements, calculer les distances, pénétrer la composition des corps célestes? Quand on n'a pas le secret des méthodes scientifiques, on est tenté de ne voir que des rêves dans ces hautes spéculations, avec lesquelles l'enseignement élémentaire est devenu familier. C'est que la science aussi a des ailes, pour faire son voyage dans l'infini. Par l'analogie, par l'induction, par l'analyse, par le calcul, elle arrive à découvrir ce que ne peut contempler l'œil humain, aidé des plus puissants télescopes. N'est-ce point par l'analogie que l'hypothèse de Laplace est devenue l'explication de la Genèse universelle? N'est-ce point par l'induction que la loi de la gravitation terrestre a été étendue à tous les mondes de la création? N'est-ce point par l'analyse spectrale, faite dans le cabinet d'un physicien, que s'est révélée l'unité de composition chimique de tous les corps de l'Univers? N'est-ce point par le calcul que Le Verrier a marqué la place de la planète de son nom, que l'observation n'avait pu fixer? Et ces distances fabuleuses que l'accumulation des chiffres suffit à peine à exprimer, n'est-ce pas encore la puissance du calcul qui parvient à en mesurer l'immensité? Voilà des ailes plus sûres que celles de l'imagination ou de la spéculation logique.

On a vu comment la science moderne, par ses méthodes mathématiques, s'élève jusqu'aux plus hauts sommets de l'infiniment grand, pour en embrasser l'immensité. C'est par ses méthodes d'analyse qu'elle descend jusqu'aux plus intimes profondeurs de l'infiniment petit, pour y chercher les secrets les plus cachés de l'existence et de la vie. Avec la méthode des réactifs, elle a découvert les principes des actions moléculaires. Avec le scalpel, elle a séparé les éléments organiques et pénétré dans la composition des tissus. Avec le microscope, elle a fait apparaître les principes de la constitution des êtres organisés. Avec la vivisection et l'observation pathologique, elle a pu localiser les fonctions mentales. Avec cette méthode d'abstraction qui isole les phénomènes psychologiques, elle est arrivée à discerner les faits simples et vraiment primitifs sur lesquels repose la vie morale tout entière. Simplifier partout, dans le règne organique, comme dans le règne inorganique, le problème des causes et des origines, expliquer la vie, dans ses plus hautes comme dans ses plus humbles fonctions par les principes élémentaires qui la composent, telle est l'ambition et l'œuvre philosophique de la science positive. Ces principes sont les atomes dans l'analyse chimique, les cellules vivantes dans l'analyse micrographique, les tissus primitifs dans l'analyse anatomique, les sensations simples dans l'analyse psychologique. Expliquer, pour la science expérimentale, c'est résoudre le composé dans le simple; c'est déterminer les conditions de la production des phénomènes; c'est ramener aux formules les plus générales les faits et les lois de l'être et de la vie. Elle ne connaît pas d'autres principes que les éléments, pas d'autres causes que les conditions. Cette double tâche ne dépasse point les méthodes de la science moderne, et c'est merveille de voir comment elle l'accomplit dans toutes les parties de son œuvre.

La science ancienne, n'ayant à sa disposition ni instruments ni méthodes d'analyse, n'avait pas poussé bien loin le problème des principes élémentaires de la matière. Avant Aristote, elle avait cru les reconnaître tantôt dans l'eau, tantôt dans l'air, tantôt dans le feu. Aristote avait réuni toutes ces opinions dans la doctrine des quatre principes, l'eau, l'air, le feu et la terre. Une seule école, la philosophie atomistique, avait deviné les vrais éléments des corps, les atomes, mais sans avoir constaté, par aucune expérience, les lois des actions moléculaires. C'est la chimie, science de création moderne, qui a découvert ces lois par l'analyse expérimentale, et transformé la théorie des atomes, dont elle a fait des centres de forces, écartant ainsi l'embarrassante question de la divisibilité indéfinie de la matière étendue. C'est elle qui, par des théories comme celle des équivalents, a montré que la diversité des corps tient plutôt à la direction et à la proportion qu'à la nature même des éléments, ramenant à l'unité de force mécanique toutes ces affinités moléculaires dont on avait fait autant de forces irréductibles, dont un plus parfait microscope ferait peut-être apparaître les parties vraiment élémentaires. La découverte de la cellule vivante n'a pas seulement éclairé l'origine des tissus organiques, elle a révélé le mystère de la vie elle-même, en montrant comment d'une seule cellule sort l'organisme entier, par une prolification successive. Faut-il aller jusqu'à prêter à cette unité vivante la conscience, la volonté, comme le veut une école de philosophes naturalistes qui font de toutes les unités de la vie morale, sensation, conscience, volonté, âme, autant d'unités collectives, simples résultantes d'unités simples, qui possèdent déjà tous les attributs que l'observation psychologique constate dans leurs composés? La science pure ne permet pas d'aller jusque-là.

Le problème des rapports du physique et du moral n'était pas nouveau, avant les expériences de la physiologie contemporaine. La philosophie moderne, et même la philosophie ancienne, avaient déjà constaté ces rapports par un certain nombre d'observations curieuses et décisives. Mais ces observations, en les faisant ressortir, ne pouvaient servir à en déterminer le mode. On savait d'une manière générale que le moral et le physique concourent à la production des phénomènes psychiques. On ignorait comment. Il a fallu l'observation pathologique faite sur les malades et sur les fous, et l'expérimentation pratiquée sur les animaux vivants, pour pouvoir arriver à une localisation, déjà certaine, bien qu'incomplète, des facultés mentales dans les organes cérébraux. Quel est le rôle de chacun de ces organes dans le jeu total de la vie psychologique? Quelle est la part distincte et précise de la moelle épinière, de la moelle allongée, du cervelet, des couches optiques, des corps striés, des lobes cérébraux? De nombreuses expériences démontrent que les fonctions diverses, sentir, percevoir, penser et vouloir, se mouvoir, diffèrent de siège comme d'effet, et qu'une limite précise sépare les centres organiques qui leur correspondent. Les nerfs, la moelle épinière, la moelle allongée, les tubercules bijumeaux et quadrijumeaux excitent seuls immédiatement la contraction musculaire. Les lobes cérébraux la déterminent par impulsion, sans l'exciter. En enlevant le cervelet à un animal auquel on laisse le cerveau, on trouve qu'il conserve la faculté de percevoir et de se mouvoir spontanément, tout en perdant la faculté de coordonner ses mouvements. Réciproquement, si l'on enlève le cerveau à un autre animal de la même espèce, en lui laissant le cervelet, on voit qu'il continue à se mouvoir régulièrement, mais comme un automate, étant privé des facultés de percevoir et de vouloir.

L'observation avait déjà montré la distinction des organes de la sensation et des organes du mouvement. Des expériences plus récentes font ressortir la distinction des organes de la sensation et des organes de la perception. Ainsi l'ablation des lobes cérébraux fait perdre à l'instant la vue, tandis que l'iris n'en reste pas moins mobile, le nerf optique excitable, la rétine sensible. L'ablation, au contraire, des tubercules bijumeaux ou quadrijumeaux supprime sur-le-champ la contractilité de l'iris, l'action de la rétine et du nerf optique, ce qui permet de conclure, en dernière analyse, qu'il y a des organes distincts pour les sensations, pour les perceptions, comme pour les mouvements. La doctrine de la localisation des facultés n'est encore qu'à l'état d'ébauche. Mais, en attendant qu'elle arrive à sa complète expression, il faut reconnaître qu'elle a éclairé d'une lumière toute nouvelle la vieille question des rapports du physique et du moral. On peut considérer maintenant comme fixé le siège des principaux phénomènes de conscience dans lesquels se résume la vie psychique, l'activité réflexe dans les centres spinaux constitués par la moelle épinière, la moelle allongée et le bulbe rachidien; l'instinct, la sensibilité brute et sans conscience, la coordination des mouvements dans les centres intermédiaires qui réunissent les couches optiques, les corps striés, les tubercules quadrijumeaux, le cervelet; la sensibilité consciente, l'imagination, la pensée proprement dite, la volonté, tout l'ordre des sentiments moraux, des opérations intellectuelles, des actes volontaires dans les centres supérieurs qu'on nomme les lobes cérébraux. On voit que, si la physiologie cérébrale n'est pas encore parvenue à localiser les fonctions psychiques dans des organes spéciaux, elle a réussi à leur assigner leur siège dans les centres d'organes cérébraux.

En ce qui concerne l'état de conscience, si la physiologie ne peut atteindre directement le fait psychologique qui la constitue, elle peut en découvrir, non plus seulement l'organe, mais la condition. Déjà Claude Bernard avait montré que tout phénomène biologique, depuis la plus simple fonction vitale jusqu'à l'activité intellectuelle et volontaire, a pour cause un travail d'organisation, et pour effet un travail de désorganisation des éléments physico-chimiques. La psychologie physiologique a défini avec une précision toute particulière le rapport de l'activité mentale avec l'action organique, en montrant comment l'intégration de la force nerveuse est la condition de la vie consciente, et comment la désintégration de cette même force en est le résultat. L'activité mentale, dont la conscience est le type, suit les variations de la force nerveuse ; elle croît et décroît selon les phases d'innervation ou d'énervation par lesquelles passe cette sorte de température vitale. Nos sensations extérieures confirment cette hypothèse, en nous avertissant des surexcitations et des défaillances de notre système nerveux correspondant aux clartés et aux obscurités de notre conscience, laquelle est comme un flambeau qui s'allume ou s'éteint, selon l'accumulation ou la consommation de l'énergie nerveuse [1].

L'ancienne psychologie avait plutôt procédé par synthèses que par analyse, dans l'observation des phénomènes de la vie morale. Elle étudiait les faits en bloc, sans paraître en soupçonner la complexité. C'était traiter la nature morale comme l'ancienne physique traitait la nature physique. On en réduisait tous les

---

[1]. Hertzen.

phénomènes à trois facultés élémentaires, la sensibilité, l'entendement, la volonté, comme on réduisait les phénomènes physiques à quatre éléments, la terre, l'eau, l'air et le feu. Leibniz, qui, avec son génie sagace et subtil, a deviné tant de choses dont la science de son temps ne se doutait point, avait déjà dit : « Pour entendre le bruit de la mer quand on est sur le rivage, il faut bien qu'on entende les parties qui composent le tout, c'est-à-dire le bruit de chaque vague, quoique chacun de ces petits bruits ne se fasse connaître que dans l'assemblage confus de tous les autres ensemble. » Cette observation est d'une parfaite justesse. Car où peut se faire cette synthèse des innombrables petits bruits, sinon dans l'oreille. Elle ne lui vient donc pas toute faite du dehors, d'où ne lui viennent que les impressions élémentaires dont se compose la sensation totale. Nul philosophe contemporain n'a mieux expliqué que M. Taine le résultat des expériences faites sur ce sujet. Ainsi qu'il l'observe, la psychologie est aujourd'hui en face des sensations prétendues simples comme était la chimie, à son début, devant les corps prétendus simples.

Il est un groupe de sensations dans lequel la réduction peut être complète : ce sont celles de l'ouïe. C'est sur ce groupe que les expériences décisives ont été faites. Les physiciens et les physiologistes, en poussant leurs recherches, ont préparé les conclusions des psychologues sur la véritable nature de nos sensations. Quand la roue de Savart tourne d'un mouvement uniforme, ses dents également distantes frappent tour à tour une latte en passant, et cette succession régulière d'ébranlements pareils éveille en nous une succession régulière de pareilles sensations. Tant que la roue tourne assez lentement, les sensations, étant discontinues, sont distinctes, et chacune d'elles est un bruit. Mais si la roue se met à tourner avec une vitesse suffisante, une sensation nouvelle s'élève, celle d'un son musical. Cette expérience nous fait assister à la transformation de sensations plus ou moins élémentaires en une sensation totale, laquelle est une synthèse de sensations partielles que le mouvement plus ou moins lent de la roue nous fait distinguer. Cela prouve-t-il, comme le pense M. Taine, que l'unité de sensation ne peut être prise pour le signe de la simplicité du phénomène de conscience, et que celle-ci n'est nullement apte à distinguer le simple du composé? C'est une question que la psychologie réserve. Ce qui ressort évidemment de l'expérience, c'est que les impressions qui forment le faisceau de la sensation proprement dite sont multiples. Et comme ces impressions sensorielles en sont les conditions, la psychologie de la sensibilité a fait un pas, grâce à l'analyse, dans l'explication du phénomène de la sensation.

La nouvelle psychologie, en appliquant la méthode analytique à tous les grands faits de la vie morale, sensibilité, entendement, volonté, est arrivée à des réductions auxquelles l'ancienne n'avait jamais songé. Si contestables que soient les conclusions qu'elle en tire, on ne peut méconnaître l'importance, la précision et souvent l'exactitude de ses analyses. C'est ainsi qu'elle a, dans le chapitre de la sensibilité, ramené les sensations complexes aux sensations élémentaires dont nous n'avons qu'une conscience sourde; dans le chapitre de l'entendement, réduit le domaine de l'*à priori* aux jugements analytiques ; dans le domaine de la volonté, mesuré la part de la liberté et la part de la fatalité, en introduisant la loi du déterminisme jusque dans l'ordre des choses morales. Les conclusions exagérées passeront ; mais les observations et les analyses resteront.

La science proprement dite n'a pas d'autre méthode d'explication, quand il s'agit des faits de l'ordre historique. Ici encore, elle ne s'enquiert que du comment ; elle ne recherche pas d'autres causes des phénomènes que leurs conditions et leurs lois. Remonter aux unes par l'induction, découvrir les autres par l'analyse, voilà partout et toujours la méthode scientifique. Quand l'historien philosophe a trouvé ces lois et ces conditions, dans l'histoire d'une époque, d'une race ou d'un peuple, tout est dit. Il ne s'inquiète pas du reste. Il ne se demande pas si, dans cette succession d'évènements, la civilisation ne suit pas une progression logique d'idées que chaque époque, chaque race, chaque grand peuple réalise à son tour. Il laisse à une philosophie plus haute la solution de tels problèmes.

On voit comment la science entend expliquer les phénomènes de la nature et les phénomènes de l'esprit. Par ses analyses matérielles et ses abstractions mentales elle les réduit à leurs éléments, ou les ramène à leurs conditions. C'est une méthode sûre et féconde dont les résultats ne sont point contestables, si la science ne dépasse pas les conclusions légitimes qu'elle en tire. Elle ne se borne point à observer, à décrire les phénomènes cosmiques, à en découvrir la loi, de façon à montrer l'ordre et l'harmonie qui règnent dans toutes les parties de l'Univers considéré dans l'infiniment grand et dans l'infiniment petit. Elle explique comment se produisent cet ordre et cette harmonie. En cette double tâche, la science fait son œuvre, l'œuvre qui lui est propre, et que toute philosophie vraiment positive doit accepter de ses mains pour pouvoir faire la sienne.

Voilà donc comment la science entend expliquer toutes choses. Est-ce là le dernier mot de la pensée humaine ? La métaphysique, si peu en faveur aujourd'hui, n'a-t-elle plus rien à dire depuis que la science a si bien parlé. S'il faut en croire un de ses plus éminents organes, M. Taine, la science serait l'*alpha* et l'*oméga* de l'esprit humain. Observer et comparer, analyser, abstraire, généraliser, seraient les seuls procédés de la méthode philosophique. C'est l'emploi simultané de ces procédés qui pourrait seul nous donner cette merveilleuse synthèse dont notre philosophe nous fait à grands traits le tableau. Quel que soit l'objet de notre pensée, astronomie, physique, chimie, zoologie, psychologie, histoire, cosmologie, qu'il s'agisse d'une science spéciale ou de la science universelle, tout se ramène à un double travail : analyse et synthèse, en d'autres termes, science et philosophie. « Oubliez, dit-il, à propos d'une étude particulière quelconque, l'immense entassement des détails innombrables. Possédant la formule, vous avez le reste. Ils tiennent au large dans une demi-ligne. Vous enfermez douze cents ans et la moitié du monde antique dans le creux de votre main. »

Même procédé et même résultat, s'il s'agit de la réalité universelle. « Supposez que ce travail de simplification soit fait pour tous les peuples et pour toute l'histoire, pour la psychologie et pour toutes les sciences morales, pour la zoologie, pour la physique, pour la chimie, pour l'astronomie. A l'instant, l'Univers, tel que nous le voyons, disparaît. Les faits se sont réduits, les formules les ont remplacés ; le monde s'est simplifié, la science s'est faite. Seules cinq ou six propositions générales subsistent. Il reste des définitions de l'homme, de l'animal, de la plante, des lois des corps chimiques, des lois physiques des corps astronomiques, et il ne reste rien d'autre. Nous attachons nos yeux sur ces définitions souveraines ; nous contemplons ces créatrices immortelles, seules stables à travers l'infinité du temps qui déploie et détruit leurs œuvres, seules indivisibles à travers l'infinité de l'étendue qui disperse et multiplie leurs effets. Nous osons davantage ; considérant qu'elles sont plusieurs et qu'elles sont des faits comme les autres, nous y apercevons et nous en dégageons par la même méthode que chez les autres le fait primitif et unique d'où elles se déduisent et qui les engendre. Nous découvrons l'unité de l'Univers et nous comprenons ce qui la produit. Elle ne vient pas d'une chose extérieure, étrangère au monde, ni d'une chose mystérieuse cachée dans le monde. Elle vient d'un fait général semblable aux autres, loi génératrice d'où les autres se déduisent, de même que de la loi de l'attraction dérivent tous les phénomènes de la pesanteur, de même que de la loi des ondulations dérivent tous les phénomènes de la lumière, de même que de l'existence du type dérivent toutes les fonctions de l'animal, de même que de la faculté maîtresse d'un peuple dérivent toutes les parties de ses institutions et tous les événements de son histoire.

« L'objet final de la science est cette Loi suprême ; et celui qui, d'un élan, pourrait se transporter dans son sein, y verrait, comme d'une source, se dérouler, par des canaux distincts et ramifiés, le torrent éternel des événements et la mer infinie des choses. Par ces prévisions on s'y transporte ; connaissant ses propriétés, on en conclut sa nature. Les métaphysiciens essayent de la définir sans traverser l'expérience, et du premier coup. Ils l'ont tenté en Allemagne, avec une audace héroïque, un génie sublime, et une imprudence plus grande encore que leur génie et leur audace. Ils se sont envolés d'un bond dans la Loi première, et, fermant les yeux sur la nature, ils ont tenté de retrouver, par une déduction géométrique, le monde qu'ils n'avaient pas regardé. Dépourvus de notations exactes, privés de l'analyse française, emportés tout d'abord au sommet de la prodigieuse pyramide dont ils n'avaient pas voulu gravir les degrés, ils sont tombés d'une grande chute. Mais, dans cette ruine, et au fond de ce précipice, les restes écroulés de leur œuvre surpassent encore toutes les constructions humaines par leur magnificence et par leur masse, et le plan demi-brisé qu'on y distingue indique aux philosophes futurs, par ses imperfections et par ses mérites, le but qu'il faut enfin atteindre et la voie qu'il ne faut point d'abord tenter. »

A part la beauté un peu exubérante des images qui colorent et animent le tableau, il n'y a rien, dans cette description de la synthèse philosophique, qui ne pût être signé par un adepte de la philosophie positive ou de la philosophie critique. Cette synthèse n'est qu'une généralisation des faits portés à son suprême degré. Cette explication des choses consiste à rendre raison des faits par des définitions, par des formules qui ne sont elles-mêmes que l'expression des faits. Voilà bien l'objet, la méthode, la synthèse de cette philosophie dite positive, dont a parlé Auguste Comte dans son principal livre. Sera-t-il permis aux amis du jeune philosophe d'espérer que cette philosophie ne suffira pas à un esprit aussi curieux, aussi actif, aussi pénétrant que l'auteur de tant de grandes et fortes œuvres? Qui nous dit que la méthode expérimentale arrêtera toujours l'essor de cette intelligence, et que le moment ne viendra point où, debout sur ces sommets de la science d'où il voit déjà le monde de si haut, il ne montera pas encore pour entrer dans cette lumière supérieure où, au-dessus des lois, l'on découvre les raisons des choses. Il leur répondrait peut-être en ce moment qu'il y a songé d'abord, en lisant Hegel. Que n'a-t-il pas lu ? Assurément l'impuissance d'un tel effort serait un exemple désespérant, s'il fallait recommencer ce travail de prodigieuse dialectique. Mais si l'on peut arriver, par la voie de l'expérience, et sans frais de spéculation logique, à cette philosophie première, à cette autre synthèse qui explique le pourquoi des choses, M. Taine ne sera-t-il pas tenté un jour de sonder le mystère qui enveloppe le Cosmos de la science? C'est lui qui, avec sa science encyclopédique, pourrait nous faire une philosophie du Cosmos. Il y pense peut-être plus sérieusement que MM. Renan et Berthelot, qui nous l'ont promise. Mais alors qu'il se souvienne un peu de cette métaphysique qu'il a saluée au début de ses études philosophiques. Je ne puis croire qu'on reste le disciple de Condillac, quand on a eu pour premiers maîtres Spinosa et Hegel. J'ai donc confiance que M. Taine reviendra à la métaphysique, mais par une autre route que celle que lui avaient ouverte ces maîtres dangereux. C'est le vœu d'un certain Alexandrin de notre temps, auquel notre ami pensait sans doute, quand il personnifiait l'analyse et la synthèse dans les deux noms de Pierre et de Paul, aux dernières pages de son livre sur les philosophes français du xixe siècle.

J'ai d'autant plus cet espoir, que M. Taine doit voir combien il est difficile, même à la philosophie la plus libre de préjugés métaphysiques, d'accepter les formules de toute espèce, psychologiques, morales, historiques, esthétiques, physiologiques, auxquelles l'a conduit la plus rigoureuse application de la méthode analytique. Quand il nous dit que l'esprit n'est qu'un *polypier d'images*, que le vice et la vertu sont de simples *produits comme le vitriol*, que toute la vie cérébrale n'est qu'une danse incessante des cellules, que le génie n'est que la prédominance d'une faculté maîtresse, que l'évolution historique n'est qu'un mécanisme perpétuel, il ne fait pas qu'émettre des paradoxes de fantaisie. Tout cela a sa vérité, puisque tout cela lui vient de l'observation des faits. Mais comment en accepter la conclusion? C'est un mérite propre à M. Taine d'avoir, par la force de sa pensée, par la rigueur de sa logique, par la clarté et la précision de son langage, mis en évidence l'insuffisance de l'analyse, lorsqu'il s'agit d'arriver à l'explication définitive des choses. Mettez partout, dans ses formules, la condition au lieu de la cause, les profondes études de ce pénétrant et infatigable esprit conservent toute leur valeur scientifique. Mais, en poussant l'analyse à ses dernières limites, il arrive à des conclusions sur la vérité des choses qui font réfléchir sur la portée d'une pareille méthode.

CHAPITRE III.

LA MÉTHODE MÉTAPHYSIQUE.

Que conclure des révélations de la science à la recherche perpétuelle de l'absolu? Que c'est un objet inaccessible à l'esprit humain? Oui, sans doute, dans la voie où la science le poursuit, dans la voie de l'infiniment grand et de l'infiniment petit. Mais ni Kant ni son école n'ont ainsi compris le *noumène* de l'absolu. La philosophie critique n'élève de doute ni sur la réalité objective de nos perceptions, ni sur cette distinction toute scientifique de la réalité relative et de la réalité absolue, telle que nous la fait si bien comprendre Cournot par les exemples que je viens de rappeler. Mais, lorsque ce savant philosophe ajoute que cette réalité absolue, par opposition à la réalité relative, pourrait bien correspondre à ce que Kant nomme les *choses en soi*, il se méprend sur la véritable portée du scepticisme kantien. Kant doute si peu de la réalité objective de nos perceptions, qu'il y distingue deux éléments : la matière et la forme. Il n'a jamais mis en question l'existence du monde extérieur. Il en a même donné une démonstration aussi ingénieuse que concluante, en faisant ressortir l'impossibilité d'expliquer autrement l'ordre déterminé de nos impressions sensibles. Il n'a jamais douté ni des phénomènes qui se produisent sur l'immense théâtre du Cosmos, ni des lois qui les régissent, ni de toutes les vérités que la science enseigne. Son absolu n'est point celui que poursuit la science et qu'elle reconnaît ne pouvoir jamais atteindre, tout en s'en rapprochant sans cesse. L'essence des choses, l'intelligible, tel est l'absolu que poursuit la métaphysique, et dont la science positive n'a point à s'occuper. Au delà des apparences auxquelles la science ne s'arrête jamais, au delà des réalités dans lesquelles elle se tient, Kant retrouve le vieux problème ontologique qu'aucune science positive, aucune spéculation logique ne peuvent atteindre. La matière, l'âme, Dieu, voilà les trois objets dans lesquels il résume ce problème, les *noumènes* qu'il déclare inaccessibles à la raison humaine, après les constants et vains efforts de la métaphysique ancienne et moderne.

On a vu ce que peuvent l'analyse et la synthèse scientifique : tout décomposer et tout recomposer; décomposer la réalité complexe dans ses éléments, la recomposer de manière à en rétablir l'unité de composition et d'organisation par la perception des rapports. Si la science, au lieu de reconstituer l'unité des êtres, a pour tâche de remonter à leurs causes, elle s'applique à en découvrir les conditions d'existence, sans chercher autre chose. Est-ce bien là l'unité réelle? Est-ce bien la vraie cause? On peut en juger d'après les conclusions. Toutes ces unités dont parle la science ne sont que des unités collectives. Toutes ces causes ne sont que de simples résultantes. Ce n'est pas seulement dans le monde inorganique qu'elle voit les choses ainsi; il en est de même dans le monde vivant. L'organisme à tous ses degrés, même l'organisme humain, se résout en une collection d'unités élémentaires. La physiologie de M. Robin aboutit tout entière à la pure action des cellules vivantes. La psychologie de M. Taine définit l'esprit un polypier d'images. Et il ne peut en être autrement avec une analyse qui détruit toute unité, et une synthèse qui ne peut rétablir qu'une unité de composition. Voilà comment individualité et personnalité ne sont que des mots vides de sens pour la méthode scientifique. Voilà aussi comment elle ne parle d'activité spontanée, d'activité libre que comme de préjugés qui ont fait leur temps. Unité, causalité, spontanéité, instinct, volonté, facultés, âme, autant de fictions ontologiques. La science explique tout par des résultantes et des actions réflexes. Quant à la grande unité, à la cause première que de tout temps les hommes ont saluée du nom de Dieu, la science n'y voit que la loi suprême de la mécanique universelle. C'est ainsi qu'elle entend la solution de tous les problèmes dont la métaphysique s'était réservé le privilège.

Cela suffit-il à la pensée humaine ? Quand la science a découvert par l'analyse les principes élémentaires des choses, qu'elle en a déterminé les conditions par l'expérience, ne laisse-t-elle plus de mystères à pénétrer ? Supposons, avec M. Taine et les philosophes de son école, qu'elle ait entièrement accompli sa tâche dans cet ordre de recherches. Tout est-il dit ? Elle a partout, non seulement observé, mais expliqué la réalité : comment l'éther primitif s'est condensé en nébuleuses; comment de chaque nébuleuse est sorti un système solaire; comment notre planète, en passant par toutes les transformations que la géologie a constatées, est devenue ce merveilleux théâtre de la vie et de l'intelligence où l'homme a sa royale demeure. Elle a montré comment l'ordre est partout, même là où l'ignorance des lois de la Nature ne le soupçonnait pas, où la sagesse antique ne pouvait que le deviner. Mais cet ordre lui-même, comment l'expliquer ? Comment se fait-il que tout y concourt et y conspire, dans cette immense activité des atomes cosmiques ? Comment ces atomes innombrables ont-ils pu combiner leur action de manière à faire du chaos primitif le Cosmos que la science nous fait de plus en plus connaître? Si la science répond qu'ils ont fait pareille œuvre en obéissant simplement aux lois de la Nature, le sens commun lui réplique par le mot de Voltaire : qu'il n'y a pas de lois sans législateur, et que l'horloge fait penser à l'horloger. Que la philosophie ne se tienne point pour satisfaite de cet argument, c'est une autre affaire. Toujours est-il qu'il rend sensible l'insuffisance des explications scientifiques. Plus la science nous révèle le Cosmos, plus l'esprit humain a droit de demander la raison de l'ordre admirable qui lui mérite son nom. Qu'elle refuse toute explication qui dépasse l'ordre naturel des choses, qu'elle ne veuille entendre parler ni de cause motrice, ni de cause créatrice transcendante, qu'elle substitue partout l'évolution à la création proprement dite, dans toute explication des œuvres naturelles, c'est son droit. La philosophie elle-même peut tomber d'accord avec la science sur ce point. Ce qu'elle ne peut accepter, c'est que le problème de l'ordre universel reste sans solution. Une science qui ne peut expliquer le mystère en restant dans l'ordre naturel; une théologie qui ne peut l'expliquer sans en sortir, voilà l'antinomie dans laquelle la critique semble avoir enfermé l'esprit humain.

Dans une de ses plus belles préfaces, Victor Cousin, encore sous l'impression des révélations philosophiques d'outre-Rhin, disait en parlant de la philosophie de Schelling et de Hegel, « Elle est la vraie. » Il a pu trouver plus tard qu'il en avait trop dit. Ce jugement se comprend, si l'on ne songe qu'à la grande pensée qui pénètre et remplit cette philosophie tout entière. Fichte, Schelling, Hegel ont compris que l'opposition du sujet et de l'objet de la connaissance rend invincible la thèse de Kant sur l'impossibilité d'atteindre le noumène. Et, bien qu'il ne soit pas nécessaire de remonter à la tradition idéaliste de l'antiquité pour expliquer la méthode hardie de la philosophie nouvelle, il suffit de relire Platon, et surtout Plotin, pour reconnaître qu'ils n'ont fait que renouveler cette tradition. L'idéalisme grec avait, lui aussi, un scepticisme à réfuter, non pas le scepticisme savant de Kant, mais celui des sophistes ou des empiriques qui se nomment Protagoras, Pyrrhon, Énésidème et Sextus. Platon ne comprenait pas que l'intelligence pût comprendre l'intelligible sans que le sujet se confondît avec l'objet. Si la sensation, selon lui, ne pouvait donner une connaissance véritable, c'est surtout parce que, dans la sensation, l'objet est étranger au sujet. Nul philosophe de cette école n'a plus fortement établi ce principe que Plotin, dans les *Ennéades*. Je demande la permission au lecteur de citer une page, où je n'ai fait que traduire sa pensée. « Ce n'est que dans l'intelligence pure que la connaissance est absolument simple et intime. Là, le sujet qui pense et l'objet pensé se confondent. L'intelligence seule perçoit intérieurement ; l'objet intelligible n'est pas hors d'elle, mais en elle. Elle le comprend et le possède réellement, tandis que l'objet sensible échappe aux prises des sens. C'est là ce qui fait que le sens et tout ce qui s'y rattache, l'imagination, le raisonnement, est sujet à l'erreur, tandis que l'intelligence ne l'est point. Elle a de l'intelligible une connaissance vraie et infaillible, parce qu'elle en a vraiment conscience. Les essences intelligibles, les idées, ne sont ni des principes abstraits de la pensée, ni des êtres supérieurs et extérieurs à l'intelligence ; c'est le fond même de l'intelligence. En les pensant, l'intelligence se pense elle-même [1]. » On voit que l'idéalisme

---

1. *Histoire critique de l'École d'Alexandrie*, t. I, p. 372.

grec et l'idéalisme germanique sont bien proches parents. On peut ajouter que la théologie de Malebranche, de Fénelon, de Bossuet, qu'ils en aient eu conscience ou non, n'est guère autre chose qu'une réminiscence platonicienne reproduite en un langage plus facile à entendre. Et quand Victor Cousin a parlé de la nouvelle philosophie allemande en termes si sympathiques, il est permis de croire qu'il ne séparait pas Platon ni Plotin de Schelling dans son admiration.

Quel que soit le fond de vérité que couvrent les belles images de l'idéalisme platonicien et les obscures formules de l'idéalisme germanique, il est certain que l'esprit philosophique contemporain n'acceptera jamais ni ces images ni ces formules comme expression de la pensée métaphysique. Pour croire à cet *absolu* dont il se défie plus que jamais, à ce *noumène* dont la philosophie critique lui a fait un problème insoluble, il lui faut une méthode plus simple et plus conforme à ses habitudes scientifiques. Il n'y a plus à recommencer les tours de force de logique, ni les révélations intuitives dont Schelling et Hegel ont abusé, pas plus qu'il n'est utile de reproduire les métaphores de Platon et de Plotin. Ce n'est point dans une dialectique subtile ou ténébreuse qu'il faut chercher cette identité du sujet de l'objet, de l'intelligence et de l'intelligible, des idées et des choses, qui reste la vraie solution du problème des noumènes. Dire que l'être et la pensée ne font qu'un, c'est trop rappeler les formules de Parménide. Dire surtout que la pensée crée le monde en le pensant, que la Nature n'est que l'acte extérieur de l'esprit, semble une énormité paradoxale que nulle explication ne fera accepter à l'esprit français. Victor Cousin, avait donc bien fait de chercher le mot de l'énigme dans l'expérience psychologique. S'il n'a pas su l'y trouver, c'est qu'il s'est obstiné à la chercher dans l'origine surnaturelle de la raison. Son entreprise philosophique n'eût point mérité la critique qu'adressait Platon à Anaxagore, auquel il reprochait d'avoir oublié, dans l'explication des choses naturelles, cette Intelligence qu'il avait évoquée dans un moment d'heureuse inspiration. Victor Cousin n'a point commis la même faute d'expliquer le monde par de pures raisons physiques. Il l'a simplement écarté de sa synthèse philosophique, en ne donnant pour objet à la philosophie que l'âme et Dieu. Son spiritualisme a négligé la Nature, qu'il connaissait trop peu, et laissé le problème cosmologique sans autre solution que le mystère de la création et le lieu commun de la Providence. C'est à cela que s'est bornée sa philosophie de la Nature.

Le spiritualisme nouveau reprend la grande tradition spiritualiste qui a toujours fait de la philosophie l'explication supérieure et universelle des choses, embrassant dans sa synthèse la Nature entière, aussi bien que Dieu et l'Humanité. Seulement, il la reprend en abandonnant ses vieilles méthodes, et en cherchant, à l'exemple d'Aristote et de Leibniz, dans l'expérience intime le principe qui doit le guider et l'éclairer pour la solution des grands problèmes métaphysiques. La conscience est un œil qu'il suffit de bien appliquer pour voir clair dans le grand livre de la Nature. Sans son intuition, tout y est obscur, inexplicable, inintelligible. Voir les choses n'est pas les penser. De tout temps, la haute philosophie a compris cette vérité, et l'a exprimée par la distinction du monde sensible et du monde intelligible. Seulement, elle s'est perdue dans un idéalisme abstrait. Il n'y a pas deux mondes, en réalité, séparés par leur essence, comme l'a dit Platon. Le Cosmos que nous fait connaître la science est bien le Cosmos que nous fait penser la philosophie. Mais, tandis qu'il livre à la première sa réalité visible, il réserve à la seconde sa réalité invisible. En le regardant, le philosophe le voit d'un autre œil que le savant. La seule méthode féconde pour cette vision supérieure qui se nomme la métaphysique, c'est la réflexion appliquée, comme un microscope intérieur, aux phénomènes de la conscience. Telle est la vraie méthode spiritualiste, celle qui concentre la pensée philosophique dans l'intuition des vrais principes des choses, tandis que toutes les autres, dans l'antiquité comme dans les temps modernes, s'égarent dans l'abstraction, et perdent de vue l'essence même de la réalité, le fond de l'être, le vrai *noumène* que Kant a cru impénétrable, parce qu'il n'a pas vu où il fallait le chercher.

Pour la science, tout est mouvement et force. Mais qu'est-ce que ces mouvements, qu'est-ce que ces forces dont le jeu mystérieux produit le Cosmos? La science pure ne le sait pas ni ne peut le savoir. Mouvement et force sont des termes abstraits qui lui sont nécessaires pour exprimer les changements de toute espèce qu'elle observe et constate, dans l'ordre des choses naturelles. La mécanique, la physique, la chimie, la biologie, nous en montrent les lois. Quand la science a dit que la force est la cause du mouvement, et que le mouvement est un changement de lieu ou de forme, elle a dit tout ce qu'elle sait sur l'effet et sur la cause. C'est par les lois de l'expérience qu'elle explique l'ordre universel. Mais l'explication de ces lois lui échappe, et elle ne la cherche même pas, parce qu'elle n'a pas le flambeau qui pourrait la lui révéler. Quel est le principe des lois qui font sortir un si bel ordre du jeu de ces forces et de la coïncidence de ces mouvements? C'est dans la nature même de la force et dans la tendance nécessaire du mouvement qu'il faut le chercher. Mais où se trouve le type de la force dont nous pouvons connaître la nature? Où se trouve le type du mouvement dont la tendance nous est révélée? Dans le monde de la conscience.

C'est dans ce monde-là seulement que le sens intime atteint des forces qui sont de véritables causes, et non plus de simples conditions des phénomènes. Il perçoit des mouvements volontaires ou instinctifs, qui tendent à une certaine fin dont le moi a conscience. Causalité et finalité, voilà les deux grandes lumières qui éclairent d'abord tout ce monde intérieur. Il est une école de psychologie qui, transportant dans l'étude de l'homme la méthode si heureusement appliquée à l'étude de la Nature, ne veut voir dans l'homme, comme dans la Nature, que le théâtre de phénomènes dont le fond reste inconnu et inaccessible à l'observation. Au dedans comme au dehors, la pensée ne saisirait que des rapports de succession, des antécédents et des conséquents, les vraies causes restant cachées dans l'impénétrable domaine de l'inconnaissable. La critique de Kant a semblé donner raison à cette école, qui remonte à Hume, en reléguant la cause personnelle elle-même parmi ces *noumènes* dont elle interdit la connaissance à l'esprit humain.

L'école de Maine de Biran a répondu à l'école empirique de Hume et à la critique de Kant, en montrant, par une profonde analyse, comment le moi se sent directement la cause libre de tous ses actes, la force maîtresse de tous ses mouvements; comment il se connaît, non seulement dans la manifestation de son activité, mais encore dans le fond de son être. Disons surtout dans le fond de son être; car c'est lui, et lui seul, que le moi sent, dans tous les phénomènes psychiques qui ont pour objet le monde extérieur, tels que la sensation, la perception, l'imagination, l'effort musculaire qui a pour principe la volonté. A parler rigoureusement, ce n'est pas du phénomène que nous avons conscience, c'est de la cause ; ce n'est pas de la sensation, de la perception, de l'image, de l'effort musculaire, c'est de la réaction du moi, correspondant à l'impression des choses extérieures.

C'est dans ce sentiment intime, profond, indiscutable que la psychologie recueille la notion de l'esprit. On peut disputer éternellement, sans s'entendre, sur la spiritualité de l'âme, quand on se perd dans le vide des abstractions logiques. Tant que l'étendue a été considérée comme la propriété fondamentale des corps, on a pu faire de la divisibilité indéfinie le caractère essentiel de la matière, et de la simplicité absolue le caractère essentiel de l'esprit. Depuis les nouveaux enseignements de la science, voilà tout un ordre d'arguments métaphysiques, regardés comme invincibles, qui n'a plus de valeur. Si tout est force, dans le monde de la nature comme dans le monde de l'esprit, c'est dans un autre ordre de considérations qu'il faut chercher la distinction des substances. Cette distinction est réelle, même profonde ; mais elle n'est point là où la vieille psychologie la faisait résider. Il y a force et force, dans la vie universelle : il y a la force passive, dépendante, fatale ; il y a la force active, spontanée, libre. La passivité, la dépendance, la fatalité, sont les vrais caractères du type matériel. L'activité, la spontanéité, la liberté, sont les vrais caractères du type spirituel. Voilà en quel sens il faut comprendre que le monde des sens est le domaine de la matière, et que le monde de la conscience est le domaine de l'esprit. C'est de la conscience que jaillit la lumière qui vient éclairer l'immense scène du Cosmos. Par une induction toute naturelle, la pensée applique au monde extérieur les enseignements du sens intime sur la vraie nature de la force et sur la vraie portée du mouvement. Toute force étant une cause et tout mouvement une tendance, le principe de causalité et le principe de finalité dominent le monde des sens, aussi bien que le monde de la conscience.

Qu'est-ce à dire? La science explique tout, même l'esprit, par la matière, en montrant comment le règne organique, aussi bien que le monde inorganique, est soumis aux lois de la mécanique. La philosophie explique tout, même la matière brute, par l'esprit, en montrant comment le règne inorganique, aussi bien que le règne organique, obéit aux lois de la finalité. Y aurait-il contradiction entre les explications de la philosophie et celles de la science? Leibniz ne le pensait pas. « Il est bon, dit-il, de concilier ceux qui espèrent expliquer mécaniquement la formation de la première tissure d'un animal et de toute la machine des parties, avec ceux qui rendent raison de cette même structure par les causes finales : l'un et l'autre est bon, et les auteurs qui suivent ces voies différentes ne devraient point se maltraiter ; car je vois que ceux qui s'attachent à expliquer la beauté de la divine anatomie se moquent des autres qui croient qu'un mouvement de certaines liqueurs, qui paraît fortuit, a pu faire une si belle variété de membres, et traitent ces gens-là de téméraires et de profanes. Et ceux-ci, au contraire, traitent les premiers de simples et de superstitieux, semblables à ces anciens qui prenaient les physiciens pour impies, quand ils soutenaient que ce n'est pas Jupiter qui tonne, mais quelque matière qui se trouve dans les nues. Le meilleur serait de joindre l'une et l'autre considération [1]. » Les deux méthodes sont donc également dans la voie de la vérité, en poursuivant leur explication : l'une explique le comment, et l'autre le pourquoi. La science, on ne saurait trop le redire, ne recherche que les conditions et les éléments des choses, tandis que la philo-

---

1. *Discours de métaphysique* (Opuscules inédits, 1857), p. 353.

sophie en recherche les raisons et les causes. Seulement, dans cette double explication, c'est à la philosophie qu'appartient le dernier mot; car c'est elle qui révèle le grand mystère du chaos se transformant en Cosmos, sous l'action de causes inexplicables pour la science.

Allons jusqu'au bout de notre pensée : le vrai principe des choses n'est pas la matière, c'est l'esprit; la matière n'en est partout que la condition. Le matérialisme n'est que l'illusion d'une imagination grossière, comme l'idéalisme est l'illusion d'une abstraction subtile. S'il est vrai que, dans l'évolution universelle, tout procède, suivant l'ordre du temps, du simple au composé, de l'abstrait au concret, comme a dit Hegel, du pire au meilleur, comme disait Aristote, il ne l'est pas moins que dans l'ordre rationnel, c'est le pire qui vient du meilleur, comme le disait le même Aristote. Ce qui fait l'erreur du matérialisme, c'est qu'il confond sans cesse l'origine des choses avec leur principe. On ne saurait trop insister sur ce point, qui est toute la métaphysique de la nouvelle école spiritualiste. La définition du mouvement et de la force par la mécanique n'est qu'une pure abstraction. La force réelle est une force qui tend à un but. Le mouvement n'est que la réalisation de cette tendance. C'est en ce sens que le spiritualisme peut affirmer qu'une pensée finale étant en toute chose, l'esprit est partout. Oui, l'esprit est dans toute la Nature, dans l'atome éthéré, dans l'atome pondérable, comme dans la cellule vivante, comme dans l'organisme complet, comme dans l'homme, le type de la nature spirituelle, pour notre intelligence bornée à la connaissance des êtres de notre planète. Loin que l'esprit ne soit qu'un *maximum* de la matière, c'est la matière qui est le *minimum* de l'esprit; car, dans le type le plus simple, comme dans le type le plus complexe de l'être, c'est toujours l'esprit qu'on retrouve. L'être, c'est l'esprit; l'esprit, c'est l'être : proposition dont l'identité peut être algébriquement exprimée par $A = A$. L'esprit est déjà dans le mouvement mécanique allant géométriquement à sa fin ; il est plus visiblement dans le mouvement organique procédant par la voie de l'évolution ; il se manifeste plus clairement encore dans le mouvement instinctif, suivant une impulsion invincible ; il éclate enfin dans l'acte psychique où la notion de cette fin apparaît à l'état conscient. Donc, au lieu de dire : Tout est matière, c'est Tout est esprit qu'il faut dire. C'est le cas de répéter, avec plus de raison encore, le mot de la sagesse antique : *Il n'y a rien de vil dans la maison de Jupiter*. Le stoïcisme, qui a dit ce beau mot, pensait à cette Raison universelle qui pénètre toute forme et toute vie dans la Nature. Cette grande doctrine touchait à la vérité ; elle n'était pas encore toute la vérité. La Raison n'est pas seulement dans la Nature, elle est la Nature elle-même.

Rêves que tout cela! diront nos écoles positivistes et matérialistes. Que savez-vous de toutes ces choses? Qui vous donne le droit de faire une aussi hardie induction? Votre explication n'est qu'une hypothèse métaphysique, c'est-à-dire une hypothèse que nulle observation ne peut vérifier. — Quand ce ne serait qu'une hypothèse, la science positive serait mal venue d'en parler avec dédain, si elle explique ce que la science elle-même avoue ne pouvoir expliquer. N'y a-t-il pas, dans le domaine scientifique, telles hypothèses que l'expérience ne confirmera peut-être jamais, et qui ont passé, dans le domaine scientifique, à l'état de vérités acquises, parce qu'elles sont absolument nécessaires à l'explication de phénomènes constatés par l'expérience? Qu'est-ce qui fait de l'éther une hypothèse qui a maintenant l'autorité d'une vérité scientifique dans le monde savant? C'est qu'il est impossible d'expliquer la transmission de la lumière sans l'existence de la matière éthérée. Émissions, ondulations, vibrations, quelque mode de communication que l'expérience découvre ou que la science imagine, l'hypothèse de l'éther est là pour l'expliquer. La pensée scientifique ne conçoit pas une autre explication. Quand le spiritualisme n'aurait que le privilège d'expliquer le plus grand des mystères, l'ordre universel sortant du chaos universel, ne serait-ce pas une hypothèse fort respectable?

Mais la doctrine de l'esprit n'est pas une simple hypothèse, comme les théories par lesquelles la science explique certains ordres de phénomènes. Tant que celles-ci n'ont pas reçu de l'expérience leur confirmation, elles laissent une porte ouverte au doute, parce que la science n'est point assurée qu'il n'y a pas d'autres explications des mêmes phénomènes. Ici, l'induction qui transporte du monde de la conscience au monde de la Nature les notions de causalité et de finalité, s'impose avec l'autorité d'une loi de la pensée humaine, qui peut s'arrêter devant le mystère, mais non devant l'absurde. Je dis absurde ce qui révolte l'intelligence. Parler du hasard pouvait ne pas choquer la sagesse antique au même degré que la science moderne, parce que l'antiquité n'a pas connu les plus grandes lois de la Nature. Mais, après les révélations de l'observation et de l'expérience, on ne peut plus prononcer ce mot, lequel reste absolument vide de sens, puisque partout où il y a une loi, il n'y a plus de hasard. Le problème a donc changé de forme, depuis les progrès de la science moderne. Ce n'est plus d'expliquer les effets du hasard qu'il est question, c'est d'expliquer la loi qui met l'ordre partout dans la Nature.

J'ai dit une loi de la pensée. L'histoire des religions et des philosophies est là pour l'attester. De tout temps l'esprit humain a cherché et trouvé une solution quelconque de ce problème. Que l'imagination, que l'abstraction logique, que le sentiment ait eu plus de part que l'expérience dans les croyances religieuses ou dans les doctrines métaphysiques, c'est ce que la critique a surabondamment démontré. Il n'en reste pas moins vrai que le problème a surnagé dans le naufrage de ces croyances et de ces doctrines. Il est encore debout, quoi que fassent les écoles de philosophie critique ou positiviste, qui prétendent en avoir fini avec la théologie et la métaphysique. Et même, à vrai dire, l'esprit critique et l'esprit positif arrivent rarement à une suppression absolue du problème. S'ils lui ferment la porte du domaine scientifique, ils lui laissent ouverte celle du domaine de la foi. Littré lui-même, si antipathique à toute spéculation métaphysique, n'était point indifférent aux dogmes religieux. Il faisait la part, non seulement pour le passé, mais pour le présent et l'avenir, à la foi de l'imagination et du sentiment, dans l'histoire de la pensée humaine, en lui refusant toute autorité scientifique. Il n'était impitoyable que pour la métaphysique. Quant au positivisme absolu qui en est venu à supprimer le problème lui-même de l'explication des choses, il n'est guère professé que par cette famille d'esprits qui n'ont jamais éprouvé le besoin de s'expliquer le grand mystère. La science qui observe, décrit, classe la réalité, en analyse les éléments, en détermine les lois, leur suffit pleinement. Ils n'ont jamais pensé au pourquoi. La petite église résolument positiviste fera-t-elle, comme elle s'en flatte, la conquête de l'esprit humain ? Parviendra-t-elle à l'endormir sur tous ces problèmes qui l'ont tenu et le tiennent encore si fort en éveil ? Nous ne pouvons croire, nous autres métaphysiciens, qu'elle ait à sa disposition un chloroforme assez puissant pour opérer ce miracle. En attendant, le problème reste, et la pensée résiste toujours à l'opération qu'on tente sur elle. Partout elle reprend le problème pour le résoudre. C'est qu'elle obéit véritablement à une loi irrésistible.

Avec l'intuition psychologique, tout devient lumière ; sans cette intuition, tout reste mystère. Mystère l'évolution cosmique ; mystère l'évolution terrestre ; mystère l'évolution organique ; mystère l'évolution animale ; mystère l'évolution anthropologique ; mystère le progrès en tout et partout. Le spiritualisme universel, que notre méthode oppose au matérialisme universel, n'offre rien de contraire à la raison, pourvu qu'il soit maintenu dans les limites de l'expérience. Quand nous disons que la pensée est partout, dans l'atome comme dans l'être pensant, nous n'entendons pas que tout soit pensée, conscience, volonté, amour, dans la Nature. Nous ne songeons point à renverser les barrières infranchissables entre les règnes, entre les genres, entre les espèces. Nous respectons scrupuleusement l'ordre merveilleux qui fait que tout règne, tout genre, toute espèce a ses attributs propres, ses lois particulières d'existence et de développement. Faire remonter la conscience, la pensée, la volonté, l'amour jusqu'à l'atome nous paraît un rêve extravagant. L'atome n'est point une matière inerte, attendant son mouvement d'un choc extérieur, inexplicable pour le matérialisme. C'est une force qui va spontanément à sa fin, comme les êtres les plus intelligents de la Nature. Est-ce pour cela une force consciente, intelligente et volontaire ? La conclusion serait absurde. Cette force reste ce qu'elle est, avec les propriétés inhérentes à son essence, ni plus ni moins. Tous ses mouvements sont des tendances à un but final, sans quoi il serait impossible de comprendre les lois qui les régissent. Mais ces mouvements n'en sont pas moins d'un ordre tout mécanique, essentiellement différents des mouvements de l'ordre organique, des mouvements instinctifs de l'animal, des mouvements volontaires de l'homme. C'est une étrange manière de raisonner que de dire : « C'est d'une combinaison d'atomes que résultent des êtres vivants et conscients ; donc chaque atome possède la vie, la conscience, la volonté, tous les attributs des êtres qui sont les types mêmes de l'esprit. » Ou bien encore : « C'est du concours des cellules vivantes que résultent les individus qui ont pour caractères propres la personnalité, la liberté ; donc chaque cellule est une individualité personnelle et libre. » Voilà une application bizarre de l'axiome : Il ne peut y avoir moins dans la cause que dans l'effet. Notre spiritualisme n'entend donc point que tout être soit un esprit. Il ne va pas jusqu'à dire, avec d'éminents penseurs de notre école, que tout pense dans la Nature. Il se contente de croire que la pensée directrice est au fond de toute composition, de toute organisation, de toute évolution. Il répète volontiers le mot de l'Évangile : L'esprit souffle partout. C'est par la vertu de ce souffle universel que le Cosmos entier en prend l'empreinte, et en montre l'image par l'ordre, l'harmonie, la beauté dont il nous offre le magnifique spectacle.

Où va la force qui fait la matière ? Où tend le mouvement dont la science nous révèle les lois ? Tout s'achemine, par le progrès, vers l'idéale perfection, vers le Bien absolu. Ce n'est pas la philosophie seulement qui le conçoit par l'idée que la conscience lui donne de l'esprit ; c'est la science qui le montre dans tous les ordres de connaissances auxquels elle applique l'observation et l'analyse. Dès la plus haute antiquité, la théologie avait dit son mot sur le monde. Dans le livre de la *Genèse*, Jéhovah, en regardant son œuvre, vit que cela était bien. Dans le *Timée*, Platon dit que le monde est bon, parce qu'il a été créé sur l'Idée suprême du bien. Aristote, dans la *Physique*, affirme que la Nature entière est suspendue au Bien. J'ai déjà cité le mot de la sagesse stoïcienne : *Il n'y a rien de vil dans la maison de Jupiter*. Mais l'antiquité connaissait mal la Nature. C'est à la science moderne surtout qu'il appartient de témoigner de l'ordre, de l'harmonie, de la beauté du Cosmos, ainsi que du progrès universel qui l'emporte vers le Bien, sous l'empire des lois qu'elle a découvertes.

Le voilà, cet Absolu que poursuivent la science positive et la spéculation logique, la science avec la certitude de n'y jamais parvenir, la spéculation avec l'illusion de le posséder. Le voilà tel que la conscience nous le révèle. La science a beau le chercher dans l'infiniment grand et dans l'infiniment petit. Elle le voit toujours fuir devant elle, dans l'immensité du ciel. On a vu comment la réalité relative des mouvements astronomiques n'arrive jamais, en s'agrandissant toujours, jusqu'à la réalité absolue. La science le voit également disparaître dans l'infinie petitesse de l'atome. Elle sait que l'absolument simple échappera toujours à ses plus rigoureuses analyses, comme à ses observations les plus microscopiques. La spéculation métaphysique a trop souvent pris pour l'absolu le vide, le non-être qui n'en est que l'ombre. Si l'idéalisme d'un Platon, d'un Plotin, d'un Schelling, d'un Hegel a rencontré l'absolu lui-même, c'est une rencontre fortuite, due à telle ou telle réminiscence psychologique. Qu'est-ce que l'absolu, sinon l'être même des choses. Et qu'est-ce que l'être des choses, sinon la causalité finale qui est le fond de toute existence ? Or ce n'est ni la logique, ni la science qui nous donne la causalité et la finalité : c'est la conscience. Quelle profonde erreur de croire qu'on peut trouver l'absolu dans la Nature, parce que partout elle offre l'image de l'infini, de l'infini en grandeur, de l'infini en petitesse ! L'absolu, comme l'indique son nom, est ce qui se suffit à lui-même, ce qui explique tout, sans être expliqué par rien. Quand la pensée mesure le champ de l'infiniment grand, elle ne s'arrête jamais. Quand elle mesure le champ de l'infiniment petit, elle ne s'arrête pas davantage. Elle ne s'arrête et ne se repose que dans la suprême Finalité, comme dans la raison première et dernière de toute vie et de toute force. C'est à ce signe qu'elle se reconnaît dans l'absolu.

L'absolu n'est que dans l'esprit. Mais comment l'y voyons-nous ? Est-il besoin pour cela de l'effort dialectique de Platon, ou de l'extase mystique de Plotin, ou de la vision en Dieu de Malebranche, ou de l'intuition transcendante de Schelling, ou du procès logique de Hegel ? Nullement. Il suffit de se regarder soi-même, dans le clair et pur miroir d'une conscience réfléchie. C'est là qu'on découvre et contemple l'esprit dans son type le plus complet et le plus achevé; c'est là qu'il apparaît avec tous les attributs qui le caractérisent, avec l'intelligence, avec la volonté, avec l'amour, avec cette activité finale qui est l'essence même de l'esprit. Voir tout en Dieu est une belle formule métaphysique, dans le sens où l'entendait Malebranche. C'est voir toutes choses finies et imparfaites dans le parfait et dans l'infini. Voilà le dernier mot de l'idéalisme. Mais qu'est-ce que le parfait, qu'est-ce que l'infini vu autrement que dans le miroir de la conscience ? Ce ne peut être que le Dieu de Spinosa. La formule qui me paraît le plus particulièrement convenir au spiritualisme diffère de celle de Malebranche : voir tout dans l'esprit ; y voir la Nature qui en est l'image ; y voir Dieu qui en est le principe suprême, caché dans les profondeurs insondables de son essence. La divinité a pour temple la Nature entière, et pour sanctuaire la conscience. Dans la première, elle disperse ses rayons; dans la seconde, elle les concentre, de façon à éclairer le fond de son être. Telle est la différence de la méthode idéaliste et de la méthode spiritualiste. Tandis que la première égare la pensée métaphysique dans le désert vide de l'abstraction, la seconde la fait pénétrer au cœur de la réalité. Platon, Plotin, Malebranche, Schelling, Hegel, tous ces grands idéalistes, ne sont spiritualistes qu'en dépit de leur méthode spéculative. Aristote, Leibniz, Maine de Biran le sont en vertu de la méthode psychologique, la seule vraiment féconde. Voilà pourquoi ils restent les vrais maîtres du spiritualisme, comme Parménide et Spinosa restent les vrais maîtres de l'idéalisme. Nul historien de la philosophie n'a mieux vu ni mieux fait ressortir cette vérité que M. Ravaisson.

Deux grandes écoles de philosophie, le matérialisme et l'idéalisme, se sont obstinées de tout temps à chercher l'être des choses où il n'est point. Sur le signe trompeur de l'immuable durée, elles ont cru le trouver, l'une dans l'essence pure, l'autre dans l'élément simple. L'essence pure n'est qu'une abstraction. L'élément simple n'est que la matière des choses. Aristote l'a dit, dans un langage dont la précision ne laisse rien à désirer à la pensée moderne. L'être proprement dit réside dans la forme ; il n'atteint à sa perfection que dans l'acte pur. La matière n'en est que le sujet élémentaire. Or qu'est-ce que l'acte pur, sinon la causalité finale que nous révèle la conscience? Et où Aristote a-t-il trouvé ce type de l'être de la vie et de l'âme, si ce n'est dans l'expérience intime? Aristote a pu se faire une fausse idée du monde astronomique où l'immuable et l'impérissable lui apparaissait comme le signe de la perfection. Dans le monde inférieur, le seul soumis à l'observation de la science antique, il a vu clairement que l'essence des choses est dans la réalité concrète de la forme, nullement dans la substance abstraite de la matière. S'il a conçu, en outre, l'acte parfait comme éternel et immuable, c'est toujours en le considérant comme le type absolu de la forme et de l'action, l'essence même de la pensée.

Il est un rapprochement curieux à faire, dont le mérite appartient à l'auteur de la *Métaphysique* d'Aristote : c'est que le matérialisme et l'idéalisme ont ceci de commun, qu'ils procèdent tous deux par abstraction. L'abstraction matérialiste arrive à l'élément simple par la décomposition de la réalité sensible, tandis que l'abstraction idéaliste parvient à l'idée pure, à l'unité absolue par l'élimination successive de tous les attributs de cette même réalité. C'est ainsi que les deux méthodes, partant de points opposés, se rencontrent dans le non-être. La vraie méthode de l'absolu est l'expérience intime, et la réflexion qui, éclairée par sa lumière, pénètre dans l'essence même de la réalité. Voilà pourquoi, en dépit de certaines apparences, Aristote est le véritable père de la philosophie spiritualiste. Lui seul a vu dans le type parfait de l'être, dans l'acte pur de la pensée, cet absolu que les plus grands idéalistes anciens et modernes, Platon, Plotin, Spinoza, Schelling, ont cru saisir dans l'obscure et inintelligible abstraction de l'unité. En pensant s'élever au-dessus de l'être, ils retombent dans l'abîme du néant, que leur dialectique, leur extase ou leur logique prend pour l'absolu. Aristote est le seul philosophe de l'antiquité qui ait compris que le vrai principe des choses n'est ni au-dessus ni au-dessous du monde de l'expérience. Il n'a pas plus commis l'erreur de le chercher au delà de la réalité qu'au fond de la matière.

Telle est la méthode, tel est le principe de ce spiritualisme qui n'entend se séparer de la science sur aucun des grands problèmes dont il poursuit la solution. S'il reprend la tradition métaphysique des grandes écoles anciennes et modernes, c'est pour la renouveler et la rajeunir en la retrempant dans les eaux vives de la science contemporaine. L'école de la spéculation, l'école de la raison, l'école de la tradition pure ont dit leur dernier mot, lequel n'a pas donné une suffisante satisfaction à l'esprit philosophique de notre temps. Il lui faut une philosophie simple, claire, toujours positive dans ses explications les plus métaphysiques, qui reprenne un à un ces problèmes un peu tombés dans l'oubli, en leur cherchant une solution vraiment spiritualiste et vraiment scientifique. L'école de la conscience travaille à la lui donner. On vient de voir comment l'expérience sensible peut servir à résoudre le problème de la réalité objective de nos notions relatives aux *phénomènes* observables, comment l'expérience intime peut servir à résoudre le problème de la réalité ontologique des *noumènes* relégués dans le domaine de l'inconnaissable. Il ne s'agit plus que d'aborder l'œuvre des solutions.

CHAPITRE IV

LA MATIÈRE

Telle science, telle philosophie : voilà ce qu'enseigne l'histoire, en montrant comment l'une et l'autre sont entre elles dans le rapport de la synthèse à l'analyse. Que savait de la Nature le monde savant avant Copernic, Képler, Galilée, Descartes, Leibniz et Newton ? La science d'alors, si l'on peut donner ce nom à un ensemble d'hypothèses appuyées sur des observations mal faites, n'avait entre les mains ni le télescope qui explore l'infiniment grand, ni le microscope qui pénètre l'infiniment petit, ni la balance qui pèse tous les corps quelle qu'en soit la densité, ni le thermomètre qui mesure la température, ni l'électromètre qui mesure les forces électriques, ni aucun de ces puissants, délicats, ingénieux instruments que le génie a mis au service de l'observation. L'infiniment grand, le ciel, apparaissait à un Pythagore, à un Platon, à un Aristote, à un Ptolémée comme le monde des essences immobiles, pures et bienheureuses, formant un parfait contraste avec ce monde sublunaire des existences mobiles, agitées, misérables, dont une illusion des sens faisait pourtant le centre de l'Univers. Toute cette astronomie, qui avait dégénéré en une superstition astrologique, reposait sur quelques rares observations servant de base à des calculs plus ou moins imaginaires. On ne peut rappeler que pour mémoire ce *firmament* aux clous d'or dont parlent les Livres saints. D'autre part, l'infiniment petit, la matière moléculaire, se perdait dans le vague des abstractions logiques. C'était, pour Platon et toute son école, une espèce de non-être, auquel la participation de l'idée donnait une apparence d'existence. C'était, pour Aristote, une simple *puissance* sans force, une pure possibilité, qui ne pouvait passer à l'acte, c'est-à-dire à l'être, que sous l'action d'une cause motrice. C'était, pour la plus scientifique de toutes les écoles de philosophie naturelle, les atomes, dont la rencontre et le choc produisent tous les corps, sans autre loi que celle du hasard. Quelle métaphysique pouvait sortir d'une pareille science? Ou bien un athéisme absolu expliquant l'univers par les mouvements aveugles de la matière, ou un théisme tout anthropomorphique l'expliquant par la création du grand Artiste qui façonne toute matière, les regards fixés sur le modèle des idées, ou un théisme plus savant l'expliquant par l'attraction de la suprême Intelligence qui donne à cette matière l'être avec la forme, ou enfin un panthéisme expliquant l'origine des choses par le rayonnement d'une lumière qui s'échappe de son mystérieux foyer, en devenant moins divine et moins pure à mesure qu'elle s'en éloigne. La pensée métaphysique a tourné, durant toutes les époques de la philosophie ancienne, dans ce cercle d'explications fournies par l'imagination ou la logique abstraite, auquel la condamnait une science fausse ou incomplète. Elle devait y tourner jusqu'à ce que les révélations de la science positive lui ouvrissent de nouveaux horizons. Elle s'est partagée entre ces trois ou quatre écoles, selon la nature ou l'éducation des intelligences qui avaient le goût de ces sortes de spéculations, et sans qu'aucune pût parvenir à posséder définitivement le domaine philosophique à l'exclusion des autres. Tout au plus chacune a-t-elle eu ses jours de fortune et de gloire, suivis d'une décadence inévitable.

La grande antiquité n'a point connu la véritable doctrine de la création, celle qui fait sortir le monde du néant par un acte de la volonté divine. C'est un mystère de la théologie judéo-chrétienne qu'on a fait remonter à tort jusqu'à la Genèse, et auquel n'avait pensé ni Platon avec sa création démiurgique, ni Aristote avec son attraction finale du premier moteur, ni le néoplatonisme avec sa procession tout orientale des puissances cachées dans les profondeurs de l'Unité suprême. Devant ce mystère se sont inclinés, avec les théologiens, presque tous les philosophes idéalistes ou spiritualistes du xviie siècle, ne pouvant expliquer autrement l'origine du monde sans tomber dans un athéisme qui était la négation absolue de leur doctrine, ou dans un panthéisme qui n'y répugnait guère moins. Copernic, Képler, Galilée, Descartes, Malebranche, Leibniz, Newton étaient des savants ou des philosophes profondément religieux, et qui n'eussent pas, dans un mouvement d'initiative philosophique, laissé s'égarer leur pensée hors des voies de l'orthodoxie. Il ne fallait pas seulement pour cela l'intrépidité logique de Spinosa, il fallait encore la liberté d'un penseur qui n'avait pas plus d'attache avec la tradition judaïque qu'avec la foi chrétienne. D'ailleurs, si ces grands esprits avaient révélé l'immensité du Cosmos, aucun n'avait pénétré dans ses profondeurs moléculaires. La notion de la matière en était restée aux vagues abstractions de l'idéalisme ou aux vulgaires représentations du matérialisme atomistique. On pouvait spéculer, avec Spinosa, sur la Substance unique. Il ne pouvait venir à l'esprit ni des savants, ni des philosophes que l'explication de l'origine cosmique pût sortir du sein de cette matière dans laquelle on ne voyait que le type de l'inertie et de la contingence. En un mot, si l'astronomie moderne a changé l'aspect du ciel, en donnant à l'imagination la vraie représentation de l'infiniment grand, elle a laissé aux sciences de l'analyse, à la physique et surtout à la chimie, la gloire de renouveler la notion de la matière en pénétrant dans les mystères de l'infiniment petit.

Qu'est-ce que la matière ? Qu'est-ce que l'atome ? Y a-t-il plusieurs matières, l'une pondérable, l'autre impondérable, ou n'y en a-t-il qu'une seule ? Les forces de la Nature, qu'on nomme la gravitation, l'affinité, la cohésion, la lumière, la chaleur, l'électricité, le magnétisme, sont-elles essentiellement multiples ou réductibles à un phénomène unique, le mouvement ? Quelles sont les propriétés réelles, et les propriétés apparentes de la matière ? Que nous atteste l'expérience des qualités dites premières et des qualités dites secondes des corps ? L'étendue et la figure ne sont-elles pas plutôt des propriétés de l'espace que de la matière ? L'inertie elle-même, dont la mécanique fait la propriété fondamentale de cette matière, en est-elle une propriété absolue ? Le mouvement n'est-il pas inhérent à la matière ? L'atome est-il autre chose qu'un centre de forces ? Autant de problèmes qui touchent à la plus haute philosophie, mais que l'expérience peut résoudre sans le secours de la spéculation logique.

Voyons d'abord comment elle y travaille, en préparant la solution des difficultés métaphysiques devant lesquelles l'école critique et l'école positive veulent arrêter définitivement l'esprit humain. Depuis plusieurs siècles, l'observation et l'expérience ont appris à l'esprit humain que le monde de la sensation est autre que celui de la science. On sait déjà, par les enseignements de l'astronomie, que le ciel est infini, que notre planète, comme les autres, tourne autour du soleil, que les milliers d'étoiles qui brillent au-dessus de nos têtes, sont autant de systèmes solaires, que les planètes obéissent, dans leur mouvement de rotation elliptique, à la loi de la gravitation universelle, que tout est mouvement, ordre admirable, harmonie sublime, dans l'immense Univers, où notre globe terrestre ne figure que comme un atome. On sait que cette loi de l'attraction ne gouverne pas seulement l'infiniment grand, mais encore l'infiniment petit, qu'elle règle les mouvements moléculaires des parties aussi bien que les mouvements célestes du Tout. La science a révélé tout cela aux simples, aux ignorants, aux intelligences vulgaires qui sont encore esclaves de la sensation et de l'imagination. Mais que de préjugés, que d'illusions sur la vérité des choses de la Nature? Combien de ces choses sur lesquelles l'esprit humain a des images plutôt que des notions! Tout le monde sait aujourd'hui que les corps solides, liquides et gazeux ne sont que des états différents d'une matière composée des mêmes éléments. Mais il est resté, sur les propriétés fondamentales de cette matière, des erreurs que la science n'est point encore parvenue à détruire. On ne croit plus depuis longtemps à la réalité objective de certaines sensations, telles que les odeurs, les saveurs, les couleurs; mais on continue à penser généralement que l'inertie est propre à la matière, et que l'étendue en est la qualité essentielle : de telle sorte que c'est dans la réunion de ces deux propriétés que résiderait le signe caractéristique de la matérialité. De là l'incapacité radicale de mouvement qui ne permet pas d'imaginer une cause motrice qui ne soit pas étrangère à la Nature. De là aussi cette divisibilité de la matière à l'infini qui rend inexplicable la formation des corps, faute d'éléments simples de composition. Avec une pareille conception de la substance matérielle, base de tous les phénomènes de la Nature, il est impossible à l'esprit humain de tenter une explication cosmologique sans sortir des conditions de la science positive, ni retomber dans les hypothèses et les mystères de la vieille métaphysique.

Que nous apprend l'expérience sur la matière ? Voilà la première question à examiner. Jusqu'à ses récentes révélations, on s'en était tenu, philosophes et savants, à la vieille distinction des qualités premières et des qualités secondes. Ainsi que le fait observer un philosophe dont l'autorité est grande dans cet ordre de questions [1], le critère universellement appliqué à cette distinction, c'est le degré de généralité ou de particularité des propriétés. C'est ainsi que l'étendue et l'impénétrabilité ont toujours été considérées comme les propriétés fondamentales de la matière, en opposition aux propriétés physiques de la pesanteur, de la chaleur, de la lumière, du son, de l'électricité, du magnétisme. Or toute la chimie moderne proteste contre ce critère. Autre chose est la subordination des propriétés des choses, en tant que générales et particulières; autre chose est leur subordination, en tant qu'essentielles et secondaires. Si telle qualité persiste dans telle espèce de corps, et y résiste à toutes les altérations qu'ils peuvent d'ailleurs subir, nous devrons la regarder comme plus essentielle que telle autre qualité commune à un plus grand nombre de corps spécifiquement différents, quoiqu'elle ait moins de persistance dans chacun d'eux en particulier. Ainsi, bien que l'état solide, l'état liquide et l'état gazeux, aux températures ordinaires, soient des propriétés dont chacune est commune à un très grand nombre de corps, on ne peut leur attribuer la valeur caractéristique d'autres propriétés plus spéciales, mais indes-

---

1. Cournot, *Essai sur les fondements de nos connaissances.*

tructibles. Donc il ne suffit pas, comme beaucoup de philosophes semblent encore le croire, d'accord en ceci avec le vulgaire, que certaines qualités prétendues de la matière, telles que l'étendue, l'impénétrabilité, la divisibilité, la figure, soient les plus générales, pour en faire les qualités essentielles et vraiment *premières* de la matière [1].

La notion vulgaire de l'impénétrabilité, telle qu'elle nous est procurée par le toucher d'un corps solide et par le sentiment de la résistance qu'il oppose à notre force musculaire, ne répond pas à l'idée précise que s'en fait la science. L'impénétrabilité n'est pas simplement la rigidité. Elle consiste dans l'impossibilité pour un corps d'occuper la place d'un autre, quel que soit l'état de ce corps, solide, liquide ou gazeux. Un corps, pour être liquide, n'en est pas moins impénétrable, en ce sens que, si la masse est pénétrée par l'écartement des parties, les parties mêmes ne semblent pas l'être. Et si des particules de la matière on en vient aux atomes, qui ne peuvent jamais arriver au contact, on comprend qu'ils peuvent encore moins se pénétrer. Mais c'est précisément pour cela que la raison ne peut admettre, en ce qui les concerne, une prétendue qualité essentielle qui n'entrerait jamais en action. Si donc l'impénétrabilité des molécules atomiques est donnée pour autre chose que leur mobilité et leur déplacement par l'action répulsive qu'exercent à distance ces molécules, c'est une de ces abstractions qui ne tiennent pas devant l'analyse. Voilà pour l'impénétrabilité [2].

Il en est de même de l'étendue considérée comme une propriété physique des corps. Sans doute, les

1. COURNOT, *Essai sur les fondements de nos connaissances*, liv. II, chap. VIII, §§ 114 et 115.
2. *Ibid.*, liv. II, chap. VIII, § 115.

corps qui tombent sous nos sens nous donnent l'image d'une portion d'étendue continue, figurée et limitée; mais cette vision n'est qu'une illusion de notre faculté représentative, de notre imagination. De même que les taches blanchâtres, et en apparence continues, de la voie lactée se résolvent, dans un puissant télescope, en un amas de points lumineux distincts et de dimensions absolument inappréciables, de même des expériences chimiques résolvent le fantôme d'un corps continu et figuré en un système de particules que nos microscopes ne nous permettent point d'apercevoir, mais que des instruments plus puissants d'observation nous feraient distinguer. En sorte que l'étendue n'est, à vrai dire, qu'un rapport de juxtaposition, sans continuité absolue, des parties dans l'espace, c'est-à-dire une simple propriété géométrique, et rien de plus. C'est la définition de Leibniz. Nul philosophe, après Cournot, n'a mieux fait justice que M. Magy de ce préjugé de l'imagination, qui transfère aux corps extérieurs l'impression sensorielle par une loi analogue à celle qui lui fait localiser dans l'organe la sensation du cerveau.

Mais si l'étendue n'est pas une qualité des corps, le sera-t-elle davantage de la matière ? Il est certain que les lois de notre imagination nous font attribuer une figure et des dimensions aux particules dont se composent les corps. Mais cela ne repose sur aucun fondement rationnel, puisque toutes les explications qu'on a pu donner des phénomènes physiques, chimiques, etc., sont indépendantes des hypothèses relatives aux figures et aux dimensions des molécules élémentaires. Que ces molécules soient simplement des centres de forces attractives et répulsives, voilà ce que démontrent l'expérience et le raisonnement. Mais qu'elles aient la forme de sphères, d'ellipsoïdes, de pyramides, de cubes, ou qu'elles affectent toute autre ligne courbe ou polyédrique, ou même qu'elles affectent une forme quelconque, c'est ce qu'aucune observation ne peut même nous faire présumer. Et quand la science positive pourrait parvenir à découvrir la forme définitive et universelle de ces éléments de la matière, il n'en resterait pas moins vrai que, loin d'être une qualité fondamentale des corps, l'étendue n'en est pas même une véritable propriété. On ne saurait trop le redire aux savants et aux philosophes qui, à l'exemple de Descartes et de Spinosa, ont fait de l'étendue la propriété substantielle de la matière, le fond même des phénomènes de la Nature. La représentation de la matière, en tant qu'étendue, soit qu'il s'agisse des corps, soit qu'il s'agisse de leurs parties constituantes, n'est qu'une représentation illusoire de l'imagination. Seulement, tandis que l'étendue nous apparaît dans les corps, elle ne peut être que supposée dans les atomes, supposition qui est une conséquence naturelle et nécessaire de la représentation sensible. Il se peut que la matière ne soit point divisible à l'infini ; c'est même ce que l'expérience chimique tend à démontrer. Mais qu'est-ce que cela prouve? Simplement que la division des actions moléculaires a des limites. Quant à l'étendue des atomes, c'est une propriété tout aussi imaginaire que l'étendue des corps[1].

Il n'en est pas de l'inertie comme de l'impénétrabilité et de l'étendue. C'est une véritable propriété des corps, sur laquelle repose toute une science exacte, la mécanique. Mais il importe d'en définir la nature et la portée, si l'on ne veut confondre la physique avec la mécanique, et fausser ainsi toute la philosophie de la Nature. Dans une correspondance célèbre, Euler croit

1. COURNOT, *Essai sur les fondements de nos connaissances*, liv. II, chap. VIII, § 116.

pouvoir établir, contre l'école de Leibniz, que la définition de la matière par la force est contredite tout à la fois par l'expérience et par le principe incontestable de l'inertie. « Les fameux philosophes Wolfiens soutiennent que tout corps, en vertu de sa propre nature, fait continuellement des efforts pour changer d'état, c'est-à-dire que, lorsqu'il est en repos, il fait des efforts pour se mouvoir, et que, s'il est en mouvement, il fait des efforts pour changer continuellement de vitesse et de direction. Ils n'allèguent rien en preuve de ce sentiment, si ce n'est quelque raisonnement creux tiré de leur métaphysique. Je remarque seulement que ce sentiment est contredit par le principe que nous avons si solidement établi (le principe de l'inertie), et par l'expérience, qui est parfaitement d'accord avec ce principe. En effet, s'il est vrai qu'un corps demeure en repos en vertu de sa nature, il est faux qu'il fasse, en vertu de sa nature, des efforts pour changer cet état. De même, s'il est vrai qu'un corps en mouvement conserve, en vertu de sa nature, ce mouvement avec la même direction et la même vitesse, il est absolument faux que le même corps, en vertu de sa nature, fasse de continuels efforts pour changer son mouvement.[1] »

Si Euler avait été aussi bon philosophe qu'il était grand géomètre, il n'aurait pas fait cette querelle à l'école de Leibniz. Le dynamisme de ce grand métaphysicien ne mettait nullement en question ce principe de l'inertie, lequel est, en effet, le fondement de la mécanique. Qu'est-ce que l'inertie, au sens mécanique proprement dit ? C'est la propriété d'exiger pour se mouvoir la dépense d'une certaine force proportionnelle à la mise en mouvement quand la vitesse est la même, et proportionnelle à la vitesse quand la masse

---

1. *Lettres à une princesse d'Allemagne*, 2e partie, lettre V.

reste la même. L'inertie de la matière consiste, non seulement à rester à l'état de repos quand aucune force motrice ne la sollicite, mais à persévérer dans l'état de mouvement, et à continuer de se mouvoir d'un mouvement rectiligne et uniforme, quand nulle force ou nul obstacle extérieur ne vient en arrêter le mouvement et en changer soit la vitesse, soit la direction. C'est ce qui explique pourquoi la physique mécanique comprend la mobilité aussi bien que l'inertie parmi les propriétés des corps. Tel qu'elle l'entend, le principe de l'inertie n'implique donc en rien la répugnance ou l'indifférence de la matière au mouvement. La mécanique qui s'en sert ne s'occupe point des forces intrinsèques de la matière, telles que l'attraction universelle ou les affinités chimiques. Que le corps qu'elle considère à l'état statique ou à l'état dynamique soit en repos ou en mouvement dans l'intérieur de ses parties, elle n'a point à s'en inquiéter. Qu'il y ait inertie véritable ou seulement apparente, par suite de l'équilibre qui résulte de l'action combinée des forces intérieures, cela ne change absolument rien à la disposition de ce corps, relativement à la force extérieure d'impulsion et de locomotion dont il s'agit de calculer la quantité. Le problème reste le même dans tous les cas, et la mécanique s'arrange également de toutes les hypothèses ou théories que la philosophie de la Nature peut faire sur l'essence de la matière. Mécanisme de Descartes, mécanisme de Newton, dynamisme de Leibniz, atomisme des chimistes, aucun de ces points de vue ne change un *iota* aux considérations et aux calculs de la mécanique rationnelle. En résumé, l'inertie n'est point, à proprement parler, une propriété absolue de la matière : c'est un de ces principes abstraits qui dérivent, non de la nature même des corps, mais de leurs rapports considérés au point de vue du mouvement.

Ni l'inertie, ni l'impénétrabilité, ni l'étendue, ni la figure qui n'en est que la limite, ne sont de véritables propriétés de la matière, si universelles et si constantes qu'on les y rencontre, parce qu'elles ne touchent point à l'essence de la substance matérielle. C'est ce que n'ont pu comprendre les physiciens de l'école mathématique, depuis Descartes jusqu'à Biot. « En bonne philosophie, dit ce dernier, les qualités des corps matériels que nous pouvons appeler universelles semblent devoir se restreindre à celles dont la réunion est indispensable pour nous les faire parvenir, et pour les caractériser essentiellement, d'après l'idée que notre esprit s'en forme ; telles sont l'étendue et l'impénétrabilité, à quoi nous ajoutons la mobilité et l'inertie : cette dernière expression désigne le manque de spontanéité par suite duquel la matière, considérée dans son essence propre, est indifférente à l'état de repos et de mouvement. A ce compte, la gravitation proportionnelle aux masses et réciproque au carré des distances, qui s'exerce entre les éléments matériels de tous les corps planétaires, ne serait pas une qualité qu'on dût appeler universelle, puisque nous pourrions concevoir l'existence de corps matériels qui en seraient dépourvus, ou qui graviteraient les uns sur les autres suivant d'autres lois[1]. » L'école expérimentale de nos jours ne serait point de cet avis, et donnerait certainement raison au philosophe Cournot. Toutefois il ne faudrait pas exagérer la gravité du débat entre les représentants de la physique mathématique et ceux de la physique expérimentale. Si les uns ont raison de croire que l'étendue, la figure, l'impénétrabilité, l'inertie ne sont pas des propriétés des corps, les autres n'ont pas tort de penser qu'elles sont les conditions les plus générales de leur per-

---

1. *Mélanges scientifiques et littéraires*, t. I, p. 380.

ception, et tellement nécessaires que nulle espèce de matière ne peut se concevoir, si l'on en fait abstraction.

Où et comment découvrir les véritables propriétés des corps? C'est la chimie qui va nous le dire, cette science qui a enfin délivré l'esprit humain de ses préjugés sur la nature de la substance matérielle. L'expérience nous atteste que les corps peuvent changer de figure, d'aspect et d'état, se désagréger et se disperser, mais non s'anéantir; de telle sorte que, si l'on recueille soigneusement tous les produits nouveaux qui ont pu se former, toutes les particules intégrantes du corps qui s'est en apparence évanoui, la balance accusera ce fait capital, que le poids est resté le même, sans augmentation ni déchet. D'autre part, des expériences plus délicates et une théorie plus avancée nous montrent cette constance du poids dans les corps comme liée à une loi plus générale, en vertu de laquelle les parcelles des corps, prises dans leur totalité, opposant la même résistance à l'action des forces motrices, exigent la même dépense de force pour prendre la même vitesse, quels que soient l'aspect et le mode d'agrégation des molécules, et quelle que soit la nature de la force qu'on dépense pour leur imprimer le mouvement. Ce qui fait dire, d'une part, que le poids d'un corps est proportionnel à sa masse; d'autre part, que la masse d'un corps est quelque chose d'invariable, de persistant, à travers toutes les modifications que le corps est susceptible d'éprouver.

La *masse*, le *poids*, voilà des propriétés de la matière, et non simplement de l'espace, comme l'étendue et la figure: propriétés essentielles, s'il en fut, par cela même qu'elles sont permanentes et indestructibles. Ce sont les propriétés constitutives de la matière, telle que l'entendent les physiciens. Qu'il y ait d'autres propriétés non moins générales, et également permanentes et indestructibles, c'est ce que l'expérience seule pourrait nous enseigner. Toutes ces propriétés, si elles existent, devront être considérées comme augmentant le nombre des qualités premières, quel que soit d'ailleurs leur degré de généralité. Qu'est-ce que le poids? Une simple force manifestée par le mouvement. Qu'est-ce que la masse? Une certaine quantité de force qui subsiste toujours la même, à travers les divers états par lesquels elle passe. Quand donc on parle de la masse et du poids comme des propriétés fondamentales de la matière, il ne faut point y voir des propriétés réellement distinctes. Le mot masse n'exprime que l'invariable mesure des forces élémentaires, tandis que le poids exprime le rapport exact entre ces forces, tel que le détermine l'expérience de la balance. En tout cela, il ne s'agit donc que de *force*; c'est le seul principe qui entre dans la notion de la matière, et à vrai dire, c'est lui qui la compose tout entière et la constitue essentiellement. Les autres qualités des corps, telles que les affinités moléculaires et les attractions électives, ne sont également que des forces ou principes d'action. Toutes les qualités essentielles des corps que les progrès de la chimie pourront nous révéler, quelle que soit la spécialité de leurs effets, ne peuvent être conçues que comme des forces, du moment que les phénomènes physiques ou chimiques, dépouillés de cette représentation illusoire qu'on nomme l'étendue, n'apparaissent plus à la pensée que comme de simples mouvements.

Voilà la définition de Leibniz vérifiée par l'expérience. La réalité que nos sens nous font percevoir est essentiellement mouvement et action, et l'idée de force est tout ce qui reste de la notion expérimentale de la substance matérielle, du moment que l'analyse en a éliminé les sensations et les images. Mais tel est l'empire de l'imagination sur les esprits les plus exercés à l'analyse scientifique, que, sur ce point, la vérité, même démontrée par la science, a beaucoup de peine à s'établir et à se propager, même parmi les savants et les philosophes. Il semble qu'en rayant l'étendue du nombre des qualités propres à la matière, on supprime l'étoffe de celle-ci, et qu'en ne lui laissant que la force pour propriété constitutive, on la réduise à un phénomène sans consistance. Le sens commun n'est pas facile à convaincre dans ces sortes de questions où l'imagination entre en jeu, avec ses conceptions d'une clarté toute populaire, dont la science a beau faire ressortir l'erreur. La substance matérielle représentée comme une chose inétendue, figurée, essentiellement inerte, qui ne peut se mouvoir que par l'impulsion d'une force extérieure, c'est là pour l'imagination une idée si simple, si claire, si facile à concevoir et à conserver, qu'elle ne coûte pas le moindre effort d'entendement aux esprits vulgaires. Elle ne peut comprendre que ce qui est simplement force produise la sensation de corps et de solidité. Pour elle, réduire tout être à la force, c'est en supprimer la substance. Et pourtant combien la science n'a-t-elle pas déjà dissipé d'illusions semblables, en tout ce qui concerne le témoignage des sens? Le dynamisme universel donne à l'imagination éperdue le vertige du néant. Il ne faudra pas moins que l'autorité incontestable de la science pour chasser définitivement de la pensée humaine cette fausse notion de la substance matérielle, en montrant par ses expériences et ses analyses que l'image n'est jamais que la représentation des choses, tandis que la notion scientifique seule en fait la réalité objective.

Que devient, dans ce dynamisme universel, la théorie des atomes généralement admise par le monde savant? La science a déjà répondu à cette question. Ce n'est pas pour résoudre le problème de la divisibilité de la matière que la science a repris la vieille doctrine de l'atomisme; c'est pour expliquer la composition des corps. Elle aussi cherche des principes simples, sans lesquels cette composition ne serait pas intelligible. Elle les cherche dans la division chimique de la force, non dans la division géométrique de l'étendue. Sans se prononcer formellement sur la nature de ces principes simples, elle les considère uniquement comme des centres de forces. C'est là qu'elle arrête sa division, non qu'elle y soit arrivée par l'analyse expérimentale, mais parce que toute explication de la composition des corps est impossible sans l'hypothèse de principes simples auxquels l'analyse chimique n'est point parvenue, et ne parviendra peut-être jamais, quelle que soit la puissance des réactifs qu'elle emploie. Entendue ainsi, la théorie atomique peut être acceptée par toutes les écoles philosophiques qui spéculent sur les principes élémentaires, quelque opinion qu'on adopte sur la divisibilité ou l'indivisibilité de la substance matérielle.

Voilà pour la matière pondérable. Quant à cette autre matière qui échapperait à la balance, donner ce nom aux agents impondérables, tels que la lumière, la chaleur, l'électricité, le magnétisme, serait supposer ce qui est en question : à savoir que ces propriétés non permanentes ne sont pas réductibles à des propriétés vraiment élémentaires. Or, c'est ce que l'état actuel de la science ne nous permet ni d'affirmer ni de nier. La réduction de tous ces agents au mouvement, si probable qu'elle soit, ne pourrait être concluante en faveur de l'hypothèse qui en fait de simples propriétés secondaires des corps pondérables, parce qu'il s'y mêle un élément essentiellement impondérable, l'éther, sans lequel aucun de ces agents ne pourrait s'expliquer. Mais l'éther est-il lui-même autre chose qu'une hypothèse imaginée, comme tant d'autres, pour une explication quelconque de phénomènes que la physique ordinaire ne peut ramener à ses théories ? Il est certain que la matière pondérable décroît à mesure qu'on s'éloigne du centre de gravité, et qu'on s'élève dans les régions atmosphériques. Il est donc très probable qu'à la limite extrême de ces régions se trouve le vide parfait. Or ce vide de substance pondérable, serait-ce l'espace pur, c'est-à-dire le néant ? Mais qu'est-ce que le néant, sinon une abstraction absolument inintelligible, dont la philosophie a fait justice depuis longtemps. Le vide ne se comprend qu'en opposition avec le plein, dont il n'est qu'un minimum de densité. Quant au vide absolu, il est allé rejoindre l'atome étendu, dans la collection des vieux préjugés de l'imagination. Il y a mieux. Ce qui n'était qu'une absurdité rationnelle est devenu une impossibilité expérimentale, dans l'explication des phénomènes de la lumière. Comment se transmettent les rayons lumineux qui nous viennent du soleil ? Aujourd'hui que l'hypothèse newtonienne d'un fluide émis par cet astre est universellement abandonnée, et que le monde savant est à peu près unanime à reconnaître que la transmission se fait par des vibrations ondulatoires, il devient impossible de comprendre comment ces vibrations pourraient se produire dans le vide absolu. Ne faut-il pas nécessairement admettre quelque chose qui vibre ? C'est ce milieu vibrant que les physiciens nomment l'éther.

La chaleur, l'électricité, la gravitation elle-même, ne peuvent pas plus que la lumière s'expliquer sans l'hypothèse de l'éther. Et quand on s'est pénétré de cette vérité que les corps qui agissent les uns sur les autres, dans la Nature entière, ne peuvent se toucher, comment n'est-on pas nécessairement amené à reconnaître la nécessité d'un élément intermédiaire, comme le dit M. Hirn, qui rend possible toute transmission, toute communication, tout rapport? Voilà ce qui fait qu'une telle hypothèse s'impose de plus en plus au monde savant. Si elle garde encore cette qualification, c'est qu'elle n'est ni ne peut être, ce semble, vérifiée directement par l'expérience, comme les autres substances de la nature. Quelles balances pourront jamais peser la substance éthérée?

Dans l'ancienne physique, qui faisait de la matière une substance étendue, figurée et inerte, il était impossible de concevoir cette espèce de matière d'une subtilité insaisissable et d'une prodigieuse mobilité. Dans la physique contemporaine, qui fait de toute matière une force, cela se conçoit facilement, du moment que les sensations et les images n'interviennent plus pour obscurcir ou fausser la notion de la vraie substance matérielle. La conception de la matière éthérée n'a donc rien de mystérieux, puisqu'elle nous apparaît comme le type le plus simple de ce qui fait la nature même de la substance matérielle. Où serait la force, si elle n'était là où les phénomènes du mouvement se produisent dans leur plus grande intensité? L'hypothèse de l'éther change la face du Cosmos. On voit que tout y est mouvement et force, de façon que la distinction du plein et du vide se réduit à celle de la matière pondérable et de la matière impondérable. L'espace n'est plus que le rapport des mouvements dont les forces sont les seules causes. Toutes ces forces qui remplissent l'espace infini peuvent-elles se ramener à une seule, principe unique des phénomènes naturels? Tourmentée, comme la philosophie elle-même, du besoin de l'unité, la science travaille à cette grande synthèse, en empruntant tous ses matériaux à l'analyse et à l'expérience. Qu'est-ce qu'une force, dans le langage de la physique ou de la mécanique? Ce n'est pas autre chose qu'une cause de mouvement. Mais la cause d'un mouvement, c'est un autre mouvement. Si donc la science positive se sert de ce mot comme la philosophie elle-même, elle n'entend pas en sonder la mystérieuse profondeur. Elle laisse ce problème à la métaphysique. Elle entend simplement par force ce qui fait qu'un mouvement donne lieu à un autre mouvement. C'est pourquoi, dans le langage scientifique du monde savant, il n'est plus question que de mouvements. Le problème de l'unité des forces de la Nature se réduit donc au problème de l'unité des phénomènes naturels[1].

Que sont les phénomènes qui frappent habituellement nos sens, la chaleur, la lumière, l'électricité, le magnétisme? L'expérience démontre que la chaleur est mouvement, que la lumière est mouvement, que l'électricité est mouvement, que tous ces mouvements se transforment les uns dans les autres, qu'avec de la chaleur on fait de la force mécanique, qu'avec de la lumière on fait de la chaleur, qu'avec de l'électricité on fait de la chaleur et de la lumière. Quand les rayons solaires pompent l'eau des fleuves et des lacs, que des nuages se forment, que ces nuages se chargent d'électricité, que des éclairs sillonnent l'atmosphère, et que la vapeur d'eau retombe en pluie sur le sol, il ne faut voir sous ces apparences diverses qu'une série de mouvements qui se succèdent. Non seulement on retrouve à la fin de la série toute la quantité d'eau qui a figuré au début, mais il est facile à notre esprit de suivre les modifications multiples du mouvement initial. Toutes ces transformations se font suivant des rapports fixes que l'on mesure au moyen d'unités déterminées[2].

Si l'on considère un autre groupe de forces, l'expérience démontre également que la cohésion qui main-

---

1. Émile SAIGEY, *La physique moderne*, page 12.
2. *Ibid.*, p. 13.

tient les corps, soit à l'état solide, soit à l'état liquide, que l'affinité chimique qui rapproche les molécules d'espèces différentes, que la gravité enfin, en vertu de laquelle les corps tendent à se mouvoir les uns vers les autres, ne sont que des communications de mouvements. En chauffant un corps, c'est-à-dire en lui communiquant une certaine sorte de mouvement, on détruit l'état solide; en chauffant davantage, on détruit l'état liquide et l'on réduit le métal en vapeur. Y a-t-il là autre chose qu'une transformation de mouvement. On ne fait que détruire un mouvement par un autre mouvement. Quant à l'affinité chimique, lorsque, dans certaines conditions, des molécules d'oxygène et de carbone se trouvent en présence, elles se précipitent les unes sur les autres, comme font les corps graves, et lorsqu'elles se sont combinées pour former de l'oxyde de carbone ou de l'acide carbonique, l'état stable où elles sont entrées peut être comparé à celui des corps planétaires qui roulent les uns autour des autres. Et cette analogie deviendra plus sensible, si l'on réfléchit que l'affinité de ces molécules s'exerce à distance, comme l'attraction des corps planétaires [1].

Seulement, qu'est-ce que cette force élective qu'on nomme affinité? Qu'est-ce que cette force attractive qu'on nomme gravité? Sont-elles des forces indépendantes des autres forces mécaniques? Tant qu'on n'aura pas découvert les lois d'une mécanique moléculaire, identiques à celles de la mécanique générale, il sera impossible de pénétrer le mystère des affinités. Quant au mystère des attractions, la science paraît être sur la voie d'une révélation. C'est l'éther qui expliquerait la gravitation. Composé lui-même d'atomes impondérables (lisez *centres de force*) qui se choquent les uns les autres,

---

1. Émile SAIGEY, *La physique moderne*, p. 14 et 15.

et qui choquent les atomes pondérables voisins, il formerait ainsi un milieu universel qui exercerait une pression incessante sur les molécules de la matière ordinaire. La théorie nouvelle se rend compte des réactions qui se produisent entre les atomes éthérés et les atomes matériels; elle suppose que ces réactions sont telles, que les molécules matérielles doivent tendre les unes vers les autres, précisément dans les conditions que fait d'ailleurs connaître la loi de la gravité. Elle en essaye même une démonstration, en se fondant sur les principes de la mécanique. Si cette démonstration acquiert une véritable autorité scientifique, il deviendra clair que les corps ne doivent pas leur gravité à une force intrinsèque, mais à la pression du milieu où ils sont plongés. « Le mouvement des corps graves ne nous apparaîtra plus que comme une transformation des mouvements de l'éther, et la gravité rentrera dans cette unité majestueuse à laquelle on aura ramené toutes les forces physiques [1]. »

Ainsi, chaleur, lumière, électricité, magnétisme, cohésion, affinité chimique, gravité, tout se résoudrait dans l'idée du mouvement. Tous ces mouvements se transformeraient les uns dans les autres, selon des rapports fixes dont quelques-uns seulement sont connus. Forces spéciales, puissances mystérieuses, voilà autant d'entités désormais bannies du domaine scientifique. L'hypothèse de Descartes a passé tout entière dans la science contemporaine, sauf la stérile abstraction de l'étendue identifiée avec la matière. « Que savons-nous de l'atome en dehors de la force, disait Faraday ? Vous imaginez un noyau qu'on peut appeler a, et vous l'environnez de forces qu'on peut appeler m; pour mon esprit, votre a ou noyau s'évanouit, et la substance

---

1. Émile SAIGEY, *La physique moderne*, p. 17.

consiste dans l'énergie de m[1]. » Un chimiste éminent, Henri Sainte-Claire Deville, a déclaré que, lorsque les corps réputés simples se combinent les uns avec les autres, ils sont individuellement anéantis. M. Berthelot affirme que les atomes des corps simples pourraient tous avoir la même matière, avec la seule diversité des mouvements qui les animent. La théorie chimique des équivalents, fondée sur l'expérience, ne donne-t-elle pas raison à cette opinion? La loi des proportions est telle, qu'avec des éléments différents elle maintient les mêmes propriétés. Ne devient-il pas de plus en plus évident que les corps simples ne diffèrent pas substantiellement, et que les particularités qui les distinguent peuvent être attribuées, soit à la proportion, soit à la direction des molécules élémentaires? Il n'est donc pas nécessaire de maintenir la différence essentielle des propriétés pour expliquer la diversité des phénomènes. Quelle simplification pour la science de la nature!

Tel est l'éther, véhicule certain des phénomènes lumineux, cause probable des mouvements de l'attraction universelle? C'est une force impondérable dont on ne connaît jusqu'ici que la prodigieuse mobilité. Ne serait-il pas le type de toute matière, le vrai principe matériel dont toute matière pondérable ne serait que la condensation? On n'en aura jamais la preuve par l'expérience ordinaire, l'éther n'étant pas une substance qui puisse se peser dans la balance, si délicate qu'on l'imagine. Ce qui est certain, c'est que cette hypothèse semble une conséquence naturelle du principe de l'unité des forces. Elle n'est pas moins conforme à cette loi de concentration progressive qui fait qu'en toutes ses créations la Nature procède uniformément du simple au composé, de l'abstrait au concret, comme

---

1. Tyndall, *Biographie de Faraday*.

parle la dialectique hégélienne. Le simple et l'abstrait, ce serait l'éther, type primordial de toutes ces forces dont le jeu a fait le Cosmos. Sans parler de cette considération de l'unité, qui ne doit jamais être invoquée comme une raison scientifique, il est difficile de comprendre que les mêmes principes de la mécanique générale ne s'appliquent point aux mouvements des forces impondérables aussi bien qu'aux mouvements des forces pondérables. Et alors, s'il n'y a qu'un code pour les mouvements, comme dit M. Saigey, il ne doit y avoir qu'une seule essence pour la matière. Les molécules de matière ordinaire nous apparaîtraient donc comme des agrégats d'atomes éthérés. C'est sous cette forme qu'il faudrait se représenter les molécules élémentaires des corps simples, du fer, du plomb, de l'oxygène, de l'hydrogène, du carbone. Les molécules de ces corps ne différeraient pas dans leur substance, mais seulement dans l'arrangement des atomes éthérés qui la composent[1].

L'atome éthéré est-il le type le plus simple de la force que la pensée puisse concevoir? S'il est lui-même un centre de forces, comme doivent être conçus les atomes de toute espèce, pondérables ou impondérables, ne peut-on pas supposer une matière encore plus simple qui remplirait l'espace tout entier? C'est un problème pour la solution duquel la science n'a aucune donnée, et qui d'ailleurs offre peu d'intérêt scientifique, puisque l'abstraction inintelligible du néant impose à la pensée l'absolue continuité de l'être. Peu importe donc de quelle manière il est possible de concevoir cette continuité.

Si l'imagination a peine à se figurer une substance éthérée qu'elle tend toujours à confondre avec le vide; si la pensée, au contraire, dans son élan vers l'absolu,

---

1. Émile SAIGEY, *La physique moderne*, p. 18.

répugne à s'arrêter devant ce minimun de matérialité, la science s'y tient, comme au type le plus simple et le plus pur de la force. Mais ici encore elle ménage une surprise à l'imagination. Cet éther, d'où serait sortie l'infinité des mondes, n'est pas le ciel resplendissant de lumière rêvé par les poètes et les théologiens. C'est le vrai séjour de la nuit, dont l'œil humain verrait les épaisses ténèbres, si nos ballons pouvaient nous transporter vivants aux extrêmes limites de notre atmosphère. Comment en serait-il autrement, puisque les rayons lumineux ne reçoivent leur éclat qu'en plongeant dans la matière pondérable. Jusque-là, ils ne sont que des actions solaires transmises par les vibrations de l'éther. Dans ces immenses espaces où se joue la force éthérée, il n'y a pas plus de lumière que de chaleur, à proprement parler, parce que c'est le contact de la matière pondérable qui fait jaillir cette chaleur et cette lumière dont nous arrive l'impression. L'antique mythologie disait donc vrai, sans s'en douter, quand elle faisait de la nuit le berceau du monde.

De ces analyses et de ces hypothèses se dégage une incontestable vérité d'une importance capitale : c'est la notion scientifique de la matière démontrée par l'expérience. On peut penser ce qu'on voudra de l'unité des forces de la Nature dont M. Hirn ne veut pas entendre parler. On peut considérer la matière éthérée et la matière pondérable comme absolument irréductibles l'une à l'autre. On peut même, contre les plus légitimes inductions, aller jusqu'à douter de l'existence de la matière éthérée, généralement reconnue à cette heure. Après les enseignements de l'analyse, on ne peut plus voir autre chose que mouvements et forces dans les phénomènes de la Nature. Et pourtant, tel est l'empire de l'imagination sur l'esprit humain, qu'une notion expérimentale, s'il en fut, a peine à prévaloir, non seulement dans l'opinion vulgaire, mais encore dans le monde savant. Tout en reconnaissant que l'expérience ne nous révèle que des mouvements et des forces dans tous les phénomènes matériels qui lui sont soumis, la science courante prend encore, sans y réfléchir, la matière dans le vieux sens du mot, c'est-à-dire telle que la vue nous la fait voir et telle que le tact nous la fait toucher. On ne semble pas se douter que l'étendue n'est qu'une propriété géométrique de l'espace et qu'elle n'a rien à voir avec les vraies propriétés de la matière. La plupart des savants et des philosophes contemporains en parlent encore comme d'une propriété fondamentale de la substance matérielle, comme s'ils n'avaient pas présentes à l'esprit les observations critiques du savant philosophe qui a si bien éclairé la question. Voici, par exemple, un homme qui s'est fait un nom dans la science par le nombre et l'importance de ses travaux. Après avoir établi sur la base de l'expérience l'existence d'un principe distinct de la matière pondérable, sous le nom d'élément intermédiaire, M. Hirn en fait le moteur universel de cette matière, réduite ainsi à n'être plus qu'une substance inerte dont l'essence serait l'étendue[1]. N'est-ce pas retomber dans le préjugé de l'ancienne physique?

La science pure a-t-elle résolu entièrement le problème de la matière, quand elle a dit : Toute matière n'est que force, et toute action des forces se réduit au mouvement? Non, parce qu'elle n'a point défini la vraie direction de ce mouvement. Elle ne pouvait le faire, ne sachant du mouvement que ce que nous en apprend la mécanique. Si elle ne croit plus guère à cette substance passive dont les propriétés essentielles seraient l'étendue et l'inertie, elle croit encore, avec les seules lu-

1. *Analyse élémentaire de l'Univers.*

mières de l'expérience sensible, à une force aveugle et fatale, purement et simplement soumise aux lois de la mécanique. Redisons donc, avec le grand Leibniz, que, si tout commence par la physique dans l'explication des choses, tout finit par la métaphysique. Oui, tout est force et mouvement dans l'Univers. Mais comment ces forces sont-elles les causes, comment ces mouvements sont-ils les agents de l'ordre universel qui a fait donner le nom de Cosmos au grand Tout? Voilà ce qu'il s'agit d'expliquer. C'est fort bien de dire et de montrer, comme le fait la science, que tout cet ordre est l'effet des lois mécaniques. Mais ces lois elles-mêmes, comment l'esprit peut-il se les expliquer? Pourquoi l'effet des mouvements mécaniques est-il de faire sortir le Cosmos du chaos? Car, avec des forces en nombre infini qui s'agiteraient sans direction dans son sein, est-il possible de concevoir que l'Univers puisse être autre chose que confusion et désordre? Mais l'opération devient parfaitement claire et simple à la lumière de l'idée métaphysique. La science a fait de la matière une force. C'est un grand progrès vers l'explication véritable des choses, mais qui ne suffit point. La métaphysique va plus loin : elle fait de la force une cause ; elle transforme le mouvement mécanique en mouvement final. Qu'est-ce alors que la matière, prise dans son essence même? Dire que c'est le minimum de l'être, cela vaut mieux que de répéter la définition de Platon et de toute l'école idéaliste réduisant la matière en une sorte de néant, ou celle d'Aristote qui en fait une pure possibilité. Mais ce n'est point assez. Cet être à son plus humble degré, c'est encore l'esprit, l'esprit à son *minimum* d'action. Tout mouvement qui tend à une fin est déjà un acte spirituel. Toute force qui est en même temps une cause finale, sort du monde de la fatalité pour entrer dans le monde de la Providence. Tous ces atomes du chaos primitif, si l'on pouvait prouver que le chaos a eu un commencement dans l'éternelle durée du Cosmos, sont autant d'ouvriers qui travaillent à l'œuvre cosmique, sans intelligence, sans instinct, mais avec une activité plus sûre, plus appropriée à la fin que celle de l'instinct et de l'intelligence. La pensée finale est partout, dans le ciel éthéré, comme dans l'empire de la gravitation universelle. Telle est la vraie notion de la matière, à laquelle peut atteindre la métaphysique par les révélations de l'expérience intime. Voilà déjà un *noumène* connu, que Kant avait cru dérober à la connaissance humaine, et sur lequel la vieille ontologie a si vainement spéculé.

CHAPITRE V

L'AME

Voici encore un *noumène* que la métaphysique a essayé de pénétrer depuis ses premières origines, et que la critique de Kant a cru éliminer définitivement du domaine de la connaissance. Quand on suit avec attention l'histoire des hautes questions que la philosophie a eu la prétention de résoudre, on reconnaît bien vite que les mots changent de sens avec les époques, à mesure que les idées acquièrent de la précision. Que n'ont pas signifié ces bons vieux mots, un peu lourds, mais fort *respectables*, en raison de leur antiquité, comme dit M. Renan, ces mots de Dieu, d'âme, d'esprit, de matière, d'infini, d'absolu, qui remplissent les traités de métaphysique ? L'*âme* en est le plus populaire après Dieu, dans le langage humain. Le spiritualisme d'Homère n'est pas profond. Qu'est-ce que l'âme (ψύχη) dans ses poèmes ? Une forme plus ou moins subtile de la matière, un souffle, un air, quelque chose qui fait vivre le corps. Hésiode n'en a pas une idée beaucoup plus métaphysique. Toute la philosophie ionienne, avant Socrate, a conçu et défini l'âme comme le principe de la vie. La philosophie socratique elle-même n'en a pas une autre notion. Platon et Aristote en parlent de la même façon que Chrysippe et Zénon. Il est bien vrai que le spiritualisme, dans le sens propre du mot, date, sinon de Pythagore, certainement de Platon. C'est la doctrine de l'intelligence, νοῦς, qui l'a fait entrer dans l'histoire de la philosophie. L'intelligence possède déjà du temps de Pythagore, s'il faut en croire la tradition, les attributs d'une substance immatérielle et immortelle. Si la métempsycose a réellement émigré de l'Orient en Grèce à cette époque, cela montre que la distinction de l'âme et du corps était déjà nettement conçue par certaines écoles de théologie et de philosophie, puisque l'âme ne peut passer dans un corps nouveau sans se séparer de l'ancien. Mais la conception savante d'une âme immatérielle, distincte et séparable du corps, n'est venue à la pensée qu'avec la distinction de l'âme proprement dite et de l'intelligence. C'est Pythagore, Anaxagore, surtout Platon et Aristote, qui ont fondé la grande doctrine connue sous le nom de spiritualisme.

Je ne sais plus quel historien allemand de la philosophie a remarqué que le principal caractère qui distingue la psychologie moderne de la psychologie ancienne, c'est que l'une est restée *objective*, malgré tous ses progrès, tandis que l'autre est essentiellement subjective. C'est, en effet, par la nature de l'objet de la connaissance que l'ancienne définit l'âme et ses facultés, comme c'est de la nature même du sujet de la connaissance que la moderne tire sa définition. Pythagore, Platon, Plotin, tous les grands philosophes de l'école spiritualiste ont spéculé sur l'intelligible, avant d'étudier l'intelligence ; et ce n'est qu'après avoir conçu le monde des vérités suprasensibles qu'ils ont admis l'existence d'une âme intellectuelle qui nous le fait connaître et qui possède toutes les propriétés inhérentes à l'esprit pur. Aussi ont-ils toujours considéré cette âme comme une sorte d'émanation de la nature divine, même Aristote, qui lui attribue une origine étrangère (θύραθεν), sans paraître lui reconnaître d'autre destinée que de rentrer, après cette vie, dans le sein de la suprême Intelligence, dont elle n'est qu'un rayon passager, illuminant les ténèbres de l'humaine nature. Pour Platon et son école, l'âme est un être vraiment immatériel et immortel, tombé on ne sait trop comment dans cette misérable prison du corps, qu'elle ne quitte que pour aller retrouver sa vraie patrie. Pour l'école stoïcienne, qui, en réalité, n'a pas de métaphysique, l'âme ne fait qu'un avec le corps, comme tous les êtres de l'Univers, avec lequel Dieu est confondu sous le nom d'Ame universelle. Donc toutes les écoles de philosophie ancienne s'accordent à ne reconnaître dans l'âme proprement dite qu'un principe de vie inséparable du corps dont il partage la destinée, sauf le platonisme qui réserve pour l'âme intellectuelle, le νοῦς, les attributs de l'immatérialité et de l'immortalité, tout en reconnaissant plusieurs âmes matérielles et périssables, disséminées dans les diverses parties du corps.

Le spiritualisme platonicien ne passa pas tout entier dans le dogme chrétien. Le christianisme, qui lui fit une si grande part dans sa théologie, maintint l'union de l'âme et du corps par la doctrine de la résurrection, sans s'expliquer sur la nature de ce corps transfiguré par la hardie exégèse d'Origène. Bossuet n'oubliait pas la doctrine de l'Église, quand il parlait de l'âme et du corps formant un *tout naturel*. Le spiritualisme moderne a gardé la tradition de Platon dans toutes ses écoles. Encore aujourd'hui, on est difficilement reconnu pour spiritualiste, si l'on ne croit pas à une âme immatérielle, immortelle, séparable du corps, dont on fait un organe plus ou moins nécessaire au développement de ses facultés. Est-il possible de conserver cette tradition, en la conciliant avec les enseignements de la science contemporaine ?

On sait les objections de ceux qui l'attaquent ; on connaît les réponses de ceux qui la défendent, dans le grand et long débat engagé entre les écoles opposées. Il est inutile de les rappeler, la question n'ayant pas fait un pas, tant que la science n'est pas intervenue. Depuis ce moment, il semble que le problème ait changé de face, et que l'ancien spiritualisme ne puisse plus se tenir sur le nouveau terrain où l'a appelé la méthode expérimentale. La science des rapports du physique et du moral, si vague, si incomplète, si hypothétique jusque-là, a fait de tels progrès, grâce aux révélations de l'expérience, qu'il ne semble plus possible de maintenir le dualisme des deux substances, telles que la philosophie cartésienne croyait l'avoir solidement établi sur la base de la conscience. L'expérience a révélé la constante correspondance des phénomènes psychiques et des phénomènes physiologiques. Elle est en train de montrer la correspondance non moins absolue des organes du cerveau et des facultés de l'âme : en sorte qu'il n'est plus possible de concevoir les deux principes et les deux vies à l'état de séparation. La science a prouvé que l'homme est un, et que la vie est une. Seulement, comment faut-il entendre cette unité ? Voilà, en ce moment, toute la question entre la science et la philosophie. La science ne fait pas de métaphysique ; elle ne parle ni d'esprit, ni d'âme, ni même de principe vital. Elle se met à l'œuvre d'expérience et d'analyse. Elle découvre, avec Claude Bernard et les physiologistes de son école, que tout phénomène psychique a pour antécédent ou pour conséquent un phénomène physiologique, que tout phénomène physiologique lui-même a pour cause ou pour effet un phénomène physico-chimique, que tout se tient et s'enchaîne dans la succession des phénomènes vitaux, que tout changement dans la vie locale a son contrecoup dans la vie cérébrale.

et réciproquement. Elle découvre, avec Flourens, Vulpian, Broca, Lhuys, Charcot et bien d'autres maîtres de l'analyse cérébrale, que telle faculté de l'âme a pour organe propre telle partie du cerveau, celle-ci le cervelet, celle-là la moelle allongée, telle autre les couches optiques, telle autre les lobes quadrijumeaux, telle autre les corps striés, telle autre enfin les lobes cérébraux.

La philosophie n'a rien à redire à ces révélations de la science; elle ne peut qu'en faire son profit. Quand il est avéré que tout ce qui se passe dans le corps a son contrecoup dans l'âme, il devient de plus en plus difficile de se figurer l'âme comme un hôte mystérieux, n'aspirant qu'à s'affranchir de l'inexplicable hospitalité qui pèse sur elle, depuis le premier jusqu'au dernier jour de sa vie terrestre. Et même, si un spiritualisme plus modéré nous fait entendre que, pour l'âme, une telle épreuve est nécessaire au développement et au perfectionnement de ses facultés, il reste à comprendre comment un être immatériel, un pur esprit, peut avoir besoin de cette condition pour s'épanouir dans toute la liberté et la puissance de sa nature. La doctrine platonicienne ou cartésienne des deux êtres et des deux substances d'essence absolument contraire, même corrigée par le bon sens moderne, a peine à tenir devant les démonstrations de l'expérience. On ne comprend pas comment ces deux substances peuvent être affectées à ce point par leurs actions réciproques. On ne peut se faire une idée de leur communication, même par l'hypothèse d'un médiateur plastique quelconque. Tout est mystère dans la vieille métaphysique, sur la question des rapports du physique et du moral, la nature des substances et le mode de leurs relations, tandis que tout est lumière dans la science nouvelle.

Est-ce à dire que ce vieux mot d'*âme* n'exprime

qu'une abstraction inintelligible, et qu'il n'y ait rien à conserver de la tradition spiritualiste? C'est ici que le débat entre la science et la philosophie prend une forme nouvelle et un véritable intérêt scientifique. Il est une école de savants qui se pique de philosophie, et prétend expliquer les phénomènes observés, décrits et classés. Celle-là ne se borne point à constater les relations intimes et constantes de la vie physiologique et de la vie psychique chez l'homme; elle va jusqu'à supprimer l'un des termes du rapport, l'âme elle-même, et à tout réduire à un simple jeu des fonctions organiques. Procédant invariablement par analyse, elle va du simple au complexe, de la vie locale à la vie centrale, de la variété des phénomènes à l'*apparente* unité de la cause. En vertu de cette méthode, qui ne découvre dans l'homme, comme dans la vie universelle, que des compositions, des agrégations et des combinaisons, dont toutes les prétendues unités ou individualités ne sont que des résultantes, elle arrive à nier, non seulement l'être métaphysique qu'on nomme l'âme, mais encore tous les attributs que la conscience atteste dans le moi humain, l'unité, l'identité, la spontanéité, la liberté. Ce n'est pas seulement la conclusion de savants tout plongés dans la spécialité de leurs expériences et de leurs études, c'est aussi la doctrine de penseurs aussi familiers avec la philosophie qu'avec la science, mais qui ne connaissent d'autre méthode que l'analyse, pour découvrir la vérité en toute chose.

Il y a bien longtemps que la philosophie spiritualiste proteste contre ces conclusions de la science dite positive. Elle a cru d'abord réfuter la doctrine matérialiste, en opposant les attributs de l'esprit aux propriétés de la matière. Tant que la matière n'a pas été connue dans sa véritable essence de force active, on ne comprenait point comment elle pouvait être un principe d'action.

On dissertait à perte de vue sur l'étendue, sur la divisibilité, sur l'inertie de la substance matérielle, sur toutes ses propriétés incompatibles avec les attributs et les facultés de l'esprit.

> Je pense, la pensée, éclatante lumière,
> Ne peut sortir du sein de l'épaisse matière,

a dit un poète résumant en deux beaux vers toute une classe d'arguments auxquels il ne semblait pas qu'on pût répondre. La science y a répondu en substituant la notion de force simple et indivisible à la conception tout imaginative d'une substance étendue et divisible à l'infini. La philosophie de notre temps a donc dû abandonner ce genre de preuves qui n'ont plus cours aujourd'hui, même dans nos écoles. Elle a gardé deux méthodes de démonstration qui lui semblent encore maintenant défier toutes les critiques du matérialisme ou du scepticisme contemporain.

La première consiste à établir qu'aucun phénomène de la vie psychique, pensée, volonté, sensation, n'est explicable sans la condition d'un sujet un et indivisible, d'un véritable individu, d'un moi réel, sentant, pensant et voulant. On peut discuter sur la simplicité apparente et la complexité réelle de chacun de ces phénomènes. La mode aujourd'hui est à la méthode analytique, et à toutes ses révélations plus ou moins authentiques. On est en train de tout décomposer, dans le monde de l'esprit comme dans le monde de la matière. Peu nous importe, à nous autres spiritualistes obstinés. Bien qu'il nous soit difficile de comprendre, après le témoignage de la conscience, qu'un phénomène de pensée, de volonté, de sensation, que la conscience nous montre simple, ne soit qu'un composé, nous voulons bien ne pas faire de cette simplicité un argument sans réplique contre la thèse qui réduit tout fait de conscience à une unité de composition. Ce qu'il nous est absolument impossible d'admettre, c'est que cette unité de composition elle-même puisse s'expliquer autrement que par une puissance personnelle qui en réunisse tous les éléments, de façon à en faire ce faisceau que brise la science pour l'analyser. C'est là ce qui fait la force invincible de la démonstration tirée de la nécessité absolue d'un sujet réel, véritable unité centrale qui rassemble et coordonne tous les éléments inconscients de ce phénomène de pensée, de volonté, de sensation qui seul tombe sous l'œil de la conscience. Tous les livres de psychologie, depuis l'immortel *Phédon* jusqu'aux traités des spiritualistes contemporains, répètent qu'aucun phénomène psychique n'est explicable si l'on nie ces attributs. Comment la mémoire est-elle possible sans l'identité du moi ? Comment le jugement, qui suppose une comparaison, est-il possible sans son unité ? Comment la sensation elle-même est-elle possible sans ce même attribut ? Comment la conscience, qui enveloppe tous les actes de la vie psychique, est-elle possible sans la personnalité ? Que deviennent la loi morale, le devoir et le droit sans la liberté ? Que devient la sanction de la loi écrite sans la responsabilité ? Que devient le gouvernement de nous-mêmes sans l'autonomie du moi ? Et comment cette autonomie est-elle possible, s'il n'est pas *suî conscius et suî compos* ? Qu'est-ce qui fait le caractère, la dignité, la moralité de l'être humain, sinon ce double attribut ? Si la vie de l'homme peut être ordonnée, si elle peut trouver cet équilibre harmonieux entre ses divers instincts et ses diverses facultés qui fait l'état de sagesse, comment cet équilibre est-il possible sans un moi réel et personnel qui en soit la cause ? Nous dira-t-on que tout cela peut se concevoir comme le résultat d'une combinaison fixe dans un cas, instable dans un autre ? Alors, devant ce mécanisme absolu, quelle illusion nous donne donc le témoignage de notre conscience? Les maîtres de l'analyse peuvent être sûrs que l'humanité n'en reviendra jamais.

Platon, réfutant l'explication de l'unité psychique par une sorte d'unité purement harmonique, demande à son interlocuteur si, de toutes les choses qui sont dans l'homme, il trouve qu'il y en ait une autre que l'âme seule, qui commande, surtout quand elle est sage. « Est-ce en cédant aux passions du corps, ou en leur résistant? Par exemple, quand le corps a chaud ou quand il a soif, l'âme ne l'empêche-t-elle pas de boire? Ou quand il a faim, ne l'empêche-t-elle pas de manger, et de même dans mille autres cas, où nous voyons que l'âme s'oppose aux passions du corps? Mais ne sommes-nous pas convenus que l'âme, étant une harmonie, ne peut avoir d'autre ton que celui qui lui est donné par la tension, le relâchement, la vibration, ou toute autre modification des éléments dont elle est composée? Ne sommes-nous pas convenus qu'elle obéit à ses éléments, et ne peut leur commander? Cependant ne voyons-nous pas que l'âme fait tout le contraire; qu'elle gouverne tous les éléments dont on prétend qu'elle est composée, leur résiste pendant presque toute la vie, et les dompte de toutes les manières, réprimant les uns durement et avec douleur, comme dans la gymnastique et la médecine, réprimant les autres plus doucement, gourmandant ceux-ci, avertissant ceux-là, parlant au désir, à la colère, à la crainte, comme à des choses d'une nature étrangère[1]. » Peut-on mieux démontrer que la liberté ne s'explique pas dans un sujet qui ne possède qu'une unité de composition?

Un autre philosophe de notre temps, qui parfois nous rappelle Platon dans quelques-unes de ses meilleures

---

1. Cousin, t. I, p. 269 et 270.

pages, Jouffroy a bien mieux démontré la thèse spiritualiste par une simple description qu'on ne l'a fait par tous les raisonnements les plus subtils et les plus serrés sur la contradiction des propriétés de la matière et de l'esprit envisagés dans leur essence métaphysique. Je ne connais pas de plus belle page de psychologie moderne que celle que je vais citer, bien qu'elle soit dans la mémoire de tous les professeurs de philosophie.
« Le monde, qui est la variété même, en s'emparant de nos facultés, disperse, pour ainsi dire, leur énergie. En effet, il ne les laisse pas un moment occupées du même objet; il les saisit successivement des milliers de phénomènes qu'il leur présente, et leur fait partager son infinie mobilité. De là vient qu'elles ne font qu'effleurer toutes choses, et que leur énergie se dépense sans se développer. C'est ce que nous sentons parfaitement dans l'état de rêverie; c'est ce que nous sentons aussi toutes les fois que le monde extérieur prend sur nous un empire plus grand que de coutume, comme, par exemple, dans les beaux jours du printemps. La Nature est alors si séduisante, que nous n'avons pas la force de lui résister; nous nous laissons aller aux douces sensations, aux charmantes images qu'elle nous prodigue; nous nous livrons à elle; nous lui laissons faire de nous ce qu'elle veut. Alors nous sentons notre énergie intérieure se décomposer, pour ainsi dire, et s'écouler par tous nos sens. Il nous semble que le monde extérieur s'en empare et la divise en mille parties, et que ces parties se dispersent et se perdent dans son vaste sein. Le sentiment de cet état est délicieux, parce qu'il n'est que la suspension de la lutte pénible que nous soutenons. La volonté quittant le champ de bataille, tout effort cesse en nous, mais aussi toute énergie. Toutes nos facultés jouent à leur aise, mais toutes sont faibles; c'est l'action de la volonté qui les rend fortes,

parce que la volonté, les fixant sur un seul point et les y retenant, concentre sur ce point toute leur puissance, et, par la durée de cette concentration, la multiplie. Ramasser toute l'énergie d'une capacité sur un seul point, et l'y retenir longtemps, voilà l'effet de l'action du pouvoir personnel sur nos facultés. De là la puissance prodigieuse d'une volonté forte; de là les miracles de l'attention; de là ceux de la patience, qui ont fait dire que le génie n'était qu'une longue persévérance. Tous ces grands effets sont le résultat de la concentration de nos facultés par le pouvoir personnel : l'autorité de ce pouvoir sur nos facultés fait donc notre puissance, comme elle fait notre dignité[1]. »

Cette méthode démonstrative prouve l'impossibilité d'expliquer le moindre phénomène psychique par la doctrine qui ne fait du moi qu'une unité collective, sans entrer dans la nature même du sujet qui sent, pense et veut. La seconde méthode n'apporte à la défense du spiritualisme d'autre démonstration que le témoignage direct de la conscience, pénétrant, au delà des phénomènes, jusqu'au sujet lui-même. Mais ce témoignage est une révélation dont l'effet sur l'esprit humain est une foi invincible. Nulle école de critique n'a jamais contesté à l'être humain la conscience de tous les actes de sa vie psychique. Il n'est pas seulement un être qui sent, qui pense et qui veut; il a ceci de caractéristique qu'il est conscient de sa sensation, de sa pensée, de sa volonté. Et ce n'est point assez dire. Tout être sensible, tout animal sent, et si l'on ne peut dire qu'il pense et veut, au sens humain du mot, il est difficile de lui refuser un certain degré de pensée et de volonté. Les animaux supérieurs manifestent quelque combinaison dans l'association de leurs images, et dans

1. *Mélanges philosophiques*, p. 379 et 380.

leurs mouvements quelque spontanéité qui n'est pas simplement de l'instinct. Mais l'homme seul se sent moi dans tous les actes de sa vie psychique. Seul il a le sentiment de son unité, de son identité, de sa personnalité, de sa causalité libre et finale.

En lui la conscience n'atteint pas seulement les actes du moi ; elle atteint le moi lui-même ; elle le saisit dans sa nature une, identique et libre. Quand on nous dit, avec Kant et avec tous les partisans de la psychologie expérimentale et descriptive, que l'observation interne ne saisit que la partie phénoménale de notre être, on est dupe d'une analogie empruntée à l'observation des phénomènes extérieurs. La conscience est si peu réduite au sentiment des phénomènes psychiques, que son véritable objet est le sujet même de ces phénomènes, le moi vu directement et clairement dans les attributs essentiels de son être. Que veut-on dire, quand on affirme que nous avons conscience de nos sensations, de nos pensées, de nos volitions? Est-ce seulement que nous sentons nos sensations, nos pensées et nos volitions ? Cela n'aurait pas de sens. Sentir et avoir le sentiment de sa sensation, c'est une seule et même chose. En ce sens, la conscience nous serait commune avec tous les êtres doués de sensibilité. Non, la vraie fonction de la conscience humaine est tout autre. Notre conscience à nous, c'est le sentiment de notre moi, c'est le sentiment de son unité, de son identité, de son activité libre dans tous les phénomènes de la vie psychique. Le moi se sent et ne sent que lui dans la conscience de sa sensation, de sa pensée, de sa volition.

Notre maître à tous en science psychologique, Maine de Biran, a passé sa vie à faire entendre cette vérité aux obstinés partisans d'une psychologie empirique qui, à l'exemple de Kant, veulent borner l'observation interne à la conscience des phénomènes, reléguant le sujet lui-même dans les profondeurs inaccessibles où se cachent les *noumènes* de la pensée métaphysique. A ses yeux, le mystère de l'âme n'est pas plus impénétrable que celui de la matière. On pourrait même dire qu'il l'est moins, parce que l'expérience qu'en fait le psychologue est une révélation directe, sans aucun mélange d'induction ou de raisonnement. Nul n'a mieux vu ni plus fortement exprimé la portée de la conscience. Tout phénomène psychique est pour lui un acte dont le moi se sent la cause. Maine de Biran pense absolument le contraire de l'école de la sensation. Celle-ci s'était évertuée à réduire entièrement l'âme à l'état passif, en cherchant à prouver que tous ses actes ne sont que des transformations de la sensation, phénomène qui est pour cette école le type de l'état passif. La volonté, aussi bien que l'intelligence et toute la sensibilité, rentrait sous cette loi. L'analyse de Maine de Biran a mis en lumière la thèse opposée. Loin que tout soit passion dans la vie psychologique, tout y est action, la sensation elle-même, qui ne serait qu'une impression purement physiologique, si l'activité du moi n'en faisait un phénomène de conscience. Le philosophe de la méditation solitaire a tellement le sentiment de cette activité, qu'il va jusqu'à la confondre avec la volonté qui en est le type le plus énergique. Tout acte du moi implique un certain effort dont le sentiment révèle la force qui fait l'essence même de l'âme humaine. A la méthode de l'analyse qui tendait à tout ramener à l'expérience externe, Maine de Biran oppose le sentiment immédiat, direct, intime, qui fait le caractère propre de l'observation de conscience. A la recherche plus ou moins laborieuse des lois il substitue l'intuition des causes. En face des révélations de cette expérience qui ne peut dépasser les limites d'une science tout extérieure de l'homme, il fait jaillir du fond même de la nature humaine une lumière qui l'éclaire dans ses profondeurs. Ce n'est plus l'homme seulement, dans ses rapports avec les choses du dehors, l'homme sensible, l'homme animal, que cette lumière fait apparaître, c'est l'homme intérieur, l'être libre dans son activité, l'homme proprement dit. Ce n'est plus simplement le phénomène, l'acte, la faculté qu'elle nous montre, c'est l'être lui-même, l'âme dans sa pure essence. « Il y a une lumière intérieure, un *esprit de vérité*, qui luit dans les profondeurs de l'âme et dirige l'homme méditatif appelé à visiter ces galeries souterraines. Cette lumière n'est pas faite pour le monde, car elle n'est appropriée ni au sens externe ni à l'imagination ; elle s'éclipse ou s'éteint même tout à fait devant cette autre espèce de clarté des sensations et des images : clarté vive et souvent trompeuse qui s'évanouit à son tour en présence de *l'esprit de vérité*[1]. » Ne croirait-on pas entendre Malebranche opposant l'entendement à l'imagination, dans la recherche de ce qui mérite seul le nom de vérité ? C'est le même génie de la méditation, et aussi le même dédain de l'opinion vulgaire. Maine de Biran exagère le privilège de l'esprit méditatif. La conscience n'est pas un livre exclusivement réservé aux observateurs de son espèce. Le sentiment immédiat et infaillible des hautes vérités contenues dans ce grand livre est propre à l'humanité tout entière. Quel est l'homme à qui sa conscience ne révèle pas l'unité, la simplicité de son être, l'activité de ses facultés, l'innéité de ses penchants, la spontanéité de ses mouvements, la liberté et la responsabilité de ses actes ? Mais cette intuition du sens commun est vague et confuse ; elle est habituellement mêlée de sensations et d'images qui l'obs-

---

1. Préface des *Rapports du physique et du moral*.

curcissent. La vraie science de l'expérience interne demande une profonde et constante réflexion qui exerce le sens psychologique, comme la vraie science de l'expérience externe réclame une observation attentive et suivie.

L'école spiritualiste de notre temps ne saurait trop le redire, après son illustre maître : le témoignage de la conscience ne s'arrête ni aux actes ni même aux facultés; il atteint jusqu'à la nature intime, jusqu'à la *substance* même de l'âme, pour parler le langage de la vieille métaphysique : « L'action, dit encore Maine de Biran, est l'être pris dans son essence. » On a beaucoup abusé des mots âme et esprit, en les appliquant arbitrairement à tout ce qui dépasse la sphère de l'expérience. On a transformé en *âme* toute cause invisible des phénomènes de la Nature; on a imaginé une âme pour chaque *individu* du monde organique; on a parlé d'une Ame universelle. Il n'est permis qu'à l'analyse psychologique de nous apprendre ce que c'est qu'âme et ce que c'est qu'esprit. Qu'est-ce que l'âme, au témoignage de la conscience? Une cause, une force, principe et centre de tous les mouvements de la vie extérieure? Qu'est-ce que l'esprit, vu par le même œil? Une cause, une force douée de facultés supérieures, telles que la raison, la volonté, l'amour. L'unité, l'identité, l'activité instinctive ou volontaire ne sont pas seulement les attributs d'un être mystérieux qui serait l'âme ou l'esprit; ils en constituent la nature même et l'essence propre. Le moi est le vrai type de l'âme et de l'esprit; la conscience est le vrai sanctuaire de la vie spirituelle. C'est ce qui fait dire à Maine de Biran : « Peut-être que ces questions paraîtront moins insolubles, si l'on considère que, dans le point de vue réel où Leibniz se trouve heureusement placé, les êtres sont des forces, et les forces sont les seuls êtres réels; qu'ainsi le sentiment primitif du moi n'est autre que celui d'une force libre, qui agit ou commence le mouvement par ses propres déterminations. Si notre âme n'est qu'une force, qu'une cause d'action ayant le sentiment d'elle-même, en tant qu'elle agit, il est vrai de dire qu'elle se connaît elle-même par conscience d'une manière adéquate, ou qu'elle sait tout ce qu'elle est[1]. » Où trouve-t-on une plus complète et plus invincible démonstration du vrai spiritualisme que dans ses livres ? La distinction des deux vies, des deux activités, des deux natures dans l'homme, le caractère propre de la vie spirituelle, les rapports qui l'unissent à la vie corporelle, la spontanéité de l'activité volontaire et son empire sur les principes de la vie animale, toutes ces grandes thèses qu'il importe tant d'établir sur une base inébranlable, deviennent, après qu'on s'est pénétré des fortes doctrines de Maine de Biran, des vérités de sens intime contre lesquelles nul scepticisme ne saurait prévaloir.

Si l'on sort de ce sanctuaire de toute vérité morale qui se nomme la conscience, pour rentrer dans le monde extérieur de l'histoire naturelle, le tableau de l'échelle zoologique nous aide encore à comprendre la nature humaine par la comparaison des espèces. Ce n'est pas seulement dans l'homme que s'observe le phénomène de l'unité ; c'est aussi à tous les degrés de la vie animale. La science naturelle a-t-elle jamais hésité à regarder les êtres du règne organique, les animaux, et même les plantes, comme des individus ? A-t-elle jamais confondu cette espèce d'unité qui leur est propre avec celle des êtres du règne inorganique ? N'a-t-elle pas constamment distingué l'unité d'organisation d'avec la simple unité d'agrégation ou de composition ? Certaine philosophie de la Nature a voulu essayer de ramener à

---

[1]. T. III, p. 298. Édit. Cousin.

l'unité de composition toute individualité vitale par des explications plus ou moins ingénieuses, tirées de l'analyse des parties élémentaires de l'organisme. Qu'importe la composition des êtres vivants à l'existence de leurs attributs différentiels ? La science doit s'en tenir à la notion de l'unité individuelle, sans chercher à l'expliquer, mais en la maintenant contre toutes les explications qui tendent à la détruire.

Par un autre côté encore, la zoologie vient éclairer les intuitions de la psychologie humaine, en en rendant la vérité plus sensible aux esprits qui aiment mieux regarder au dehors qu'au dedans. Plus on s'élève dans l'échelle de la vie animale, plus on est frappé du progrès de l'individualité. Possédant l'activité de l'instinct dans toutes les espèces inférieures, elle montre déjà l'activité de l'intelligence, et même d'une sorte de volonté dans les espèces supérieures. La psychologie animale a mis ce progrès en lumière, par une étude attentive et une sagace interprétation des actes et des mouvements des animaux. Quand cette science n'est pas mise au service de thèses tendant à ravaler l'homme à la bête ou à élever la bête jusqu'à l'homme, quand elle observe, analyse, compare, sans aucune préoccupation systématique, elle a pour effet de mettre singulièrement en relief les attributs propres à la nature humaine. On comprend bien plus clairement l'intelligence, la volonté, la sensibilité, l'imagination de l'homme, en regard de l'intelligence, de la volonté, de la sensibilité, de l'imagination animale. On voit comment la sensibilité reste le plus souvent chez l'animal à l'état de pure sensation, tandis qu'elle arrive chez l'homme à l'état de sentiment et de sentiment délicat, exquis, profond, chez l'homme civilisé. On voit comment, faute de réflexion, d'attention, d'abstraction, et autres opérations qui transforment les perceptions en notions, l'intelligence en reste, chez l'animal, à de pures successions d'impressions et d'images, tandis qu'elle devient chez l'homme, par ces opérations, féconde en conceptions, en idées, en définitions, qui, par le raisonnement qui les enchaîne, ou la synthèse qui les classe, forment la vaste encyclopédie des sciences. On voit comment la volonté, si l'on peut donner ce nom à une certaine activité spontanée, n'est pas véritablement libre, chez l'animal, tandis qu'elle prend tous les caractères de la liberté par la manière dont elle exécute ses actes, après réflexion, délibération et résolution, avec la pleine conscience et l'entière possession de son activité. Et, par parenthèse, cette intervention de la raison dans les actes de la volonté, par l'influence des motifs, où d'intraitables adversaires de la liberté ne veulent reconnaître que la fatalité, n'est-elle pas le signe le plus certain de la liberté? Combien le sage Reid a raison contre leurs sophismes, quand il leur reproche d'assimiler les motifs d'action à des forces proprement dites, et de réduire à un jeu de mécanique l'exercice de la volonté tiraillée par des mobiles contraires! C'est précisément ce qui différencie la vie humaine de la vie animale soumise tout entière à la fatalité de ses impressions et de ses instincts. Enfin, toujours par la psychologie comparée, on voit comment l'imagination de l'animal se borne à des associations passives d'images, tandis que l'imagination de l'homme crée, par la puissance supérieure et vraiment libre qui est en elle, ces compositions admirables qu'on appelle, selon leur sujet, des tableaux, des poèmes ou des hypothèses. Plus on lit l'histoire des animaux, plus on trouve belle et riche l'histoire de l'homme faite sur l'individu ou sur l'Humanité, plus on emporte de cette lecture le sentiment profond et invincible de la liberté humaine, le plus grand titre de supériorité de l'homme sur l'animal.

Voilà le noumène de l'âme analysé, défini, expliqué par la réflexion psychologique seule, sans l'ombre d'une de ces notions ontologiques qui choquent tant l'esprit scientifique de notre temps. Mais, dit-on, si ce *noumène* de l'âme est d'une vision si facile et si certaine, comment se fait-il qu'on ait tant disputé et qu'on dispute encore sur ce sujet? C'est qu'on fait de cette question si simple un problème de profonde ontologie, si profonde que, plus on cherche à le creuser, moins il est possible d'en trouver le fond. On a reproché à Kant d'avoir imaginé ses *noumènes* de la matière, de l'âme et de Dieu pour les besoins de sa critique. Il n'a rien imaginé; il s'est contenté de les prendre dans les traditions de la vieille métaphysique. Une matière abstraite, une âme abstraite, un Dieu abstrait : trois abstractions qui n'ont rien de commun avec aucune espèce d'expérience. L'âme immatérielle n'est pas plus intelligible que le corps matériel, dans le vieux sens du mot. Il a fallu que l'expérience sensible et l'expérience intime vinssent renouveler la philosophie de la Nature et la philosophie de l'esprit, en révélant le vrai sens de ces mots, *matière et esprit, âme et corps*. L'âme humaine est une force qui a conscience, non seulement de tous ses actes, mais encore de la cause une, identique, libre qui les produit, c'est-à-dire de son être tout entier. Ce n'est pas une école qui l'affirme ou le prouve par des raisonnements plus ou moins concluants, par des inductions plus ou moins fondées; c'est la conscience de l'humanité elle-même qui le proclame. Si le spiritualisme n'a été jusqu'ici qu'une grande école de philosophie, aussi contestée que les autres, malgré le trésor de vérités psychologiques et morales qu'il a gardé, c'est qu'il a trop mêlé aux révélations indiscutables de la conscience les inintelligibles abstractions d'une ontologie creuse. Voilà ce qui a rendu ses thèses sujettes à discussion, à toutes les époques de son histoire.

Comment se fait-il cependant qu'un tel spiritualisme, si clair, si simple, tout d'expérience, ait encore tant de peine à se faire accepter des générations nouvelles ? Serait-ce parce que la notion de force choque le vieux préjugé d'une matière comprise ou plutôt imaginée comme une substance dont l'étendue est la propriété fondamentale ? Non, puisque la science positive elle-même en fait de plus en plus justice. Serait-ce parce que les révélations de la conscience touchant l'unité, l'identité, la causalité, la liberté du moi humain pourraient n'être que des illusions ? Pas davantage. Comment ce subtil scepticisme pourrait-il tenir devant le sentiment invincible qui est comme le moteur de toute notre vie morale ? Il faut donc chercher une autre raison de l'hésitation du monde savant. On ne se rend pas au témoignage de la conscience, parce que l'on ne parvient pas à comprendre cette unité, cette identité, cette spontanéité, cette liberté, dans un monde où tout apparaît comme multiple, changeant, fatal, régi enfin par l'inflexible loi de la fatalité. C'est ce qui faisait croire Kant à une de ces antinomies insolubles sur lesquelles il fondait son scepticisme. Comme il tenait également pour les révélations de la conscience et pour les enseignements de la science, il ne voyait aucun moyen de sortir de la contradiction des deux thèses également incontestables. Il y a donc là un mystère à éclaircir. Tant que la pensée n'a pas satisfaction sur ce point, elle s'arrête et attend. Il ne lui suffit pas, pour se rendre à la vérité, que celle-ci soit certaine ; elle veut encore qu'elle soit intelligible. C'est parce que le spiritualisme n'a pas voulu ou n'a pas pu lui expliquer le mystère, qu'il l'a trouvée toujours rebelle à ses conclusions.

Pourquoi l'esprit scientifique se refuse-t-il opiniâtrément à reconnaître les révélations de la conscience ? Parce que tout ce qu'elle révèle est contraire à l'idée qu'il se fait de l'ordre universel, régi invariablement par la loi du *déterminisme*. Et d'où lui vient cette conception si profondément enracinée dans le cerveau des savants ? De la méthode qu'ils appliquent exclusivement à la solution de tous les problèmes qui touchent à l'explication des choses. L'école de l'analyse s'entend admirablement à expliquer toute chose par ses éléments, un tout quelconque par ses parties. Le chef-d'œuvre de cette méthode est le livre de M. Taine sur l'*Intelligence*. Tout expliquer dans le monde de l'esprit, comme dans le monde de la Nature, par des décompositions et des recompositions, tout réduire, les individualités de toute espèce, les unités organiques aussi bien que les unités inorganiques, à des unités collectives, de composition, d'organisation, d'équilibre, d'harmonie, voilà où triomphe la méthode analytique. Quant à la synthèse de cette école, elle n'est jamais qu'une recomposition fondée, comme toute synthèse chimique, sur la combinaison des éléments simples, ou comme toute synthèse organique, sur la corrélation des organes. Mieux peut-être qu'aucun psychologue de son temps, M. Taine met à jour le mécanisme et le jeu des principes de l'intelligence ; il nous montre à merveille par quelles associations s'engendrent nos divers actes intellectuels.

Laissons la métaphysique pour le moment, et tenons-nous-en aux révélations directes de la psychologie. Tant que M. Taine se borne à décrire les groupes de sensations, d'images, d'idées qui sont la matière élémentaire de nos jugements et de nos raisonnements de toute espèce, même de ces axiomes et de ces principes où l'*à priori* semble avoir la plus grande part, il reste dans la vérité, parce qu'il ne fait qu'une œuvre d'analyse. Du moment qu'il arrive à supprimer un seul des attributs attestés par la conscience, il dépasse les limites de l'analyse scientifique : il ajoute l'hypothèse à l'expérience. Et quelle hypothèse ? Celle qui heurte de front le témoignage irrécusable de la conscience. On verra tout à l'heure comment ce témoignage peut s'accorder avec les plus simples et les plus sûrs enseignements de la science. Mais quand il y aurait contradiction absolue entre les deux expériences, ce ne serait pas une raison d'infirmer l'une au profit des conclusions absolues de l'autre. Le psychologue qui n'applique d'autre méthode que l'analyse n'en a pas plus le droit que le physiologiste n'aurait celui de nier les propriétés vitales par cette raison que la vie a pour éléments reconnus certains principes chimiques. L'école de l'analyse aura beau nous dire qu'elle ne trouve rien de plus au fond de son creuset, que les prétendues propriétés irréductibles des composés ne sont que des apparences illusoires, puisqu'il n'en reste aucune trace dans les principes composants, que parler d'affinités, de forces vitales, d'âmes ou d'esprits, c'est ressusciter les entités de la scolastique. On peut répondre qu'il y a, dans certains de ces *composés*, pour emprunter le langage de cette école, quelque chose qui échappe à l'analyse : c'est la création de la Nature qui en fait l'unité, et partant leur être véritable, avec tous ses attributs et toutes ses propriétés.

Quand M. Taine nous répète, avec cette intrépidité logique qui lui est propre, que le moi n'est qu'un groupe d'événements, que l'esprit n'est qu'un polypier d'images, nous nous défions, nous autres spiritualistes, de cette espèce d'opération qui fait évanouir les caractères essentiels de la réalité, en la décomposant dans ses éléments. Qui ne se sent saisi de surprise et presque d'effroi à la lecture de ces etranges conclusions, et ne s'écrie avec Michelet, l'historien qui a montré dans ses récits et ses tableaux un sentiment si vif de la réalité : « On me prend mon moi! » Non, l'école de l'analyse ne réussira pas à prendre son moi à cette humanité qui en a une si claire et si pleine conscience, qui peut bien abandonner à la science une spiritualité mal entendue, mais non celle qui réside tout entière dans sa personnalité. Car celle-ci est le fond de tout l'être humain. Avec le moi disparaît l'homme ; il ne reste qu'une machine où tout se produit mécaniquement, instinct, sensibilité, intelligence, volonté..

« Illusion invincible, nous répond M. Taine ; mais ce n'est qu'une illusion. La science ne peut se soumettre à une autorité qui n'a ni démonstration ni vérification à lui opposer. Rien ne peut prévaloir contre les lois qu'elle a démontrées ou vérifiées. » De quelles lois veut-on parler? Je n'en connais qu'une qui contredise directement le témoignage de la conscience : c'est la loi de causalité que, sous le nom de déterminisme, on veut étendre à la vie universelle, en y comprenant les phénomènes de l'âme et de l'esprit. Cette loi, on ne peut en douter après les enseignements de la science expérimentale, se retrouve partout. Elle ne gouverne pas seulement le monde de la matière brute; son action se révèle dans le monde de la matière vivante. Tous les organismes de la Nature, y compris l'organisme humain, lui sont soumis dans une certaine mesure. Partout la vie a pour condition l'action des forces élémentaires physico-chimiques. Je dis pour condition, et non pour cause. Je le dis sur l'autorité des plus grands physiologistes de notre temps. Qui a mieux démontré que Claude Bernard l'insuffisance de la physique et de la chimie à expliquer le merveilleux phénomène de la vie ? Qui a mieux fait ressortir la nécessité d'une cause créatrice, pour rendre raison d'une véritable œuvre de création? Qu'importe qu'il ne l'ait pas appelée de son véritable nom ? Cause finale ou *idée directrice*, c'est tout un. L'illustre physiologiste, en parlant de ce *quid proprium* étranger au monde de la mécanique, de la physique et de la chimie, n'a-t-il pas parlé d'un principe *métaphysique* ? Après un tel aveu, viendra-t-on nous répéter que toute spontanéité, toute finalité, toute personnalité n'est qu'illusion ? Puisque la physiologie ne peut se passer de la métaphysique pour l'explication des phénomènes de la vie, pourquoi serait-il défendu à la psychologie de la faire intervenir dans l'explication des phénomènes de l'intelligence ? Qu'il en ait eu conscience ou non, Claude Bernard a ouvert à la science la voie des révélations psychologiques. Comment l'école de l'analyse expliquerait-elle la vie humaine, quand elle ne peut expliquer ni la vie animale, ni même la vie végétative, quand elle ne peut rendre raison d'aucune espèce d'organisme? Oui, sans doute, elle excelle dans un genre d'explication : c'est celui qui consiste dans la détermination des conditions. La recherche des causes ne lui appartient pas.

L'école de l'analyse, on ne saurait trop le répéter, poursuit le cours de ses explications sous l'empire d'une idée fausse qui a pris rang d'axiome scientifique dans le monde savant : c'est que le principe des choses est partout l'élément, dans les êtres organisés comme dans les simples agrégats ou composés du règne minéral. Elle ne connaît que des unités d'agrégation ou de composition que toute synthèse scientifique peut toujours donner. Et comme cette vérité d'expérience ne peut guère être contestée pour les corps inorganiques, elle l'étend aux corps organisés et en fait la loi de la vie universelle. C'est ce qui fait qu'elle nie toute causalité propre, toute spontanéité, toute unité réelle chez les individus du règne organique, plantes et animaux. Toutes ces unités individuelles sont résolubles, à son sens, dans les unités élémentaires qui les constituent et qui seules possèdent l'être réel, l'être vraiment substantiel. Elle ne voit pas que l'absolument simple, le pur élément des physiciens, n'est qu'une abstraction de la pensée, aussi bien que l'immatériel des métaphysiciens. L'atome lui-même est conçu comme multiple. La physique contemporaine le définit un centre de forces. C'est dans le point central qu'est l'unité, la puissance d'action, l'être véritable. Tout être est un et multiple à la fois. Tous les êtres de la Nature sont des centres de forces. L'atome est le type le plus élémentaire de l'existence. C'est déjà un centre de forces soumises aux lois de la mécanique. Le corps brut est un centre de forces soumises aux lois de la physique et de la chimie. Son unité apparaît dans la transformation des propriétés élémentaires, sous l'action des forces électives. La plante est un centre de forces qui obéissent au principe vital dominant et dirigeant l'action des forces physico-chimiques. Son unité se manifeste par une individualité encore passive. L'animal est un centre de forces obéissant à un principe supérieur aux lois de la vie végétative. Son unité s'accentue par une individualité instinctive et spontanée. L'homme enfin est un centre de forces dont l'intelligence est la tête, dominant et dirigeant toute la vie animale. Son unité éclate par la personnalité.

Voilà une conception de la vie, de l'âme, de l'esprit qui ne sera peut-être pas du goût des partisans de l'ancienne tradition spiritualiste. Ils pourront bien demander ce que devient l'être immatériel, l'essence pure de Platon, la substance spirituelle de Descartes. Je les prie de réfléchir que ces deux notions de la matière et de l'esprit, ne s'expliquant et ne se définissant que par leur opposition, restent, au fond, deux mystères pour la pensée. Du moment qu'il n'y a plus de matière, dans le vieux sens du mot, ils croiront peut-être qu'on leur enlève par cela même l'esprit. Mais, s'ils veulent bien considérer le véritable état de la question, ils penseront qu'il est des transformations auxquelles ne peut se refuser toute philosophie qui tient compte des enseignements de la science nouvelle. Sous ces vieux mots d'âme et d'esprit, il se trouve, à côté d'abstractions et de fictions que la science ne permet plus de conserver, des vérités immortelles dont c'est l'honneur de toute grande philosophie de garder le dépôt. La conscience, la liberté, la dignité morale de l'être humain sont en question dans ce grave débat. Il faut avant tout défendre tout cela contre les assauts d'un matérialisme qui se dit et se croit l'organe de la science elle-même. L'homme est-il une *personne*, ou une simple *machine* plus parfaite que toutes celles qui fonctionnent dans la Nature. Tous ses actes, même les plus réputés libres, ne sont-ils, en définitive, que des actions réflexes, plus ou moins mécaniques ? Cela vaut sans doute encore la peine d'être mis en lumière, alors même qu'il deviendrait impossible de maintenir toute la tradition spiritualiste devant les révélations de la science nouvelle.

La question a changé de face depuis la révolution que ces révélations ont opérée dans l'esprit philosophique. Il ne s'agit plus de discuter la distinction des deux substances, puisque la science elle-même a renouvelé la notion de la matière. Reste toujours la distinction des deux vies, des deux natures, des deux ordres de phénomènes qui font de l'homme un être double dans ses instincts, ses sentiments, ses tendances, ses aspirations. On voit que la question passe de l'abstraction à la réalité, de la spéculation pure à l'expérience. On ne saurait trop le redire, l'expérience atteste que toute réalité est une dans sa variété, multiple dans son unité.

C'est déjà la loi des corps bruts; c'est surtout la loi des corps organisés. Les individus qui s'éloignent le plus de l'existence inorganique, comme ceux qui s'en rapprochent le plus, rentrent dans cette loi. La vie, chez les corps organisés, résulte du rapport intime et constant entre la force centrale qui la concentre et les forces locales qui la dispersent. C'est l'équilibre entre ces forces diverses qui maintient l'ordre et conserve l'existence.

Nulle part, dans aucun être vivant, la lutte entre la force centrale et les forces locales n'éclate avec autant de violence et de trouble que dans la vie humaine. C'est la grandeur et la misère tout à la fois de notre nature. Cette lutte ne se remarque guère chez l'animal à peu près livré à ses instincts de conservation. Il mène une vie de paix et d'innocence, qui n'est troublée que par les impérieux besoins qui provoquent tous les combats de la concurrence vitale. L'animal au repos passe le temps à dormir ou à rêver, parce que nulle contradiction entre ses divers instincts ne vient l'agiter. Chez l'homme, au contraire, la lutte entre les instincts, les tendances, les passions contraires commence et ne finit guère qu'avec la vie. L'état de sagesse, c'est-à-dire de paix pour lui, est rare, et il n'y arrive qu'après des alternatives où il se sent tout à la fois esclave et libre, libre par sa volonté et sa raison, esclave de ses penchants et de ses passions. Nul moraliste n'a mieux décrit que Jouffroy les crises diverses par lesquelles passe la nature humaine, selon les défaillances ou les énergies de la volonté. Ce n'est plus Platon à qui il fait penser, c'est Pascal. « Il y a trois états intérieurs différents, autour desquels viennent se grouper toutes les nuances de dignité morale dont la conscience humaine présente le spectacle. Naturellement, les capacités sont insoumises, parce que l'autorité de la volonté leur impose une direction qui contrarie leur pente naturelle. Or la plupart des hommes laissent leurs capacités dans cet état d'insubordination. Il suit de là que, chaque capacité se déployant à l'aventure, tout en eux est l'image de l'anarchie et du désordre ; au lieu que l'homme devrait régner sur elles, elles règnent sur lui, et il est l'esclave de toutes les sensations, de toutes les passions, de toutes les erreurs, de toutes les imaginations, de toutes les folies qu'elles enfantent.... Le plus souvent il ne trouve pas la force de sortir de cet état : effrayé des difficultés, corrompu par l'habitude de la faiblesse, il s'abandonne, il renonce à soi-même, et continuant à déchoir, de lâcheté en lâcheté, il tombe presque au niveau des choses, finit par s'y oublier, et présente le triste spectacle d'une noble nature abrutie et dégradée par sa propre faute.

» Il n'y a qu'un moyen d'échapper à cette déplorable destinée : c'est d'établir en soi, à la sueur de son front, l'empire de la volonté. La tâche est plus facile dans certaines natures que dans d'autres, et c'est l'un des bienfaits d'une bonne éducation d'y préparer l'homme dans l'enfance. Mais les plus heureuses dispositions et l'éducation la mieux dirigée ne sauraient dispenser de la lutte. Beaucoup d'âmes, obéissant à de nobles impulsions, embrassent cette lutte généreuse dans les beaux jours de la jeunesse; mais bien peu la soutiennent avec constance. La plupart ne tardent pas à céder à la fatigue, et, sans renoncer au combat, passent leur vie dans des alternatives de courage et de faiblesse, qui les rendent tour à tour heureuses et malheureuses, fières ou mécontentes d'elles-mêmes, et qui les tiennent à égale distance de la dégradation et de la sainteté. Celles-là ont peut-être des grâces à rendre de la brièveté de la vie ; car, si leur dignité morale se sauve, c'est le plus souvent parce qu'elles n'ont pas eu le temps de la perdre.

En pareille affaire, flotter entre la victoire et la défaite, c'est être plus près de la défaite que de la victoire; car la défaite est plus naturelle que la victoire. Toutefois la lutte, à quelque degré qu'elle existe, est noble ; mais elle n'est sublime que quand elle est persévérante. C'est la seule qui, dans la courte durée de cette vie, puisse conduire l'homme à ce troisième degré de dignité personnelle qui est le plus haut point de perfection qu'il lui soit donné d'atteindre.

» Dans ce troisième état, dont le caractère est la beauté, les capacités sont tellement rompues à l'obéissance, par l'effet d'une longue et sévère discipline, qu'elles se plient sans résistance à tous les ordres de la volonté, et jouent sous sa main avec la même facilité que les touches d'un instrument sous les doigts d'un musicien habile. Toute lutte a cessé, et la volonté, heureuse d'un empire facile, gouverne presque sans y penser, et fait des prodiges avec un abandon plein de grâce. A voir comment elle règne, on croirait que son autorité est naturelle, et l'on dirait d'un ange qui n'a jamais connu les fatigues de la pensée, les orages des passions, et les révoltes d'une sensibilité capricieuse. Une ineffable harmonie éclate dans tout ce qu'elle fait, parce que toutes ses facultés, dociles à sa voix, concourent à ses moindres desseins, dans la mesure qu'elle veut et avec une égale aisance. Aussi tout ce qu'elle fait est plein et achevé. Comme tout effort a disparu, l'énergie de la personnalité paraît moins dans cet état que dans la lutte, l'homme y est moins imposant, mais plus aimable, moins sublime, mais plus beau. C'est la différence du chêne qui, sur le sommet d'un roc escarpé, résiste à la tempête éternelle qui l'assiège, et développe, malgré les vents, ses branches courtes, mais vigoureuses, et du platane majestueux qui, dans le fond d'une heureuse vallée, élève paisiblement la tête vers le ciel, et répand de tous côtés, avec une harmonieuse profusion, la richesse de son feuillage[1]. » Poésie que tout cela, diront nos savants et nos positivistes ! — Poésie sans doute, mais dans la forme seulement. Pour ne pas sentir combien le fond est vrai, il faudrait n'avoir pas vécu.

La philosophie, en France, en Angleterre, en Allemagne, a des amis sincères qui viennent prêter aux conclusions forcées de la science l'autorité de leurs doctrines psychologiques. Il est une nouvelle école de psychologie qui rejette absolument la méthode d'observation directe, comme inféconde et peu scientifique. Sa méthode, à elle, consiste, non plus à étudier l'homme dans les sentiments et les actes de sa vie intime, mais dans toutes les manifestations extérieures de cette vie. Ses œuvres et ses actions proprement dites, voilà le sujet des observations et des analyses de cette école. C'est ce qu'elle appelle faire la science de l'homme avec des faits, comme on a fait les sciences de la Nature. Au contraire de la méthode toute *subjective* qui fixe et concentre l'esprit sur ce point unique du for intérieur, afin de pénétrer dans ses profondeurs, la méthode qui se dit *objective* le promène, le disperse, le répand sur la surface entière de la nature humaine, de manière à en saisir toutes les manifestations extérieures. Il est encore une autre école de psychologie qui fait des rapports de l'état psychique et de l'état physiologique l'unique objet de la psychologie. Elle laisse à la vieille psychologie l'étude du simple phénomène psychique, qui lui paraît bonne seulement à découvrir des entités métaphysiques, pour s'occuper du phénomène complexe qu'elle considère comme la seule réalité observable. Elle croit faire ainsi de la psychologie une science expérimentale,

---

1. *Mélanges philosophiques*, p. 362 à 366.

dans laquelle le calcul pourrait entrer pour une certaine part. « Du moment, nous dit M. Ribot, que le phénomène interne, au lieu d'être pris pour la manifestation d'une substance inconnue, est considéré dans sa liaison naturelle avec un phénomène physique, il devient possible d'agir sur lui par le moyen de ce concomitant physique ; car celui-ci est, dans beaucoup de cas, sous la main de l'expérimentateur, qui peut mesurer son intensité, ses variations, le placer dans des circonstances déterminées, le soumettre à tous les procédés qui constituent une investigation rigoureuse [1]. »

Avec de telles méthodes d'observation, on peut obtenir des résultats de nature à satisfaire la curiosité philosophique. On arrive à déterminer les conditions physiologiques de tous les phénomènes psychiques proprement dits, à en mesurer l'intensité et la durée. On arrive également à faire l'histoire descriptive de l'âme humaine, à la façon de l'histoire naturelle des animaux, dont le naturaliste ne devine les sentiments, les passions et les idées que par l'interprétation de leurs mouvements extérieurs. C'est là une partie intéressante et instructive de la psychologie que l'école de l'observation directe avait trop négligée. Mais aux nouvelles écoles il ne faut point parler d'unité, d'identité, de personnalité, de liberté, de finalité, de tout ce que l'ancienne a eu tant à cœur de mettre hors de doute. Il ne faut pas même leur parler de facultés, telles que la sensibilité, l'intelligence, la volonté. Elle ne connaît que des phénomènes de sensation, de pensée, de volition. Quant aux facultés elles-mêmes, entendues comme causes de ces faits, elle n'y voit que des entités scolastiques qui, pas plus que l'âme et l'esprit, n'ont de place dans une psychologie vraiment scientifique. Et cela est tout simple, puisque

---

1. Introduction à la *Psychologie allemande contemporaine*.

les nouvelles écoles tiennent pour stérile la méthode d'observation directe. Quand on ne veut regarder la nature humaine que du dehors, comment apercevrait-on des vérités que l'œil seul de la conscience peut découvrir par le regard intérieur qui se nomme la réflexion, concentrée sur les choses du dedans? En appliquant strictement aux phénomènes internes la méthode d'observation et d'induction à laquelle les sciences de la nature doivent leurs progrès, la psychologie contemporaine s'est privée de ces révélations intimes auxquelles la philosophie doit la lumière qui éclaire l'explication de la vie universelle, et le principe qui est le fondement de tout l'ordre moral. C'est le cas de redire le mot de Maine de Biran : Métaphysique! prends garde à la physique ». Il aurait pu exprimer la même crainte pour la morale. Toutes ces ingénieuses, subtiles et patientes recherches de l'école psychologique qui se dit la seule vraiment scientifique, ont leur prix. Aucune vérité de fait, si peu importante qu'elle soit, ne peut nous laisser indifférents. Toutefois on retrouve une vive satisfaction à relire les descriptions et les analyses qui portent sur les grands traits de la nature humaine et dont les conclusions offrent toujours un puissant intérêt. C'est alors qu'on se reprend au sentiment invincible de ces vérités de conscience qui n'ont jamais échappé aux grands observateurs, psychologues, moralistes, poètes ou romanciers.

Seulement, à ces descriptions, à ces analyses, à ces tableaux il manque une dernière explication. Cette conscience de soi, cette possession de soi, cette lutte, ces efforts, cette vie qui finit par le triomphe ou la défaite de la volonté, comment expliquer tout cela par le simple jeu de forces contraires entre lesquelles l'équilibre se maintient ou se rompt? La seule volonté a-t-elle la vertu que lui attribue Jouffroy? Là est le mystère dont il faut chercher la révélation dans la conscience elle-même. Tant que la réflexion n'y a pas porté la vive et forte lumière qui en éclaire les profondeurs, le moi ne se reconnaît point encore dans ce pêle-mêle de phénomènes dont il n'a d'abord qu'un sentiment vague et confus. Jusqu'à ce qu'il y ait regardé ce qu'il n'avait qu'entrevu, sa multiple et diverse nature lui donne le spectacle d'une activité désordonnée. C'est à peine s'il sent sa personnalité, s'il se trouve vraiment *sui conscius* et *sui compos*. Il est beaucoup de vies humaines qui en restent à cet état, malgré l'âge de maturité. Ce spectacle change de face sous l'œil de la réflexion. Le moi voit clair dans sa nature et dans sa destinée. Il se sent une personne, c'est-à-dire un être qui a conscience de son unité, de son identité, de la liberté et de la finalité de ses actes. Il se voit le centre d'une activité qui déborde autour de lui, et qui est le produit de forces sans nombre. Il comprend que toutes ces forces vont à leurs fins propres, dont lui seul à le secret, et que seul il peut les faire concourir à la fin commune qui est le bien, par son gouvernement et sa direction. Il fait effort pour y parvenir, et c'est dans le sentiment de cet effort de plus en plus heureux, s'il est persévérant, qu'il puise la foi en son pouvoir et la confiance en son œuvre. Plus il est maître de sa vie, plus il sent qu'il obéit lui-même à cette loi providentielle de finalité qui la domine tout entière, et mieux il reconnaît que cette loi n'est pas seulement une lumière pour sa conscience, mais encore une force pour sa volonté. Car le sentiment du bien ne vient pas sans l'amour du bien. C'est ce qui explique l'unité dans la diversité, la liberté dans la fatalité, l'ordre dans le désordre, la paix dans la lutte, qui est le caractère de toute vie d'homme digne de ce nom.

La volonté est la faculté humaine par excellence; c'est elle qui par la liberté de ses actes, donne son haut prix à la vie humaine, si haut qu'il ne se rencontre rien de plus grand, de plus beau, de plus rare dans le spectacle de l'Univers, même dans ce ciel étoilé où Kant trouvait que tout pâlit devant l'étoile de la vertu. Mais, sans cet amour du bien, disons plutôt simplement sans l'amour, qui ne peut avoir d'autre objet, que ferait la volonté ? Comment deviendrait-elle la maîtresse de la vie ? Où trouverait-elle la force persévérante qui lui est nécessaire pour dompter les passions, les appétits, les instincts aveugles qui rencontrent dans leur action fatale le mal, au lieu du bien qu'ils cherchent ? Chaque jour l'expérience de la vie nous montre ce que deviennent les volontés les plus énergiques, quand elles n'ont pas d'idéal à poursuivre. On les voit s'engourdir et s'user dans l'inaction. C'est que l'aiguillon manque à leur activité. Rien de plus clair et de plus distinct que les fonctions de la volonté, de la raison, et de l'amour, dans l'économie de la vie humaine. L'amour est le grand moteur de l'énergie morale, comme la volonté en est la directrice, comme la raison en est la lumière : moteur aussi intelligent qu'il est puissant, puisqu'il a son principe dans l'idéal. C'est la grandeur de l'homme de poursuivre avec conscience et liberté les vraies fins de sa nature. C'est sa misère de courir égaré aux fausses fins que lui montrent ses passions ; car alors il ne rencontre que le mal. Mais qu'il ne se plaigne pas de la Providence qui lui a donné tout à la fois la conscience du bien, avec l'amour du bien et la volonté de le faire. Quel est l'être de la création qui n'envierait sa destinée, s'il était en état de la comprendre ?

Oui, la volonté est impuissante sans l'amour qui la provoque à l'action, la soutient à l'œuvre, la ranime dans ses défaillances, je dirais presque l'entraîne à l'accomplissement de cette idéale destinée que lui revèle sa conscience. La liberté d'indifférence n'est qu'une abstraction qui ne rend pas compte des phénomènes de la vie morale. La liberté doit s'entendre en ce sens que la volonté reste toujours maîtresse de ses actes, quelle que soit la puissance des forces qui la poussent à l'action, appétit, passion ou amour. C'est l'action dominante de l'un de ces moteurs qui fait l'unité de la vie morale; noble, sage, pure jusqu'à la sainteté, si c'est l'amour de l'idéal qui en est le principal mobile; vulgaire et grossière, si c'est l'appétit; vicieuse, agitée, parfois criminelle, si c'est une mauvaise passion. Dans son tableau de la vie morale, Jouffroy s'est gardé d'oublier cette idée de finalité qui en est la grande lumière. Il n'a peut-être pas mis assez en relief l'amour pur qui en est le grand moteur. Il a montré l'action de la volonté gouvernant les instincts, dirigeant les facultés, concentrant toutes les forces de la nature humaine. On eût encore mieux compris le jeu de la vie morale, s'il eût laissé voir davantage le ressort principal qui fait agir la volonté elle-même.

Pourquoi l'amour est-il l'âme, en quelque sorte, de la vie morale? C'est qu'il est, plus que toute autre, une force intime à la nature humaine, disons plus, à toute nature vivante, à toute nature réelle. C'est qu'il n'est pas seulement un mode, une propriété, une faculté de l'être; il est le fond de l'être, l'être lui-même. Que nous dit la métaphysique, éclairée par la lumière de la conscience? Que l'être est tout entier dans cette activité finale mise en mouvement par l'attraction du Bien : force pure dans le monde de la mécanique, instinct dans le monde de la vie, amour dans le monde de l'humanité. Je n'irai pas jusqu'à dire amour partout, parce qu'il n'y a point amour sans conscience et sans volonté. Voilà comment l'amour est l'âme, disons le dieu de la vie morale ; car rien n'est plus divin que ce qui tient sa vertu, sa force, son être du Bien. Ce n'est donc pas pure métaphore que de redire de l'amour ce qu'un poète léger disait de sa passion pour les vers :

> Est Deus in nobis; agitante calescimus illo.

Celui-là est autrement sérieux.

Voilà comment la métaphysique explique la psychologie, après avoir expliqué la mécanique, la physique et l'histoire naturelle. Toutes ces sciences laissent des mystères qu'il appartient à la métaphysique seule de résoudre. Le mystère psychologique est, pour le physiologiste, dans cette volonté libre qui ne se laisse point enchaîner dans les liens de la fatalité qui a pris, dans la science, le nom de déterminisme. Qui s'en étonnera, quand il sera clair pour le savant lui-même que, dans le monde entier, les lois mécaniques et physiques sont dominées par la loi suprême de finalité, qui fait l'être des choses, comme la volonté et la liberté font l'âme des personnes.

CHAPITRE VI

DIEU

C'est le plus grand mot des langues humaines. Aucune ne l'a oublié. Toutes, même les plus barbares, l'ont célébré, en le définissant avec plus ou moins de justesse, de précision, de profondeur et de pureté. Il est le fond de toutes les religions. Il est le problème par excellence des plus grandes philosophies. Mais, sous ce nom, que de pensées diverses, et même contraires, selon les sources où ont été puisées les notions qui en composent la définition ! C'est la crainte qui a fait les dieux, a dit Lucrèce : *Deos fecit timor*. Oui, c'est la crainte ; c'est aussi l'espérance. C'est l'imagination, c'est surtout l'intelligence et la raison. Mais Lucrèce a dit vrai : c'est d'abord la crainte, plus ou moins mêlée de respect. Les dieux sauvages, si l'on peut donner ce nom aux plus grossières représentations de l'esprit humain, encore esclave de ses besoins et de ses passions, ne sont que des génies malfaisants ou bienfaisants qu'il faut conjurer ou s'attacher, selon la nature de leur action. Les dieux barbares, avec des attributs supérieurs, sont encore des puissances qui personnifient le bien ou le mal. S'il est téméraire d'affirmer que toutes les religions qui ont précédé le Christianisme n'ont connu que la crainte et le respect, il est certain que le **monothéisme hébreu est aussi étranger à l'amour que** le polythéisme grec. C'est surtout la crainte que réveille le nom du tout-puissant Jéhovah. C'est le respect qu'inspirent, à des degrés différents, les immortels aux attributs si divers qui habitent l'Olympe. Le Christianisme est la seule religion connue de l'amour.

Faire l'histoire de l'idée divine serait refaire l'histoire entière des religions, et en grande partie l'histoire de la philosophie elle-même. Tel n'est pas le sujet de ce chapitre. Sur la question de Dieu, comme sur celle de l'âme, comme sur celle de la matière, il s'agit seulement de voir s'il n'est pas possible, avec les simples données de l'expérience, d'aboutir à une solution qui réconcilie la théologie rationnelle avec la science. De tout temps, l'homme a trouvé dans son cœur ou dans sa raison le sentiment ou l'idée de Dieu. De tout temps notre humaine nature a rêvé du divin. L'homme ne s'est pas senti faible, misérable, imparfait, périssable, sans penser à quelque chose de fort, de grand, de parfait, d'éternel. Dieu est donc un de ces mots qui resteront dans la langue des hommes, parce qu'il répond à un sentiment indestructible, aussi bien qu'à une pensée immortelle. Mais, encore à cette heure, il est un sujet de discussions, de démonstrations, de définitions, d'explications, sur lequel la raison et l'imagination, l'esprit et le cœur, la science et la foi, la philosophie et la théologie, ont peine à s'entendre. Ce n'est point une raison pour la philosophie et pour la science de ne pas poursuivre résolument la solution du problème, sans trop s'inquiéter des réclamations qu'elle pourra soulever dans le monde où dominent la foi et l'imagination. C'est encore une vieille thèse métaphysique à reprendre et à renouveler par les enseignements de l'expérience.

Il faudrait beaucoup de temps et d'érudition pour débrouiller l'écheveau des discussions sans fin dont ce grand problème a été le sujet, depuis les premières époques de l'histoire de la philosophie jusqu'à nos jours. Il suffit à la tâche que je me propose d'en dégager les idées et d'en définir les méthodes principales. Théologiques ou philosophiques, toutes les écoles qui ont traité de la nature divine et de ses attributs peuvent être ramenées à deux : l'école spéculative et l'école psychologique. Dieu peut être cherché dans l'immense étendue de l'Univers, ou dans l'intime profondeur de la conscience humaine. Selon le premier point de vue, il apparaît comme l'absolu, le tout-puissant, l'éternel, l'infini, l'universel. Selon le second, il se révèle comme l'idéal, le parfait, l'esprit pur. C'est entre ces deux écoles que de tout temps le débat s'est poursuivi, les philosophes insistant particulièrement sur les attributs métaphysiques proprement dits, les théologiens, surtout les théologiens des religions positives, sur les attributs dits psychologiques.

Cœli gloriam Dei enarrant. Le Cosmos nous révèle la causalité absolue, la toute-puissance, l'immense activité, l'inépuisable fécondité de la Cause créatrice. Il ne nous apprend rien de son essence même, si elle est matière ou esprit, nature ou personne, fatalité ou providence. La spéculation pure a beau se donner carrière, disserter avec Parménide sur l'être et le non-être, avec Plotin sur l'absolu, avec Spinosa sur la substance, elle n'arrive qu'à se perdre dans le vide et le néant. C'est que son Dieu n'est que la négation abstraite de tous les attributs des êtres réels. Elle ne le conçoit que dans l'opposition du fini et de l'infini, du particulier et de l'universel, du changeant et de l'immuable, du périssable et de l'éternel, du devenir et de l'être, du mode et de la substance. Est-ce là un Dieu pour l'âme humaine? Est-ce même là un Dieu pour l'intelligence? Tous ces attributs du Créateur, séparés des attributs opposés de la créature, ne sont-ils pas de pures abstractions? Et le sujet lui-même de ces attributs n'est-il pas l'abstraction la plus inintelligible? Voilà donc une méthode stérile qui ne nous donne aucun des attributs de la vraie nature divine. Jamais l'école spéculative n'a pu répondre à ces objections.

C'est la conscience qui, en révélant les attributs de la nature humaine, conduit la pensée, par l'induction, à l'essentielle et intime notion de la Divinité. Alors Dieu nous apparaît comme cause créatrice et finale, comme une véritable Providence. Comme ces attributs psychologiques n'ont rien d'incompatible avec les attributs métaphysiques qui distinguent le Créateur de ses créatures, il n'y aurait pas de difficulté, si l'induction s'arrêtait là. Mais elle va plus loin. Elle prête à la nature divine à peu près tous les attributs de la nature humaine, en les idéalisant. Dieu possède l'intelligence, la conscience, la volonté, l'amour, absolument comme l'homme, avec cette seule différence du parfait à l'imparfait. Je ne parle pas du Dieu de ces religions positives qui lui prêtent les passions et jusqu'à certaines faiblesses de l'humanité. La théologie psychologique s'en tient à un idéal de la personnalité humaine, dont elle fait l'essence même de la Divinité. Mais alors viennent les objections de la théologie spéculative. Comment l'être infini peut-il être une personne? Comment l'être universel peut-il être un individu? Comment l'être nécessaire peut-il réunir tous les attributs de l'être contingent qui s'appelle l'homme? D'autre part, comment l'idéal peut-il être réel? On croit tout sauver et tout expliquer, en disant que la perfection comprend tout, infinité, universalité, nécessité avec l'existence. Mais a-t-on jamais pu démontrer que l'idéal implique la réalité, que la perfection implique l'existence? Platon, Descartes, Malebranche, Fénelon, Bossuet ont soutenu cette thèse; mais elle n'a pu résister à la critique moderne, expliquant comment l'essence et l'existence sont deux catégories profondément distinctes de la pensée.

On ne saurait trop le redire, le problème le plus difficile à résoudre par les écoles anciennes et modernes de théologie et de métaphysique, c'est la conciliation des attributs métaphysiques et des attributs psychologiques de la nature divine. Si Dieu est l'esprit pur, comment a-t-il créé la matière? S'il est l'être parfait, comment a-t-il pu faire une œuvre imparfaite? Le meilleur des mondes possibles, cette ingénieuse hypothèse de l'optimisme leibnizien, n'est point une solution rigoureuse. Et quand on me dit que Dieu a créé le monde par un acte de sa volonté, je ne trouve rien, ni dans l'acte intérieur, ni dans l'action extérieure de l'homme, qui puisse donner la moindre idée de la création divine. Il faut ou s'arrêter au mystère, ou passer outre, en niant la création. D'autre part, si l'on s'en tient au Dieu de la métaphysique qui remplit tout de sa présence universelle, qui anime tout de l'action de sa puissance infinie, quelle place reste-t-il à cette innombrable variété d'atomes, de corps, d'individus, de personnes, dont l'expérience atteste le mouvement, la vie ou la liberté? Et enfin, si l'on relègue, toujours par l'abstraction métaphysique, ce Dieu par delà le temps, l'espace et le mouvement, comment pourra-t-on expliquer qu'il vive, qu'il pense, qu'il veuille, qu'il agisse en dehors de toutes les conditions de l'existence, de la pensée, de la volonté, de l'action? Et surtout comment comprendre qu'il soit sorti de son repos et de sa solitude pour faire une œuvre soumise aux lois du temps, de la durée et du mouvement? Quel rapport peut-on concevoir entre deux mondes en telle opposition? N'est-ce pas à croire, avec Platon, quand on a la foi du monde supérieur, que l'autre n'a qu'une apparence de réalité? Le problème ne devient-il pas insoluble, tel que le posent les écoles théologiques qui l'agitent sans résultat depuis tant de siècles ?

Un véritable métaphysicien, et de la meilleure école, Émile Saisset, nous a mis dans le secret de ses perplexités, en bien des pages de son beau livre de philosophie religieuse. C'est un perpétuel effort pour accorder les attributs métaphysiques et les attributs psychologiques de la nature divine. Tout pénétré de la double tradition du Dieu infini et du Dieu personnel, Émile Saisset maintient admirablement sa ligne de pensée entre le panthéisme et l'anthropomorphisme, se souvenant des paroles de Bossuet sur la question de la prescience divine et de la liberté humaine : « Il faut tenir fortement les deux bouts de la chaîne, alors même qu'on ne voit pas bien les anneaux qui les rejoignent. » En parlant à son esprit dans la deuxième méditation de ce livre : « Ne sais-tu pas, dit-il, que Dieu est parfait ? Sans comprendre, sans concevoir même le dernier fond de son essence, ne sais-tu pas que tout ce qui est en lui y est sous la forme de la perfection, c'est-à-dire sous la forme de l'immensité, de l'éternité, de la plénitude absolue et de l'entier accomplissement[1] ?... Il est vrai, le fini n'a aucune proportion avec l'infini ; mais, songes-y bien, de l'intelligence que tu es à l'intelligence accomplie il y a l'infini. Ta pensée et toute pensée imparfaite est une puissance en voie de développement; c'est là son essence et sa loi nécessaire. La pensée divine est une pensée pleinement développée, qui, par son essence, est antérieure à tout développement. La pensée finie implique l'effort; la pensée divine l'exclut. La pensée finie se déploie sous la forme du temps ; la pensée infinie subsiste et se maintient sous la forme de l'éternité. Il n'y a plus ici les condi-

---

1. *Essai de philosophie religieuse*, p. 337.

tions d'une intelligence imparfaite, plus de borne, plus d'espace, plus de temps, plus de succession ; par conséquent, ni mémoire, ni raisonnement, ni induction, ni aucun de ces intermédiaires tout humains, entre la vérité infinie et une pensée finie, ni aucune de ces opérations laborieuses qui sont le tourment et la confusion de notre raison. Il n'y a plus que la pure essence de la pensée, la pensée adéquate à l'être, l'intuition ayant conscience de soi, la pensée saisissant l'être et se saisissant elle-même. D'une part, une virtualité indéfinie tendant vers l'acte, sans pouvoir l'atteindre ; de l'autre, l'acte absolu, infini, excluant toute virtualité, tout effort, toute mesure, tout degré, tout intervalle entre lui et sa fin. Ce n'est pas là une différence de degré, mais de nature et d'essence ; c'est la différence du temps à l'éternité, du fini à l'infini, du relatif à l'absolu[1]. » Et il termine son explication par cette pensée d'un ancien sage : « Non, par Jupiter, on ne me persuadera pas aisément que la pensée, l'âme, le mouvement et la vie n'appartiennent pas à l'être absolu, que cet être ne vit ni ne pense, et qu'il demeure immobile, immuable, étranger à l'auguste et sainte intelligence ! »

L'explication d'Émile Saisset lui a été visiblement inspirée par la formule d'Aristote : la pensée divine est la pensée de la pensée; et par toute la doctrine du maître, qui se résume dans cette autre formule : l'acte pur est l'être parfait. Spiritualisme profond qui, cherchant dans l'expérience le secret de l'essence des choses, mesure leur degré de perfection à leur degré d'action. Seulement, je n'ai jamais pu comprendre, autrement que comme une abstraction, la pensée, même parfaite, sans sujet pensant. Émile Saisset ne

---

1. *Essai de philosophie religieuse*, p. 339.

va pas jusqu'à la formule d'Aristote : il se borne à dégager la pensée divine de toutes les imperfections de la pensée humaine, sans se demander si certaines de ces imperfections ne sont pas les conditions mêmes de toute pensée. On peut concevoir une pensée supérieure à la nôtre ; car notre misère, de même que notre grandeur, apparaît dans tous les actes de notre vie, dans nos pensées, comme dans nos volontés. On peut supprimer, dans la pensée divine, l'effort et toutes les opérations qui supposent un travail quelconque. Comment supprimer la durée, même pour l'acte divin, si simple qu'on le conçoive ? Il faut se défier de cette méthode, excellente dans certaine mesure, procédant par gradation et concluant à une perfection qui supprime les conditions mêmes de l'acte idéalisé ! Il en est de la pensée comme de la volonté ; on ne comprend pas plus une pensée sans durée qu'une volonté sans liberté. Il est vrai qu'avec saint Augustin, Fénelon, Bossuet, tous les grands docteurs de la théologie chrétienne, Émile Saisset rappelle à notre faible et téméraire esprit qu'il faut se résigner au mystère. Cela est possible et doux pour la foi du théologien, mais insupportable pour la raison du philosophe.

Je veux citer encore une belle page du même livre sur la création ; il n'est pas possible d'aller plus loin sans tomber dans le panthéisme, dont l'auteur entend se garder tout autant que de l'*humanisme* : « L'œuvre de la création non seulement est un acte éternel, immuable, infini, quand on le regarde du côté du Créateur ; mais, du côté même des créatures, elle est une œuvre digne du Créateur. Pour exprimer son éternité, son immensité, sa fécondité, toutes ses perfections infinies, l'Univers doit s'étendre à l'infini dans les siècles, dans les espaces, dans l'infinie grandeur et dans l'infinie petitesse de ses parties, dans la variété infinie de ses espèces, de ses formes et de ses degrés d'existence. Le fini ne peut exprimer l'infini qu'en se multipliant infiniment... Combien cette pensée de l'infinité des mondes est sublime! Je m'y livrerais sans le moindre scrupule, si je ne venais à me souvenir qu'elle a été introduite dans le monde moderne par un panthéiste, le hardi et infortuné Bruno. Serais-je donc ressaisi par le panthéisme, au moment où je croyais lui avoir échappé pour toujours? De ce que l'Univers n'a point de limites, ni dans le temps, ni dans l'espace, ni dans le nombre, s'ensuit-il que l'univers soit éternel, immense, infini, comme Dieu même[1]! »

Ici l'auteur se retrouve encore en pleine nuit du mystère; il a beau nous dire que l'imagination confond sans cesse ce que la raison doit sans cesse distinguer : l'éternité et le temps, l'immensité et l'espace, l'infinité relative et l'infinité absolue; il a beau nous mettre en face l'un de l'autre, par un frappant contraste, le Créateur, seul éternel, immense, absolument infini, et la créature, répandue dans l'espace et le temps, sujette à la division et à la limite; nous montrer le temps, simple image de l'éternité; l'espace, simple image de l'immensité; l'évolution extérieure des choses finies, simple représentation de l'évolution intérieure de la vie divine; il a beau nous répéter qu'il reste entre le modèle et l'image, entre la cause et l'effet, une infinie différence : que siècles, espaces, étoiles, plantes, êtres intelligents, terre et cieux, tout cela reste variable, incomplet, contingent, incapable d'être et de subsister par soi, tandis que l'être par soi enferme tout dans ses profondeurs, enveloppant les siècles de son éternité, les espaces de son immensité, les êtres changeants de son immutabilité, restant seul vraiment infini, seul complet, seul en

---

1. *Essai de philosophie religieuse*, p. 422.

pleine possession de l'existence absolue[1] : mystère cette éternité sans durée; mystère cette immensité sans étendue; mystère cette vie divine, une et simple dans son infinité, qui pense, veut, agit en dehors de toutes les conditions de la pensée, de la volonté, de l'action. Quand la philosophie en est là, c'est pour elle un signe certain qu'il faut changer les termes du problème, si elle veut aboutir à une solution intelligible.

Si le philosophe qui a si bien connu, expliqué, jugé Spinosa, vivait encore, il est à croire qu'il eût abandonné, avec plusieurs de ses amis de l'école spiritualiste, toutes ces obscurités vraiment scolastiques pour la pleine et féconde lumière de la science. On ne discute plus guère, dans le sein de cette école, la distinction de l'éternité, de l'immensité divine, et de l'éternité, l'immensité, cosmique. On n'imagine plus une éternité sans durée, une immensité sans étendue, une infinité sans succession. On regarde comme des abstractions inintelligibles cette éternité, cette immensité, cette infinité concentrées en un point indivisible. Mais il est à croire qu'il fût resté fidèle à la doctrine qui comprend tout dans l'idée de perfection.

Le génie propre du spiritualisme est de se concentrer dans l'intuition du monde intérieur, tandis que le génie propre de l'idéalisme est de se livrer à la contemplation de l'être universel. Le spiritualisme de tous les temps a donc laissé à l'école idéaliste le concept de l'infini pour s'attacher de plus en plus au concept du parfait. C'est, en effet, dans la conscience seule que le spiritualisme trouve le type de la perfection. Je dis le type et non l'idéal, lequel est conçu sur le type de l'être imparfait, mais intelligent et libre qui nous est révélé par le sens intime. Toute la théologie de cette

---

1. *Essai de philosophie religieuse*, p. 424.

école repose sur l'idée de l'être parfait. Il est incontestable que l'esprit humain possède cette idée de l'absolue perfection, comme il possède toutes les idées de perfection relative qui correspondent aux divers types, soit physiques, soit moraux, que l'expérience nous fait connaître. En un mot, l'idéal est dans la pensée. Toute la question est de savoir s'il n'est que là. Le père de l'idéalisme, Platon, n'eût pas hésité à répondre que l'idéal, correspondant à toute réalité, a une existence véritable, même qu'il est le seul vraiment existant. Mais la philosophie spiritualiste, qui a gardé la tradition de l'idéal, n'a point suivi Platon dans sa théorie des *idées :* elle n'a maintenu que la réalité objective de l'Idéal suprême, autrement dit de l'Être parfait.

C'est dans cette dernière conception qu'elle se retranche comme dans une forteresse inexpugnable. Que faut-il en penser? La raison n'est-elle pas conduite, par une invincible nécessité, à réaliser ce grand objet métaphysique que toutes les langues humaines saluent du nom de Dieu? Fidèle à la tradition, l'école spiritualiste a fait, depuis le début de ce siècle, de grands efforts pour le démontrer, tantôt en reprenant le troisième argument de Descartes, renouvelé de saint Anselme et de saint Augustin, et en le présentant sous une forme plus psychologique, tantôt en fondant la réalité objective de l'idée théologique sur son caractère de nécessité. Ce dernier argument est le seul valable, s'il est applicable à l'idée du parfait. Quant au premier, il ne soutient pas l'examen. En bonne logique, on ne conclut pas de l'idée, même claire et distincte d'une chose, à l'existence de cette chose. Affirmer que l'être parfait en implique l'existence, parce que la non-existence implique une imperfection, c'est confondre la catégorie de l'essence ou qualité avec la catégorie de l'existence. Si cette idée est un idéal, un type de l'ordre physique ou de l'ordre moral, c'est une raison de plus pour ne point conclure à l'existence de son objet. Personne ne doute qu'en faisant de ses *idées* des êtres véritables, Platon n'ait réalisé des abstractions; si donc l'idée de l'Être parfait pouvait être prise pour base de l'existence de l'Être parfait, ce ne serait point en raison de son *idéalité*, mais bien de sa nécessité.

La critique de l'école spiritualiste le reconnaît. Elle admet que les preuves cartésiennes de l'existence de Dieu ne valent point comme syllogismes, et qu'en bonne logique on ne peut déduire ni l'être parfait, ni l'être infini de leur idée, parce que la perfection n'implique pas l'existence, et parce que l'idée du parfait ne suppose pas son objet comme l'effet suppose la cause. Mais elle prétend que l'idée du parfait est une idée à part, dont le caractère propre se révèle par le signe de la nécessité, tandis que les idées typiques qui correspondent aux figures, aux genres et aux espèces de la Nature, ne sont que des abstractions, dont l'esprit humain se rend si bien compte, qu'il n'a jamais, sauf Platon, sérieusement songé à leur supposer un objet réel, en dehors de la pensée. Toute la question est là. Si, en effet, l'idée de l'être parfait a ce caractère de nécessité, l'existence de son objet est une vérité qui n'a pas besoin de démonstration. Si elle ne l'a pas, nul syllogisme ne peut la démontrer. Le problème doit donc être ainsi posé : Est-il vrai que notre esprit conçoive comme nécessaire l'existence de l'Être parfait, de même qu'il conçoit que tout phénomène a une cause, que tout corps occupe un espace, que tout mode suppose une substance, de même qu'il conçoit l'ordre entier des vérités nécessaires? C'est ce que l'analyse de l'école spiritualiste ne me paraît jamais avoir démontré. Et il faut bien que cette conception n'ait point le caractère d'évidente nécessité, puisqu'elle est encore à cette heure un sujet de controverse. On n'a jamais discuté les vérités nécessaires, dans aucun ordre de connaissances. Mais, si l'Être parfait n'est qu'un Idéal pour la raison spéculative, ainsi que l'a dit Kant, en en faisant un Être réel il semble bien que le métaphysicien réalise une abstraction, tout comme le géomètre qui aurait la pensée de transporter ses figures idéales dans le domaine de la réalité.

J'entends bien ce que répond à la critique l'école spiritualiste, d'accord en cela avec la tradition platonicienne et chrétienne dont elle suit les inspirations : ce suprême idéal est la suprême Réalité : *Ens realissimum*. Pourquoi ne pas conclure de l'Idée à l'Être, comme Bossuet, comme Fénelon, comme Malebranche, comme saint Augustin, comme Platon enfin, leur maître à tous, qui mesure la vérité des choses à leur degré de perfection? « L'ancienne métaphysique, dit M. Caro, mesurait la réalité sur la quantité de l'Être, affirmant que l'Être existe d'autant plus qu'il participe à plus de perfection, et que le seul, par conséquent, qui ait la perfection de l'Être, est aussi le seul qui a la plénitude de la réalité [1]. » Oui, sans doute, l'ancienne métaphysique, par l'organe des grands théologiens qui viennent d'être cités, a dit là-dessus les choses les plus belles et les plus vraies, en un certain sens. Ni Kant, ni aucun des représentants de la philosophie critique n'a ignoré ou méconnu la portée de cette grande doctrine de l'idéal, qui, bien comprise, est et restera l'éternelle vérité, et aussi l'éternel honneur de la philosophie. Mais Kant savait, et M. Caro ne peut l'ignorer, que la vérité n'est pas la réalité, que ces deux mots répondent à deux catégories bien distinctes de la pensée : le premier à la catégorie de

---

[1]. *L'Idée de Dieu*, p. 327.

l'*essence*, le second à la catégorie de l'*existence*. A moins d'être aussi platonicien que Platon lui-même, il n'est plus permis de ne pas distinguer ces deux points de vue des choses, dont la confusion fait le caractère chimérique de la *théorie des idées*. Et quand M. Caro ajoute qu'en suivant les progrès de l'existence, dans l'échelle cosmique des êtres, on leur trouve d'autant plus de réalité qu'ils ont de perfection, il fait violence à la logique et à la langue.

On peut dire avec Platon, et surtout avec Aristote, que l'être des choses se mesure à la qualité de leur essence, et qu'en ce sens il y a plus d'être dans l'organisme qui fait l'homme que dans l'agrégat qui fait la pierre. Nulle philosophie au monde, ni l'école d'Aristote, ni l'école critique de Kant, ni l'école elle-même d'Auguste Comte, ne contesterait cette vérité, tout en l'exprimant dans un langage plus scientifique. Qui a jamais dit le contraire, parmi les adversaires des entités platoniciennes ? Quel est l'esprit grossier qui ait jamais pu conclure à l'égalité de tous les êtres de la vie universelle, parce que tous possèdent également l'existence ? Il y a donc ici une équivoque qui embrouille perpétuellement la question, et qui ne permettrait pas à la discussion d'aboutir, si les adversaires ne commençaient par s'entendre sur les mots. Il est certain que l'immense série des êtres forme une échelle véritable dans le domaine de la Nature, et que, s'il est étrange de dire que l'homme a plus de réalité, c'est-à-dire d'existence, que la plante ou la pierre, il est juste d'affirmer qu'il a plus d'être, en ce sens qu'il a une essence supérieure.

Mais ce n'est pas de cela qu'il s'agit dans la question qui divise l'école dogmatique et l'école critique. Il s'agit du passage de la catégorie de l'essence à celle de l'existence ; il s'agit de savoir comment le dogmatisme théologique explique et justifie ce passage ; il s'agit enfin de s'assurer si l'idée de perfection n'exclut pas l'idée de réalité, loin de l'impliquer, ainsi que le croyait généralement la philosophie du xvii° siècle, sur la foi de Platon et de saint Augustin. Or l'analyse, même avant Kant, a résolu le problème dans le sens de la négative, au moins en tout ce qui concerne l'ordre des vérités idéales comprises dans la catégorie de la qualité, ou de l'*essence*, pour parler la langue de Platon. Il n'est plus permis de voir dans les essences pures du monde intelligible rêvé par l'école idéaliste autre chose que des pensées, soit de l'entendement humain, soit de l'entendement divin. Et qu'on ne dise plus, avec les théologiens de cette école, que ces mêmes idées possèdent, dans l'entendement divin, la réalité qu'elles n'ont pas dans l'entendement humain; car alors il n'est plus possible de comprendre une intelligence dont les actes soient des êtres, si différente qu'on suppose l'intelligence divine de l'intelligence humaine. C'est abuser des mots, c'est brouiller ensemble toutes les notions métaphysiques et psychologiques que d'imaginer un pareil type de l'entendement divin. Revenons au sens commun. Qui dit perfection, dit idéal; qui dit idéal, dit une pensée pure, c'est-à-dire un type supérieur à toutes les conditions de la réalité.

Toute perfection consiste dans l'essence, c'est-à-dire dans la qualité même des êtres, abstraction faite de leur existence. Toute espèce d'êtres a sa perfection propre, puisqu'elle a son type déterminé, son *idée*, comme disait Platon ; ce qui n'empêche point que, dans l'échelle comparative de ces types, on ne puisse trouver telle réalité supérieure en essence à telle autre. Je dis supérieure, et non parfaite. Pour être infiniment supérieur à la pierre, l'homme ne peut être considéré comme absolument parfait. Nulle perfection n'est de ce monde. S'il existe des êtres supérieurs à l'homme dans la série des êtres intelligents, on aura beau remonter haut, on ne rencontrera jamais la perfection absolue, même en imagination. Pour la trouver, il faut sortir de la catégorie de l'existence. S'il y a, dans les choses de l'esprit, une nécessité logique, irrésistible, c'est celle-là. Plus on voit les efforts faits pour franchir l'abîme qui sépare deux mondes aussi différents, plus on se confirme dans la doctrine de la perfection idéale. Quant à faire une exception en faveur de l'Idéal suprême, il faudrait d'autres raisons que l'équivoque platonicienne pour la justifier. Si cet Idéal n'a pas plus que les autres types de perfection le caractère d'une vérité nécessaire, s'imposant à la pensée, il n'y a pas plus de raison logique de croire à sa réalité objective.

C'est une confusion qui a donné à la thèse de l'Être parfait l'apparence d'une démonstration. C'est une autre confusion qui lui a également donné l'autorité d'une vérité nécessaire. Conclure de l'Idée à l'Être, dans la catégorie de l'essence, n'est pas d'une bonne logique, parce qu'une telle conclusion n'a point un caractère de nécessité. Mais conclure de l'idée de l'infini à l'existence de l'infini, c'est autre chose. L'Être infini existe; car il est impossible de concevoir qu'il n'existe pas. Ici, c'est bien d'une conception nécessaire qu'il s'agit. Or qu'est-ce que l'infini, dans la catégorie de la qualité, sinon le parfait? Voilà comment la philosophie cartésienne arrive à la conclusion de sa thèse théologique. Partout on voit, dans ses raisonnements, les mots d'Être parfait et d'Être infini exprimer une seule et même idée. Mais c'était encore se tromper de catégorie. Si l'on confond la catégorie de l'essence et de l'existence à propos de l'Être parfait, on confond la catégorie de la qualité et de la quantité à propos de l'Être infini. La philosophie ancienne avait compris, il est vrai, l'infini et le parfait dans une même catégorie, mais en faisant de ces termes les deux contraires, l'un étant le type de la perfection, et l'autre le type de l'imperfection. Elle aurait eu grand'peine à comprendre comment la philosophie moderne en est venue à confondre des notions aussi opposées. C'est toujours le défaut d'analyse qui engendre l'équivoque, comme c'est l'usage de l'analyse qui la dissipe. Il est très vrai que la qualité a ses degrés comme la quantité a ses limites, et que l'une et l'autre catégorie donnent lieu également à des séries dans lesquelles la pensée ne s'arrête point. On dit plus ou moins beau, plus ou moins bon, comme on dit plus ou moins grand; mais il y a entre elles cette différence que la catégorie de la qualité est susceptible d'une notion complète, tandis que celle de la quantité ne comporte qu'une représentation incomplète. Dans celle-ci, la pensée va toujours, sans pouvoir s'arrêter, qu'il s'agisse de nombre, de durée ou d'étendue; dans celle-là, au contraire, la pensée s'arrête tout court à l'idée de perfection, sans passer par les degrés intermédiaires en quantité indéfinie qui ne lui permettraient pas de s'arrêter. C'est encore la loi de la quantité transportée indûment dans la catégorie de la qualité elle-même. En un mot, le parfait, en toute chose, peut être défini d'une façon positive, tandis que l'infini ne comporte qu'une définition négative. Le parfait se pense, au lieu que l'infini ne peut que se représenter successivement. Cette distinction ruine par la base la démonstration de la réalité objective du concept de perfection.

Je comprends la persévérance obstinée de la théologie idéaliste à chercher Dieu dans la catégorie de l'essence, à la suite des plus beaux génies de la pensée. J'ai longtemps gardé moi-même cette illusion. Moi aussi j'ai placé Dieu dans le ciel d'une éternité sans durée, d'une immensité sans espace, d'une perfection sans degrés. J'ai cru le saisir dans l'acte simple et indivisible d'une existence qui échappe à toutes les conditions de l'existence. Et alors même que, lasse de méditer sur un mystère qu'elle ne pouvait comprendre, ma pensée s'est détachée de l'abstraction que je prenais pour la suprême Réalité, j'ai fini un chapitre d'un de mes livres par un hymne à l'idéal. « Dieu ne peut être où n'est pas le beau, le pur, le parfait. Où le chercher alors, s'il n'est ni dans le monde, ni au-delà du monde; s'il n'est ni le fini, ni l'infini, ni l'individu, ni le Tout? Où le chercher, sinon en toi, saint Idéal de la pensée? Oui, en toi seul est la vérité pure, l'Être parfait, le Dieu de la raison. Tout ce qui est réalité n'en est que l'image et l'ombre. Hélas! ma pauvre nature a peine encore à ne pas prendre l'image pour l'exemplaire, l'ombre pour la lumière. Puisque l'imagination a besoin d'idoles, qu'elle continue à confondre Dieu avec ses symboles! Désormais ma raison n'y verra qu'un artifice de poésie. Tu n'es pas seulement divin, sublime Idéal, tu es Dieu; car devant ta face toute beauté pâlit, toute vertu s'incline, toute puissance s'humilie. L'univers est grand, toi seul es saint; voilà pourquoi toi seul es Dieu. Pour l'Être infini, pour le puissant et terrible Jéhovah, l'admiration et la crainte: *in conspectu ejus siluit terra*. Pour toi seul l'amour, Dieu de la Beauté et de la Vérité. Mais qu'on te laisse dans ton ciel, avec la pure auréole de la pensée. Veut-on te réaliser, on fait de toi une *idole* ou une vaine *entité*: une idole, pour l'imagination qui te mêle aux formes de la vie universelle; une entité, pour l'abstraction qui te relègue par delà le temps et l'espace, hors des conditions de toute existence. Dieu de ma raison, le jour n'est-il pas venu enfin de te voir dans tout l'éclat de ton essence, de t'adorer, comme dit l'Apôtre, *en esprit et en vérité?* Plus d'abstraction, plus d'idoles; et l'athéisme, désormais sans raison, devient un mot vide de sens. Dieu de ma pensée, enfin je comprends ta transcendante vérité, ta majesté sublime, la pure lumière du ciel que tu habites [1]. »

J'abrège cette interminable élévation de mon âme, éprise de l'idéal jusqu'à l'ivresse. Elle m'a valu la double qualification d'athée par mes adversaires et d'idéaliste par mes amis. On m'a reproché la contradiction d'un Dieu parfait qui n'est pas vivant, et d'un Dieu vivant qui n'est pas parfait. J'ai mérité ce reproche, au moins dans la forme; car ma pensée est restée toujours la même depuis cette publication. C'est pour cela que j'ai fait ce dernier livre. J'ai voulu, dans la question théologique, comme dans toutes celles qui se rattachent à la métaphysique, que l'unité de cette pensée apparût plus clairement à l'esprit de mes lecteurs.

Où donc chercher Dieu, s'il n'est ni dans la catégorie de la qualité, ni dans la catégorie de la quantité? Où peut-il être, sinon dans la catégorie de l'existence. Dieu ne peut être conçu que comme l'Être absolu. Mais qu'est-ce que l'absolu? En abandonnant les abstractions et les métaphores que n'acceptera jamais l'esprit philosophique de notre temps, que doit garder l'école spiritualiste contemporaine de la tradition théologique? Deux principes qui s'imposent à la pensée moderne comme à la pensée antique : l'existence du monde veut une cause; l'ordre du monde veut une cause finale. Quelle idée faut-il s'en faire? C'est l'expérience intime qui, par la conscience de nos actes, nous révèle les notions de causalité et de finalité; mais elle mêle à cette révélation tout un ensemble de données psychologiques dont s'empare l'induction pour en faire les éléments d'une théologie essentiellement anthropomorphique. Qu'elle

---

1. *Métaphysique et science*, 2ᵉ édition. t. III, page 279.

explique l'existence du monde par le principe de causalité, c'est une loi de la raison ; qu'elle en explique l'ordre par le principe de finalité, c'est encore une loi de la raison. Mais qu'elle prête à la grande Cause finale tous les attributs, toutes les facultés de la cause finale qui dit moi d'elle-même, c'est une hypothèse que la raison n'accepte pas facilement. Quand l'induction psychologique fait de Dieu l'éternel Solitaire absorbé dans la muette contemplation de sa pensée ; quand elle en fait l'Architecte des mondes qu'il crée un beau jour par un acte de sa propre volonté, sur un plan conçu par son intelligence ; quand elle en fait un monarque absolu, violant lui-même les lois qu'il a établies, et distribuant ses grâces comme il lui plaît ; quand elle en fait un père tendre, veillant sur tous ses enfants avec une sollicitude toute particulière ; quand elle en fait un maître jaloux qui se venge des infidélités de ses serviteurs, elle dépasse les limites que lui impose la méthode rationnelle. Et même, quand se soumettant à la loi de l'idéal, elle fait, avec Socrate, Leibniz, Maine de Biran, de l'Être parfait, l'Être bon qui crée le monde par un effet de sa bonté, l'Être sage qui en règle le mouvement, de manière à en assurer l'ordre, l'Être juste qui ne laisse pas faire le bien sans récompense et le mal sans punition, elle n'en transporte pas moins dans la cause infinie, qui est Dieu, des attributs tout humains qu'il est bien difficile de concilier avec ses attributs métaphysiques. D'ailleurs, ces affirmations soulèvent toujours les mêmes problèmes et les mêmes doutes. Comment accorder la perfection divine avec l'existence du mal moral? Comment accorder la sagesse divine avec les anomalies du monde physique? Comment entendre la Cause immuable dans son essence et mobile dans son action?

Oui, certes, c'est de la conscience que part le trait

de lumière qui éclaire la nature de l'absolu. Qui dit l'Être absolu dit l'Être indépendant par excellence, et dont toute existence dépend. Or, ce type-là, ce n'est pas dans la Nature qu'il faut le chercher. Le type de l'existence indépendante et inconditionnelle, c'est la causalité finale ; là est la raison de toute chose, le principe de toute activité. On le trouve dans la conscience, mais avec des relations qui le limitent et ne permettent pas d'en faire l'Être absolu, même en l'élevant à la hauteur de l'Idéal ; car alors c'est le réduire à une abstraction. L'Absolu n'existe pas en dehors des réalités relatives dont l'ensemble forme l'univers. Dieu est la puissance infinie, éternellement créatrice, dont l'œuvre n'a ni commencement ni fin. Il n'est pas le monde, puisqu'il en est la Cause. Il ne s'en distingue pas seulement comme le Tout de ses parties. Le Tout n'est que l'unité collective de l'infinie variété des êtres finis qui existent à un moment donné. Définir Dieu par le Tout, c'est le confondre avec l'Univers. Ce n'est pas seulement entrer dans le panthéisme, c'est tomber dans l'athéisme pur. Seulement, Dieu n'est pas distinct du monde, comme le sont les êtres qu'il a créés ; il reste distinct de ses créations, non pas comme une cause étrangère et extérieure au monde, mais en ce sens qu'il garde toute sa fécondité, toute son activité, tout son être, après toutes les œuvres qu'il crée, sans les faire sortir de son sein. Il en reste distinct, en demeurant au fond de tout ce qui passe, non pas immobile dans la majesté silencieuse d'une nature solitaire, puisque sa nature est l'activité même, mais toujours avec la même énergie de création, en sa qualité de puissance infinie. Ainsi disparaît le mystère de l'existence d'un Être absolu conçu sous deux faces contradictoires, la substance et la cause, immuable en tant que substance, mobile en tant que cause. L'expérience intime a détruit ce préjugé d'une métaphysique scolastique. Si l'essence de l'être est l'acte, si être c'est agir, pour Dieu est-ce autre chose que créer? Est-il possible à la pensée de séparer dans le Créateur ce que la science et la conscience s'accordent à confondre dans la créature? Être, agir, créer, c'est donc tout un pour la cause première, comme pour les causes secondes.

Deus est Causa immanens, a dit Spinosa. Oui, le Créateur est immanent dans son œuvre, mais point à la façon du Dieu de Spinosa. Le Dieu vivant est une Cause qui crée de vraies causes, non une Substance qui se manifeste par des modes dépourvus de toute spontanéité. Ce puissant esprit a vu Dieu; car il a conçu la suprême Unité. Mais, ainsi que l'a montré Schelling qui le réfute en l'admirant, cette Unité n'est pas vivante, pas plus que la variété qui en est la manifestation passive, dans ce mécanisme universel où une philosophie sans idéal et sans liberté enferme Dieu et le monde. Cause première et Fin dernière d'un monde où tout est causalité et finalité, voilà les deux seuls attributs humains qu'une psychologie discrète puisse ajouter aux attributs métaphysiques de la nature divine, sans tomber dans l'anthropomorphisme. En peut-on savoir davantage? Dieu pense-t-il, veut-il, agit-il, à la façon de l'être personnel qui dit moi? Aucune théologie digne de ce nom ne l'a jamais affirmé. Que connaît-on de ce Dieu dont l'Écriture sainte a dit que nul mortel n'a vu la face? Ses œuvres. Et que nous disent ses œuvres? Que le Créateur est éternel, tandis que les œuvres sont éphémères; qu'il est partout, tandis que les œuvres occupent un espace déterminé, qu'il est infini dans sa puissance créatrice et sa perfection finale, tandis que les œuvres sont bornées dans leur action, leur perfection et leur durée. M. Janet s'éloigne-t-il beaucoup de cette conclusion, dans son beau livre des *Causes finales*, quand il nous dit : « Nous avons trop le sentiment des limites de notre raison pour faire de nos propres conceptions la mesure de l'être absolu. » Il est vrai qu'il ajoute : « Mais nous avons trop confiance dans sa véracité pour ne pas croire que les conceptions humaines ont un rapport légitime et nécessaire avec les choses telles qu'elles sont en soi[1]. » Entre nous sans doute reste encore le problème de l'immanence et de la transcendance de la Cause suprême. L'immanence est pour moi une nécessité de la raison, qui ne peut arriver à comprendre l'existence de cette Cause au-delà du temps et de l'espace. La transcendance semble encore être chère à M. Janet et à M. Ravaisson, qui ne se décident point à rompre sur ce point avec la tradition de nos plus illustres maîtres. Nous n'en sommes pas moins les disciples de cette école qui n'a nul goût pour le panthéisme de Spinosa.

Quelque arrêtée que soit ma pensée sur l'immanence de la cause finale créatrice, je n'aime point qu'on vienne me dire, avec Hegel et M. Renan, que Dieu se fait : « L'œuvre universelle de tout ce qui vit est de faire Dieu parfait, de contribuer à la grande résultante définitive qui clora le cercle des choses par l'unité. » Ici l'erreur se mêle à la vérité. Ce langage est vrai, si l'on confond le Créateur avec son œuvre. Il n'a plus de sens du moment qu'on l'en distingue. Et puis, que veut dire M. Renan quand il nous parle de clore le cercle des choses par l'unité? Il sait bien que ce cercle ne sera jamais clos par la perfection absolue, si loin qu'aille le progrès infini qui emporte les choses vers l'Idéal du Bien. Je ne trouve donc pas cette manière de parler correcte. Je consens bien à ne pas faire du Dieu vivant quelque chose d'immuable dans sa nature abstraite.

---

[1]. *Causes finales*, p. 600.

relégué par-delà le temps et l'espace, et dont l'existence, aussi bien que l'action créatrice, reste un mystère pour la pensée. Ce n'est pas une raison pour le soumettre à la catégorie du devenir, comme ses œuvres.

Laissons la catégorie du devenir, quand il s'agit de la Cause première. Laissons aussi la catégorie de l'idéal, qui ne s'applique à rien de réel ni de vivant. On ne saurait trop insister sur la distinction du parfait, de l'infini et de l'absolu, quand on parle de Dieu. L'idéal est un concept de l'entendement, rien de plus : concept qui nous permet de juger du degré de beauté et de perfection des œuvres de l'art ou de la nature, mais qui n'est point applicable à l'Être absolu qui est Dieu. Il ne faut point enfermer la divinité dans l'étroite mesure d'un concept abstrait, qui ne prend corps et vie qu'autant qu'on lui donne une matière. C'est ainsi qu'on la réduit à une catégorie de la pensée. Il ne faut pas non plus la disperser dans la vague et flottante image de l'infini. C'est ainsi qu'on la soumet à la loi du devenir. De Dieu il ne faut jamais dire, il devient, pas plus qu'en disant qu'il est, il ne faut le séparer de ce qui devient.

Puissance créatrice et Providence, voilà donc les deux attributs incontestables que la raison reconnaît à la nature divine, en dehors de ses attributs métaphysiques. Dieu est Créateur, en tant que Cause; il est Providence, en tant que Cause finale. C'est à la psychologie que la théologie emprunte la notion de cause; c'est la science qui lui donne la vraie notion de Providence. L'antiquité a beaucoup parlé d'une Providence qui ressemblait fort à la Fatalité, dans l'ignorance où était la science antique des lois de la Nature. Aujourd'hui, grâce aux merveilleuses révélations de la science moderne, la théologie peut parler de la Providence en pleine connaissance de cause. C'est après les découvertes de l'astronomie, de la physique, de la chimie, de l'histoire naturelle, de l'histoire universelle, qu'elle peut redire avec enthousiasme le grand mot de l'Écriture sainte : *Cœli enarrant Dei gloriam*. Oui, la Providence se révèle à la pensée moderne, comme elle ne s'est jamais révélée à la pensée antique. C'était l'inexorable Destin que celle-ci adorait sous ce beau nom, le Destin sans ordre final, sans progrès, sans idéal. Le sublime gouvernement de la Providence divine se manifeste par toutes ces grandes lois de la Nature que la science découvre chaque jour, et dont la bienfaisante action assure l'ordre, la conservation, le progrès incessant du Cosmos vers cette perfection idéale que toute une éternité ne suffit point à réaliser entièrement.

J'en conviens, cette Providence qui veille sur le salut des mondes, des genres et des espèces, est bien sévère pour notre pauvre cœur humain. Quand nous voulons prier, pères, mères, enfants, amis, pour le bonheur, pour l'existence des êtres qui nous sont chers, il faut nous adresser à une autre Providence, à un Dieu qui ait les entrailles d'un Père. C'est à ce Père que le Dieu fait homme, le Christ, adressait sa prière; c'est lui qu'il invoquait, en mourant sur la croix. Il n'y a jamais eu de pareille théologie du cœur. La mère courbée sur le berceau de son enfant malade ne connaît que celle-là. Qui ne respecterait la douleur, qui ne comprendrait l'espoir d'une mère ? Mais aussi, quand ce Dieu que prie la mère laisse faire les lois de la Nature, et que l'enfant meurt parce qu'elle l'a condamné, quel n'est pas le désespoir de cette mère que son Dieu n'a point secourue dans sa suprême angoisse ! J'entends bien qu'on parle de l'autre vie qui réparera le mal, qui consolera la douleur, qui glorifiera la Providence. Mais combien de cœurs humains trouveront que c'est trop souffrir en ce monde! Je l'avoue franchement, avec le sentiment d'humilité profonde qui convient à mon néant, ce n'est que par un salut de respect à ce Père de la création que j'ose répondre à ceux qui me demandent quel genre de piété je recommanderais pour le Dieu qui me compte parmi ses croyants. Je n'oserais le prier, n'étant pas bien sûr qu'il entendît nos supplications sur nos misères humaines, et nos confidences sur nos vœux et nos espérances. Ce Père-là est trop haut, dans le ciel de la science moderne, pour entendre nos plaintes et communiquer à ceux qui le contemplent d'autre grâce que celle d'une stoïque résignation. Socrate, Épictète et Marc-Aurèle avaient-ils une autre manière de prier [1] ?

Le Dieu de la philosophie ne veille pas sur ses créatures comme un père sur ses enfants. Sa bonté s'étend sur toute la Nature, parce qu'il est le Bien, et que le Bien est le fond de tout être. Mais il n'a point de grâces à répandre, de faveurs à distribuer, de miracles à faire pour telle ou telle de ses créatures. Dans le plan de l'éternelle création, il a tout prévu, tout ordonné, tout réglé selon les lois immuables de sa Providence universelle. La souffrance a provoqué bien des plaintes, fait rêver à bien des explications sur l'origine du mal. Le mal n'est que le non-être, ont dit de profonds métaphysiciens, comme s'il n'affirmait pas assez son existence. Le mal est toujours mêlé de bien, a fait observer la philosophie des compensations, comme si la balance des biens et des maux n'était qu'un compte de profits et pertes. Le mal moral est réparé dans un monde meilleur par la récompense et le châtiment, ont dit les théologiens et les moralistes. C'est une espérance dont on peut s'enchanter, comme dit Platon. Pour le philo-

---

1. *Revue des Deux Mondes*, 1ᵉʳ septembre 1876.

sophe, qui ne veut point sonder de tels mystères, cette Providence qu'on n'a point à prier, à solliciter, à bénir ou à maudire, gouverne son immense empire avec une sagesse qu'un pessimisme absurde peut seul contester. En mettant dans le sein de tout être le mouvement vers le Bien, il a fait du chaos universel le Cosmos. En mettant dans l'esprit de l'homme la conception, et dans son cœur l'amour de l'idéal, il a fait à toute créature le plus beau, le meilleur don qu'elle pouvait espérer. Le mal existe. Quelle intelligence, quelle âme peut le nier? Il est une imperfection inhérente à toute réalité. La destinée de l'Univers est de faire, par l'immense évolution qui le travaille, de la réalité une représentation de plus en plus complète de l'idéal. La destinée de l'homme n'est pas autre; seulement, il a l'incomparable dignité d'accomplir son œuvre avec conscience et liberté. C'est ce qui fait le véritable prix de la vie. Ce n'est pas le plaisir, ce n'est même pas le bonheur, quoiqu'il n'y ait point de bonheur sans une conscience satisfaite; c'est le sentiment d'une perfection que nul être humain ne peut atteindre, mais dont se rapproche le sage, le juste, le saint, par un constant progrès. L'homme qui demande plus à la Providence ne comprend pas sa vraie destinée. Le philosophe chez lequel le spectacle du mal provoque le blasphème ou l'ironie oublie les enseignements de la science. Chose curieuse! l'antiquité, essentiellement religieuse, n'avait que des paroles d'admiration pour cette divinité dont elle connaissait mal les œuvres. C'est du monde moderne, si instruit des choses de la Nature, que sont partis les cris de désespoir et les insultes à la Providence. La vérité est dans un optimisme qui voit les choses en grand, à l'exemple de Malebranche et de Leibniz. Le monde moral a ses monstres, comme le monde physique; mais, tandis que l'un va fatalement à ses fins, sous l'action des lois physiques, l'autre va aux siennes d'un mouvement libre, sous l'action des lois morales, à travers tous les désordres de la Nature et de l'Humanité. Voilà la Providence du philosophe.

CHAPITRE VII

L'IMMANENCE DIVINE.

La doctrine de l'immanence ne porte-t-elle pas également atteinte à l'essence divine et à la liberté humaine? Avec l'immanence divine dans le monde, que devient la divinité, et dans l'homme, que devient notre humanité? De tout temps, l'explication du rapport entre Dieu et le monde, du rapport entre Dieu et l'homme, a soulevé de graves difficultés. Que peut-il y avoir de commun entre l'Un et le multiple, entre l'Infini et le fini, entre l'Absolu et le relatif, entre l'Idéal et le réel, entre l'esprit pur et l'épaisse matière? Certaines écoles ont résolu le problème en supprimant l'un des termes; d'autres l'ont résolu en les confondant; d'autres enfin l'ont résolu en les séparant. Toutes solutions simples ou radicales que la raison n'a jamais acceptées. La meilleure métaphysique est celle qui a essayé de résoudre le problème en accordant les deux termes du rapport. La vérité est dans cette voie ; il s'agit seulement de trouver la méthode de conciliation.

Platon, ne pouvant s'expliquer la coexistence du monde des idées et du monde des choses, finit par réduire ce dernier à une sorte d'apparence sans véritable réalité, dont la connaissance ne mérite pas le nom de science. On n'a jamais pu comprendre cette *participation* des choses, qui donne au monde sensible une ombre d'existence. Quant aux âmes, qui sont d'origine céleste, leur destinée finale est de remonter dans leur véritable monde, d'où elles sont tombées par un accident que Platon n'a jamais bien expliqué. Le Dieu solitaire d'Aristote n'a rien de commun avec ce monde qu'il meut par attraction, sans sortir de son éternelle immobilité. Pour lui, le problème des rapports de Dieu et du monde n'existe pas. La Nature possède l'existence par elle-même; elle ne reçoit de l'attraction du bien que l'essence et la forme, c'est-à-dire, il est vrai, ce qui fait tout l'être. Le panthéisme stoïcien est la première philosophie grecque qui ait reconnu la permanence du divin dans la Nature; partout il mêle les attributs métaphysiques et les propriétés physiques, au point qu'il devient impossible de les discerner. Partout il identifie les raisons finales des choses avec leur causes efficientes. Ce Dieu que les stoïciens définissent la raison active, ils le représentent, dans leur physique, comme une espèce de feu subtil, sans qu'on puisse savoir au juste si c'est un simple symbole, ou le type même du mouvement. C'est résoudre par une confusion le problème qu'Aristote supprimait par une absolue indépendance de l'être divin. L'idéalisme alexandrin multiplie à l'infini les manifestations de l'Unité suprême, et en fait une hiérarchie d'hypostases qui s'échappent par degrés du sein de la Divinité, et tombent dans la pure matière, laquelle n'est plus qu'une ombre de la lumière divine. Dans ce système d'intermédiaires, compliqué à plaisir, les deux termes extrêmes ne se touchent point. C'est à cette condition qu'ils peuvent coexister. La matière des Alexandrins n'est plus tout à fait le non-être de Platon; elle est le dernier effluve de l'émanation universelle, et comme le dernier degré de l'être sorti des profondeurs de l'Unité absolue. Après l'Un, le premier, le Bien, vient l'Intelligence, puis l'Ame, puis la

Nature avec toutes ses puissances, puis enfin la matière dont le néoplatonisme peut dire, comme la sagesse stoïcienne, contraire en cela à la doctrine de Platon, qu'il n'y a rien de vil dans la maison de Jupiter. C'est la transcendance du Dieu suprême tempérée par l'immanence des hypostases divines dans le mouvement de la vie universelle. Si ce Dieu n'est pas dans le monde en essence, il y est par l'action de ses hypostases.

Descartes croyait à l'existence de Dieu en se fondant sur l'idée de perfection. Il croyait à l'existence du monde en se fondant sur l'attribut de la véracité divine. Quant à expliquer comment Dieu a créé le monde, il n'en a montré nul souci, s'en fiant là-dessus à la théologie. Avec elle, il admettait que Dieu a créé et qu'il conserve le monde par un acte permanent de sa volonté. Cela ne pouvait suffire à un cartésien comme Spinosa, tout préoccupé du problème métaphysique de la création. Raisonnant *more geometrico* sur le concept de substance, comme fait Descartes sur le concept de perfection, il en déduit tous les attributs qui lui sont inhérents, la nécessité, l'universalité, l'infinité, l'immensité, l'éternité, et ne trouve aucune difficulté à passer de la substance ainsi définie à ses modes révélés par l'expérience. Il s'arrête à deux de ces modes constituant le monde que nous connaissons, l'étendue et la pensée, modes distincts et correspondants qu'il est impossible de séparer de leur substance. Le problème du rapport entre Dieu et le monde se trouve ainsi singulièrement simplifié par l'identité des deux termes. Ici, ce n'est pas le monde qui absorbe Dieu, comme dans le panthéisme stoïcien, c'est Dieu qui absorbe le monde. Fénelon et les théologiens de l'époque ont traité plus que durement Spinosa, en parlant de l'*abominable impie*. La plus grave erreur de cette doctrine, c'est d'avoir, par une géométrie inflexible, plus fausse encore pour la Nature que pour Dieu, préparé les voies à ce déterminisme universel qui nie toute spontanéité, toute finalité et toute liberté. Il fallut que Leibniz vînt pour rendre, avec toutes ces choses, la vie au monde et la Providence à Dieu, par sa philosophie toute dynamique. Dans la *monadologie*, toute substance est cause, tout être est force, tout mouvement est une action finale. Cela est vrai des êtres créés, comme du suprême Créateur. Il ne crée pas de purs phénomènes, de simples modes, comme la Cause immanente de Spinosa; il crée des causes et des forces, c'est-à-dire des êtres véritables, doués de finalité, de spontanéité, certains de liberté. C'était compliquer le problème que Spinosa avait si hardiment et si malheureusement simplifié. Leibniz a cru le résoudre par la savante hypothèse de l'*harmonie préétablie*, laquelle, en partant d'un principe vrai, la causalité des êtres créés, aboutit à une conclusion contraire à l'expérience, à savoir la négation de toute action des créatures les unes sur les autres. Si l'on peut admettre que le monde est une horloge montée une fois pour toutes par le grand horloger qui l'a fabriquée, il est difficile de croire que les rouages si compliqués en sont indépendants, et que toutes les pièces qui composent la machine cosmique jouent à part pour produire l'ordre admirable qui règne dans l'Univers. La *monadologie* et l'*harmonie préétablie*, ces deux doctrines dans lesquelles se résume toute la philosophie de Leibniz, établissent un véritable atomisme dynamique, où disparaît cette unité de la vie universelle, si bien comprise par Spinosa.

Sauf le philosophe de la Haye, qui fut le plus libre esprit de son temps, la théologie du xviie siècle reste attachée plus ou moins à la tradition chrétienne. La trace en est visible chez Malebranche, et surtout chez Fénelon et chez Bossuet. Si on ne la retrouve pas chez Descartes, c'est que sa méthode ne lui permet pas de faire intervenir dans sa démonstration rationnelle une tradition qui est au fond de sa foi religieuse. Si confiant que soit Leibniz dans sa manière de philosopher, il néglige rarement l'occasion de montrer jusqu'à quel point sa doctrine est d'accord, non seulement avec la tradition philosophique de l'antiquité, mais encore avec la théologie chrétienne. Il n'y a qu'à relire sa théodicée pour s'en assurer. Quelque jugement qu'on porte sur la nouvelle philosophie allemande, il est un premier mérite qu'on ne saurait lui refuser : à savoir, son entière indépendance de l'autorité orthodoxe. Kant, Fichte, Schelling, Hegel, Krause, sont des libres penseurs, dans toute la vérité du mot, pleins de respect pour les dogmes religieux qu'ils interprètent à leur manière, mais ne reconnaissant d'autre autorité que la raison, et d'autre méthode que la logique. Leur philosophie est entièrement moderne et scientifique. Il est deux autres mérites qu'il faut reconnaître à cette philosophie si hérissée de formules abstraites : c'est d'avoir compris et conservé ce qui reste vrai de la doctrine de Spinosa, l'unité de l'être universel, et de la doctrine de Leibniz, la spontanéité et la finalité des forces naturelles qu'il contient dans son sein. Cette philosophie de Schelling et Hegel, dont on ne veut plus entendre parler, a donc résolu le problème, et l'a résolu comme il doit l'être, maintenant le vrai rapport de l'Infini et du fini, du Créateur et des créatures. Ce qui manque à cette vaste et profonde spéculation philosophique, c'est la simplicité de la méthode, la rigueur des démonstrations et la clarté du langage.

Mon spiritualisme n'a jamais eu d'éloignement pour la doctrine de l'unité ; mais il faut s'entendre. L'unité de substance est une formule dont Spinosa a montré le danger par la redoutable logique avec laquelle il l'a poussée à ses dernières conséquences. L'unité de cause est la même pensée sous un autre mot. C'est encore le spinosisme. Je n'en tiens pas moins pour l'unité de principe. Ce qu'on distingue et ce qu'on oppose sans cesse sous les noms d'esprit et de matière n'est, au fond, que le même principe, à ses divers degrés d'existence. On l'a compris par les révélations de l'expérience intime qui ne nous fait connaître que des causes; on l'a vu par les analyses de l'expérience extérieure qui ne nous montre que des forces. Dieu est l'Esprit, dans sa plus haute expression, parce qu'il en a tous les attributs propres, l'unité, la causalité, la finalité, l'indépendance, élevés à la hauteur de l'idéal, si par ce mot l'on entend la puissance infinie de création et de perfection. Le monde est une immense variété de causes et de forces qui, sorties du sein de Dieu par l'acte créateur éternel, tendent à y rentrer par la loi suprême de finalité. C'est par là qu'il est la splendide image de l'Esprit. La matière elle-même est encore une expression de l'Esprit, puisqu'elle est aussi cause, force, obéissant à la même loi, tout en étant soumise plus que toute autre manifestation de l'Esprit à l'action des lois mécaniques. Et quand je dis que le monde animé ou inanimé est l'image de l'Esprit, je ne dis pas assez. C'est encore et toujours l'Esprit, tous les organismes, tous les corps, tous les éléments du Cosmos étant des unités dynamiques et vraiment spirituelles, des ouvrières travaillant en grand ou en petit, dans l'immensité de l'espace, comme dans les profondeurs de la matière atomique, à l'œuvre de l'ordre universel. Donc Dieu, l'Être infini, la Cause des causes, la Monade des monades, comme disait Leibniz, l'Idée des idées, comme ont dit Platon et Hegel, l'Esprit des esprits, comme notre spiritualisme pourrait dire, Dieu n'est nullement en lieu étranger dans ce monde qu'il a créé. Il est absolument chez lui. Il se retrouve partout et toujours dans toutes ses œuvres; car partout et toujours il retrouve son unité, sa causalité, sa finalité, sa spontanéité, sa Providence. Le nouveau spiritualisme simplifie donc, lui aussi, le problème de la coexistence de Dieu et du monde, sans sacrifier aucun des attributs propres au Créateur, ni aucun des caractères qui font de ses créatures des êtres véritables, tandis que le vrai panthéisme en fait de purs phénomènes de la Cause, ou de purs modes de la Substance divine. Dans un de ces accès d'enthousiasme philosophique auxquels il était sujet, Diderot s'écriait : « Les hommes ont banni la Divinité d'entre eux ; ils l'ont reléguée dans un sanctuaire ; les murs d'un temple bornent sa vue ; elle n'existe point au delà. Insensés que vous êtes ! Détruisez ces enceintes qui rétrécissent vos idées ; élargissez Dieu ; voyez-le partout où il est, ou dites qu'il n'est point. » Diderot était un large et fécond esprit, sans être un profond métaphysicien. Ces paroles ne sont pas sans vérité ; seulement, à cette époque, les meilleurs esprits avaient perdu le sens du spirituel et du divin. Diderot était d'un temps où l'on ne savait que nier Dieu ou le confondre avec le monde.

Mais, dira-t-on encore, comment Dieu peut-il être distinct du monde sans en être séparé ? De deux choses l'une : ou il faut les séparer, ou il faut les confondre. S'il est dans le monde, il ne s'en distingue plus ; s'il est hors du monde, il n'est plus le Dieu vivant. Le problème donc reste à résoudre. — Le problème est, en effet, d'une solution d'autant plus difficile, que l'imagination se met toujours de la partie dans cet ordre de questions. La pensée comprend des distinctions que l'imagination ne peut concevoir. C'est parce que celle-ci ne les conçoit point que le sens commun, qui n'est le plus souvent que le sens vulgaire en métaphysique, jette si souvent aux philosophes les épithètes d'absurde ou d'athée. Voltaire, qui n'entendait pas grand'chose à ces distinctions, malgré tout son esprit, ne se gênait guère pour traiter de galimatias simple ou double toute métaphysique qu'il ne comprenait pas du premier coup. Le monde est un effet ; tout effet suppose une cause ; et, selon son image favorite, l'horloge ne peut se concevoir sans horloger. Cela suffit au bon sens ordinaire, et l'on est sûr d'avoir les rieurs de son côté, surtout si l'on sait railler comme Voltaire.

Un philosophe qui s'y entendait, quoi qu'en ait dit le bel esprit qui a fait ce vers :

> Lui qui voit tout en Dieu, n'y voit pas qu'il est fou,

a fait le meilleur chapitre de *la Recherche de la vérité*, sur les fausses clartés de l'imagination. C'est grâce à cette *folle du logis* que l'esprit se représente les rapports de Dieu et du monde sous le type des rapports des créatures entre elles. L'Être infini n'est pas distinct des êtres finis, comme ces êtres finis le sont entre eux. Il s'en distingue comme la cause se distingue de son effet, mais d'un effet qui devient lui-même une cause, en vertu de la puissance créatrice dont l'attribut essentiel est de ne créer que des forces, c'est-à-dire encore des causes. La création divine, telle que la pensée la comprend, ne ressemble à aucun des types que l'imagination ou l'expérience nous présente. Elle n'est ni la création de l'artiste qui travaille sur une matière donnée, ni la création de la cause personnelle dont les actes ne sont pas des êtres distincts d'elle-même, ni la création *e nihilo*, cette abstraction inintelligible que la pensée ne comprend pas mieux que l'imagination ne la conçoit. La vraie création divine, c'est celle qui produit des œuvres marquées de son sceau, des œuvres qui soient aussi des ouvrières, faisant elles-mêmes œuvre d'activité spontanée et finale. Elle est l'acte permanent, éternel d'une Cause créatrice qui demeure dans son œuvre, sans jamais s'y épuiser, et qui ne s'en distingue que par sa puissance infinie de création. La vie du Dieu que je comprends est tout entière dans son activité créatrice. Je ne puis le concevoir, comme Aristote, absorbé dans la contemplation de sa pensée, ou, comme Platon et Plotin, enfermé dans les profondeurs impénétrables de son ineffable unité. Il n'y a pas lieu de distinguer en Dieu deux activités, l'une qui se produit au dehors, l'autre qui se concentre dans une existence solitaire. Si tout l'être de Dieu ne passe pas dans les époques successives de sa création, il n'en reste pas moins vrai que, pour Dieu, vivre c'est créer, et qu'entre la vie et la création divine il n'y a aucune distinction à faire. La théologie orthodoxe elle-même ne répugne point à reconnaître qu'en Dieu penser, vouloir, aimer, c'est un seul et même acte, qui s'exprime par un seul mot, créer, tandis que chez l'homme tous ces actes sont distincts, comme les facultés auxquelles ils répondent. En ce sens, la philosophie ne peut-elle pas dire, avec Schelling : *Deus, mundus implicitus; mundus, Deus explicitus,* exprimant par cette formule tout à la fois l'identité et la distinction du Créateur et de la création universelle.

Cette manière de concevoir Dieu simplifie, sans le supprimer, ce problème de la création que le dualisme de la philosophie ancienne ne connaissait point, que le panthéisme de Spinosa a supprimé, que le rationalisme moderne, d'accord avec la création chrétienne, a résolu par un mystère, que le dynamisme de Leibniz a expliqué par une métaphore, que le spiritualisme de M. Ravaisson a cherché à représenter par un symbole. La Monade divine a créé le monde par *fulguration*, a dit le père de l'optimisme. Cela vaut autant que la subtilité alexandrine que M. Ravaisson y substitue. La création n'est plus un éclair de la lumière divine ; c'est, selon lui, un amoindrissement volontaire de l'Être parfait, pur effet de son infinie bonté. Cela peut être le dernier mot d'une théologie mystique fondée sur l'amour. Ce n'est point avec de pareilles explications que le spiritualisme se réconciliera avec la science et la philosophie moderne. Pour moi, loin d'être un amoindrissement de la nature divine, la création en est l'épanouissement toujours plus beau et plus parfait. Si elle était une chute pour la pensée antique, elle est un progrès pour la pensée moderne. Elle monte, sans jamais descendre, dans l'éternelle genèse du Cosmos.

Voilà le monde vis-à-vis de Dieu. Voyons maintenant l'homme. L'immanence divine menace-t-elle réellement sa liberté? Le problème de la liberté humaine, si simple pour la conscience, qui nous fait croire invinciblement à son existence, devient complexe dès qu'il s'agit non seulement d'affirmer la liberté, mais de la définir et de la comprendre dans la juste mesure de la réalité. Oui, l'homme est libre; mais comment l'est-il et jusqu'à quel point? Quelle part faut-il faire à la fatalité dans la vie humaine, et quelle part à la liberté? Comment concilier la liberté avec l'action de la nature, avec l'influence de la raison, avec cette autre action que les théologiens appellent la grâce divine?

Quand l'expérience psychologique a saisi l'acte de liberté à travers les phénomènes nombreux et divers auxquels elle reconnaît le caractère de nécessité, tout n'est pas dit. L'ancienne psychologie des Biran et des Jouffroy, qui a eu le mérite de mettre dans tout son jour la distinction des actes libres et des actes nécessaires, a eu le tort de se renfermer dans une définition trop abstraite de la liberté. Sans aller jusqu'à la liberté de l'indifférence, elle a fait de la liberté un attribut que la nature humaine posséderait d'une manière absolue, sans distinction des degrés par lesquels passe l'activité humaine pour arriver d'une sorte de fatalité primitive à la liberté réelle, sinon parfaite, qui reste notre idéal, comme d'autres attributs qui nous sont propres. L'analyse ne confirme pas tout à fait cette conclusion. Elle distingue trois choses dans le problème de la liberté : le fait de liberté attesté par la conscience, qui est l'acte volontaire ; l'état de liberté également attesté par la même autorité, qui est, pour l'être humain, la possession et le gouvernement de soi-même ; le signe caractéristique de cet état, qui est le *caractère*. Quand on ne pense qu'à l'acte volontaire, on peut soutenir qu'il n'est pas plus ou moins libre, qu'il l'est ou ne l'est pas, et qu'il faut choisir entre ces deux affirmations. Si l'on songe à l'état de liberté, c'est alors qu'il convient de dire qu'il est susceptible de degrés. L'être humain ne débute point par cet état; il y travaille longtemps, on pourrait dire jusqu'à la fin de la vie, lorsqu'il y travaille réellement. Il ne parvient jamais qu'à une possession plus ou moins entière, qu'à un gouvernement plus ou moins absolu de lui-même. Et quant au caractère, on ne saurait nier qu'il atteint rarement ce degré de fermeté, de constance, d'inflexibilité qui assure à l'homme l'empire absolu sur ses passions, sur ses appétits, sur ses besoins, sur ses facultés d'action. C'est l'état de sagesse auquel il est toujours beau d'aspirer, et qu'on n'atteint guère à moins d'être un Socrate, un Marc-Aurèle, un Washington.

La liberté a ses limites, ses conditions d'exercice, ses obstacles et ses auxiliaires. C'est pour n'en avoir pas suffisamment tenu compte que les psychologues et les moralistes qui l'ont le plus énergiquement affirmée, ont donné prise à ses adversaires. On l'a niée, parce qu'elle n'est pas tout dans la vie humaine. On l'a niée, parce que son acte propre, l'acte volontaire, a pour antécédents des mouvements physiques, des impressions physiologiques, sans lesquels il ne se produirait pas. On l'a niée, parce que la volonté entre en lutte avec les passions, les appétits, les penchants de la nature, sans réussir toujours à en triompher. On l'a niée, parce que la volonté est soutenue, dans cette lutte, par des principes et des forces d'ordre supérieur qui ont pour effet de la fortifier dans sa décision. Ainsi il est établi par l'analyse que la liberté ne dépasse point la sphère des actes volontaires; au delà elle rencontre l'action fatale des lois de la nature. On n'agit librement qu'autant que le mouvement qui suit l'acte en est l'effet; mais on n'agit que sous l'action de forces mécaniques, physiques ou vitales, où la liberté n'a rien à voir. A parler rigoureusement, la liberté n'est que dans l'acte volontaire. Quand donc on nie la liberté parce qu'on ne la rencontre point dans l'action proprement dite, on confond ce que toute bonne psychologie a toujours distingué. On démontre également par l'expérience physiologique que l'acte volontaire, le seul libre, a pour condition d'exercice le plus souvent, sinon toujours, telle ou telle impression, telle ou telle sensation transmise par les choses extérieures, à travers l'organisme. Mais c'est bien à tort qu'on en conclut que l'acte volontaire se réduit à une action réflexe, soumise aux lois de la mécanique. C'est confondre la condition avec la cause. D'autre part, l'intervention de l'intelligence dans l'exercice libre, le plus libre même de la volonté, n'a échappé à aucun observateur de la nature humaine. L'influence incontestable des motifs d'action a fourni aux adversaires de la liberté des arguments plus connus que concluants. Ici encore l'équivoque joue un rôle capital dans le débat. C'est faire une pure comparaison métaphorique que d'assimiler la volonté à une balance que des poids de force inégale font pencher d'un côté ou de l'autre. C'est jouer avec les mots que de dire que c'est toujours le motif le plus fort qui l'emporte. Ce qui est vrai, c'est que le motif reconnu le plus faible pour la raison triomphe trop souvent du motif le plus fort, quand une passion quelconque vient lui prêter secours.

Ce n'est pas l'influence des motifs qui a le plus embarrassé les défenseurs de la liberté humaine; c'est l'impulsion des mobiles, surtout quand ces mobiles semblent avoir une origine étrangère et supérieure à l'humaine nature. De tout temps, les philosophes et les théologiens se sont préoccupés des rapports de l'homme à Dieu, et ont cherché à résoudre le problème, s'efforcant de défendre, les uns le domaine de la puissance divine, les autres le domaine de la liberté humaine. Si l'on reprenait l'histoire de la question, on serait peut-être un peu surpris de voir que la transcendance de la Cause suprême n'a guère moins paru menaçante que l'immanence aux défenseurs de cette liberté que l'on reproche tant aux panthéistes de mettre en péril. D'où viennent les doctrines sur la grâce, sur la prédestination et sur la prescience? C'est précisément de cette école théologique qui fait vivre Dieu hors du monde, au delà de l'espace et du temps. Pour le philosophe qui veut comprendre avant de croire, l'accord entre la tradition et la raison n'est pas facile à établir sur tous ces points. Saint Augustin peut avoir raison d'affirmer que la volonté humaine ne suffit pas, sans la grâce divine, à faire le bien. J'ai expliqué, dans un chapitre précédent, comment la volonté humaine, sans le *stimulus* de l'amour, serait impuissante, même avec la lumière de la raison, à accomplir l'œuvre morale qui est sa fin. Mais il a tort de faire une aussi large part à la grâce dans l'œuvre de vertu. Pélage a pu exagérer le rôle du libre arbitre dans cette œuvre; mais il avait raison d'insister sur le mérite volontaire de nos actions. Jamais le dogme de la prédestination n'a pu être accepté par la justice humaine. Jamais on n'est parvenu à montrer comment la liberté est compatible avec la prescience divine. Ne semble-t-il pas impossible d'échapper au dilemme suivant : l'acte humain n'est pas libre, si Dieu le prévoit; s'il est libre, Dieu ne peut le prévoir? Bossuet croyait sage d'affirmer la prescience divine et la liberté, sans chercher à les concilier. Mais le mystère n'est pas une solution que puisse accepter la philosophie, surtout quand il couvre une contradiction.

On voit que, quelle que soit la solution du grand problème théologique qui divise encore aujourd'hui les métaphysiciens, la liberté humaine ne se trouve point à l'aise en face de la puissance divine. Le Dieu transcendant, tous les théologiens le reconnaissent, n'agit pas moins que le Dieu immanent sur sa créature. C'est donc sur la nature de cette action qu'il faut s'entendre. Qu'est-ce que l'homme, et comment Dieu agit-il sur l'homme dans l'exercice de sa volonté? Au regard de cette théologie dont le Dieu est la Cause suprême, ne créant que des causes dans son éternelle et incessante activité, la liberté de l'homme n'est plus un mystère, quand elle apparaît comme l'attribut essentiel d'une cause personnelle. Comment s'étonnerait-on que l'homme fût un être libre, dans l'empire du destin, quand cet empire lui-même est peuplé de causes, de forces qui toutes obéissent à la loi de la finalité? Si ces causes, ces forces vont toutes à leur fin, sans conscience et sans liberté, dans l'immense mouvement de la vie universelle, elles n'y vont pourtant pas par une simple impulsion mécanique; elles y vont avec la véritable spontanéité d'êtres ayant en eux-mêmes l'initiative du mouvement. Alors l'homme n'apparaît pas seul, dans le monde, avec des attributs contraires aux lois de la physique. Oui, sans doute, il est, dans l'Univers, le seul être libre connu; mais il n'est pas la seule cause, la seule force. Si la volonté n'est pas partout, partout est l'activité spontanée et finale. La liberté propre à l'homme n'est plus qu'un degré supérieur de cette activité.

Maintenant, qu'est-ce donc que cette action divine sur l'homme, qui lui laisse toute sa liberté et toute sa responsabilité? Quelle idée la psychologie doit-elle se faire de cette grâce divine dont la théologie religieuse nous a toujours fait un mystère? C'est dire, à mon sens, une grande et profonde vérité que d'affirmer l'impuissance de la volonté humaine sans la grâce; seulement, il faut s'entendre. La grâce n'est pas un don gratuit que Dieu accorde à sa créature. Rien n'est accident, caprice et faveur dans la Providence divine. La grâce n'est point quelque chose d'extérieur, une sorte de rosée céleste qui tombe inopinément sur la nature humaine; c'est un principe intérieur qui agit sur la volonté d'une façon constante, sinon irrésistible. Ce principe n'en détermine pas absolument les actes; car alors l'homme ne serait plus libre. Mais son action est telle qu'en stimulant sans cesse la volonté, elle lui communique l'énergie nécessaire pour faire son œuvre. Quelle est cette œuvre? Le bien. Quel est le nom de ce principe moteur? L'amour, le désir du bien. Et qui a mis cet amour dans l'homme? C'est Dieu. En le créant, Dieu l'y a mis, avec la volonté, avec la raison, avec toutes les puissances de son être. La théologie voyait donc clair dans le fond de notre nature, quand elle a dit que la volonté et la raison n'expliquent pas l'être moral tout entier. La raison éclaire, la volonté dirige et gouverne notre vie. Sans l'amour de l'idéal, où serait l'aiguillon qui excite tout notre être à la poursuite du bien? Voilà, pour moi, la grâce vraiment divine que le Créateur, c'est encore la théologie qui le dit, n'a point réservée à l'homme, mais qu'il a répandue sur toute la Nature, du moment qu'il y a mis, je ne dis point partout le désir et l'amour, mais partout la tendance irrésistible vers le Bien.

A vrai dire, ce principe, dans l'homme comme dans la nature, n'est point une simple faculté, une partie de l'être, il en est le fond; il est l'être même, car c'est par lui que s'expliquent la vie et l'ordre universel. Qu'est-ce que l'être? Je ne cesse de le redire avec Aristote, avec Leibniz, avec M. Ravaisson, avec toute l'école spiritualiste contemporaine, c'est l'acte. Qu'est-ce que l'acte, sinon la fin réalisée. Si l'Être infini que toute science, toute philosophie, toute religion salue du nom de Dieu, ne se donne pas tout entier, dans son incessante création, il y laisse quelque chose de son essence. C'est sa grâce, c'est-à-dire l'irrésistible attraction du Bien. Cela fait que le monde est une œuvre essentiellement bonne. Jamais les sophismes railleurs de la philosophie pessimiste ne prévaudront sur ce point contre Platon, Aristote, Leibniz, l'Écriture sainte, le sens commun, et l'on peut ajouter la science moderne. Cette grâce-là n'enlève rien à l'homme de sa liberté et de sa responsabilité, tout intime qu'elle est à sa nature. Voilà comment j'entends la présence et l'action de Dieu dans l'homme et dans le monde. Ce qui rend la liberté humaine incompatible avec l'une et l'autre, c'est la fausse idée qu'on se fait du Créateur et des créatures. Rien de passif, d'inerte, de mort dans l'œuvre du Créateur : tout y vit, tout y agit, tout s'y meut sous la perpétuelle attraction divine. Et ce Dieu qui agit de cette façon avec les êtres qu'il a créés, n'est point un Dieu isolé du monde, comme l'a conçu Aristote; il est dans le monde, au plus profond de l'être, où il fait sentir son action, sa grâce, si l'on veut, par l'amour que sa présence fait naître.

La théologie mystique, s'inspirant de saint Paul et de saint Jean, a pris pour devise les paroles du poète Aratus : *In Deo vivimus, movemur et sumus.* La philosophie spiritualiste peut y souscrire, avec l'unique réserve de la liberté et de la responsabilité de ses actes. Oui, nous nous sentons être, vivre et agir dans l'unité de la vie universelle, sans craindre de n'avoir qu'une vie, qu'une activité d'emprunt. L'homme n'est pas une machine naturelle, puisqu'il possède la volonté, et qu'il ferait exception à la loi du mécanisme universel, alors même que tous les êtres de la création y seraient soumis. Mais le principe de finalité nous révèle qu'il n'y a point de machines, à proprement parler, dans l'empire de la Nature, où tout est mouvement ou instinct final, sous le gouvernement de la Providence. Si, comme le veut Leibniz, la plus infime monade a son principe de mouvement en elle-même, comment la monade supérieure qui s'appelle l'homme ne jouirait elle pas de sa pleine liberté dans une philosophie qui ne voit dans la substance de l'être que force et mouvement? L'homme n'est pas plus machine sous la main de Dieu que sous la main de la Nature. Il n'y a qu'une philosophie matérialiste ou une théologie mystique qui puisse en faire un esclave de l'une ou de l'autre, en comprenant mal ses rapports avec la Nature et avec Dieu.

Pour éclaircir cette question, il n'est pas de meilleure méthode que la méthode psychologique. Il suffit de regarder au fond de sa conscience pour avoir le sentiment de l'heureuse harmonie des deux choses entre lesquelles l'esprit de controverse trouve une contradiction. Le moi se sent tout à la fois libre dans l'exercice de sa volonté, et soutenu dans la direction de cette volonté. Quand cet exercice est devenu une habitude, le moi se sent vraiment maître de lui-même, de ses facultés, de ses instincts, de ses passions. Il est assuré de se posséder et de se gouverner. Il lui faut encore autre chose pour agir, pour agir avec énergie et persévérance. Quoi donc? L'amour du bien, que la théologie définit à sa façon, sans bien déterminer le mode d'action de ce grand moteur de toute vie morale. C'est par cet amour inné et invincible que la volonté fait des merveilles, que la foi transporte les montagnes. Et ce qu'il y a d'admirable dans cet accord de l'amour et de la volonté, c'est que l'une est d'autant plus forte que l'autre est plus puissant. Quand la théologie nous dit, par la bouche d'une sainte Thérèse ou d'un Fénelon, que Dieu n'accorde sa grâce qu'au pur amour, elle exprime une vérité profonde que la psychologie a mise en pleine lumière : c'est que l'amour de l'idéal, qui est aussi l'amour divin sous un autre nom, donne à la créature qui le ressent cette force dont a besoin la volonté pour faire son œuvre de vertu, de dévouement, de sacrifice, de sainteté.

Aucune philosophie n'a mieux compris que le Christianisme les vrais rapports de l'homme à Dieu, sous la forme mystique qu'il a donnée à sa doctrine. Le Dieu des stoïques est mêlé à la Nature d'une façon telle qu'il devient difficile même de les distinguer. Mais l'immanence divine ne gêne en rien la liberté humaine dans leur doctrine, parce que Dieu n'agit sur la volonté que comme lumière d'une raison suprême qui préside à l'ordre universel, sans y répandre les chauds rayons de sa grâce. Voilà ce qui fait que le stoïcisme est une école de résistance ou de résignation plutôt qu'une école d'action, du moins de cette action qui fait des miracles. L'amour n'y est nulle part, pas plus en Dieu que dans l'homme et dans la Nature. Le stoïque se défie tellement d'allumer la passion, ennemie de la sagesse, qu'il éteint tout amour, avec lequel il la confond. C'est pourquoi la vertu stoïcienne a toujours été plus admirée que goûtée de la nature humaine. Elle manque du feu sacré, et laisse, sous ce rapport, la supériorité au Christianisme. Il est bien d'armer la volonté contre la nature ; encore faut-il lui communiquer l'ardeur d'initiative, seule féconde en œuvres. Pour la lutte de la vie, le bouclier ne suffit pas, il y faut l'épée. Quand je dis l'épée, j'entends le symbole de l'action. La théologie ne me pardonnerait point d'en faire le signe de l'amour. Bien que l'Évangile ait dit que le royaume du ciel est aux violents, c'est la croix qui est, pour le chrétien, le symbole de cet immense amour dont le Christ a donné l'exemple, et qui a vaincu et conquis le monde par sa toute-puissante douceur. La sagesse stoïque n'a jamais connu cette force. La théologie chrétienne est encore en parfaite conformité de sentiment avec la conscience, lorsqu'elle dit qu'il faut mériter la grâce pour l'obtenir. C'est, en effet, l'amour qui la donne. Si toute lumière vient de l'intelligence, toute force vient de l'amour. C'est la *grâce* des théologiens.

Voilà le mystère dont il ne faut chercher l'explication que dans la conscience, de même que beaucoup de mystères que la foi théologique oppose à la raison humaine comme autant de barrières infranchissables. On le voit, la psychologie est la clef qui ouvre le sanctuaire de la théologie. Sur toutes les questions que cette dernière pose à l'esprit humain, c'est la psychologie qui trouve la réponse. Comment en serait-il autrement, puisque toute vérité métaphysique est au fond de la conscience? Là est la vraie révélation de l'intelligible, de l'idéal et du divin. C'est ainsi que je comprends la solution des grands problèmes qui divisent encore aujourd'hui le monde philosophique.

CONCLUSION

CHAPITRE PREMIER

L'ÉVOLUTION FATALE

S'il est un problème métaphysique dont la solution ait besoin de la science moderne, c'est l'antique problème de la Genèse universelle. Quelle idée faut-il se faire de la création ? Il est bien clair, après tout ce qui a été dit précédemment sur la nature et les attributs de l'Être créateur, que la création ne peut être comprise comme un accident de la vie divine, qu'elle est éternelle, incessante, nécessaire, qu'elle est la vie divine elle-même. Où faut-il en chercher les lois ? Dans les œuvres mêmes de cette création. C'est ce que la science proprement dite fait chaque jour. Elle ne se borne point à observer et à décrire le monde tel qu'il est, elle aussi explique les choses à sa façon : elle a ses questions d'origine, de principe et de cause, comme la métaphysique ; elle a sa philosophie, dont l'école d'Auguste Comte célèbre la future apparition sur les ruines de la vieille ontologie. Cette philosophie a déjà un nom bien connu : elle s'appelle l'*évolution*. Elle a la prétention, qui n'est pas sans fondement, de remplacer définitivement la métaphysique de la *création* proprement dite. La théorie de l'évolution est devenue, en effet, toute une philosophie, par l'extension que lui ont donnée des esprits éminents, en tête desquels on doit placer Herbert Spencer. Elle a toute la portée d'une synthèse qui relie, dans une explication générale, toutes les parties de la science cosmique. Elle a pour méthode de généralisation l'observation comparée. Plus la science pénètre par l'analyse dans les mystères de la Nature, plus elle arrive à constater qu'une même loi préside à la génération de toutes choses, dans l'ordre naturel, comme dans l'ordre moral. *La Nature ne fait pas de saut,* a dit un grand naturaliste du dernier siècle : voilà ce que nous enseigne la science de plus en plus, chaque jour. Pour qui observe, compare, raisonne, toute génération, toute création de la Nature est une évolution, évolution cosmique, évolution solaire, évolution terrestre, évolution organique, évolution psychologique, évolution historique.

Qu'est-ce qu'une évolution ? Pour bien saisir le sens de ce mot, il faut l'opposer à deux autres termes par lesquels la vieille science avait coutume de définir les procédés de la génération naturelle. On n'a parlé longtemps, dans le monde savant, que de créations et de révolutions. Comment se formaient les mondes ? Par une création. Comment se transformaient les états du globe ? Par une révolution. Comment s'engendraient les êtres vivants ? Encore par une création dont le mystère ne semblait pas pouvoir être expliqué. Toutes ces créations faisaient supposer l'action brusque de causes surnaturelles. Toutes ces révolutions semblaient annoncer des agents extraordinaires. La science croit de moins en moins aux créations et aux révolutions, à mesure que les révélations de l'expérience lui arrivent. Toute génération a pour principe un germe qui se développe dans de certaines conditions. Toute transformation est également le produit d'un travail intérieur qui a besoin du temps pour faire son œuvre. Tout changement est un progrès plus ou moins lent, dont la science s'étudie partout à observer les mouvements et à compter les degrés. Avec les hypothèses de la création et de la révolution, la Nature était pleine de mystères dont la théologie et la poésie ne manquaient pas de s'emparer. Avec l'hypothèse de l'évolution, tout devient clair dans les opérations de la Nature. Qu'elle ait encore ses obscurités et ses lacunes dans l'état actuel de la science, les esprits sages s'y résignent; mais il est permis de croire qu'avec ses admirables méthodes d'observation et d'analyse, la science arrivera tôt ou tard à éclaircir les obscurités, à combler les lacunes. Qu'importe que telle explication partielle soit fausse ou prématurée? L'évolution n'en est pas moins acceptée aujourd'hui, dans le monde savant, comme la seule explication scientifique des choses. C'est la grande loi de la pensée moderne.

Expliquons-en, avec Herbert Spencer, le principe et les conséquences en quelques mots. Le principe, c'est qu'aucune chose de la Nature n'atteint brusquement, dans son développement, sa forme définitive. Tout commence par l'état rudimentaire, et passe par une succession de degrés, par une infinité de changements imperceptibles, jusqu'à ce qu'il apparaisse enfin sous sa forme précise et déterminée, laquelle n'est jamais définitive, puisqu'elle-même se dissout de la même manière, en passant par une *régression* de phénomènes analogues, en sens inverse du progrès qui l'a amenée. Grâce à ce double travail, secret et incessant, la science explique ces phénomènes de croissance et de décroissance, de progrès et de dégradation, de vie et de mort que l'ancienne philosophie ne pouvait expliquer que par de brusques sauts faisant franchir la distance qui sépare un état d'un autre, une forme d'existence d'une autre. Telle est la conséquence naturelle du principe de l'évolution. *Évoluer*, pour un être, n'est pas seulement se développer; c'est se transformer, de façon à sortir de la variété, de l'espèce, du genre auquel il appartient, pour passer dans une autre variété, une autre espèce, un autre genre, dont il devient le premier type. Ainsi le mouvement vital qui fait de la cellule vivante l'embryon, et de l'embryon l'animal complet, n'est une évolution, dans le sens propre du mot, que parce qu'il traverse plusieurs types du règne animal. L'évolution est une vraie métamorphose.

Entrons maintenant dans les époques et les règnes de la Nature pour y voir se produire la grande loi qui vient d'être expliquée. Tout est soumis à la loi du devenir, dans le Cosmos. Tout y a donc son histoire, chaque partie du système cosmique, comme le Cosmos lui-même pris dans sa totalité. Ce n'est pas seulement le monde de la vie dont les sciences naturelle nous font l'histoire; c'est aussi le monde de la matière brute. Dans cette science, qu'on a bien raison d'appeler histoire, les terrains, les roches de notre globe, les corps célestes, les atomes de l'éther qui s'agitent dans l'immensité de l'espace, ont leur véritable histoire; car tout cela change, se tranforme, et, par la succession de ses divers états, offre une matière à l'historien de la Nature, comme la suite des révolutions qui se produisent dans les sociétés de la race humaine offre une matière autrement riche sans doute, un intérêt autrement dramatique, à l'historien de l'Humanité.

Quand l'unité des forces de la Nature ne serait qu'une hypothèse qui ne dût pas recevoir son entière confirmation de l'expérience, quand l'identité d'origine de la matière pondérable et de la matière impondérable ne serait qu'une autre hypothèse à jamais invérifiable, il n'en resterait pas moins une vérité acquise : c'est que toute matière est force, et n'est que force. Par conséquent le Cosmos, tel que la science elle-même nous le décrit et nous l'explique, n'est qu'un immense dynamisme, dans lequel tout se comprend comme un jeu de forces de toute nature. Faut-il faire remonter l'origine des choses au delà de la matière pondérable? L'hypothèse de l'éther, acceptée aujourd'hui comme une vérité dont ne peut se passer la science, ne mène pas directement à cette conclusion. C'est le besoin de l'unité qui y pousse l'esprit humain, qu'aucune dualité ou pluralité ne satisfait, dans sa conception de l'ordre universel. C'est aussi cette espèce d'induction, plus philosophique encore que scientifique, qui étend jusqu'à la première origine des choses la loi de l'expérience en vertu de laquelle tout composé procède du simple.

Pourquoi l'éther n'aurait-il pas été le berceau du Cosmos? Grand mystère pour l'imagination, mais non pour la science! Du moment que toute matière est force, pourquoi l'éther, qui est le type le plus simple de la force en mouvement, ne pourrait-il être conçu comme le principe élémentaire de toutes les autres forces? On peut donc admettre qu'il fut un temps où l'éther seul remplissait l'espace. C'est l'idée de Schelling, inspirée par une parole de l'Écriture, dans le chapitre de la Genèse. *Dieu dit : que la lumière soit.* La science, en ce cas, saura-t-elle jamais comment, sous l'action des principes de la pure mécanique, se sont dégagées de la matière éthérée ces grandes masses de matières pondérables qu'on appelle des nébuleuses? Certes, il a fallu un immense travail des atomes éthérés, pendant une durée incalculable, pour préparer cette transformation de l'éther. C'est un problème que résoudra peut-être un jour un nouveau

Laplace, si la mécanique étend son empire sur toute espèce de matière, comme le monde savant incline à le penser.

En attendant que la science ait fait pour le monde de la matière impondérable ce qu'elle a fait pour le monde de la matière soumise à la loi de gravitation, il est déjà permis de concevoir comment l'une a pu sortir de l'autre. « Reportons-nous, dit M. Saigey, à un point de la suite des âges où nul système n'existe encore. L'éther seul remplit l'espace de ses atomes en mouvement. Si ce milieu est rigoureusement semblable à lui-même dans toutes ses parties, l'agitation uniforme continue sans fin; mais si, parmi ces atomes primitifs, il existe en certains points quelque dissemblance, les atomes prépondérants deviennent aussitôt des centres de groupement. L'éther devient de plus en plus hétérogène, à mesure que les éléments de dissemblance se réunissent en certains centres[1]. » Hypothèse d'autant plus plausible qu'elle est conforme à une loi de la Nature, vérifiée sur toute l'échelle de la création. Comme dit Hegel, le vrai père de la philosophie évolutionniste, l'idée va de plus en plus de l'abstrait au concret. Comme dit Herbert Spencer, en son langage moins métaphysique, l'être va du simple au composé, en vertu de la loi d'évolution qui conduit toutes choses de l'homogène à l'hétérogène. C'est donc cette loi, qui, selon l'hypothèse, fait passer la matière éthérée à l'état de matière pondérable. La gravité prend naissance dans ce mouvement de concentration; elle s'accuse plus nettement à mesure que se forment les groupes moléculaires, et que l'éther se trouve amené à l'unité atomique de la matière pondérable. « Voilà donc l'espace occupé par une sorte de réseau embryonnaire, dont les atomes éthé-

---

1. *La physique moderne*, p. 172 et 173.

rés remplissent les interstices. Le mouvement d'attraction qui a commencé ne s'arrête plus. La variété est le caractère du réseau cosmique, en raison même de son origine ; il se déchire donc çà et là en nappes irrégulières, où se manifestent des effets de concentration[1]. »

M. Saigey s'empresse de le reconnaître, cette explication, dans laquelle se laisse voir le plus simple mode d'évolution, n'a point encore la valeur d'une hypothèse scientifique. Elle ne vaut que pour donner à l'esprit une idée de l'origine des choses, selon les principes actuels de la science. Tout autre est l'autorité de l'hypothèse de Laplace. On sait comment, en adoptant les idées d'Herschel sur la condensation progressive des nébuleuses, et leur transformation en étoiles, Laplace est parvenu, par l'application des principes de la mécanique, à expliquer la constitution du système solaire. Dans l'origine, le soleil et tous les corps qui circulent autour ne formaient qu'une seule nébuleuse, animée d'un mouvement de rotation autour d'une ligne passant par son centre. Par suite d'un refroidissement graduel, des portions de plus en plus grandes de la matière de la nébuleuse se sont condensées en son centre, de manière à former un noyau dont la masse s'accroissait ainsi peu à peu. A mesure que le refroidissement amenait la condensation de nouvelles parties, les matières se précipitaient vers le centre, exactement comme tombent les gouttes d'eau dans lesquelles se résout la vapeur condensée, dans notre atmosphère. Cette chute ne pouvait se produire sans qu'il en résultât un accroissement de la vitesse avec laquelle la nébuleuse tout entière tournait autour de son axe, et, par conséquent, une augmentation progressive de la force centrifuge due à ce mouvement de rotation. Emportées

---

1. *La physique moderne*, p. 172 et 173.

au delà de leurs limites, les parties extrêmes de la nébuleuse ont dû cesser de faire corps avec le reste de la masse, et s'en séparer sous forme d'un anneau tournant dans son plan et autour de son centre, avec la vitesse qu'il possédait à l'instant où il s'est détaché.

On comprend dès lors comment notre nébuleuse, en se refroidissant continuellement, a dû abandonner, dans le plan de son équateur, divers anneaux de matière, qui ont continué à tourner dans ce plan, et autour de leur centre commun. La masse centrale, à laquelle la nébuleuse a fini par se réduire, à la suite de ses condensations successives, n'est autre chose que le soleil, et les anneaux concentriques ont donné naissance aux planètes. Voici comment cette transformation des anneaux a pu s'opérer, selon Laplace. Pour conserver indéfiniment sa forme annulaire, chacun de ces anneaux aurait dû conserver la condition d'une régularité parfaite dans tout son contour. Cette condition ne pouvant être considérée que comme exceptionnelle, il est naturel d'admettre qu'elle ne se rencontrait pas dans les anneaux dont il est question. Dès lors, la matière de chacun d'eux a dû se réunir peu à peu autour de certains centres d'attraction, et bientôt ces concentrations partielles ont dû les diviser en divers fragments qui ont continué à se mouvoir séparément. Les vitesses des diverses parties qui constituaient précédemment un même anneau, n'étant pas rigoureusement les mêmes, soit qu'elles fussent déjà différentes au moment de la séparation de ces parties, soit qu'elles aient été altérées ultérieurement par les actions perturbatrices auxquelles toutes les parties du système se trouvaient soumises, il a dû en résulter que toutes les parties du même anneau ont pu se rejoindre successivement, et finir par se confondre en une seule masse circulant autour du soleil, à peu près suivant la circonférence de l'anneau dont elle s'est formée. Cette masse unique, en continuant à se condenser, a produit une planète.

Comment a-t-elle pu produire une planète tournant sur elle-même, avec les satellites qui l'accompagnent ? Dans la condensation progressive, les parties les plus éloignées du soleil se sont rapprochées de cet astre, et les parties les plus rapprochées s'en sont éloignées. Les premières ayant une vitesse plus grande, et les dernières une vitesse plus petite que celle de la partie moyenne vers laquelle les unes et les autres se concentrent de plus en plus, il a dû en résulter un mouvement de rotation de la masse tout entière autour de son centre, et dans le sens même de la révolution de cette masse autour du soleil. C'est ainsi que ces matières ont constitué un système entièrement analogue à la grande nébuleuse, formant une nébuleuse nouvelle qui, tout en se mouvant autour du centre de la première, tournait sur elle-même et dans le même sens. Cette nébuleuse est devenue une véritable planète, en se condensant par un refroidissement perpétuel[1].

L'auteur de la *Mécanique céleste* n'a présenté qu'avec réserve cette magnifique hypothèse, la plaçant modestement dans une note qui termine son exposition du *système du monde*, pour faire bien comprendre qu'elle ne faisait point partie intégrante du système lui-même. Elle n'en garde pas moins une grande place dans la science astronomique. Elle est la seule conception, dit M. Saigey, qui rende compte des principaux phénomènes planétaires. Elle explique pourquoi toutes les planètes circulent autour du soleil à peu près dans un même plan ; pourquoi ce plan de circulation générale est pré-

---

1. Ch. Delaunay, *Cours d'astronomie*, p. 664 et suiv.

cisément celui de l'équateur solaire; pourquoi ces planètes décrivent des ellipses qui ressemblent presque à des cercles; pourquoi leurs mouvements de rotation ont lieu dans le même sens; pourquoi enfin toutes les circonstances observées, dans la marche des planètes autour du soleil, se retrouvent dans la circulation des satellites autour des planètes. Laplace aurait eu une plus grande confiance encore en son explication, s'il eût pu assister à la belle expérience de Plateau. On met dans un vase un mélange d'eau et d'alcool, au centre duquel on verse doucement une goutte d'huile. Dans cette goutte on introduit une aiguille à laquelle on imprime un mouvement de rotation. La petite sphère huileuse tourne avec son axe et s'aplatit aux pôles. Bientôt du renflement de son équateur s'échappe, si l'expérience est habilement conduite, une sorte d'anneau qui se rompt en globules dont chacun commence à tourner autour de la masse centrale. « On peut ainsi, dit M. Saigey, faire un monde dans un verre d'eau. » Quelle merveilleuse méthode que la méthode expérimentale! L'analyse spectrale nous révèle la constitution des corps célestes, et voici qu'une simple expérience de mécanique nous représente la genèse du Cosmos.

La mécanique essaye de pousser plus loin l'explication des grands phénomènes cosmiques. L'hypothèse de Laplace explique la formation du système solaire, en se fondant sur la loi de la gravitation universelle. Elle n'explique pas cette loi elle-même. C'est seulement depuis que l'hypothèse de l'éther a pris place dans le domaine de la science que des savants philosophes ont conçu l'idée d'expliquer la gravitation par l'action et la pression des atomes éthérés. On peut voir dans les livres de Lamé, de Boucheporn, du bien regretté Jules Tissot, enlevé à la science et à la philosophie par une mort prématurée, comment ces ingénieux esprits appliquent, à l'exemple de leur illustre maître, les principes de la mécanique à la solution de ces difficiles problèmes. Si Newton eût connu cette nouvelle théorie, qui attend la confirmation de l'expérience, il eût été dispensé de saluer en Dieu le Moteur de la matière pondérable. Le vrai moteur serait l'éther, ce qui n'enlève rien au vrai rôle du Créateur éternel. En tout cas, voilà la loi de l'évolution se déployant dans l'immensité de l'espace.

La genèse de notre planète est encore un chapitre de la mécanique, dans l'hypothèse de Laplace. Notre planète s'explique comme le système solaire qui la comprend. Le corps de cette planète, formée par les condensations de la matière, a dû être d'abord une masse liquide, affectant la forme d'un sphéroïde aplati vers les pôles, et enveloppé d'une atmosphère, reste de la nébuleuse qui lui a donné naissance. C'est cette masse liquide qui, en continuant à se refroidir, s'est solidifiée peu à peu sur toute sa surface. La croûte qui en résulte s'est ensuite déformée insensiblement, et a fini par se briser dans ses diverses parties, en raison de la diminution progressive du volume qui restait à son intérieur, par suite de l'abaissement continuel de sa température. En même temps, si l'atmosphère contenait une grande quantité de vapeur d'eau, cette vapeur devait fournir, par sa condensation, des masses d'eau énormes, dont la présence sur la surface de la croûte solide causait des dégradations et des transports de matières qui se déposaient en couches horizontales au fond des bassins où ces eaux s'accumulaient. C'est ainsi que la formation successive des terrains sur la surface du globe terrestre, telle que la géologie est parvenue à l'expliquer, vient se rattacher à l'hypothèse cosmique de Laplace. Quelque explication qu'on adopte, en ce qui concerne la formation géologique de notre place, la loi de l'évolution s'y laisse apercevoir avec plus de clarté encore que dans la genèse cosmique, puisqu'on y distingue les principaux états que traverse la terre pour arriver à sa forme actuelle.

Si la mécanique explique l'origine du globe, elle n'en peut expliquer l'histoire. Toute histoire, quel qu'en soit l'objet, est un récit qui se compose de faits. Or les révolutions terrestres n'ont pas eu de témoins. Comment les raconter? Ici change la méthode de démonstration. Ce n'est plus la mécanique qui a la parole, c'est la géologie et la paléontologie. Les témoins existaient; mais il s'agissait de les retrouver. C'est ce qu'a fait la science, et c'est ce qu'elle fait tous les jours. En fouillant les entrailles du globe, elle y a découvert des témoins qui n'ont pu révéler la date et la durée de ses révolutions, mais qui en ont attesté les effets, de façon à ne laisser aucun doute dans l'esprit de nos savants sur les grandes époques de son histoire. Comme le système solaire, la terre a pour centre un foyer incandescent qui en forme le noyau. La croûte qui en fait la surface s'est successivement formée de couches superposées les unes aux autres. Autant de couches, autant d'époques de l'histoire terrestre. Aux premières, le globe était livré à la lutte des forces physico-chimiques qui préparait le berceau de la vie. Aux dernières, apparurent les genres et les espèces de la nature vivante, hôtes nouveaux, dont l'entrée en scène successive marque toujours, par le progrès de la vie, les divers degrés de l'évolution terrestre. « Lorsque par la pensée, dit M. de Quatrefages, le naturaliste embrasse le passé et le présent de notre terre, il voit se dérouler un étrange et merveilleux spectacle. Sur ce globe naguère désert et livré aux seules forces physico-chimiques, la vie se manifeste et déploie rapidement une surprenante puissance. Les flores, les faunes apparaissent tout d'abord avec les traits généraux qui caractérisent, aujourd'hui encore, les règnes végétal et animal et la plupart de leurs grandes divisions. Presque tous nos types fondamentaux datent des plus anciens jours; mais chacun domine à son tour, pour ainsi dire. En outre, véritables protées, ils se modifient sans cesse à travers les âges, selon les lieux et les époques, de façon qu'une infinité de types secondaires et de formes spécifiques se rattachent à chacun d'eux. On voit celles-ci se montrer partout comme subitement, en nombre immense, se maintenir pendant un temps, puis décliner et disparaître pour faire place à des formes nouvelles, laissant, dans les couches terrestres superposées, les fossiles, ces médailles des anciens jours qui nous en racontent l'histoire. Flores et faunes se transforment ainsi sans cesse, sans jamais se répéter, et d'extinctions en extinctions, de renouvellements en renouvellements, apparaissent enfin nos animaux et nos plantes, tout ce vaste ensemble que le botaniste et le zoologiste étudient depuis des siècles, découvrant chaque jour quelque contraste nouveau, quelque harmonie inattendue. »

Comment se sont opérées ces révolutions successives? On a longtemps cru à ces foudroyantes genèses, éclatant tout à coup sur toute la surface du globe, véritables coups de théâtre qui en auraient changé brusquement la scène. On croit maintenant de plus en plus, dans le monde savant, que ces transformations sont l'œuvre lente et insensible du temps, sous l'action incessante des forces naturelles. Sur ce point, la science contemporaine a donné raison à Lyell contre Cuvier et Élie de Beaumont. C'est à la suite d'une évolution de ce genre que parut l'homme, dont l'archéologie et la paléontologie ont permis d'esquisser la première histoire, en recueillant tout à la fois les débris de l'humanité et les fragments des premiers arts de l'industrie humaine. Avec ces restes épars, rares ou incomplets, l'anthropologie a pu écrire quelques pages authentiques sur l'âge de pierre, sur l'âge de bronze, et même sur les diverses périodes de ces deux premiers âges de l'espèce humaine. C'est également avec les débris retrouvés des espèces animales disparues que la zoologie a pu faire une curieuse introduction à l'histoire des animaux. On le voit, sous quelque aspect que l'on considère l'histoire de notre globe, géologique, zoologique, anthropologique, c'est toujours la même loi de l'évolution qui en règle le cours. On assiste à l'organisation lente et graduelle de ce grand corps, mélange confus d'éléments qui se font la guerre, et dont le développement finit par produire l'ordre, la vie, la beauté, tout ce qui fait de cette planète la plus parfaite peut-être de celles qui tournent autour de leur centre commun.

Quel travail et quelle œuvre ! Si le monde a été fait en six jours, quels longs jours ! Combien il a fallu de milliers de siècles pour faire le globe ! Combien de millions de siècles pour faire notre système solaire ! Combien de milliards de siècles pour faire tout ce ciel parsemé d'étoiles ! C'est à confondre l'imagination. Quelle évolution il a fallu pour faire sortir le Cosmos de l'éther infini ! Mais si l'astronomie, la mécanique, la géologie permettent de croire à une transformation cosmique, ayant tous les caractères d'une évolution dont il est impossible à la science de suivre l'histoire en détail, c'est dans le monde de la vie que l'évolution nous révèle tous ses secrets. Une science de création récente, l'embryogénie nous fait assister à tous les degrés de l'évolution vitale. Elle nous montre comment l'être vivant n'est d'abord qu'un point germinal imperceptible ; comment il devient l'œuf où s'élabore peu à peu l'organisme ; comment l'être humain, le type de la vie animale, traverse, dans ce lent et obscur travail, tous les degrés inférieurs de l'animalité; comment, enfin, de métamorphose en métarmorphose, il atteint la forme parfaite de l'humanité. Nulle part on ne saisit mieux l'action de cette loi de continuité léguée par Leibniz à la science contemporaine : rien ne se produit qui ne naisse d'un état antérieur, rien qui n'ait sa liaison avec quelque antécédent.

Cette évolution de l'être vivant qui se développe, se forme et s'organise intérieurement, n'est pas une nouveauté de la science actuelle; elle ne soulève aucune contradiction dans le monde savant. Il n'en est pas de même de la doctrine évolutionniste connue sous le nom de *transformisme*, qui a la prétention de combler les hiatus entre les genres et les espèces dont la philosophie naturelle avait affirmé jusqu'ici l'invariabilité et l'irréductibilité. Trois hypothèses s'offrent pour l'expliquer: l'être passe, soit d'une espèce à une autre, soit d'une espèce à un genre, soit même d'un règne inférieur à un règne supérieur. Cette dernière transformation, la plus radicale de toutes, est expliquée par la doctrine de la *génération spontanée*, que ses auteurs ont cru pouvoir fonder sur l'expérience. De matières purement inorganiques on a prétendu faire sortir des rudiments d'organisme. Après les savantes et décisives expériences de M. Pasteur, cette doctrine ne peut plus se soutenir. Il reste acquis que la vie n'a d'autre origine que la vie, dans les conditions actuelles de la génération des êtres vivants.

L'hypothèse des espèces ou des états intermédiaires est un moyen ingénieux pour expliquer les hiatus *apparents* de la vie universelle. Pour échapper au mystère d'une création subite ou d'une brusque révolution, l'esprit scientifique se réfugie volontiers dans les explications de ce genre. Seulement les faits manquent pour en vérifier la valeur expérimentale. La paléontologie, qui a étendu la science des espèces animales, n'a pu nous éclairer sur la manière dont se seraient opérées les transformations. Elle n'a guère retrouvé de débris de ces espèces intermédiaires pouvant servir à expliquer la transition d'une espèce à l'autre. C'est pourquoi cette hypothèse reste un moyen commode, mais arbitraire d'explication, pour l'imagination abandonnée à ses propres conceptions.

L'hypothèse de la sélection naturelle est plus ingénieuse, et résiste mieux aux objections, parce qu'elle est plus fondée sur les faits. Des rangs de chaque espèce, dans le règne animal, comme dans le règne végétal, s'élève et se détache un individu ou une élite d'individus qui, avec le temps, et en vertu de la transmission héréditaire, arrive à former sinon une espèce nouvelle, du moins une variété. Cette sélection s'opère par divers procédés, dont les plus communs sont l'éducation domestique, et la guerre, à l'état sauvage ou barbare : l'éducation, en perfectionnant l'espèce ; la guerre, en éliminant les individus incapables de résister à la concurrence vitale. C'est ainsi qu'on voit chaque jour des variétés nouvelles de plantes ou d'animaux se produire par la greffe ou le croisement. C'est ainsi qu'on a vu, et qu'on voit encore de temps en temps des variétés qui s'appellent races humaines remplacer d'autres races qui, par l'élimination ou le mélange, disparaissent peu à peu de la scène historique, en perdant leurs caractères originaux. Ce qu'on n'a pas vu encore, c'est une sélection quelconque, naturelle ou artificielle, créant de nouvelles espèces. Tant que cette expérience décisive n'aura point confirmé la théorie de Darwin, il demeurera vrai que l'espèce naît de l'espèce, comme la vie naît de la vie.

Le principe de l'évolution ne me semble point engagé dans la fortune de la théorie transformiste, laquelle n'en est qu'un mode spécial d'explication. Que la fixité des genres et des espèces soit une loi absolue et universelle, dans l'état actuel du règne végétal et du règne animal, il est plus que douteux que l'expérience vienne démontrer le contraire. Mais quand la théorie transformiste n'irait jamais au delà des variétés et des races, cela n'infirmerait point le principe même de l'évolution. Si nous n'assistons pas à la transformation des genres et des espèces, dans les conditions de génération qui sont devenues des lois immuables pour l'époque terrestre à laquelle appartiennent notre règne végétal et notre règne animal, nous savons par les enseignements de l'astronomie, de la géologie, de la paléontologie, la longue histoire des transformations par lesquelles ont dû passer notre planète, notre système solaire, le Cosmos tout entier. Est-il possible, en bonne philosophie, de supposer qu'il a fallu au Créateur, en admettant une création primitive, mettre de nouveau la main à son œuvre à chacune des transformations qui ont fait de la matière première le Cosmos que nous a révélé la science moderne? Il faut donc admettre que cette matière, créée ou non, recélait en elle la puissance transformatrice dont le développement progressif a produit ce merveilleux Univers. Voilà comment la philosophie de l'évolution s'impose à la pensée moderne, quelque doctrine que l'on professe d'ailleurs sur l'origine première des choses.

Elle s'impose encore d'une autre façon. Tandis que la pensée ne se fait aucune idée d'une création brusque ou d'une révolution subite, elle arrive de deux façons, à défaut d'observation directe, à concevoir l'évolution, soit dans la génération des êtres vivants, soit dans les grandes transformations des états cosmiques. Si nos yeux n'ont pas vu les prodigieuses genèses qui ont fait sortir les mondes solaires des nébuleuses, la mécanique ne nous enseigne-t-elle pas comment a dû s'opérer, avec le temps, cette immense évolution? Laplace n'a pas imaginé le système du monde; il l'a déduit mathématiquement des principes de cette science. Et si ces principes trouvent leur application dans le monde de la mécanique ordinaire, comment ne la trouveraient-ils pas dans le monde de la mécanique céleste? Or toutes ces explications de la science positive n'admettent ni création subite ni brusque révolution. D'autre part, si nulle expérience, nulle observation faite sur la génération des plantes et des animaux ne nous fait assister à la transition d'une espèce à l'autre, par quelque forme intermédiaire visible à l'œil de l'observateur, l'analogie ne vient-elle pas à notre secours dans les curieuses révélations de l'embryogénie? Déjà les métamorphoses de certains insectes nous donnent à penser. Mais l'évolution des êtres du règne animal, dont le spectacle de la Nature ne nous offre plus d'exemple, n'a-t-elle pas sa représentation dans le développement de l'embryon humain? Cet embryon passe par les formes les plus inférieures de l'animalité, avant d'atteindre sa forme définitive; il est successivement ver, mollusque, poisson, avant de devenir homme. Les enseignements de l'embryogénie nous aident donc singulièrement à comprendre, sinon à démontrer, comment, dans telles conditions extraordinaires de développement, la transformation a pu se faire, entre les espèces, et même entre les genres, par un travail dont il est impossible de mesurer la durée et de définir les progrès.

En rétablissant la chaîne des intermédiaires, la théorie évolutionniste a rendu possible, sensible même, le phénomène de la formation et de l'organisation des êtres vivants. Elle a même permis de comprendre leur origine première, sans recourir à d'autres principes créateurs que les lois de la matière élémentaire faisant leur œuvre avec le secours du temps. L'hypothèse transformiste se prête à merveille à cette explication. Elle affirme que les manifestations premières de la vie ont apparu spontanément, au sein des flots, dans les profondeurs de la mer, sous la forme indécise de masses protoplasmatiques sans *nucléus*. Là aucun ancêtre, aucune matière organique préexistante ; rien que l'eau à l'état de minéral, et les forces physico-chimiques, l'affinité, l'électricité, la chaleur. Sous l'action lente et incommensurable du temps s'engendreraient ces protoplasmes informes d'où sortira l'infinie variété des êtres vivants. La série progressive de ces êtres conduirait du plus humble animalcule jusqu'à l'homme, forme dernière obtenue par la métamorphose des formes primitives. « Dans les brumes du passé, nous dit Darwin, nous pouvons voir distinctement que l'ancêtre de tous les vertébrés a dû être un animal aquatique, à branchies, réunissant les deux sexes dans le même individu, et chez lequel les organes principaux, tels que le cerveau et le cœur, n'étaient développés que d'une manière imparfaite. Cet animal a dû, semble-t-il, se rapprocher des larves de nos ascidiacés marins plutôt que de toute autre forme connue[1]. » Pour remonter de ces derniers êtres de la vie animale aux premiers éléments de la matière, il y a sans doute encore un plus long chemin à faire. Mais, le temps aidant, l'on y arrive par une innombrable série de transitions qu'il suffit d'imaginer pour comprendre l'origine première des êtres vivants.

A proprement parler, il n'y a d'évolution transformiste que dans la nature vivante. L'évolution par laquelle passent tous les corps de la nature inorganique, depuis la genèse des mondes solaires jusqu'aux combinaisons moléculaires qui s'opèrent au fond des creusets de la chimie, ne laisse aucun mystère à pénétrer. Tout s'y

---

1. *La descendance de l'homme.*

produit sous l'empire des lois physico-chimiques. Si l'on peut donner le nom d'évolution aux grandes genèses astronomiques, c'est que l'immense et prodigieux travail qui transforme l'éther en nébuleuses, et les nébuleuses en systèmes solaires, est conçu non plus par une explosion extraordinaire de révolutions brusques et d'un effet foudroyant, mais comme un progrès infiniment lent, d'une durée incalculable, qui n'arrive aux plus étonnants résultats que par l'action régulière et continue des lois de la mécanique, de la physique et de la chimie. Sur tel ou tel mode, sur tous les modes possibles d'évolution, la science peut faire toutes les hypothèses qu'elle voudra. Quand même aucune ne finirait par prévaloir, l'idée générale de l'évolution n'en resterait pas moins dans la pensée moderne, supérieure à toutes les applications qu'on peut en faire. Elle est devenue une loi de l'esprit scientifique, tandis que le transformisme, par la sélection ou tout autre mode, n'est qu'une hypothèse qui attendra peut-être toujours la vérification de l'expérience, au moins en ce qui concerne le passage d'une espèce à l'autre.

Nul philosophe contemporain n'a mieux compris que Herbert Spencer le vrai sens du mot *évolution*, dont il a su donner la définition la plus précise et la plus générale tout à la fois. L'école transformiste n'y a vu que la transformation des espèces, et a ainsi borné le domaine de la théorie évolutionniste au monde des êtres vivants. Une autre école y a fait entrer la loi du progrès, sans réfléchir que cette loi suppose le principe de finalité. Le philosophe anglais n'a voulu y voir que ce qui est y réellement, à savoir le mouvement lent et gradué de la nature. Je dis gradué, et non point nécessairement progressif, parce que, dans sa pensée, l'évolution, au lieu de suivre la ligne droite pour arriver à un but, peut tourner dans un cercle de manière à revenir à son point de départ. A ses yeux, l'évolution, en tout ordre de faits, est une chose de pure expérience. C'est le travail alternatif d'*intégration* et de *désintégration*, qui va sans cesse de l'homogène à l'hétérogène, et retourne de l'hétérogène à l'homogène, en passant par toutes les formes qui en marquent les divers degrés. Si la fin de cet universel mouvement évolutif n'est pas indifférente à M. Herbert Spencer, il se garde d'en faire la loi suprême et nécessaire qui préside à l'immense drame de la vie universelle. Il lui suffit d'avoir constaté et défini le mode selon lequel procède la Nature, dans toutes ses évolutions.

La loi de l'évolution, telle qu'Herbert Spencer l'a définie, n'est pas moins applicable à l'évolution de l'Humanité qu'à celle de la Nature. C'est encore par le même mouvement de l'homogène à l'hétérogène, du simple au composé, de l'abstrait au concret, comme dit Hegel, que procède l'évolution du monde moral. Elle va de la société préhistorique à la société barbare, de la société barbare à la société civilisée, en passant des instincts, des sentiments, des idées, des arts les plus simples aux instincts, aux sentiments, aux idées, aux arts les plus compliqués. L'histoire des littératures, des religions, des sciences, des industries, des législations en est la plus éclatante démonstration. Qu'il y a loin, à ce point de vue, des belles et simples poésies homériques aux profondes et subtiles poésies de notre temps, des superstitions des premiers âges de l'Humanité aux théologies métaphysiques dont le Christianisme est le couronnement, des représentations cosmiques primitives aux savantes théories de la cosmologie moderne, des grossières ébauches de l'industrie et de l'art préhistorique aux œuvres si parfaites de l'industrie et de l'art contemporain, des barbares lois des sociétés naissantes aux institutions libérales qui garantissent les droits des citoyens de nos sociétés actuelles!

De même que l'idée d'évolution se définit, dans le monde physique, par son opposition à l'idée de création, de même elle se caractérise, dans le monde moral, par son opposition à l'idée de révolution. Elle s'est emparée du domaine de l'histoire, comme elle s'est emparée du domaine de la nature. Non seulement la science historique ne croit plus que les grands effets puissent avoir de petites causes, comme Voltaire se plaisait à le montrer, mais elle s'applique à distinguer les véritables causes des causes purement occasionnelles qui provoquent en tel temps, en tel lieu, tel grand événement ayant pour un peuple, pour une société, pour une époque, une importance décisive. La science actuelle s'attache à trouver les causes réelles des faits historiques dans l'état politique, moral, social, économique, religieux des peuples et des époques qu'elle étudie à fond. Et alors elle découvre la loi d'évolution qui gouverne la série de ces faits, les reliant entre eux à la cause ou à l'ensemble de causes qui les produit nécessairement. Elle reconnaît sans doute, à moins d'être absolument fataliste, le jeu des volontés humaines dans les événements qui font la matière de l'histoire; mais elle constate de plus en plus que ces volontés ne sont que des accidents, quand elles sont individuelles, et qu'elles sont rarement les causes premières, alors même qu'elles sont générales. C'est dans la nature intime, profonde, permanente des individus et des nations, dans l'inconscient et l'involontaire, pour parler le langage à la mode, qu'elle cherche l'explication des phénomènes par lesquels se manifeste leur vie extérieure. Elle explique comment les événements se préparent avant d'éclater; comment ils couvent en quelque sorte avant d'éclore, dans l'enveloppe qui en dérobe le travail silencieux aux esprits distraits ou superficiels. L'histoire de l'Humanité ressemble certainement à l'histoire de la Nature. L'école de l'évolution est pénétrée de cette analogie; parfois même elle en abuse. Il n'en reste pas moins que c'est la vraie méthode historique, pratiquée de plus en plus par les historiens contemporains. Michelet, qui était pourtant plutôt de l'école révolutionnaire, croyait difficilement aux rôles des grands hommes dans l'histoire. Il donnait le premier rôle à un personnage trop souvent oublié, le peuple, parmi les acteurs du drame historique; parfois il allait jusqu'à ne voir que l'âme populaire remplissant toute la scène, inspirant le chœur entier de son souffle tout-puissant. C'était dépasser la mesure. Ce qui est vrai, c'est que les grands hommes, dans l'histoire, ne sont le plus souvent que les organes des sentiments, des instincts, des intérêts populaires, et que là est le secret de leur force.

Nul n'a plus curieusement étudié que Herbert Spencer la trame secrète des causes latentes qui travaillent à amener les faits qui se produisent sur la scène extérieure de l'histoire. Il n'est pas seulement le philosophe de l'évolution, en histoire; il en est aussi le politique, dans la pratique de cet art difficile. Il a tout à fait le génie de son pays. Il n'a point le goût de la politique révolutionnaire. Pour lui, les idées et les principes, dans l'étude de l'homme, comme dans celle des sociétés humaines, ne sont guère que des abstractions pour lesquelles certains peuples mal avisés, selon lui, oublient les réalités. Sa philosophie de l'évolution n'a point d'idéal. Comment en aurait-elle un, puisqu'elle ne veut pas reconnaître le principe de finalité? Et, comme d'autre part, il ne fait pas grande part à la liberté dans sa psychologie, il s'ensuit que l'évolution, telle qu'il la comprend, est toute fatale, à peu près entièrement dominée par la loi du déterminisme.

Quelques réserves qu'on puisse faire, la doctrine de l'évolution a pris rang dans la science, après les révélations de l'expérience. La philosophie n'a guère à reprendre à cette explication des choses. Il reste seulement à voir si elle n'a rien à y ajouter.

CHAPITRE II

L'ÉVOLUTION FINALE

Rendons justice à la science contemporaine elle a fait tout ce qu'il est possible d'imaginer pour résoudre les problèmes de l'origine des choses, de leur cours régulier, de leur développement, de leur ordre admirable, sans le secours de la métaphysique. A la doctrine de la création qui supposait l'intervention d'une cause surnaturelle, elle a substitué la doctrine de l'évolution, à l'aide de laquelle elle croit pouvoir se passer de la *grande hypothèse*, comme a dit un géomètre illustre, à propos de la théorie de Laplace. Partout où elle a pu observer les formes intermédiaires qui ont servi de transition à la nature pour passer d'une espèce, d'un genre, d'un règne à une autre espèce, à un autre genre, à un autre règne, elle n'a pas manqué de faire de ces phénomènes des arguments à l'appui de la doctrine qui lui est chère. Là où l'observation lui faisait défaut, comme dans toutes les questions de primitive origine, elle a appelé l'hypothèse à son secours. Elle ne s'est pas contentée de maintenir partout le principe de l'évolution ; elle a imaginé tels ou tels modes d'évolution, selon l'espèce, le genre, le règne dont il fallait expliquer l'apparition sur le globe terrestre. Et quand elle a eu à résoudre le premier, le plus grand de ces problèmes touchant à l'origine des choses, le problème de la matière première et du mouvement initial, elle a cru en trouver tout naturellement la solution dans la notion dynamique de la substance matérielle, que l'expérience permet de considérer comme une vérité scientifique. C'est sur ce terrain que la philosophie doit la suivre. Voyons donc jusqu'à quel point le mystère des métamorphoses de ce Protée, qu'on nomme la Nature, s'explique par l'évolution.

Ab Jove principium. Ce principe, c'est l'éther, le Dieu de l'être, de la lumière et du mouvement, selon la science. C'est par lui que tout resplendit; c'est par lui que tout se meut; c'est par lui que tout existe dans le Cosmos. C'était le ténébreux *chaos* pour la sagesse antique; pour la science moderne, c'est le premier être qui s'agite dans le sein de l'espace infini. L'agitation de la matière éthérée est soumise aux lois de la mécanique, comme le prouvent les phénomènes de la lumière, dont les causes sont les vibrations de cet agent d'une étonnante vitesse. Ce n'est donc déjà plus ce chaos imaginaire, livré aux hasards d'une activité sans règle ni loi, dans la confusion et la dispersion de ses éléments. Déjà un certain ordre règne dans l'immense région de l'éther pur, grâce aux lois mécaniques de vibration qui le régissent; ce n'est plus le chaos, c'est déjà l'ordre. Mais comment l'expliquer? Pourquoi l'éther lui-même obéit-il à des lois fixes, dans sa prodigieuse activité? La science n'en sait rien, parce qu'elle ignore la nature de la force éthérée, comme celle de toute autre force. Son œil la suit dans ses mouvements observés ou supposés, sans pénétrer la cause de sa direction. La science ne s'en occupe même pas, ne la soupçonnant guère dans ce monde de la matière brute, où les principes de la mécanique semblent suffire à toute explication. Ce n'est que lorsqu'elle arrive au monde de la vie que le mystère de l'évolution organique commence à troubler sa sécurité. Pour tous les mouvements de la matière brute, impondérable ou pondérable, il ne vient à la pensée ni des savants, ni même de beaucoup de philosophes, que l'ordre qui résulte de l'agitation de ces innombrables forces atomiques ne puisse être expliqué sans l'intervention d'un principe supérieur aux lois mécaniques.

Et pourtant le mystère n'est pas moindre pour l'évolution cosmique que pour l'évolution organique. Si la matière éthérée n'obéit pas elle-même à la loi de la finalité, comment expliquer l'ordre mécanique qui règne dans son empire? Il ne suffit pas de dire que cette matière, comme toute autre, étant force, a en elle-même le principe du mouvement. Si elle n'est, comme le conçoit la science pure, qu'une force sans direction naturelle, s'il n'est possible de voir dans ses mouvements que de simples changements de lieu, toute son activité ne peut être qu'une agitation sans règle ni loi. Elle ne devient une véritable action qu'autant que la force impondérable elle-même a aussi en soi le principe de la direction. C'est ainsi qu'elle est une ouvrière qui fait, sans en avoir conscience, une œuvre de finalité, αυτοῦργος εἰς τέλος. On ne saurait trop le redire, parce que c'est là le dernier mot de toute véritable explication. Toute réalité de l'être, de l'être le plus simple, comme de l'être le plus complexe, réside dans l'activité finale. Toute force qui n'est pas conçue comme possédant cette activité, tout mouvement qui n'est pas compris comme la réalisation d'une tendance, n'est qu'une abstraction. C'est parce que tous les atomes pondérables ou impondérables qui forment la matière cosmique sont eux-mêmes des causes finales qu'ils deviennent de merveilleux ouvriers, dans l'œuvre infinie de l'ordre universel.

Voilà pourquoi la matière impondérable, sous l'empire des lois de la mécanique, devient la matière pondérable ; pourquoi la matière pondérable devient la nébuleuse ; pourquoi la nébuleuse devient le système solaire ; pourquoi notre planète, la planète par excellence, si l'on en croit Hegel, par la présence de l'hôte illustre en qui la Nature se fait Esprit, devient un monde peuplé d'êtres vivants ; pourquoi, enfin, le chaos apparent se transforme en Cosmos, par une série indéfinie d'évolutions successives, auxquelles préside la loi de la finalité. « La nébuleuse, dit excellemment M. Paul Janet, n'est pas un chaos ; elle est une forme déterminée d'où doit sortir plus tard, en vertu des lois du mouvement, un monde ordonné. Comment la matière a-t-elle pu trouver précisément la forme qui devait conduire plus tard au système du monde ? Comment des actions et des réactions purement externes et sans aucun rapport avec un plan quelconque ont-elles pu, même à l'aide d'un frottement indéfini, aboutir à un plan. Comment l'ordre serait-il sorti du désordre ? La nébuleuse, c'est déjà l'ordre ; elle est déjà séparée par un abîme du chaos. Or, il ne faut pas se le dissimuler, la négation absolue de la finalité est la doctrine du chaos ! Si vous n'admettez pas quelque chose qui guide et dirige les phénomènes, vous admettez par là même qu'ils sont absolument indéterminés, c'est-à-dire désordonnés. Or, comment passer de ce désordre absolu à un ordre quelconque[1]. » J'irais plus loin encore que M. Janet. Je ne retrouve le chaos à aucun degré de l'échelle de l'être universel, pas plus dans le monde des atomes éthérés que dans celui des atomes pondérables.

La science répond sans cesse à la philosophie que le hasard est un mot vide de sens, que l'ordre est partout dans le Cosmos, parce que partout est la loi. C'est fort

---

1. *Causes finales*, p. 234, 1re édition.

bien dire; mais ce n'est pas résoudre le problème. Pourquoi la loi fait-elle l'ordre? Parce qu'elle n'est elle-même que l'expression du principe de finalité. « Il ne suffit pas, dit M. Cournot, d'établir la possibilité du passage d'un état régulier à un autre; il faudrait saisir la première trace du passage de l'état chaotique à l'état régulier pour se permettre l'insolence de bannir Dieu de l'explication du monde physique, comme une hypothèse inutile. » Le savant qui a pu dire, à propos de la théorie de Laplace, qu'il n'est plus besoin de la grande hypothèse, la loi de la gravitation universelle suffisant à tout, pouvait avoir raison comme savant. Mais qu'eût-il répondu à un philosophe qui lui eût dit : « Cette loi, par laquelle vous expliquez tout, comment l'expliquez-vous elle-même? » C'est qu'en effet, si cette explication ne regarde pas le savant, elle est l'affaire du philosophe.

Voilà donc les atomes de toute nature emportés, dans leurs tourbillons, comme dirait Descartes, vers l'ordre qui est leur loi, par l'initiative toute spontanée de leur activité finale. Est-ce là le dernier mot de la métaphysique, dans sa manière de concevoir l'ordre cosmique? Ce monde de forces atomiques, possédant toutes en elles-mêmes leur principe de mouvement et leur principe de direction, ressemblerait beaucoup au monde des monades de Leibniz, si l'on y ajoutait la loi de l'harmonie préétablie par la Cause créatrice, pour expliquer comment l'ordre est possible dans cet immense jeu de forces individuelles. C'est, avec les deux conceptions, un atomisme spirituel universel. Mais l'hypothèse de Leibniz étant reconnue contraire à toutes les lois de la mécanique et de la physique sur les actions et réactions des corps, il faut chercher une autre conception qui explique comment tout concourt et conspire dans le mouvement des forces atomiques? Rien de plus simple, du moment qu'on ne songe point à séparer la création du Créateur, ainsi que l'ont fait Descartes et Leibniz. Dieu étant présent partout au mouvement de l'activité universelle par son immanence, on comprend comment cette activité résultant du jeu des forces atomiques trouve la loi, la règle, l'ordre de son développement dans la pensée directrice qui manifeste la présence divine. C'est l'unité en tout qui fait l'ordre, et c'est la pensée finale qui fait l'unité. Il n'est pas nécessaire, comme le veut le panthéisme, d'identifier le monde avec Dieu pour comprendre l'ordre cosmique. Il suffit d'y mettre la pensée divine qui en fait l'unité. La véritable unité cosmique, que ni Aristote ni Leibniz n'ont bien comprise, ce n'est pas l'unité de substance de Spinosa; ce n'est point la matière continue de Descartes supprimant le vide; c'est encore moins l'unité éléatique dans laquelle disparaît toute variété, tout mouvement et toute vie : c'est l'unité finale dont la Cause première, immanente au monde, est le principe. Voilà comment la métaphysique explique la mécanique, dont elle respecte et maintient les lois. La science positive peut en accepter les conceptions, sans se perdre dans les abstractions ontologiques.

A mesure que la Nature avance dans son mouvement de concentration incessante, l'ordre se manifeste de plus en plus, et de plus en plus clairement se révèle la loi de finalité. L'immense travail de la matière éthérée, aboutissant à la constitution de la matière pondérable, sous la forme nébuleuse, n'offre que l'image du chaos. On ne peut en comprendre l'évolution finale qu'en suivant par la pensée la concentration de la nébuleuse dans un système solaire. L'intégration de la substance matérielle, comme dit Herbert Spencer, ne devient visible que dans les corps célestes qui en sont sortis, dans le soleil, et dans les planètes qui tournent autour de l'astre central, dans la terre particulièrement soumise à notre observation. Là, en effet, la concentration arrive à une forme ronde et solide qui nous présente un type de figure régulière. Mais ce type n'exprime que l'apparence extérieure de l'ordre. Combien les transformations qui l'ont amenée à son organisation définitive témoignent mieux de la finalité de son évolution! Ici l'ordre mécanique devient une sorte d'organisme, dont l'unité n'est plus une simple fiction pour la science du géologue. *L'âme* de la terre n'est pas tout à fait une métaphore poétique. Ce n'est pas seulement parce que le globe terrestre est le théâtre d'êtres vivants. C'est surtout parce qu'il offre déjà les caractères d'une individualité réelle. Toutes les parties en peuvent être considérées comme les organes. Sans être toutes vivantes, comme dans l'organisme animal, elles contribuent toutes à la vie des êtres qui se dressent ou se meuvent sur sa surface. La terre tout entière tend, par toutes ses puissances, à la vitalité finale.

L'ordre n'est pas moins apparent dans la composition chimique des corps. La cristallisation des métaux en est un exemple frappant. « Si nous voyons dans la Nature, dit M. Janet, des forces géométriques régulières, nous ne devons pas penser que ces forces résultent nécessairement de la nature de l'étendue, qui est par elle-même indifférente à toutes formes. Entre toutes les figures en nombre infini, régulières et irrégulières, que les choses auraient pu prendre, il faut une raison précise pour expliquer la formation des figures régulières. Tout au plus pourrait-on imaginer que, par un frottement, pendant un certain temps infini, toutes les formes anguleuses auraient été réduites à la forme arrondie. Mais il se trouve précisément que c'est la seule forme exclue par les combinaisons chimiques.

Aucune sélection naturelle ne peut rendre raison de ce singulier fait. Il faut admettre une Nature géomètre, comme une Nature artiste, comme une Nature industrieuse. De même que Claude Bernard admet dans l'être organisé un *dessin vital*, de même il y a en quelque sorte un *dessin cristallique*, une architecture minérale, une *idée directrice* de l'évolution chimique. » M. Janet a raison de faire observer que la matière est par elle-même indifférente à toutes les formes. Oui, la matière abstraite, telle que l'entend la science, mécanique, physique ou chimique; mais la vraie matière, force soumise à la loi de finalité, dans tous ses mouvements, est, au contraire, virtuellement préparée à ces formes géométriques qui en font un cristal. La minéralogie n'est donc pas non plus étrangère à l'idée de finalité.

C'est dans l'évolution des êtres vivants que la finalité s'impose à notre pensée avec le plus d'évidence. Elle ne s'y laisse pas seulement deviner; elle y éclate. Les maîtres de la science, à quelque école qu'ils appartiennent, sont forcés de la reconnaître sous un nom ou sous un autre. Tel physiologiste qui a horreur du mot, qui ne veut voir dans la vie qu'une simple résultante de forces élémentaires, explique l'organisation des êtres vivants par la loi de conservation. Tel autre qui, au contraire, ne voit dans l'activité des cellules qu'un rayonnement de la vie inhérente au principe vital, explique cette organisation par la puissance créatrice d'une cause finale. *Principe vital* de l'ancienne école physiologique, *idée directrice* de Claude Bernard, *loi de conservation* de M. Robin, c'est toujours une explication qui implique la finalité. « S'il fallait définir la vie d'un seul mot, je dirais : la vie, c'est la création... Ce qui caractérise la machine vivante, ce n'est pas la nature de ses propriétés physico-chimiques, si complexes qu'elles soient, c'est la création de cette machine qui se développe sous nos yeux dans les conditions qui lui sont propices, et d'après une idée définie qui exprime la nature de l'être vivant et l'essence même de la vie. » Quel est le métaphysicien qui a dit cela? Claude Bernard. C'est donc la science elle-même qui nous apprend que l'organisation est, non une simple composition, mais une véritable création, que le créateur est l'être vivant, que le principe de la vie n'appartient ni à la chimie, ni à la physique, qu'il est, dans l'être vivant, la cause finale, la vraie cause de l'évolution organique dont la composition élémentaire n'est que la condition. Voilà le problème du rapport de la vie et de l'organisation résolu de manière à accorder l'expérience physico-chimique avec la vraie conception physiologique.

Dans cette évolution, on découvre tout ce qui révèle la présence d'une cause finale et visible, le dessein, le plan, les moyens d'exécution. « Nous voyons apparaître une simple ébauche de l'être avant toute organisation. Les contours du corps et des organes sont d'abord simplement arrêtés, en commençant par les échafaudages provisoires qui serviront d'appareils fonctionnels temporaires au fœtus. Aucun tissu n'est d'abord distinct, toute la masse n'étant constituée que par des cellules plasmatiques ou embryonnaires. Mais dans ce canevas vital est tracé le dessin idéal d'une organisation encore invisible pour nous, qui a assigné d'avance à chaque partie, à chaque élément, sa place, sa structure et ses propriétés. Là où doivent être des vaisseaux sanguins, des nerfs, des muscles, des os, les cellules embryonnaires se changent en globules de sang, en tissus artériels, veineux, musculaires, nerveux et osseux. L'organisation ne se réalise pas d'emblée; d'abord vague et seulement ébauchée, elle ne se perfectionne que par différenciations élémentaires, c'est-à-dire par un fini dans le détail de plus en plus achevé[1]. » Quand la pensée finale de l'évolution organique saute aux yeux du physiologiste, comment le philosophe n'aurait-il pas le droit de la montrer aux adversaires de toute métaphysique?

Résumons la question. De tout temps, la théologie et la science ont pris au sérieux le débat sur l'origine des choses. Presque de tout temps, elles ont eu, chacune, leur solution de ce difficile problème, la création pour la première, l'évolution pour la seconde. L'éternel argument de la théologie, c'est qu'il n'y a pas d'autre explication de l'origine des choses. La grande objection de la science, c'est que la création est un mystère pour la raison, et qu'il n'est pas d'autre explication intelligible que l'évolution. Depuis que les questions de haute métaphysique ne sont plus à l'ordre du jour, la théologie et la science ont restreint et concentré le débat sur l'origine des genres et des espèces. La science, selon sa méthode, a demandé à l'expérience la confirmation de son hypothèse. La théologie s'en est tenue à la tradition, avec d'autant plus de fermeté que l'expérience jusqu'à présent n'a point paru donner raison à l'hypothèse du transformisme. La Nature se conduit envers la science comme la Providence envers la théologie en ce moment. Si l'une refuse à la théologie des miracles, l'autre refuse à la science des expériences décisives. Il demeure avéré que l'école transformiste n'a point réussi à démontrer sa thèse; mais l'école théologique aurait tort d'en triompher. La doctrine de l'évolution reste debout, appuyée sur les révélations de la science positive. Il fut un temps où le Cosmos n'était encore que l'immense chaos de la matière pondérable et impondérable. Il fut un temps où notre nébuleuse n'était pas

---

1. Claude BERNARD, *La science expérimentale,* p. 134, 135.

encore notre système solaire. Il fut un temps où notre planète n'avait pas encore de forme déterminée. Il fut un temps où le globe terrestre ne portait ni plantes ni animaux sur sa surface. Il fut un temps où l'homme n'avait point encore fait son apparition dans le règne animal. Il fut un temps où les espèces actuelles de plantes et d'animaux n'avaient point encore pris la place des espèces anciennes. Comment tout cela s'est-il fait? Par la création, par une suite de créations, dit la théologie. Par l'évolution, par une série d'évolutions, dit la science. Voilà en ce moment les termes du débat.

Il ne suffit pas que les faits manquent à la thèse évolutionniste pour que la doctrine de la création ait gain de cause. Il faut que la doctrine de l'évolution soit convaincue d'impuissance à expliquer comment les formes supérieures de la vie universelle ont pu sortir des formes inférieures par lesquelles la vie a commencé. Le principe de l'évolution, c'est que la nature procède, dans toutes ses œuvres, de l'être inférieur à l'être supérieur, par une série d'intermédiaires qui préparent la transition de l'un à l'autre. Or, à y bien regarder, ce procédé est encore plus incompréhensible que le procédé contraire de la brusque création, si la pensée ne met pas d'avance dans la cause ce qui se trouve dans l'effet. Il n'y a qu'un moyen d'expliquer les transformations de ce genre : c'est que la Nature possède en puissance ce qu'elle réalise en acte, par ce travail d'évolution que la vieille sagesse de la philosophie grecque avait déjà compris. Aristote avait dit que le meilleur ne peut venir du pire, et que, si cette transition paraît être le procédé constant de la Nature, il ne faut pas oublier que celle-ci ne fait qu'obéir à l'attraction irrésistible d'un principe supérieur qui est le Bien. Tout s'explique par cette réserve. Rien ne s'explique autrement. M. Herbert Spencer, qui ne veut entendre parler d'aucune façon de la finalité de la Nature, est conséquent avec lui-même, quand il réduit l'évolution, en toutes choses, à un simple mouvement d'intégration suivi d'un mouvement contraire de désintégration qui aboutit à la dissolution. Jamais il ne parle d'un *progrès* de la Nature s'élevant vers la perfection, à travers toutes les phases de développement, toutes les formes transitoires qu'elle parcourt. Il nous la montre procédant partout et toujours du simple au composé, de l'homogène à l'hétérogène, puis revenant sur ses pas au delà d'un temps déterminé par la constitution même des êtres qu'elle produit, pour reprendre sa direction première, tournant ainsi dans un cercle, au lieu de suivre la ligne plus ou moins droite d'une perfectibilité indéfinie. Par là, il espère se passer de toute conception, de toute hypothèse impliquant une finalité quelconque. C'est enlever toute sa valeur et toute sa portée à la philosophie de l'évolution; mais il reste encore à expliquer la transition de l'homogène à l'hétérogène.

Le transformisme, auquel M. Herbert Spencer croit comme à une conséquence de cette philosophie, l'explique par des causes dont l'expérience n'a point démontré l'efficacité. Ni l'influence des milieux, ni la sélection naturelle, ni l'hérédité ne suffit à faire comprendre comment la Nature a pu opérer cette transformation qui a fait sortir les espèces supérieures des inférieures, l'organique de l'inorganique, la vie de la matière brute. Pour se l'expliquer, il faut concevoir la Nature comme une matrice d'une infinie fécondité, contenant dans son sein en puissance toutes les formes dont l'évolution cosmique nous donne le spectacle. Et ici, qu'on veuille bien l'entendre, la Nature n'est point un mot abstrait; c'est la grande créatrice qui produit chacune des formes de l'existence, règnes, genres, espèces, selon la loi de l'évolution, dans les conditions où ces formes deviennent possibles. Si nous ne la voyons point, dans l'époque actuelle, passer d'une espèce, d'un genre, d'un règne à l'autre, c'est que les conditions d'existence manquent, et que l'heure n'a point sonné pour les créations d'une époque nouvelle et supérieure. Voilà comment on peut croire tout à la fois à l'invariabilité des espèces, dans l'état général actuel du monde organique, et à leur transformation dans l'avenir, sous l'action incessante de la Nature. L'œuvre progressive que la Nature fait depuis un temps dont il est impossible de calculer la durée, pourquoi ne la continuerait-elle pas indéfiniment? Mais, pour comprendre cela, il faut croire à la finalité de cette œuvre.

L'évolution finale est plus facile encore à suivre dans le monde moral que dans le monde physique. Ici nous assistons, par l'histoire, à la genèse des choses. L'homme n'a guère le droit d'être plus fier de ses origines historiques que de ses origines physiques; et pourtant il s'en glorifie, avec grande raison, parce qu'elles lui permettent de mesurer le progrès qu'il a fait dans la voie de la civilisation, par l'exercice de sa liberté. Comment s'expliquent ces progrès? La science, qui les constate, ne peut le voir, si la philosophie ne lui prête son flambeau. Nul ne l'a mieux compris que Guizot, le maître de l'histoire philosophique, dans notre temps et dans notre pays. « Toute histoire, celle de France surtout, est un vaste et long drame où les événements s'enchaînent selon des lois déterminées, et dont les acteurs jouent des rôles qu'ils n'ont pas reçus tout faits ni appris par cœur, et qui sont les résultats, non seulement de leur situation native, mais de leur propre pensée et de leur volonté. Il y a, dans l'histoire des peuples, deux séries de causes à la fois essentiellement diverses et intimement unies, les causes naturelles qui président au cours général des événements, et les causes libres qui viennent y prendre place. Les hommes ne font pas toute l'histoire : elle a des lois qui lui viennent de plus haut ; mais les hommes sont, dans l'histoire, des êtres actifs et libres qui y produisent des résultats et y exercent une influence dont ils sont responsables. Les causes fatales et les causes libres, les lois déterminées des événements et les actes spontanés de la liberté humaine, c'est là l'histoire tout entière[1]. »

Le jeu des forces libres et des forces naturelles, tantôt en accord, tantôt en opposition : voilà bien ce qui fait l'histoire. La Providence agit de deux façons dans l'évolution qui en fait comme la fatalité. Elle agit par les lois naturelles extérieures à l'humanité. Elle agit aussi par les lois morales qui lui sont intérieures. Qu'est-ce qui fait du progrès une sorte de nécessité qui a pu faire dire à un théologien que l'homme s'agite et que Dieu le mène. C'est précisément cet amour de l'idéal qui est au fond de la nature humaine, individus, peuples, Humanité tout entière, et qui l'entraîne, avec ou sans le concours de la volonté, dans les voies de la perfectibilité à laquelle elle est prédestinée. Telle est, en réalité, la part de l'action divine dans le drame de l'histoire. Oui, sans doute, on ne saurait trop le redire avec notre grand historien, l'homme reste libre dans l'Humanité, comme dans l'individu. Mais d'abord il y a, dans sa vie individuelle ou sociale, une part de fatalité naturelle à laquelle l'action divine n'est pas étrangère, puisqu'elle se révèle dans la Nature elle-même. Celle-là a toujours été mise en relief par l'école historique de l'évolution, trop disposée à ne faire qu'une maigre part à la liberté. Il y a aussi une part de fatalité divine, tout intime, dont cette école ne s'occupe guère, qui explique

---

1. *Histoire de France racontée à mes petits-enfants*, Préface.

et justifie le mot de la théologie, et que l'on ne prend pas toujours dans son véritable sens. Ce n'est point seulement par les causes naturelles que Dieu mène l'homme, c'est surtout par les causes morales, qui toutes se résument dans l'instinct du bien.

C'est donc à la finalité qu'il faut en revenir, dans toute espèce d'évolution. La philosophie qui porte ce nom, et dont mon spiritualisme n'a point peur, n'a toute sa portée, sa beauté, sa lumière que par la pensée qui l'éclaire, la féconde, la rend acceptable. On a cherché à expliquer comment la *monère* a pu être le type élémentaire de toute la série animale qui s'est déroulée dans la suite des temps. On a raconté comment le singe perfectionné a pu devenir l'homme primitif. Est-ce de l'histoire ou du roman? Cela intéresse plus la science que la philosophie. De quelque manière que les choses se soient passées, dans l'évolution universelle qui a fait sortir le Cosmos du chaos, la philosophie actuelle croit fermement, avec la science, que tous les changements survenus, soit sur la scène immense du monde, soit dans l'organisation intérieure des individus qui le peuplent, ont eu lieu sans l'intervention d'une cause surnaturelle, en se rattachant toujours à un état antérieur, à une forme préexistante, par une évolution, et non une création proprement dite. Du moment qu'on sait voir dans la Nature entière ce qui y est réellement, cette pensée finale, cette *idée directrice* que la science ne reconnaît que dans l'évolution organique, tout s'explique. L'évolution universelle n'a plus rien de mystérieux pour l'intelligence. Seulement il faut reconnaître que, pour opérer de tels miracles, la Nature choisit son moment et ses moyens d'exécution. Son œuvre faite, elle en dérobe le secret à la science qui ne peut que faire des hypothèses plus ou moins probables. Quant à l'œuvre elle-même, elle n'est un mystère que pour la science. Il y a longtemps que la philosophie l'a pénétré :

Mens agitat molem, et magno se corpore miscet.

La Nature ne fait plus d'hommes avec des singes, si toutefois elle en a jamais fait. Elle ne fait plus d'espèces nouvelles avec des espèces différentes. Elle ne fait que des variétés, et encore avec le secours de l'art humain. Mais, sous l'impulsion et la direction de l'esprit qui est en elle et qui la travaille, elle a opéré toutes ces métamorphoses. Rien ne nous dit qu'elle soit au bout de son œuvre. C'est parce qu'elle est suspendue au Bien, selon le mot d'Aristote, qu'elle obéit à la loi du progrès éternel qui le réalise.

Je demande au lecteur la permission de terminer ce chapitre par une page à laquelle je ne pourrais rien ajouter[1]. « La philosophie, en introduisant le principe de finalité dans les éléments des choses, n'est point dupe d'une illusion psychologique. Elle ne prête à ces éléments aucune des propriétés propres aux causes finales qui opèrent dans les œuvres de l'industrie ; elle ne fait que leur attribuer un caractère sans lequel il serait impossible de rendre raison de leur mouvement vers l'ordre et l'harmonie finale. Ce caractère, aux yeux de l'école spiritualiste, est le fond même de l'être, en ce sens qu'il en est une propriété essentielle, et, si l'on nous passe le mot par trop métaphysique, consubstantielle avec le mouvement qui lui est propre. Dire que toute substance est force ne suffit pas ; il faut ajouter que toute force a en elle le principe de sa direction, et que le mouvement par lequel elle se produit est une tendance nécessaire vers une fin. Et si le savant veut savoir quelle méthode, expérimentale ou spécu-

---

1. *Revue des Deux Mondes*, t. XXX, p. 569.

lative, donne cette certitude au philosophe, celui-ci peut répondre : ni l'une ni l'autre. C'est dans l'analogie qu'il puise le principe de finalité, comme c'est à la même source qu'il puise le principe de causalité. Que si on lui conteste cette source d'induction, pour le cas dont il s'agit, il demandera au savant quand il est permis de s'y fier. Où l'analogie offre-t-elle des caractères plus frappants? Où impose-t-elle avec plus d'autorité une conclusion? Si l'esprit scientifique résiste à reconnaître entre les œuvres humaines et les œuvres naturelles un rapport commun de moyen à fin, il retombe dans l'hypothèse insoutenable du hasard. Il y retombe avec d'autant plus de désavantage, que la science a plus fait pour démontrer l'ordre qui règne partout dans la Nature. Entre l'incroyable coup de dés qui a improvisé cet ordre, dont on ne s'explique pas plus la conservation que la création, et la cause finale opérant partout et toujours, il faut choisir. »

« Je ne comprends donc pas comment M. Renan a pu dire, que « l'univers est un tirage au sort d'un nom- » bre infini de billets, mais où tous les billets sortent. » Quand le bon billet sortira, ce ne sera pas un coup » de Providence ; il fallait qu'il sortît. » Je le comprends d'autant moins qu'auparavant il avait dit : « Le monde » va vers ses fins avec un instinct sûr. Le matérialisme » mécanique des savants de la fin du xviiie siècle me » paraît une des plus grandes erreurs qu'on puisse pro- » fesser [1]. » C'est dans cette dernière doctrine qu'il faut voir la vraie pensée de l'auteur; car il la classe dans la catégorie des *certitudes*, tandis qu'il laisse flotter la première dans la catégorie des *probabilités*, parmi lesquelles nous croyons apercevoir beaucoup de rêves. Le monde des causes finales n'est rien moins qu'une grande lote-

---

1. *Dialogues philosophiques.*

rie, dont la main du hasard tire les billets ; c'est un immense concert, au contraire, dont les innombrables exécutants ont tous en eux-mêmes leur note écrite comme par la main d'un chef d'orchestre invisible. Et alors que ce Maître incomparable resterait caché aux regards de la raison humaine, elle n'en croirait pas moins que la sublime harmonie de ce concert n'est pas un jeu du hasard. »

« Voilà comment la métaphysique éclaircit ce problème de l'origine des êtres, comment elle complète et couronne la philosophie de l'évolution. Le principe de finalité est une de ces idées que Pascal logeait derrière la tête du savant, et Leibniz en faisait la lumière de toute science, sans laquelle on ne voit, on ne comprend rien au mouvement de la vie universelle. Cette lumière a brillé de tout temps dans le domaine de la philosophie; elle éclairait ses premières et obscures notions de la Nature. L'esprit humain fermera-t-il les yeux devant le spectacle de cet Univers nouveau que la science lui a fait connaître? Est-ce au moment où le ciel de nos astronomes lui fait contempler la majestueuse harmonie de ses mondes en mouvement, où la terre de nos géologues nous découvre les étonnantes métamorphoses à travers lesquelles elle a passé de l'informe et confuse matière au Cosmos resplendissant dont la vue nous éblouit, où l'Humanité de nos historiens nous laisse voir la série des changements qui l'ont élevée d'une barbarie voisine de la bestialité à la plus haute civilisation, où toute science nous montre la loi de l'évolution progressive gouvernant le monde physique comme le monde moral, est-ce à ce moment que la philosophie dite positive pourrait réussir à éteindre le flambeau qui illumine l'immense scène de la Nature? Je ne puis le croire. Qu'on me permette de le redire encore, les écoles passeront, la science restera, et au-dessus d'elle brillera toujours la grande lumière qui en rend toutes les révélations intelligibles. « Les cieux racontent la gloire du Très-Haut, » s'écriait le prophète, les yeux fixés sur ce firmament dont la Bible ne nous donne qu'une grossière image. Depuis les découvertes qui nous ont initiés à ses merveilles, la Nature est bien autrement éloquente. Quelle poésie pourrait égaler l'hymne qu'elle chante jour et nuit à la gloire du créateur [1] ? »

On voit que la pensée de ce livre n'est pas nouvelle. Chercher l'accord de la philosophie et de la science a été la constante préoccupation de ma vie philosophique. L'ancien spiritualisme opposait l'esprit à la matière, Dieu à la Nature, l'ordre surnaturel à l'ordre naturel, faute de bien connaître l'ordre naturel, la Nature et la matière. Le nouveau spiritualisme, mieux instruit, ne sépare point l'esprit de la matière, Dieu de la Nature, le surnaturel du naturel. Il va plus loin. Il conçoit les rapports de l'esprit et de la matière, de Dieu et de la Nature de telle façon que c'est la matière qui est dans l'esprit, et la Nature qui est en Dieu. L'ordre naturel, c'est l'ordre réglé par l'action des lois physico-chimiques. L'ordre surnaturel, c'est l'ordre supérieur soumis au principe de finalité. C'est, dans le sens vraiment philosophique du mot, la Providence, toujours d'accord avec le Destin dont elle domine les lois, sans jamais les violer.

Un disciple de l'école positiviste me dira sans doute qu'une telle explication des choses est une simple affirmation de la pensée, une hypothèse qui n'est susceptible d'aucune vérification. J'en conviens, si l'on prend le mot dans son sens strictement scientifique. Je ferai seulement observer que les conceptions métaphysiques ne sont point de nature à être rigoureusement vérifiées.

---

1. *Revue des Deux Mondes*, t. XXX, p. 839.

Leur vérité, leur autorité tient à une autre source de certitude. L'esprit humain ne se contente ni d'observer, ni de décrire, ni de généraliser, ni de classer, ni d'aucun des procédés scientifiques proprement dits. Quand il a fait tout cela, il a fait la science. Le savant peut s'en tenir là, et il est peut-être bon qu'il se renferme dans son œuvre propre, pour la mieux faire. La confusion de la métaphysique avec la science n'a pas porté bonheur à celle-ci. La séparation a été considérée avec raison comme un grand progrès opéré dans l'organisation des connaissances humaines. Reste le problème métaphysique, l'explication vraie de la réalité scientifiquement connue. Pourquoi l'ordre, pourquoi le progrès, pourquoi le bien et le beau en tout ? Jamais on ne fera entrer dans une cervelle humaine que tout cela est l'effet du hasard. Quand la science répond que c'est l'effet des lois immuables, universelles et éternelles, sa réponse est excellente. Seulement, elle n'est point une explication définitive. La raison va plus loin, et demande comment ces lois elles-mêmes peuvent être l'effet du hasard. Là est le mystère. On peut s'y arrêter, comme on peut chercher à le pénétrer. Le savant ne s'en inquiète pas. Le philosophe positiviste dort tranquille, après l'avoir déclaré impénétrable. L'esprit humain ne peut s'y tenir. Si la philosophie refuse de le lui expliquer, il appelle à son secours l'imagination et le sentiment. La métaphysique a été et sera toujours la ressource des intelligences qui ne peuvent ni se reposer dans un mystère, ni s'enchanter d'un rêve, comme dit l'auteur du *Phédon*. La vérité, l'autorité, la raison d'être éternelle de la métaphysique, c'est la nécessité de ses explications, c'est l'insuffisance ou l'absurdité des explications purement scientifiques. Sans la métaphysique, on ne comprend rien à l'ordre universel. Avec elle, tout y devient intelligible. Après cela, qu'on dise que la métaphysique n'est pas une science, c'est-à-dire un ordre spécial de connaissances obtenues par telle méthode expérimentale ou démonstrative, je n'aurai aucune peine à en convenir. La métaphysique n'est ni science ni rêve; elle est la pensée supérieure qui éclaire toute science et dissipe tout rêve.

CHAPITRE III

EXPLICATIONS

Ce n'est pas seulement le spectacle de l'ordre universel qui éveille cette pensée dans tout esprit vraiment philosophique. La réalité nous offre des phénomènes qu'on pourrait appeler des *faits décisifs*, et qui se refusent à une explication purement scientifique. Elle est la réflexion qui vient à l'esprit de tous ceux qui n'ont pas l'horreur de la métaphysique. Un philosophe fort au courant de la science contemporaine a publié plusieurs livres très intéressants sur toutes les parties de la biologie, notamment sur la physiologie et la psychologie humaine. Ainsi qu'il le dit lui-même, dans une courte préface, « il n'a pas avancé une proposition qui ne s'appuyât sur des faits existants, contrôlés et toujours vérifiables [1]. » Que manque-t-il donc à cette science encyclopédique pour bien conclure? Ce n'est, certes, ni l'abondance des observations et des expériences, ni la rigueur des raisonnements, ni la précision du langage. Il lui manque la lanterne sans laquelle elle ne peut voir clair dans l'ensemble des choses dont l'observation et l'analyse lui font pénétrer le détail. Quand des esprits comme M. Taine et M. Ferrière vont à la conclusion dernière, avec leur intrépidité naturelle,

---

1. *L'âme est la fonction du cerveau*, t. I, par Émile FERRIÈRE.

elle nous apparaît si absolue et *si crue* dans sa simplicité, qu'elle provoque l'étonnement et presque la révolte dans ce monde philosophique qui se partage entre la croyance naïve et le doute réfléchi. La volonté ramenée, comme l'instinct, à l'action réflexe; l'âme humaine, comme toute individualité vitale, comme toute unité cosmique, réduite à une pure résultante; Dieu défini la simple loi de toutes les forces dont l'action fait l'harmonie universelle, voilà des thèses dures pour l'oreille du sens commun.

Comment la science peut-elle conclure que l'acte volontaire n'est qu'une action réflexe? Rien de plus naturel. Comme elle n'a le sentiment intime d'aucun type de causalité et de personnalité, elle en est réduite à chercher toujours et partout la cause d'un phénomène dans l'antécédent qui en est la condition. Quand je dis la science, j'entends aussi bien la science de cette école psychologique qui applique les méthodes scientifiques à l'observation des phénomènes moraux que la science physiologique elle-même. A prendre l'homme par le dehors, c'est-à-dire par les actes extérieurs qui manifestent sa volonté, il est certain qu'il obéit, soit à la force des penchants, soit à l'entraînement des passions, soit à ce que nos positivistes appellent la loi des motifs. C'est à tel point qu'un esprit, un caractère, un tempérament quelconque étant donné, on peut presque toujours prévoir ce qu'un homme fera dans telles ou telles circonstances. Il y a donc là une sorte de nécessité qui gouverne la vie morale, et qui n'est pas sans analogie avec cette autre nécessité qui est la loi universelle des phénomènes de l'ordre physique. Tel est l'aspect sous lequel l'observateur doit voir les choses de l'âme humaine, au point de vue où il s'est placé : l'acte volontaire lui apparaît comme lié et enchaîné à tel ou tel antécédent, comme les phénomènes extérieurs.

Donc, rien de plus naturel. Mais aussi rien de plus faux pour qui, outre le sens commun, a le sentiment de ce qui se passe en lui. Oui sans doute, ne cesserai-je de le redire aux physiologistes et aux psychologues de l'école expérimentale, tel homme cède habituellement à ses passions; mais, tout en leur cédant, ne sent-il pas qu'il pourrait leur résister? Il le sent si bien, qu'il se reconnaît coupable de la faute ou du crime qu'il commet. Oui, tel autre, au contraire, écoute ordinairement la voix de la raison; mais, en l'écoutant, ne sent-il pas qu'il pourrait faire autrement? Il le sent si bien, qu'il ne peut se soustraire à un sentiment de satisfaction personnelle. On se laisse abuser par une analogie qui ne devrait jamais prévaloir contre la conscience; on fait des mobiles et des motifs de nos actions des forces qui entraînent, des lois qui déterminent fatalement la volonté. Cela vient de ce qu'on ne regarde qu'au résultat de l'activité volontaire, sans atteindre l'acte lui-même. Qu'importe que le résultat total soit ramené à une loi, et puisse être l'objet d'une prévision? Qu'importe que la vie humaine, sous l'impulsion d'un penchant, d'une passion, ou sous l'autorité de la raison, présente un certain caractère d'uniformité, soit dans un sens, soit dans un autre? En quoi cela infirme-t-il le témoignage de la conscience, qui est toujours là pour attester que l'homme a été libre, responsable, méritant ou déméritant, dans tous les actes de sa vie normale et réellement personnelle? Que l'homme essentiellement passionné suive sa voie; que l'homme essentiellement raisonnable suive la sienne; que l'homme chez lequel la raison et la passion se disputent l'empire, flotte entre les deux voies, sans s'engager résolûment dans aucune : qu'y a-t-il en tout cela de contradictoire à la notion de liberté? Et parce que les faits moraux ont aussi leur ordre, leur enchaînement, leur loi enfin, est-ce une raison pour en conclure que l'homme n'est point un être libre? N'y a-t-il pas entre la nécessité de l'ordre physique et celle de l'ordre moral une assez grande distance pour que la liberté y trouve sa place[1]. Quand donc il serait vrai que l'homme « ne veut jamais en blanc », comme le dit toute l'école déterministe, avec Littré, avec M. Vulpian, avec M. Taine, avec M. Ferrière, qu'en faudrait-il conclure, sinon que la liberté d'indifférence est un état fictif de l'âme humaine? Or tous les moralistes profonds savent bien que cette indifférence, si elle existe jamais, n'est qu'un degré inférieur de la liberté, loin d'en être le vrai type, que plus la volonté agit d'après des motifs, plus elle est raisonnable, et partant plus elle est libre. N'est-ce pas l'état de parfaite sagesse qui est l'idéal de la liberté?

L'école des Thomas Reid, des Maine de Biran, des Cousin, des Jouffroy, des Damiron, des Garnier a beau mettre ces vérités dans tout leur jour, nos savants, et à leur suite quelques-uns de nos philosophes, ne peuvent accepter une doctrine qui leur paraît la négation même de la science. Selon eux, la liberté ne serait qu'un effet sans cause. C'est un mot vide de sens, comme ceux d'unité, de spontanéité, de personnalité, parce qu'ils n'en trouvent pas les types dans l'ordre des phénomènes physico-chimiques. Mais restituez à tous ces mots leur sens métaphysique, faites-les comprendre au monde savant, et la liberté n'aura plus d'adversaires, parce que la science, instruite par la philosophie, aura compris que la spontanéité est le fond de l'être, en tout et partout, que, par conséquent, l'action réflexe, loin d'expliquer la volonté, a besoin d'être expliquée elle-même par une causalité supérieure dont la loi est la finalité.

---

1. *La science et la conscience*, p. 40.

Si la science mène tout droit à l'action réflexe, dans l'explication de la volonté, elle conduit aussi naturellement à la résultante, dans l'explication de l'unité vitale. C'est à la mécanique, la plus simple et la plus abstraite de toutes les sciences de la nature, qu'elle emprunte ce principe d'explication. Toute composition de forces aboutit, en effet, à une force composée qui peut toujours se décomposer en forces simples. C'est cette unité de concours qui se nomme une résultante, et dont la science est conduite à faire le type de toutes les unités de la nature, unités chimiques, unités organiques, unités psychologiques. La science ne connaît pas d'autre unité que celle-là, la seule qu'elle puisse concevoir. Sans doute, les explications simples sont les meilleures, quand elles ne laissent pas de grosses difficultés à résoudre. En voici une que la philosophie soumet à la science. Il est un phénomène qui ne se produit pas en mécanique : c'est la réaction de l'effet sur la cause. Si toute unité, dans la nature, n'est qu'une résultante, comment comprendre que cette résultante puisse réagir sur les forces composantes ? Quelle action peut avoir le tout sur les parties, le composé sur les éléments ? Pour prendre l'exemple le plus décisif, comment la force centrale, que l'on nomme l'âme humaine, peut-elle exercer sur toutes les cellules organiques l'action que constate l'expérience, si elle n'est qu'une simple résultante ? Voilà le mystère, non pas seulement pour l'unité animique, mais encore pour toutes les unités du règne organique, sans oublier les unités du règne végétal : comment l'effet peut-il réagir sur la cause, s'il n'est pas lui-même une cause ?

Il y a plus. La science établit naturellement entre l'organe et la fonction le rapport de la cause à l'effet. Elle n'a pas de peine à démontrer que la perfection de la fonction est en raison directe de la puissance de l'organe. Mais voici une loi qui prouve également l'inverse dans une certaine mesure : l'exercice fortifie l'organe. Ainsi, c'est un fait certain que le travail intellectuel favorise le développement des lobes frontaux. Chez les races avancées en civilisation, les lobes frontaux ont une prédominance marquée; on les appelle *races frontales*. Chez les races encore à l'état sauvage, ce sont les lobes occipitaux qui prédominent; on les appelle *races occipitales*. Gratiolet a découvert que, chez les races civilisées, les sutures du crâne s'ossifient, se soudent d'arrière en avant, c'est-à-dire de l'occiput au front. Il en résulte que les lobes frontaux peuvent s'accroître encore, alors que les autres lobes du cerveau ne le peuvent plus. Par contre, Gratiolet avait observé que l'inverse a lieu chez les races barbares. L'ossification des sutures se fait d'avant en arrière, c'est-à-dire du front à l'occiput. Il y a plus encore, si l'on en croit certaines révélations de la physiologie cérébrale. Jean Muller, le grand physiologiste, et M. Vulpian ont affirmé que tel organe peut à la longue, et par la force de l'habitude, en remplacer un autre, et ils ont cité quelques expériences qui semblent confirmer cette loi. Sous l'impression de cette vérité, on a pu dire que c'est la fonction qui crée l'organe, contrairement à l'opinion commune qui affirme le contraire. La conclusion est peut-être un peu paradoxale. Il est mieux d'affirmer que c'est la cause finale, l'idée directrice qui crée tout à la fois l'organe et la fonction. Ce qui n'est pas douteux, c'est que, dans telle paire d'organes intérieurs, un seul organe suffit à la fonction, si l'autre vient à être détruit par la vivisection ou la maladie : exemple, les lobes cérébraux de gauche et de droite.

On croit avoir expliqué l'activité générale du cerveau par l'activité propre des cellules qui en composent le tissu. Mais cette *danse* des cellules, que M. Taine devine au fond de l'activité cérébrale, est-ce une danse sans rythme, sans mesure et sans accord, dont les mouvements s'exécutent au hasard? En ce cas, comment arriverait-elle à produire l'admirable concert de la vie psychique? Il y a donc là un chef d'orchestre, invisible au plus fin microscope, qui en donne la note et en dirige les mouvements. Nous voilà toujours ramenés à l'idée de finalité. Et alors même que notre philosophe, toujours esclave de l'analyse, nierait l'action de toute cause centrale et générale, il lui faudrait bien reconnaître que les cellules n'en obéissent pas moins individuellement à une impulsion finale. Autrement, pourquoi cette danse merveilleuse ne tournerait-elle pas en sarabande échevelée? Danse des cellules, tourbillon vital, évolution organique, la philosophie peut accepter toutes les explications de la science, pourvu qu'on n'oublie point la cause de cette admirable harmonie, qui est la loi des mondes, aussi bien que des atomes.

Toujours sous l'illusion de la même méthode d'analyse, M. Ch. Richet, voulant expliquer la suspension des opérations volontaires qui caractérise l'état somnambulique, commence par supprimer, comme une hypothèse inutile, la volonté entendue à la façon des spiritualistes. Il n'existe pas, selon lui, de force spontanée dirigeant l'intelligence. « Cette force n'est peut-être rien autre que le souvenir des excitations antérieures accumulées dans l'esprit. Chez tout individu sain, il y a, coexistant l'une à côté de l'autre, un grand nombre d'idées qui se balancent et se compensent mutuellement. Toutes ces idées étant simultanément présentes à la conscience, c'est de cette balance, de cet équilibre, que résulte la spontanéité apparente de notre être. Si l'on voulait pénétrer plus profondément dans la cause de l'abolition de la volonté, on la trouverait peut-être dans une sorte d'amnésie. Pour arrêter une pensée, il en faut une autre qui y mette obstacle ; pour entraver un sentiment, un autre sentiment plus fort doit prendre naissance. Pour choisir, il faut évidemment plusieurs idées entre lesquelles s'établisse le choix[1]. » Tout ce que nous autres psychologues nommons unité, spontanéité, volonté, liberté, autant d'illusions que la science fait évanouir au creuset de ses analyses. Voilà où conduit la tyrannie d'une méthode exclusive. Il ne vient pas même à la pensée de nos savants que rien, dans la nature vivante, comme dans la nature sans vie, puisse s'expliquer autrement que par les lois de la mécanique. Ils ont raison de vouloir tout observer, tout voir, tout constater par l'expérience, tout distinguer par l'analyse. Ils n'ont pas tort de vouloir tout expliquer par leur méthode, dans une certaine mesure. Il y a de la mécanique en tout, comme l'a dit Leibniz. Mais n'y a-t-il que de la mécanique ? On ne veut d'unité, de spontanéité nulle part. On ne reconnaît pour causes aux phénomènes de la nature, comme aux phénomènes de l'esprit, que la loi des résultantes et la loi des associations. On ne s'aperçoit pas qu'avec toutes ces explications scientifiques on en reste au mystère du hasard, principe de tout ordre, dans toutes les parties du Cosmos.

La science est donc impuissante à expliquer les faits avec toutes les ressources de l'expérience et de l'analyse. Réaction de la force centrale sur les forces locales, dans l'économie de la vie humaine ; substitution d'un organe à l'autre, dans l'exercice de telle ou telle fonction ; jeu de l'activité mentale, expliqué par la danse des cellules cérébrales ; volonté expliquée par l'équilibre des idées ; unité du moi et conscience expliquées par la perma

---

1. *L'homme et l'intelligence*, chapitre du Somnambulisme.

nence des idées et des sentiments associés : tout est mystère. Et pourquoi tout est-il mystère? C'est que, s'il y a de la mécanique en tout, il y a aussi en tout de la métaphysique.

Introduisez dans l'explication des phénomènes qui viennent d'être constatés le principe métaphysique de la causalité finale: le mystère disparaît. On comprend la liberté des actes volontaires, en raison de la causalité propre qui fait l'être personnel, le moi. On comprend la spontanéité des mouvements instinctifs, en raison de la finalité qui fait le fond de l'instinct. On comprend partout le jeu de la vie résultant de l'action des forces organiques combinée avec l'action de la force centrale qui fait l'unité, l'individualité, l'être réel, dans l'animal et dans la plante. On comprend comment l'exercice de la fonction fortifie, développe, crée même l'organe, dans une certaine mesure, par la vertu de la cause finale, de l'*idée directrice* qui réside au fond de l'être vivant, travaillant l'organe et l'organisme tout entier, de manière à les préparer à leurs nouvelles fonctions, rendues nécessaires par la suppression des organes spéciaux. Supprimez par la pensée la cause finale, la seule et vraie cause, dans le monde des êtres vivants, tous ces faits sont inintelligibles; restituez-la à la nature entière, tout y reçoit une explication simple et claire. Tous les actes de la volonté, tous les mouvements de l'instinct, toutes les actions et réactions de la vie animale, toutes ces unités organiques, que la science ne peut concevoir que comme des réactions mécaniques et de simples résultantes, n'ont plus rien qui ne se puisse comprendre. On ne saurait trop le redire : aucun organisme, quel que soit son degré de complication, n'est un simple système; c'est un être. Et le principe de cette unité réelle et vraiment individuelle, c'est la causalité finale qui lui est inhérente. Un éminent professeur de physiologie, Chauffart, dont j'ai parlé ailleurs, a exprimé cette vérité avec une grande force. « Ce spectacle d'une finalité immanente que l'homme découvre partout en lui, il le retrouve à tous les degrés de l'être vivant. Tout animal, tout être organisé, le végétal lui-même, possède une fin propre. Rien ne vit (il eût pu dire rien n'est) qu'à la condition de tendre à un but; par contre, tout but implique la présence et l'action de la vie. Autonomie vivante, unité vivante, spontanéité vivante, finalité vivante, toutes ces notions primordiales sont solidaires. La fin est le couronnement et la raison même de l'organisme vivant; plus cet organisme s'élève, et plus la fin qui le domine apparaît éclatante [1]. »

Reste la grande énigme pour la science, Dieu. Il lui est impossible de voir, sous ce grand nom, autre chose que la Loi suprême, en laquelle se résument toutes les lois dont la science nous donne la formule. C'est dire que la science ne met dans ce mot qu'une abstraction, tandis que la métaphysique en fait l'expression de la suprême Réalité, son Dieu étant la suprême Cause et la Fin suprême des choses. Le Dieu de la métaphysique, loin d'être une simple loi de l'être, est l'Être par excellence, le fond même de toute existence, la cause première de toute activité. Il est l'Être des êtres, la Cause des causes, la Fin des fins. Voilà comment il est le véritable absolu.

C'est ainsi que la métaphysique éclaire la science. Si on la considère dans son objet propre, elle se réduit à quelques hautes conceptions, à quelques profondes formules qui n'ont pas beaucoup changé, depuis les origines de la philosophie. Que si on l'envisage dans ses applications au monde de la réalité phénoménale, qui fait l'objet de la science, on en comprend la vertu et la

---

[1]. *La vie*, p. 318.

fécondité. C'est à elle, à elle seule, qu'il est donné d'expliquer tout ce que la science observe, analyse, décrit, classe et généralise, parce qu'à elle seule il appartient de dire les causes, les raisons, le pourquoi des choses. On en comprend aussi le progrès, qui se mesure sur celui de la science positive. Tant que la science est restée pauvre, incomplète, incertaine, et même fausse, la métaphysique manquait de matière pour ses explications. Elle était condamnée à se répéter elle-même, tournant dans un même cercle d'abstractions, où elle se perdait en subtilités verbales. C'est la science, par ses continuelles et progressives révélations, qui la féconde, l'enrichit, la développe, en étendant le champ de ses explications. La métaphysique n'éclaire pas seulement l'ensemble des choses d'une lumière générale; elle jette de profondes clartés sur les détails, ainsi qu'on vient de le voir. Voilà pourquoi elle restera la maîtresse de la pensée philosophique, quoi que fasse le positivisme pour la discréditer. Mais, pour garder ce rôle, il faut qu'elle ne se borne pas à une défense générale des principes. Cela ne suffit point à l'esprit philosophique contemporain qui veut des faits. Elle doit descendre de plus en plus des principes dans les applications, montrant partout comment les faits résistent invinciblement aux conclusions de la science pure, et ne se laissent expliquer que par des principes d'un ordre supérieur.

Avec la philosophie des causes finales, l'histoire du Cosmos n'est plus, comme l'entend M. Taine, une algèbre dont les formules, si hautes et si simples que les suppose le progrès des sciences positives, n'expliqueront jamais que les conditions mécaniques de l'évolution universelle. Elle n'est plus une dialectique sèche et abstraite qui l'enferme tout entière, comme l'a fait Hegel, dans les cadres d'une logique plus ou moins arbitraire, où toute vie périt avec toute liberté et toute spontanéité. L'histoire du Cosmos est un livre vivant, où l'évolution des mondes, comme des individus, s'accomplit par le concours des activités finales internes qui, pour être soumises aux lois de la fatalité naturelle, n'en obéissent pas moins à la loi suprême d'une divine Providence.

Cette philosophie explique toute réalité, telle que nous la fait connaître l'expérience de toute nature, sans supprimer aucun de ses attributs. Au contraire, c'est elle qui en révèle la véritable essence, restée un mystère pour la science proprement dite. Elle ne construit pas le monde à priori, comme la logique hégélienne; elle n'en règle pas l'évolution par une série de procès ternaires s'enchaînant les uns aux autres, sous la loi de la nécessité : elle laisse à toutes les sciences de la nature et de l'esprit leur indépendance et leur originalité propre, acceptant leurs méthodes, leurs principes, leurs conclusions légitimes, ne se réservant que d'en expliquer les incontestables résultats. Elle suit pas à pas, sans jamais la devancer, cette merveilleuse évolution, en faisant voir comment elle est l'œuvre d'une pensée finale, cachée dans l'essence des choses, qui la conduit, de métamorphose en métamorphose, de progrès en progrès, vers une perfection idéale qu'elle n'atteindra jamais, eût-elle l'éternité pour théâtre de son développement. Le Cosmos de la philosophie ne diffère point du Cosmos de la science; seulement, la pensée philosophique fait de celui-ci un monde vraiment intelligible, peuplé, non d'abstractions, comme le monde idéal de Platon, mais de réalités qui apparaissent enfin à l'intelligence dans leur véritable lumière. Dans toute évolution créatrice, de quelque monde ou de quelque région qu'il s'agisse, elle montre l'idée sous la loi, l'unité sous la diversité, l'être sous le phénomène. Partout, en subordonnant les conditions aux causes, les éléments aux principes, les moyens aux fins, elle fait de la fatalité l'instrument de la Providence, et met la Nature entière au service de Dieu. Les êtres les plus riches d'attributs et de facultés, comme l'homme, ne dépendent pas moins des lois de cette Nature que les êtres les plus infimes ; ils n'existent, ne vivent, ne sentent, ne pensent, ne veulent que dans les conditions physiques, chimiques, physiologiques, déterminées par la science positive. Voilà la part de la fatalité et la part de la Providence dans l'existence universelle.

Cette doctrine de la finalité par laquelle l'école spiritualiste explique toute création, toute évolution, tout progrès, n'est pas nouvelle dans l'histoire des conceptions philosophiques. Toute l'école socratique, depuis Platon et Aristote jusqu'à Zénon le Stoïque, l'a affirmée, sans compter le maître, Socrate. Elle a régné en souveraine pendant tout le moyen âge, avec Aristote. La grande révolution dont Bacon et Descartes furent les promoteurs se fit surtout contre elle ; ni Descartes, ni Spinosa, ni Malebranche lui-même, ne voulaient entendre parler des causes finales. Elles n'ont guère trouvé de défenseurs que parmi les théologiens, comme Fénelon et Bossuet. La vieille philosophie expliquait tout par ces causes ; la nouvelle n'admit que les causes mécaniques pour toute explication. Il fallut l'autorité de Leibniz pour ramener partout, dans la science et dans la philosophie, le principe de finalité. Sauf quelques philosophes d'imagination ou de sentiment, comme Bernardin de Saint-Pierre et Rousseau, tout le xviiie siècle a tourné en ridicule les causes finales. C'était une vraie faiblesse d'esprit que de les faire entrer dans l'explication des choses de la Nature. Sans leur être aussi hostile, la nouvelle philosophie allemande en fit peu d'usage dans ses constructions logiques. Kant est le seul qui leur ait fait une place à part dans sa philosophie. Il faut arriver à l'école spiritualiste actuelle pour retrouver la tradition remise en honneur et en pleine lumière.

D'où viennent ces alternatives de succès et de discrédit, qui pourraient inspirer une légitime défiance, si la cause n'en était nettement expliquée? Elles viennent des abus qui ont été faits du principe, non du principe lui-même. Quand on suit attentivement la discussion des adversaires des causes finales, on voit que c'est la fausse application du principe de finalité qui seule en a discrédité la thèse. Ce principe est aussi incontestable, sinon aussi logiquement nécessaire, que le principe de causalité. Nier que cet Univers, vu sous ses divers aspects, dans l'infiniment petit comme dans l'infiniment grand, offre constamment le spectacle d'un ordre fondé sur le rapport du moyen à la fin, c'est nier l'évidence. Mais nier ou simplement douter que cet ordre naturel soit l'œuvre d'une Cause qui procède, dans ses créations, exactement comme l'intelligence humaine, et qu'il ne puisse y avoir de finalité dans le monde qu'à cette condition, ce n'est plus nier ou douter contre l'évidence. La thèse de la finalité n'a pas été seulement compromise par la façon parfois puérile dont l'école de Bernardin de Saint-Pierre l'a entendue, en subordonnant les vues de la Nature aux convenances de notre humanité; ce qui a surtout provoqué la critique, c'est qu'on a fait de la thèse de la finalité une doctrine théologique, en identifiant absolument les œuvres de la Nature à celles de l'homme, et en prêtant au Créateur suprême la même méthode de création qu'à sa créature humaine, à savoir, la même conscience, le même choix, la même volonté d'exécution. Le principe de finalité ne commande point une pareille conclusion. Telle que l'entendent et l'appliquent aux choses naturelles Aristote, Leibniz, Hegel et tous les grands métaphysiciens qui lui ont fait place dans leur doctrine, la finalité est visible partout, dans les actes instinctifs et même dans les actions mécaniques, comme dans les actes volontaires.

Nul n'a mieux montré que M. Janet, dans son livre sur les Causes finales, combien il importe de séparer la question téléologique de la question théologique, de dégager le fait de finalité des circonstances psychologiques au milieu desquelles l'analyse le saisit, dans les œuvres humaines. Quelle qu'en soit la cause, et de quelque façon qu'il se produise, il est la loi de la vie universelle. Qu'il s'accorde ou ne s'accorde pas avec l'idée qu'on se fait de cette Cause, naturelle ou divine, immanente ou transcendante, on n'en peut méconnaître l'existence. Tant il ressort clairement de l'observation des œuvres de la Nature. Que la cause créatrice opère du dedans ou du dehors, qu'elle procède par évolution ou par création proprement dite, rien ne s'explique dans l'ordre naturel sans le principe de finalité. La doctrine de l'évolution n'en a pas moins besoin que la doctrine de la création. Quand notre philosophie de la Nature croit pouvoir s'en passer, en substituant la première de ces doctrines à la seconde, elle se trompe ; elle ne fait que s'enfoncer davantage dans le mystère. Voilà ce que l'on commence à comprendre dans le monde savant. L'on y devient moins rebelle à l'idée de finalité, à mesure que l'on s'habitue à la considérer en elle-même, sans aucune préoccupation théologique. Que la doctrine de l'immanence rende plus facile que la doctrine de la transcendance l'explication de la finalité universelle, c'est ce que la philosophie peut penser. Elle a grand peine, en effet, à concevoir la Providence divine sous les caractères que la conscience attribue à la prévoyance humaine. Hypothèse pour hypothèse, celle qui fait de la finalité naturelle l'effet d'une activité intérieure et toute spontanée est plus scientifique que celle qui la réduit à un mécanisme automatique dont une cause extérieure au monde fait jouer tous les ressorts. Mais la science qui, ainsi que l'a dit Newton, ne fait pas d'hypothèse, peut s'en tenir à la loi de finalité, sans s'inquiéter de l'explication que la métaphysique en donne.

Un dernier mot pour terminer. J'ai dit, avec Aristote, que la métaphysique est la plus noble des spéculations de l'esprit, parce qu'elle en est la plus désintéressée. Est-ce à dire qu'elle est affaire de pure curiosité? Je ne l'ai jamais pensé. Si elle n'a pas un intérêt pratique comme les sciences susceptibles d'application industrielle, politique ou morale, elle a un intérêt d'un ordre supérieur. Toutes les sciences se tiennent par des liens plus ou moins étroits, dans l'unité de la science universelle. Toutes travaillent, à leur manière, à l'œuvre commune, sous la grande lumière d'une philophie première qui peut seule leur fournir le principe d'explication au delà duquel il n'y a rien à chercher, parce qu'il est le véritable absolu. Parmi ces sciences, il en est une, la morale, à laquelle la métaphysique est moins indifférente qu'à toute autre, et ce n'est pas sans raison que la science de Dieu a toujours été considérée comme ayant d'étroits rapports avec la science du bien. La morale n'est pas tout à fait aussi indépendante de toute métaphysique que toute autre science.

Sans doute, c'est dans la conscience seule qu'elle trouve la loi de l'être humain et l'explication de sa destinée. Ainsi que je l'ai montré, en mainte occasion, nulle objection sérieuse, j'en demande pardon à la critique, n'a pu mettre en doute ce fait de libre volonté dont le moi a l'indestructible sentiment. Sans sortir de la conscience, la psychologie peut établir sur la base la plus ferme le principe de toute vraie morale, le devoir et le droit. Elle peut déchiffrer l'énigme de notre destinée sans en rechercher l'explication dans la spéculation sur l'absolu. Toute science rencontre l'ordre dans ses recherches, en trouvant la loi. Mais l'ordre moral n'a rien à voir avec l'ordre naturel. Il n'en a ni les mêmes caractères ni les mêmes conditions. Le bien absolu pour l'homme n'est pas le bien absolu pour la nature. Ce serait tout brouiller, tout obscurcir, tout fausser que de mêler, comme on le fait trop souvent, les révélations des sciences physiques avec celles des sciences morales.

Il n'est pas moins vrai que la morale proprement dite est intéressée à la lutte des diverses doctrines métaphysiques qui se partagent le monde philosophique. Tandis que la doctrine qui explique l'esprit par la matière laisse dans une profonde obscurité les plus hauts problèmes de l'ordre universel, la doctrine qui explique la matière par l'esprit les éclaire d'une lumière supérieure. L'homme ne s'apparaît plus à lui-même comme un être solitaire, extraordinaire, incompréhensible, dans cet immense Univers : il se sent vivre de son activité, de sa spontanéité, de sa vie propre, au sein de la spontanéité, de l'activité, de la vie universelle. Il le sait, grâce au spiritualisme scientifique qui le lui enseigne, lui rendant l'inappréciable service de supprimer cette redoutable antinomie de l'esprit et de la nature, dont la critique a tant abusé et abuse encore pour nier ou ébranler tout l'ordre des vérités morales. La notion de finalité, sur laquelle repose ce spiritualisme, n'est donc pas seulement l'idée métaphysique par excellence ; elle est encore l'idée morale dominante. Car, sans ce principe, comment définir l'ordre ? Et, sans la notion de l'ordre, comment définir le bien ? On parle sans cesse, en morale, de droit, de devoir, d'obligation, de justice. C'est, en effet, la langue qu'il faut parler, s'il s'agit de vraie morale, et Kant a cent fois raison d'insister. Il n'en faut pas moins répondre à ces vieilles et nécessaires questions :

qu'est-ce que la loi? qu'est-ce que l'ordre? qu'est-ce que la justice? qu'est-ce que le droit? qu'est-ce que le devoir? C'est ce qui est conforme au bien, dit-on encore. Mais qu'est-ce que le bien, dernière question à laquelle nulle science morale ne peut échapper? C'est la fin, la fin pour l'homme, la fin pour tout être de la Nature, la fin pour la Nature elle-même, embrassée dans l'étendue et dans l'unité de son activité universelle. Tout ce qui existe, tout ce qui vit a sa fin ; il faut toujours en revenir à cette idée fixe qui domine la pensée humaine, n'en déplaise aux écoles philosophiques qui font effort pour l'en arracher. Voilà pourquoi il est vrai de dire que le principe de finalité est l'idée maîtresse de toute science, particulièrement de la morale, qui y trouve l'explication dernière de la destinée humaine.

Et quelle force, quelle autorité n'a pas cette idée sur notre volonté, quand ce n'est plus seulement la conscience qui la lui révèle, mais la science du Cosmos tout entière, par l'organe de la métaphysique! Il faut avoir égaré quelque temps sa pensée dans les ombres de la fatalité universelle pour sentir à quel point cette grande lumière de la finalité relève et réjouit l'esprit, quand il la retrouve dans la science. On pourrait dire qu'il se sent rentrer dans la foi et dans la grâce, si la foi est l'intuition de l'invisible, et la grâce l'amour de l'idéal. La science pure n'enseigne que l'évolution fatale; étrangère à toute notion métaphysique, elle ne peut dire si cette évolution est progressive ou *régressive*, si elle va en droite ligne ou tourne en cercle. La théologie, rationnelle ou religieuse, ne veut entendre parler que de création. La critique a beau lui demander pourquoi, si la Cause première des choses est la bonté infinie jointe à l'infinie puissance, elle a créé des êtres imparfaits et malheureux. Elle s'enferme dans son concept de l'Être parfait, ne prêtant l'oreille à aucune objection. « Les Hindous, pour expliquer l'univers, prétendent que, du fond de sa solitude, l'Être infini poussa un jour ce soupir : « Oh ! si j'étais plusieurs ! » Et de là naquit le monde. Mais si l'Être parfait ne peut produire que des êtres imparfaits, si la bonté ne peut produire que le mal ou la racine du mal, sous toutes ses formes, Dieu ne réussit nullement à être plusieurs ; à l'appel de l'Être souverainement heureux ne répond, dans l'immensité, qu'un gémissement universel[1]. » L'auteur de cette spirituelle réfutation a trop prouvé, à mon sens. Ce n'est point par le pessimisme qu'on répond victorieusement à la doctrine théologique : l'optimisme y suffit, quoi qu'en ait dit Leibniz, et quoi que fasse la science pour plaider sa cause ; car il laisse encore assez d'imperfection et de mal en ce monde créé pour que la création reste un mystère inexplicable, étant l'œuvre d'un Être parfait.

La métaphysique qui ne sépare point Dieu du monde peut seule faire du principe de finalité une loi absolue et nécessaire, en se fondant sur la révélation scientifique de l'évolution. Toute création proprement dite ne peut se concevoir que comme un acte de libre volonté, ou une pure effusion d'amour. Or, grâce ou volonté, la nécessité de la création disparaît. La volonté qui a créé le monde peut le détruire. La grâce qui le conserve peut s'en retirer. La théologie ne peut rien affirmer sur ce point. Notre spiritualisme affirme la nécessité, l'éternité, l'infinité de l'évolution cosmique, comme expansion de l'activité incessante de la Cause finale. Il en affirme également la loi providentielle qui a fait et continue à faire sortir de cette évolution le Cosmos que nous enseigne la science, que Platon, dans son *Timée*, appelait un Dieu créé par le Dieu suprême, sans en

---

1. *Système de morale*, par Alfred Fouillée (*Revue philosophique*, mai 1884).

connaître toute la grandeur et toute la beauté. S'il ne transforme pas en théologie la science de la Nature et la science de l'Humanité, il les pénètre profondément d'un esprit religieux qui fait tout voir en Dieu, comme le dit Malebranche, mais avec une tout autre précision philosophique. La Nature est si belle, si harmonieuse, si puissante, si grande dans ses œuvres, que le savant ne saurait trop la contempler. L'Humanité est si intéressante, si noble, si sublime dans ses symboles vivants, dans les personnes humaines qui l'honorent et la glorifient, que l'historien, le psychologue, ne sauraient trop l'admirer. Elles sont vraiment, l'une et l'autre, les dignes filles de Dieu. La Nature, la fille aînée, fut la nourrice de sa jeune sœur au berceau. L'Humanité, la fille bien-aimée, en sortit dégagée peu à peu de ses langes, pour s'élever de plus en plus vers ce Père céleste dont elle se fait de plus en plus l'image, par la représentation des perfections les plus hautes de la Divinité. La théologie chrétienne n'a jamais oublié la première Personne de sa Trinité pour les deux autres. Elle sait que, si cachée que soit à notre intelligence son insondable nature, c'est d'elle que sont sortis ce Fils, qui tient une si grande place dans la foi populaire, et cet Esprit dont certaines sectes mystiques ont fait le vrai Dieu. La métaphysique spiritualiste rappelle aux adorateurs de la Nature et de l'Humanité que c'est le Père de la création universelle qui a versé et verse perpétuellement dans le sein de la Nature les trésors de puissance, de beauté et d'harmonie : dans le sein de l'Humanité les trésors de vertu, d'intelligence, de perfection morale, qui impriment à l'une et à l'autre le sceau divin. Elle rend toute science religieuse, si elle n'entend pas faire de la science une religion.

J'achève de vivre dans un temps où le goût de la métaphysique n'est pas commun. On ne parle plus guère aujourd'hui du spiritualisme que comme d'une vieille histoire que la science nouvelle est venue clore définitivement. Il n'y a plus que les croyants qui conservent le nom de Dieu dans leurs livres ou dans leurs prières. Nos jeunes philosophes paraissent l'avoir oublié dans leurs curieuses et savantes études. On ne parle plus guère de Dieu, hors de l'école, que pour s'en moquer. Et encore, là même, ne commence-t-on pas à s'en moquer devant nos pauvres enfants? Il est visible que l'esprit de notre temps a perdu, avec toute notion métaphysique, la tradition des grands athées. Les confesseurs d'athéisme qui déclaraient la guerre à Dieu, risquaient de voir brûler leurs livres, sinon leurs personnes. En lisant la prose et les vers de nos blasphémateurs sans foi ni passion, nos revenants du dernier siècle ne trouvent-ils pas qu'on avait plus d'esprit sur Dieu alors que maintenant? Jadis nos rois avaient leurs bouffons qui mêlaient à leurs folies quelques paroles de raison. Le roi de nos jours, qu'on appelle le public, a les siens qui le font rire à tout prix, sans le faire réfléchir. Rire des choses nobles, cela s'est vu. Rire des choses saintes, cela se voit plus que jamais. Pour rire de Dieu, et de cette façon, il faut une sorte d'esprit qui fait honte à l'esprit. Je n'ai pas encore assez mauvaise opinion de mon temps pour croire que ce rire soit devenu contagieux. Mais n'est-ce pas triste pour un vieux libre penseur, qui a vécu dans la pensée de l'Infini et ne veut pas mourir sans murmurer son nom?

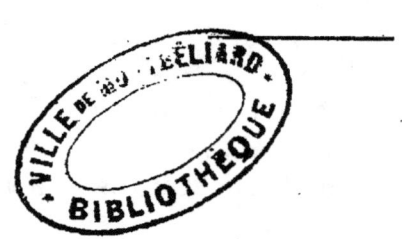

TABLE DES MATIÈRES

Pages
PRÉFACE. I

PREMIÈRE PARTIE

APERÇU HISTORIQUE

CHAPITRE I. L'école de la spéculation 1
— II. L'école de la raison. 47
— III. L'école de la tradition. 84
— IV. L'école de la conscience 117

DEUXIÈME PARTIE

DISCUSSION THÉORIQUE

CHAPITRE I. L'école positiviste 149
— II. La méthode scientifique. 178
— III. La méthode métaphysique 203
— IV. La matière. 225
— V. L'âme. 252
— VI. Dieu 288
— VII. L'immanence divine. 316

CONCLUSION

CHAPITRE I. L'évolution fatale. 335
— II. L'évolution finale 359
— III. Explications. 380

Vacherot, Étienne
Le nouveau spiritualisme

www.ingramcontent.com/pod-product-compliance
Lightning Source LLC
Chambersburg PA
CBHW070925230426
43666CB00011B/2312